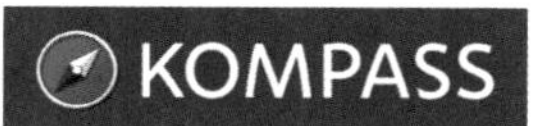

RAD VERGNÜGEN in und um WIEN

21 1/2 TAGESTOUREN
FEIERABEND-RIDES
WOCHENEND-BIKEAWAYS

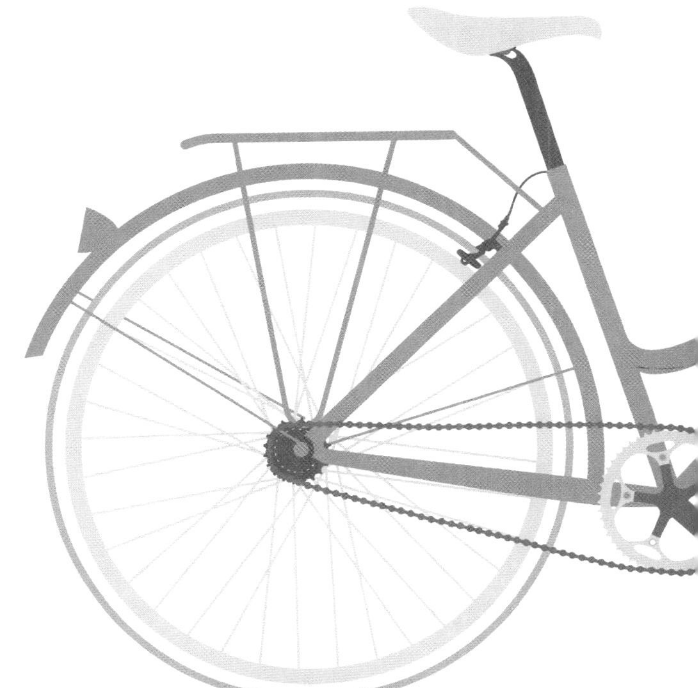

EINFACH RAUS!

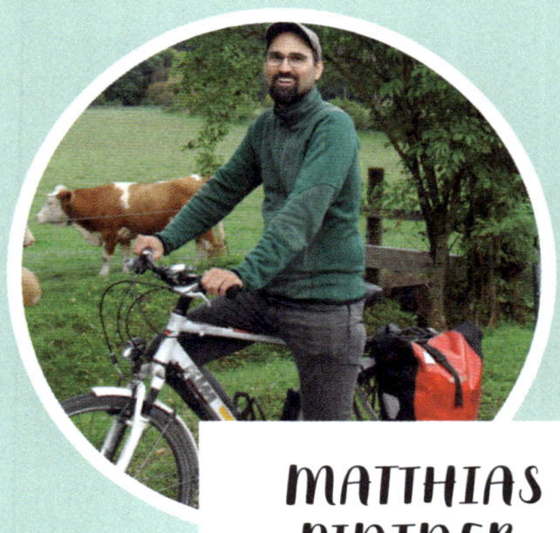

MATTHIAS PINTNER,

geboren 1975 in Wien, ist leidenschaftlicher Radnutzer im Alltag und in seiner Freizeit. Seit vielen Jahren erfährt er Europa mit seinem Fahrrad. So erkundete er u. a. Belgien, Dänemark, Tschechien und das Vorzeige-Radland, die Niederlande. Die letzten beiden Jahre tourte er in Wien und Umgebung. Er schreibt regelmäßig Artikel im „Drahtesel-dem österreichischen Fahrradmagazin".

LIEBE LESERIN, LIEBER LESER,

in Österreich wird im Alltag und in der Freizeit mehr Rad gefahren als je zuvor. Klimakrise und Covid-Pandemie machten den langjährigen Radtrend zum Boom.

In diesem Band stelle ich euch meine Lieblingsradtouren in Wien und Umgebung vor. Von kurzen Feierabend-Rides über Tagesausflüge für alle bis zu Bikeaway-Mini-Urlauben. Er richtet sich an jene, die mehr als nur Asphalt unter ihren Rädern sehen möchten, besonders an Neueinsteiger und Familien. Viele der Touren sind für Kinder geeignet und alle mit Stadt- oder Trekkingrädern befahrbar. Jeder Startpunkt ist mit Öffis und Auto zu erreichen. Die Radausflüge führen uns vom Weinviertel zu den Wiener Alpen und vom Mostviertel bis an den Neusiedlersee. Wir entdecken Kellergassen, Schlösser und die letzten Windmühlen Österreichs. Wir genießen spektakuläre Ausblicke sowie kulturelle und kulinarische Höhepunkte.

Last but not least: Danke an Niko Mautner Markhof und seine Fa. Bike Gorillaz für das Zurverfügungstellen eines E-Bikes! Danke an Barbara Chimani und Elisabeth Hauser für Tourenbegleitung und an Barbara Tobler für ein zusätzliches Foto!

Viel Freude beim Erkunden und möge Rückenwind mit euch sein!

M. Rosche

INHALT

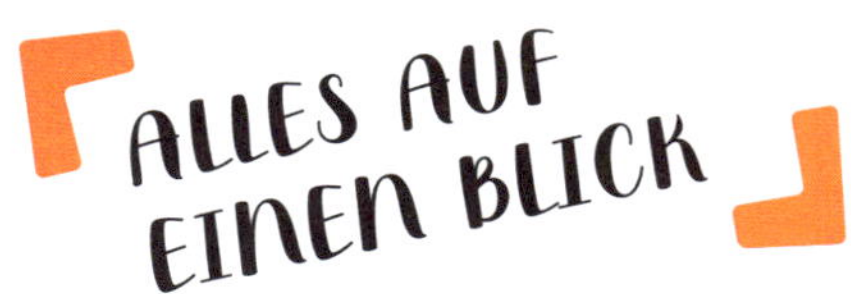

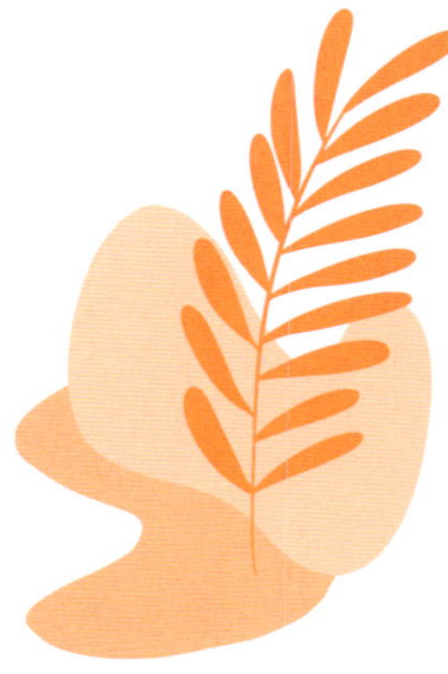

DEINE ORIENTIERUNG

APP & GPX-DOWNLOAD

Alle 21 ½ Touren in der KOMPASS App: Dort findest du Livetracking, GPS-Ortung, Offline-Karten und -Touren, Navigation zum Start und viele weitere nützliche Features. Einfach QR-Code scannen und Tour starten. Oder den Menüpunkt *Produkte* in der App wählen. Los geht's!

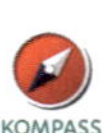

GPX-Tracks zum Download: www.kompass.de/gpx
Für das Navigationsgerät deiner Wahl haben wir alle Touren auch als GPX-Track auf unserer Homepage.

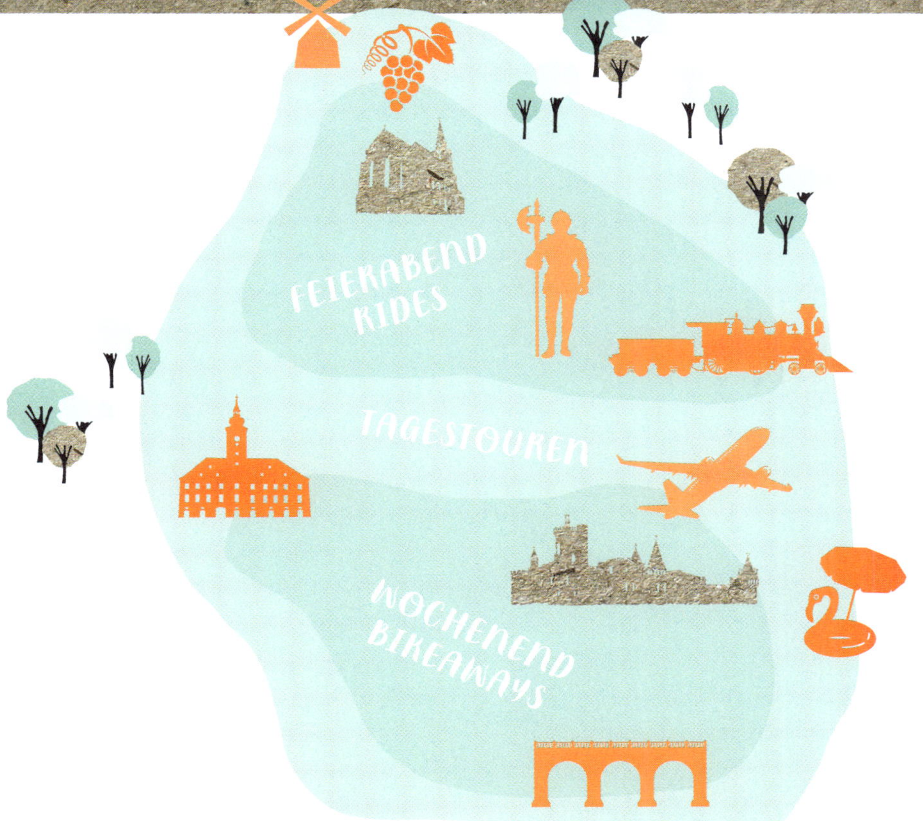

AUFGESATTELT!

FEIERABEND-RIDES

RAUF AUFS RAD ZUM RUNTERKOMMEN

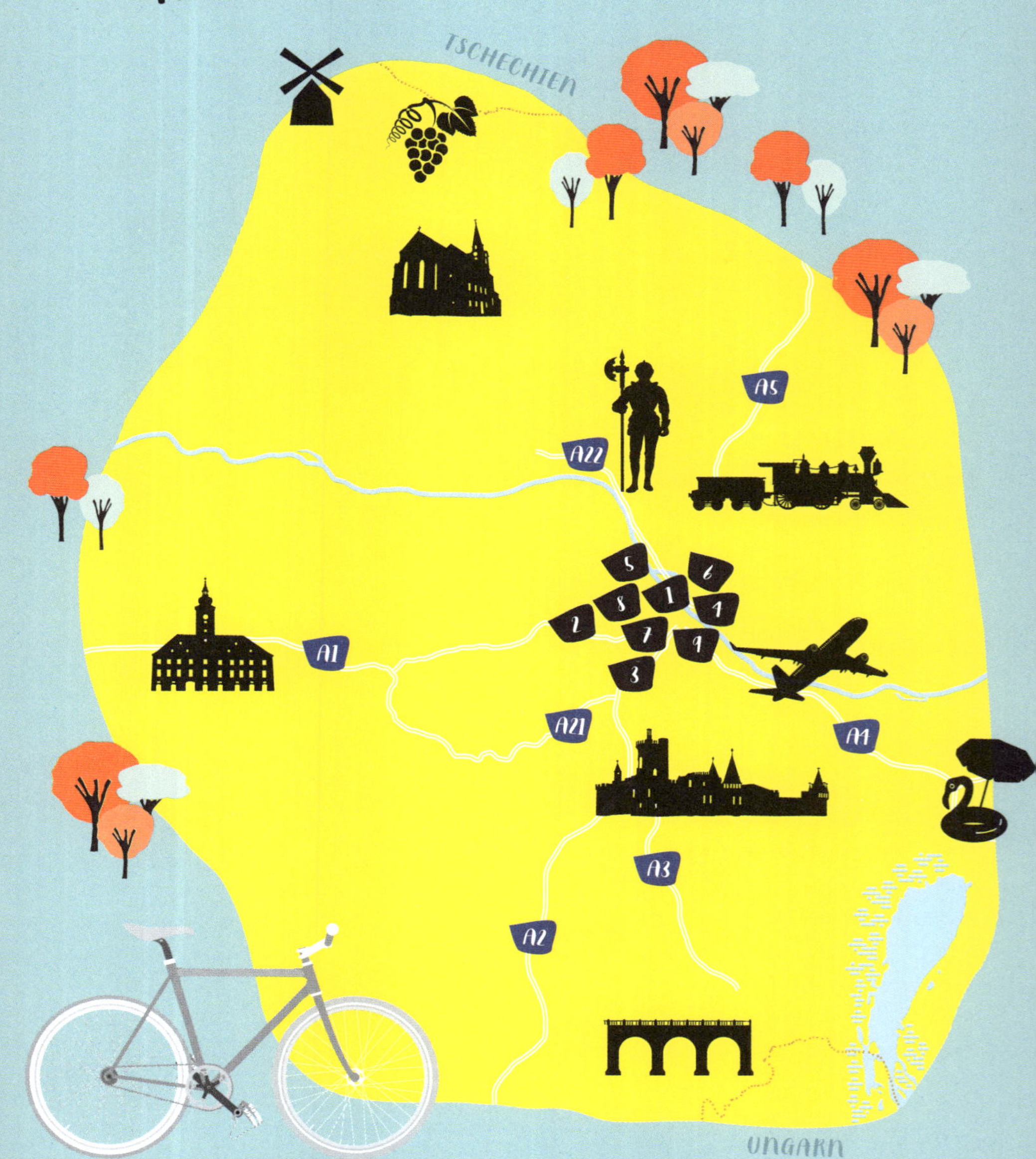

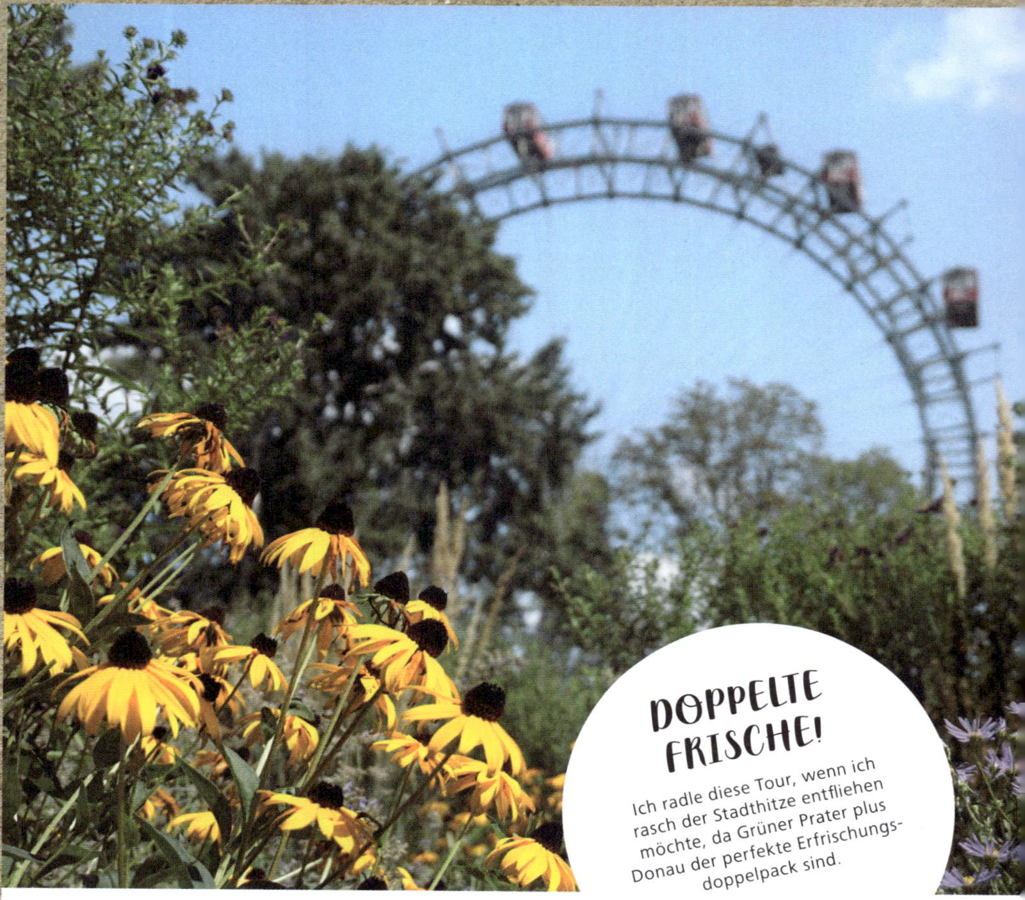

DOPPELTE FRISCHE!

Ich radle diese Tour, wenn ich rasch der Stadthitze entfliehen möchte, da Grüner Prater plus Donau der perfekte Erfrischungs-doppelpack sind.

> **1 /** Beim Tegethoff-Denkmal steigen wir in den Sattel und wieder ab

> **2 /** Im Schweizerhaus schnabulieren wir knusprige Erdäpfelpuffer

> **3 /** Die besten mexikanischen Wraps gibt´s in der Estancia Santa Cruz

> **4 /** Im Lusthaus trinken wir köstlichen Wiener Kaffee

> **5 /** Bei der Kirche Maria Grün überrascht uns der blumige Kreuzweg

> **6 /** Waldeinsamkeit genießen wir an der Waldandacht

> **7 /** Die Friedenspagode weckt unser Fernweh

> **8 /** In der Rad- und Wanderschenke stärken wir uns für die Zielgerade

> **9 /** An der Südspitze der Donauinsel träumen wir vom Meer

> **10 /** An der schönsten Badestelle der Donauinsel hüpfen wir ins Nass

> **11 /** In der Böcklinstraße bestaunen wir eine 19.-Jh.-Villa

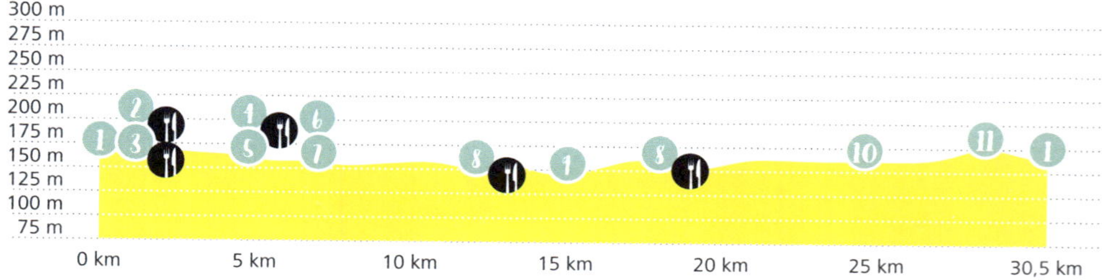

FERNWEH SO NAH

Durch den Grünen Prater zur Südspitze der Donauinsel

Wir radeln entspannt durch die Prater Hauptallee, entdecken die Waldkirche Maria Grün und gleiten Donaukai und Donauinsel stromabwärts zu deren Südzipfel. Nach einer Abkühlung in der Neuen Donau radeln wir durchs Pratercottage zurück zum Praterstern.

31 Kilometer
15 Höhenmeter
2 Stunden
Rundtour

Start am Praterstern

Los geht es am Praterstern beim 1 / Tegethoff-Denkmal. Wir radeln rechts am Bahnhofsgebäude vorbei und nehmen die Unterführung für Fußgänger und Radfahrer. Nach einem kurzen Schlenker nach rechts sind wir in der Prater Hauptallee. Wir folgen der Beschilderung Lusthaus und radeln die nächsten viereinhalb Kilometer geradeaus.

CHARAKTER

Sportlich	●○○○○
Abkühlung	●●●●●
Schlemmen	●●●○○
Panorama	●●●○○

Frischluftoase für alle

Wir erleben den Grünen Prater als Frischluftoase, die uns an heißen Sommertagen Abkühlung verschafft. Der Autolärm ist verebbt und wir hören nur mehr das sanfte Surren unserer Fahrradketten. Dass wir die Hauptallee genießen können, verdanken wir Kaiser Josef II., der das einstige kaiserliche Jagdrevier für die Wiener Bevölkerung öffnete und dem Weitblick

---

< links / Nochmal schnell einen Blick auf das Wahrzeichen Wiens, das Riesenrad, werfen

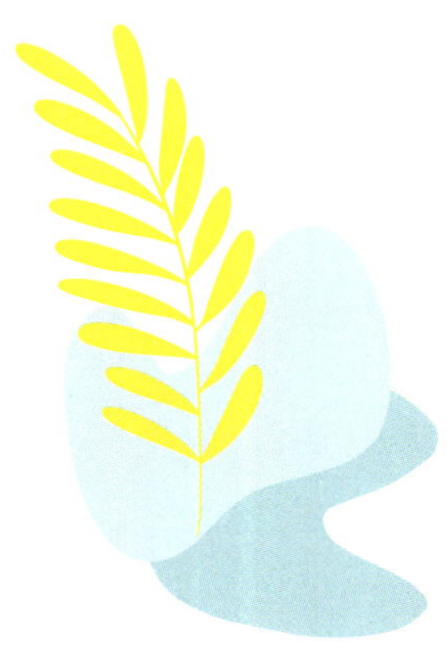

der Wiener Stadtregierung. Diese hat im Juni 1964 den privaten Autoverkehr in der Hauptallee verboten, um sie den Wienern als Erholungsraum zurückzugeben. Neben den Flaneuren, die zu Fuß die Hauptallee entlangspazieren und den Reitern, die die Reitwege entlang der Allee nutzen, spielen Radfahrende von klein bis groß heute die Hauptrolle. Während wir entspannt dahinradeln, sehen wir Menschen auf schicken Hollandrädern, Liebespaare auf Tandems und Familien in Fahrradrikschas.

Kulinarische Stärkung

Wollen wir uns am Beginn unserer Tour noch kulinarisch stärken, haben wir zwei Klassiker im Abstand von wenigen Metern zur Auswahl. Das 2 / Schweizerhaus (15. März–31. Okt., 11–23 Uhr, Prater 116, 1020 Wien, +43 1728 015 20, www.schweizerhaus.at), wo wir uns am Kiosk einen Erdäpfelpuffer holen, oder die 3 / Estancia Santa Cruz (Mi–Fr 15–23, Sa, So u. Fei 12–23 Uhr, Prater Hauptallee 8, 1020 Wien, +43 1728 03 80, www.santacruz.at), wo es beste vegetarische Wraps gibt.

STREETFOOD

Haltet Ausschau nach der Zwergenhochschaubahn. Das 2 / Schweizerhaus liegt gleich daneben. Für die schnelle Stärkung gibt´s den Kiosk!

Schattige Rast

Am Ende der langen Geraden stoßen wir auf das frühere kaiserliche Jagdhaus 4 / Café-Restaurant Lusthaus (Mo, Di, Fr, Sa, 12–21 Uhr, Freudenau 254, 1020 Wien, +43 1728 95 65, www.lusthaus-wien.at). Wir fahren im Kreisverkehr um das Lusthaus den dritten Fahrweg ab in die Aspernallee. Nach 300 m schimmert rechts im Wald die 5 / Wallfahrtskirche Maria Grün in Schönbrunner Gelb. Palmen beim Kirchenportal vermitteln mediterranes Flair und im Schatten hoher Bäume rasten wir. Nach einem Abstecher zum Freiluft-Kreuzweg mit dem Aids-Memorial fahren wir zurück zum Lusthaus und biegen in die unbefestigte Schwarzenstockallee. Wir radeln

---

➤ rechts oben / Versteckte Kirche im Prater, Maria Grün ➤ rechts Mitte / Grüne Erfrischung von der Stadt, die Prater Hauptallee

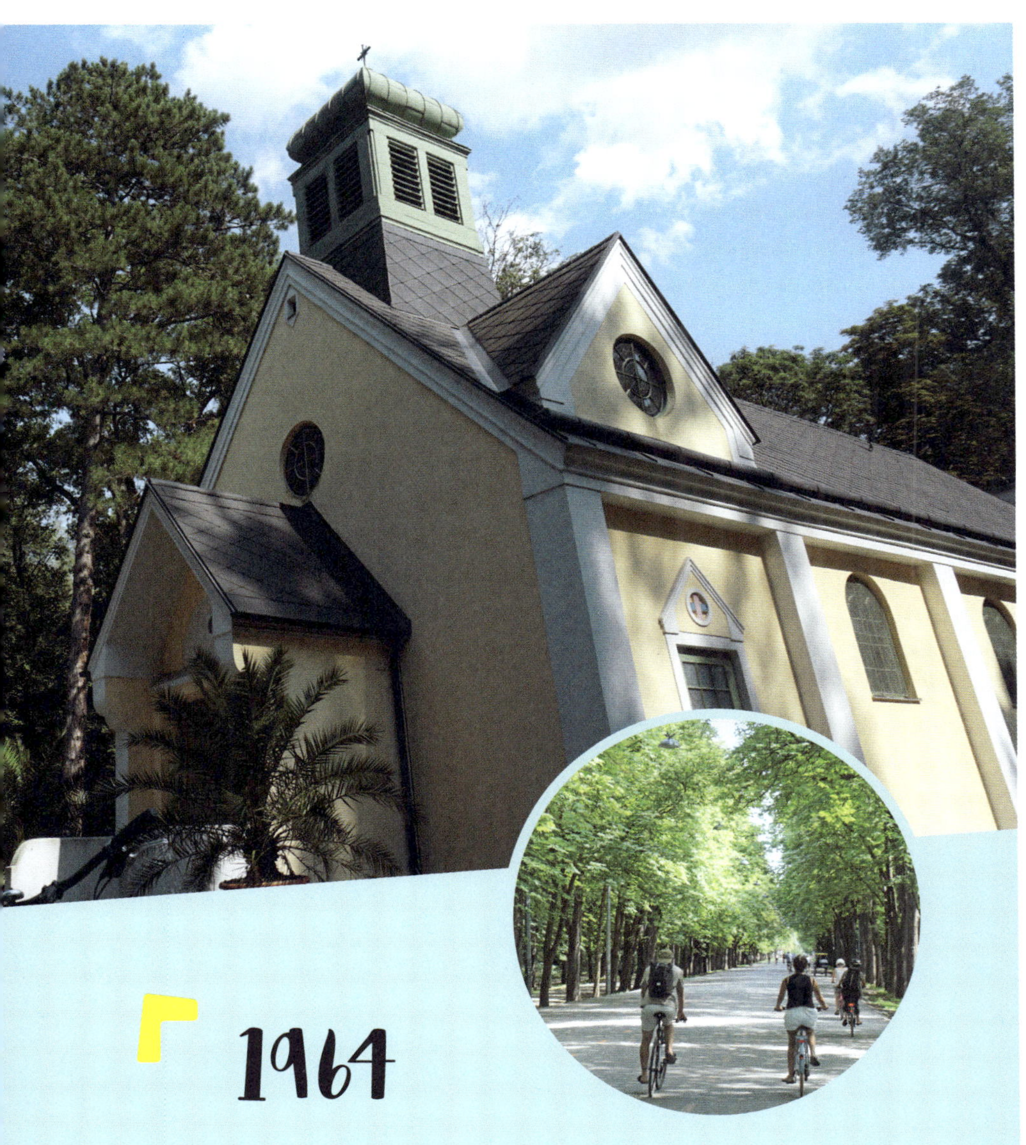

1964

Könnt ihr euch, wenn ihr heute durch die Praterhauptallee radelt, vorstellen, dass sie einst eine vom Autoverkehr stark belastete und beidseitig zugeparkte Straße war? Nein? Es ist auch schon mehr als ein halbes Jahrhundert her, dass das Auto-Intermezzo im ehemaligen kaiserlichen Jagdrevier beendet wurde.

KURIOS

Vor 100 Jahren errichtete ein Wirt eine 6 / Waldandacht. Pilger brachten tausende Heiligenbilder. Zu viel für Wien. Alles wurde geräumt.

links am Spielplatz vorbei und kurz nach der Einfahrt in den Wald überqueren wir den Stadtwanderweg 9. Wir fahren noch wenige Meter geradeaus und entdecken versteckt hinter urwaldgroßen Bäumen die 6 / Waldandacht mit Grabstelen und Heiligenfiguren.

RUHEPLÄTZE AM WEG

Freiheit und Frieden

Wir fahren wieder einige Meter zurück und dann links in den Stadtwanderweg 9, auf diesem rechts am Krebsenwasser vorbei. Nach einem halben Kilometer biegen wir der Beschilderung Grünhaufenbrücke Rechter Donaudamm folgend links ab. Über die Brücke gelangen wir auf den Donaudamm nach rechts, wo sich der Blick auf die Donau auftut, die hier so breit ist, wie drei Fußballfelder lang sind. Die Möwen kreischen und man spürt flugs ein intensives Freiheitsgefühl. Falls wir trotz Rückenwind-Turbo nochmal pausieren wollen, dann am besten bei der 7 / Friedenspagode, die in den 1980er Jahren von japanischen Mönchen erbaute buddhistische Stupa. Kommen wir hier im Frühling vorbei, erfreuen wir uns einer japanwürdigen Kirschblüte. Wir folgen der Beschilderung Donau-

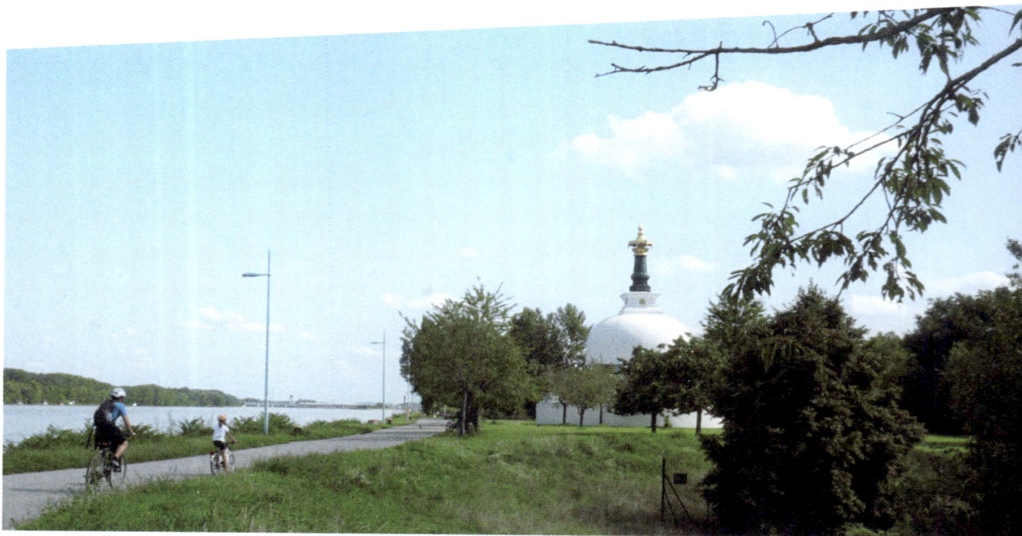

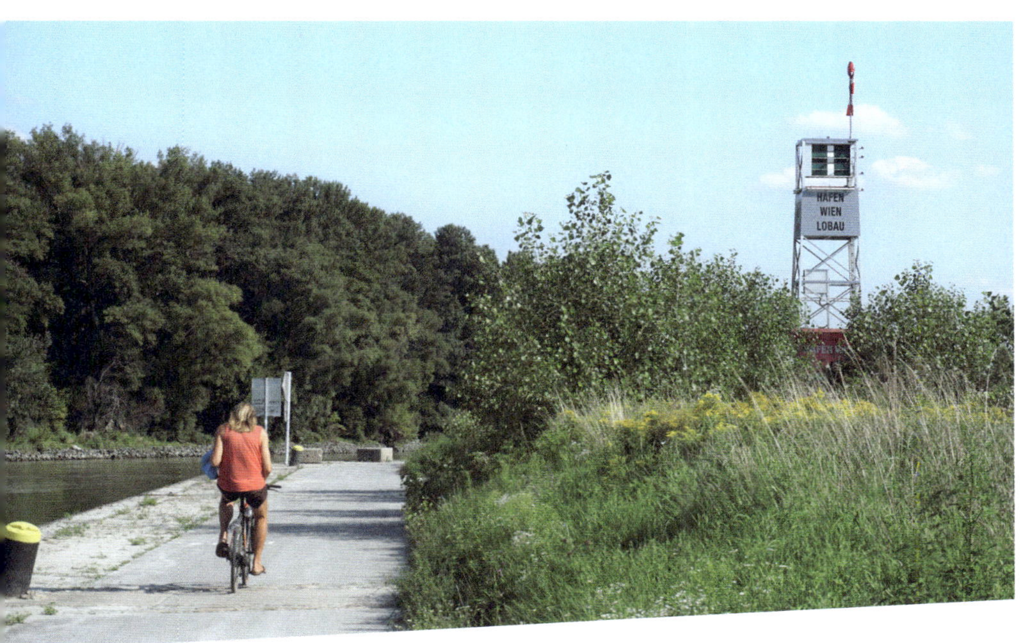

insel und nach drei Kilometern nutzen wir das Donaukraftwerk Freudenau als Donaubrücke. Auf der Donauinsel angekommen, radeln wir stromabwärts. Wir haben mehrere Wege zur Auswahl. Welchen wir nehmen ist egal. Hier führen zwar nicht alle Wege nach Rom, aber auf jeden Fall an die Südspitze der Donauinsel.

Fernweh

Auf der Zielgeraden genehmigen wir uns noch ein Kaltgetränk in der 8 / Rad- und Wanderschenke (März–Okt. bei Schönwetter ab 10 Uhr, Donauinsel, Stromkilometer R3, 1, 1220 Wien, +43 664 227 25 85). Wenige Minuten stromabwärts erblicken wir das Türmchen mit der Aufschrift 9 / Hafen Wien Lobau. Der Windsack obendrauf ist unsere Zielflagge. Wir haben die Südspitze der Donauinsel erreicht. Mit Fernweh blicken wir der Donau nach, die in Richtung Schwarzes Meer strömt.

Lass die Badehos' daheim

Bevor uns das Fernweh zu sehr packt, machen wir kehrt und radeln die Donauinsel zurück Richtung Norden. Bei einer der unzähligen 10 / Badestellen hüpfen wir ins kühle Nass. Falls wir unsere

GELB

Am Ende der Hauptallee, wenn ihr unter der Ostbahnbrücke durchradelt, seht ihr schon das schönbrunnergelbe 4 / Lusthaus. Apfelstrudel und Mélange rufen „Kaffeepause!“ Auch für Hochzeitsfeiern wird das kaiserliche Jagdhaus vermietet.

< links / Vorbei an der buddhistischen Stupa der Friedenspagode
^ oben / Auf der Donauinsel sind wir nicht die Einzigen, die mit Handtuch unterwegs sind

GRILL

Einladende 10 / Badestellen und eine handvoll Grillplätze findest du etwa 500 m nördlich der Praterbrücke. Anmelden und ganzjährig grillen!

Badebekleidung vergessen haben, ist das egal, denn es gibt auf der „Insel" mehrere ausgewiesene FKK-Bereiche. Wir folgen der Beschilderung Prater Donaukanal bis zur Praterbrücke. Über eine enge Spindel geht's auf die Radbrücke, die einen Stock unterhalb der Autobahn die Donau quert. Nach der Querung folgen wir der Beschilderung Prater, bis wir wieder zurück auf der Prater Hauptallee sind. Wir queren diese und fahren kurz danach über eine Holzbrücke, die über das Heustadlwasser führt. Wir biegen rechts in die wenig frequentierte Rustenschacherallee. Wenn wir Glück haben, begegnen wir einem Fiaker, der abseits des Trubels der Hauptallee in die Stallungen Freudenau fährt.

200

So viele Fiaker sind in Wien unterwegs. Wenn wir die Rustenschacherallee zu unserem Startpunkt zurück radeln, begegnen wir vielleicht dem einen oder anderen, der sich auf dem Weg in die Stallungen in der Freudenau befindet.

Heimrollen durch ein Architekturjuwel

Wie biegen in die Lukschgasse links ein und fahren gleich die erste Gasse wieder rechts. Nun sind wir in der Böcklinstraße, einer der schönsten Straßen im Pratercottage, einem eleganten Gründerzeitviertel. In der 11 / Böcklinstraße 57 bestaunen wie eine um 1900 gebaute Villa. Gleich daneben steht als Kontrast die moderne mormonische Kirche Jesu Christi. Wir rollen die Straße gemütlich bis zur Laufbergergasse, dort geht's rechts über die Sportklubstraße wieder auf die Prater Hauptallee, wo wir nach 100 m unseren Startpunkt das 1 / Tegethoff-Denkmal erreicht haben.

TOURENINFO / Sehr gut geeignet für Familien mit selbstradelnden Kindern, fast durchgehend asphaltiert und autofrei. Ebene Strecke. Badesachen einstecken!

➤ **1 /** Tegethoff-Denkmal ➤ **2 /** Schweizerhaus ➤ **3 /** Estancia Santa Cruz ➤ **4 /** Café-Restaurant Lusthaus ➤ **5 /** Wallfahrtskirche Maria Grün ➤ **6 /** Waldandacht ➤ **7 /** Friedenspagode ➤ **8 /** Rad- und Wanderschenke ➤ **9 /** Südspitze der Donauinsel ➤ **10 /** Badestelle Donauinsel ➤ **11 /** Villa Böcklinstraße

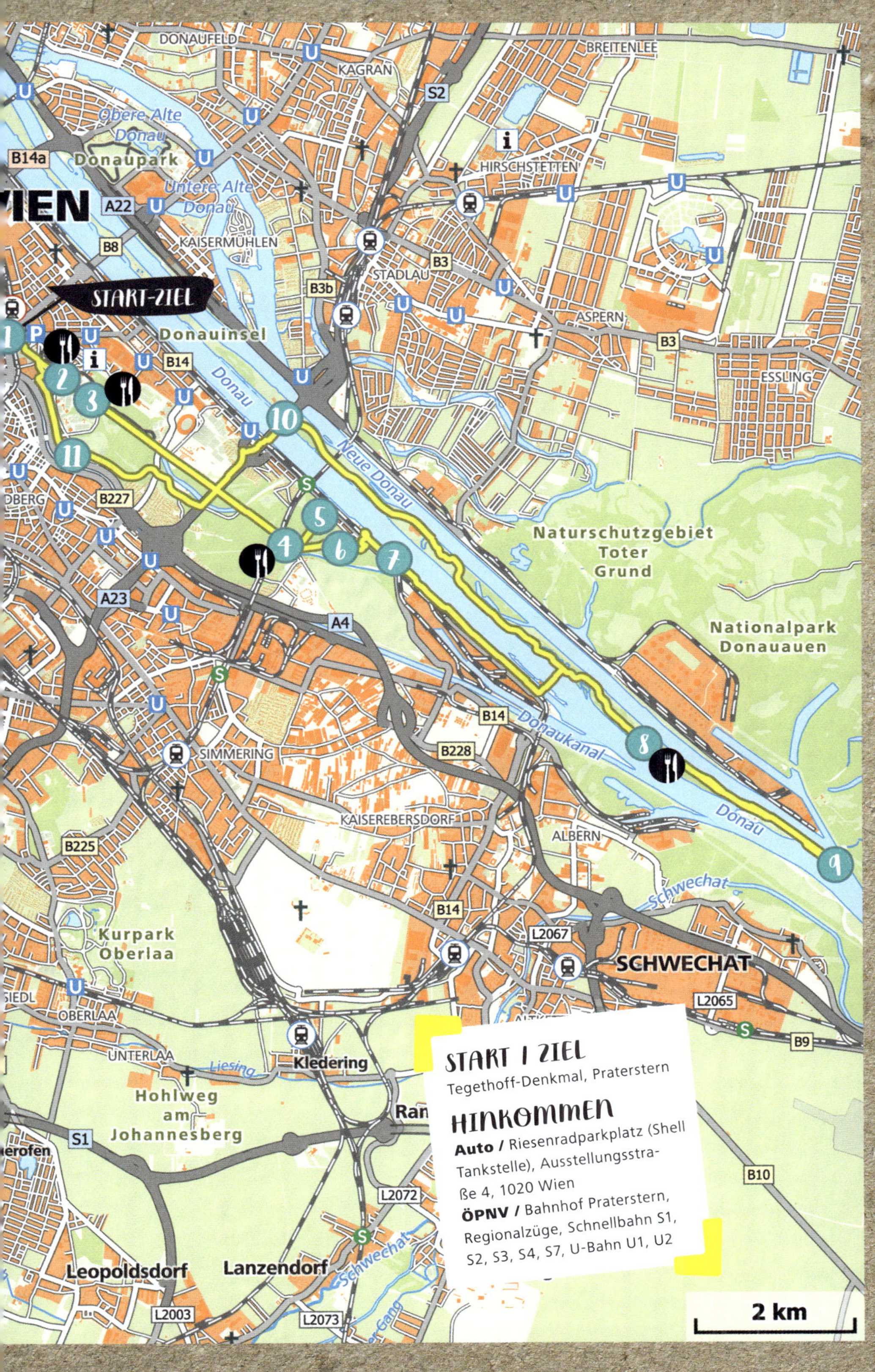

START / ZIEL

Tegethoff-Denkmal, Praterstern

HINKOMMEN

Auto / Riesenradparkplatz (Shell Tankstelle), Ausstellungsstraße 4, 1020 Wien

ÖPNV / Bahnhof Praterstern, Regionalzüge, Schnellbahn S1, S2, S3, S4, S7, U-Bahn U1, U2

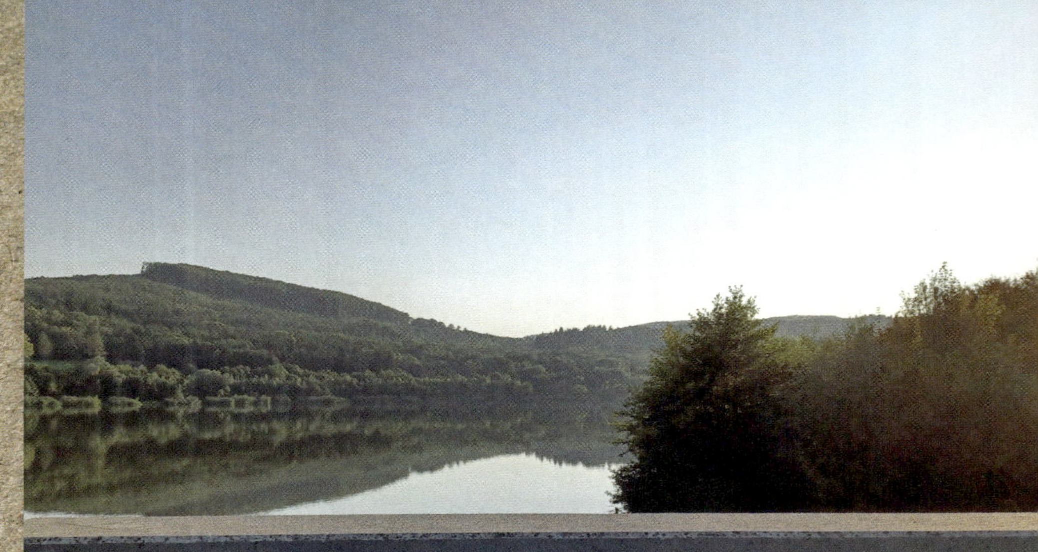

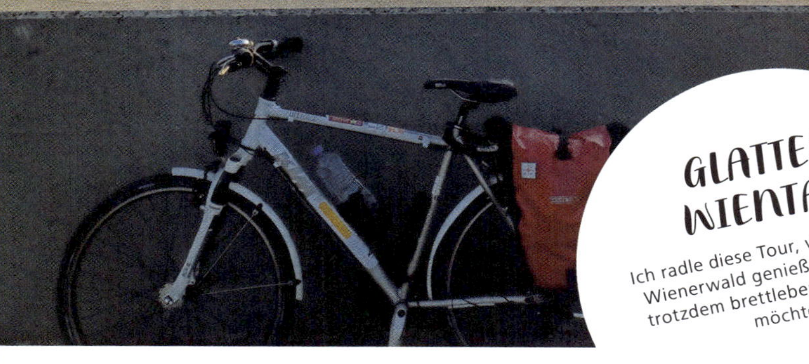

GLATTES WIENTAL

Ich radle diese Tour, wenn ich den Wienerwald genießen will, aber trotzdem brettleben dahinrollen möchte.

> 1 / Beim Bahnhof Hütteldorf schwingen wir uns auf´s Rad

> 2 / Eine denkmalgeschützte Villa bestaunen wir in Purkersdorf

> 3 / Der Goldenen Adler erinnert uns an Einkehren von einst

> 4 / Vor dem Restaurant Nikodemus posieren wir mit Mozart

> 5 / Das Schöffel-Denkmal erinnert an den Kampf um den Wienerwald

> 6 / Im Wienerwaldbad Purkersdorf kühlen wir uns ab

> 7 / In der Alten Linde holen wir uns ein Eis

> 8 / Im Gasthaus Staubmann gibt´s Hausmannskost wie bei Oma

> 9 / Im Sommer gibt´s Freilufttheater im Steinbruch Dambach

> 10 / Vom Wilhelm-Kress-Denkmal flitzen wir eine Runde um den See

> 11 / Beim Bahnhof Untertullnerbach satteln wir ab

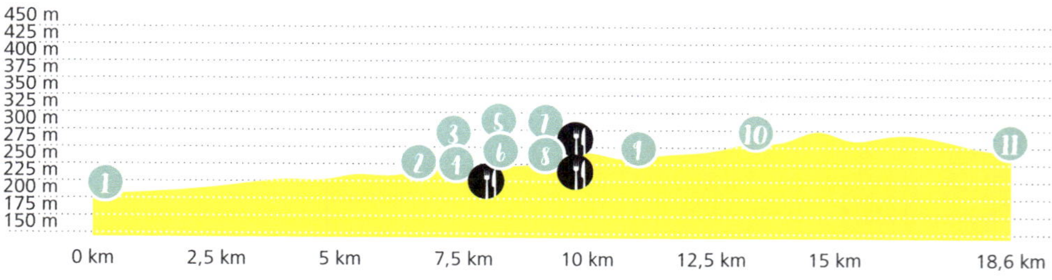

WIENTALFLUG

Am Wienflussweg
zum Wienerwaldsee

Wir radeln vom Bahnhof Hütteldorf dem Wienfluss entlang bis zum Wienerwaldsee. Auf dem Weg besichtigen wir den pittoresken Hauptplatz Purkersdorf. Nach einer Stärkung im Gasthaus Staubmann krönen wir unsere Tour mit einer „Flugrunde" um den See.

19 Kilometer
85 Höhenmeter
1:15 Stunden
Streckentour

Aufsatteln in Hütteldorf

Das schwierigste an der ganzen Tour ist das Finden des Einstiegs zum Wienflussweg. Und das geht so: Wir verlassen den 1 / Bahnhof Hütteldorf auf der Südseite und queren dann den Hackinger Steg mit dem Aufzug. Von oben sehen wir schon die Einstiegsrampe, die wir dann nehmen, wenn wir den Steg an der Südseite verlassen.

CHARAKTER

Sportlich ●○○○○
Abkühlung ●●●●●
Schlemmen ●●●○○
Panorama ●●●○○

Graureiher beobachten

Vom lauten Autoverkehr entlang der Wiener Westeinfahrt bekommen wir jetzt nichts mehr mit. Hier im Wiental neben dem Wienfluss teilen wir uns den Weg mit Spaziergängern, skatenden Kindern und Vogelbeobachtern. Wir radeln dem Flusslauf entlang und der Sonne entgegen in Richtung Westen. Wir unterqueren eine schöne Rundbogenbrücke und genießen das

‹ links / Still und starr ruht der Wienerwaldsee

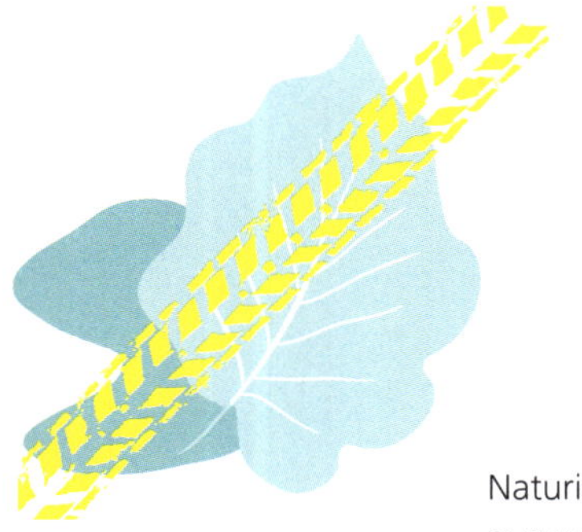

Naturidyll. Die erste Überraschung für uns sind die Graureiher, die nur wenige Flügelspannweiten entfernt unser Vorbeiflitzen völlig unbeeindruckt zur Kenntnis nehmen und weiter auf Beutejagd gehen. Bei Mariabrunn müssen wir aus dem Sattel steigen, um unsere Fahrräder über eine kurze, aber steile Schieberampe zu befördern. Eines verspreche ich euch: Es wird die einzige Schiebestelle auf unserer Tour bleiben. Von nun an geht´s glatt dahin.

Über die Stadtgrenze und zwischen Villen

Beim Auhof Center verlässt der Weg unser paradiesisches Tal. Die Route wird für 350 m auf einem getrennten Radweg entlang der Wientalstraße geführt und über die Alois-Czedik-Gasse wieder zurück zum Fluss geleitet. Jetzt sind wir in Niederösterreich und folgen der Wegweisung Zentrum. Gemeint ist das Zentrum von Purkersdorf, der im Westen unmittelbar an Wien grenzenden Gemeinde. In der eleganten Bahnhofstraße radeln wir durch eine Allee mit Häusern aus dem 19. Jahrhundert. Darunter eine denkmalgeschützte Villa in der 2 / Bahnhofstraße 10, die nach Plänen von Emil von Förster 1872 errichtet wurde, einem kaiserlich-königlichen Architekten, der am Friedhof Purkersdorf begraben ist.

ZWEI HOLZERKER

In der 2 / Bahnhofstraße 10 siehst du auf der linken Seite eine historische Villa vom Hofarchitekten Emil von Förster.

Posieren mit Amadeus

Vor dem Bahnhof Purkersdorf fahren wir rechts durch eine Unterführung und durch die Pummergasse und erreichen den Hauptplatz Purkersdorf. Wir flanieren durch die Fußgängerzone, bestaunen das Portal des früheren 3 / Zum Goldenen Adler, das seit 1529 für einen Einkehrschwung gut war. Der prominenteste Besucher war Wolfgang Amadeus Mozart, der hier vor mehr als zweihundert Jahren mit Gattin Konstanze und seinem Vater Leopold speiste. Vater und Sohn sollten sich nach dem Mahl in Purkersdorf

---

➤ rechts oben / Leben am Hauptplatz Purkersdorf, Blick gen Pfarrkirche und Alte Post ➤ rechts Mitte / Detail vom Hauptplatz Purkersdorf

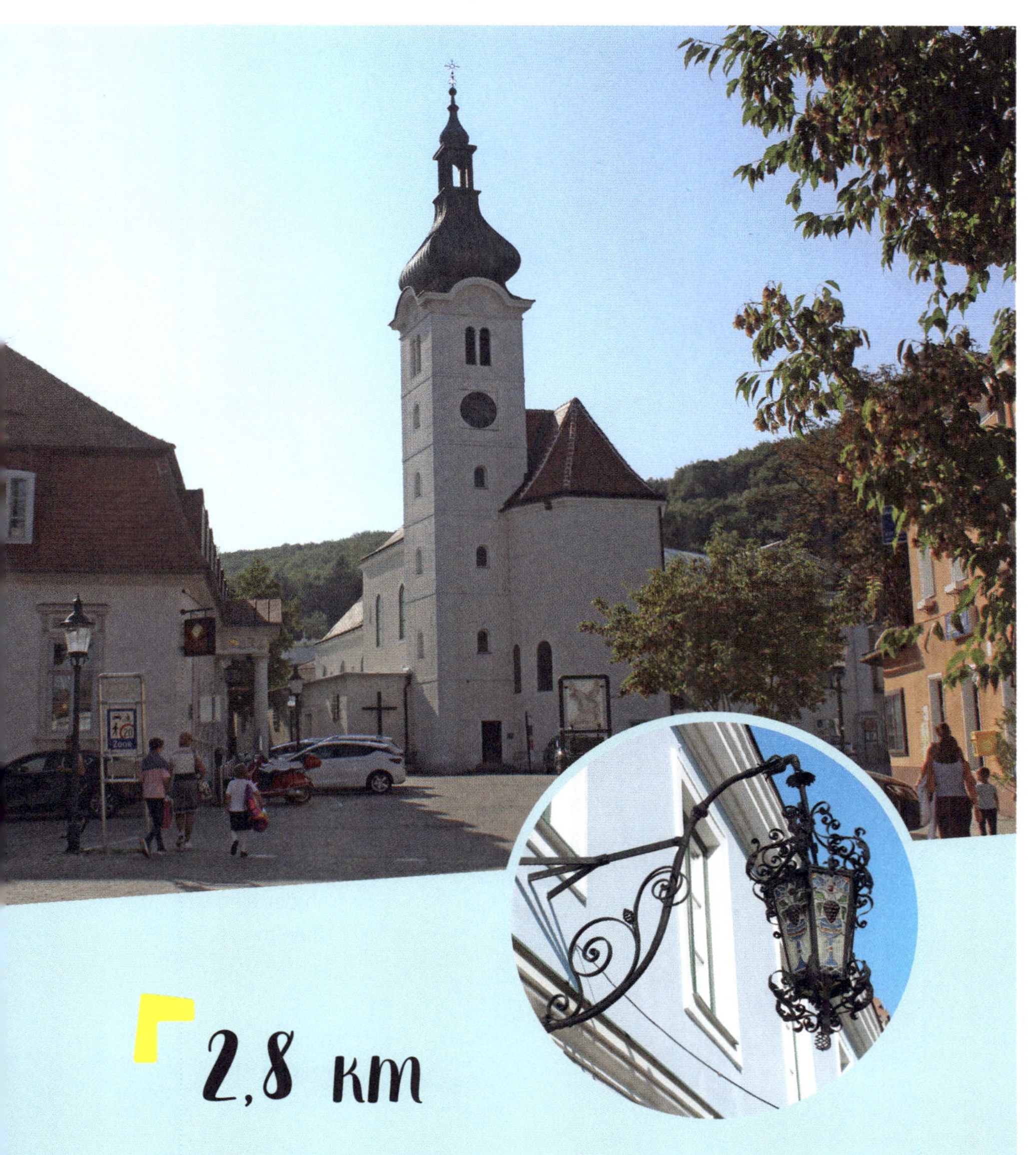

2,8 km

So kurz ist der Weg von der Wiener Stadtgrenze bis zum Zentrum Purkersdorf, der niederösterreichischen Stadtgemeinde im Wienerwald mit knapp 10.000 Einwohnern. Der Biedermeier Wanderführer Schmidl sprach 1835 noch von einem Dorf …

AUSTRIA 3

Im 4 / Restaurant Nikodemus spielten Queen ein rares Konzert nach Freddie Mercurys Tod. Auch die heimische Supergroup Austria 3 wurde hier gegründet.

nie wieder sehen. An den Abschied erinnern Skulpturen vor dem Musikerlokal 4 / Restaurant Nikodemus (Di–Sa ab 17 Uhr, Hauptplatz 10, 3002 Purkersdorf, +43 2231 654 54, www.nikodemus.at), das sich heute in dem historischen Haus befindet. Hier gab die Kultband Queen 1998 eines ihrer raren Konzerte nach dem Tod von Sänger Freddie Mercury. Im Sommer können wir Open-Air-Konzerten am Hauptplatz lauschen.

HELDEN DER GESCHICHTE

Erfrischung im Freibad

Wir folgen der Beschilderung Wienerwaldsee. Geschichtsinteressierte machen einen Abstecher über die Hauptstraße zum 5 / Josef Schöffel Denkmal. Er verhinderte in den 1870er Jahren als Bürgermeister von Mödling die Abholzung des Wienerwaldes und wird seither als „Retter des Wienerwaldes" gefeiert. Nur wenige Meter weiter haben wir Gelegenheit zur Erfrischung im 6 / Wienerwaldbad Purkersdorf (Fürstenberggasse 9, 3002 Purkersdorf, www.purkersdorf.at/Wienerwaldbad_Purkersdorf). Wir fahren neben dem naturbelassenen Fluss, der sich am Rand des Wienerwaldes

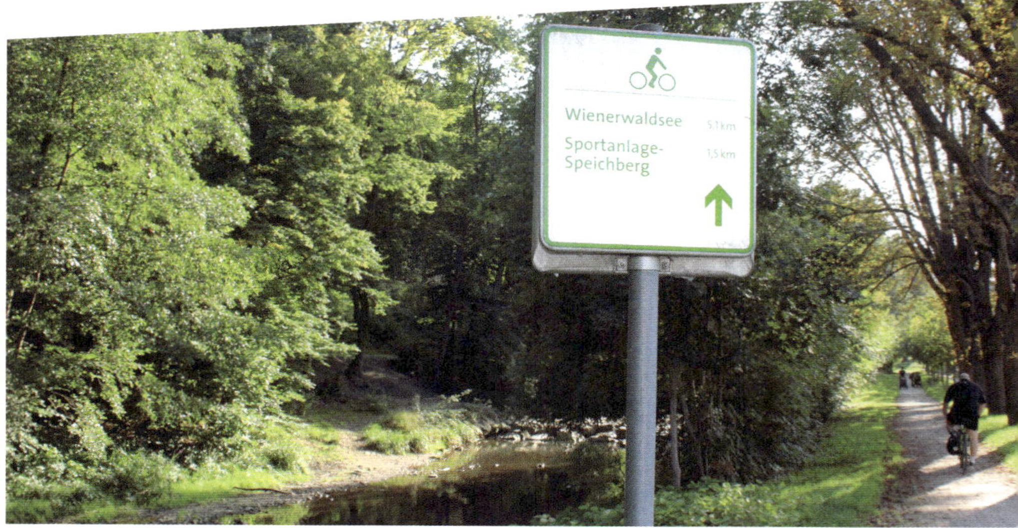

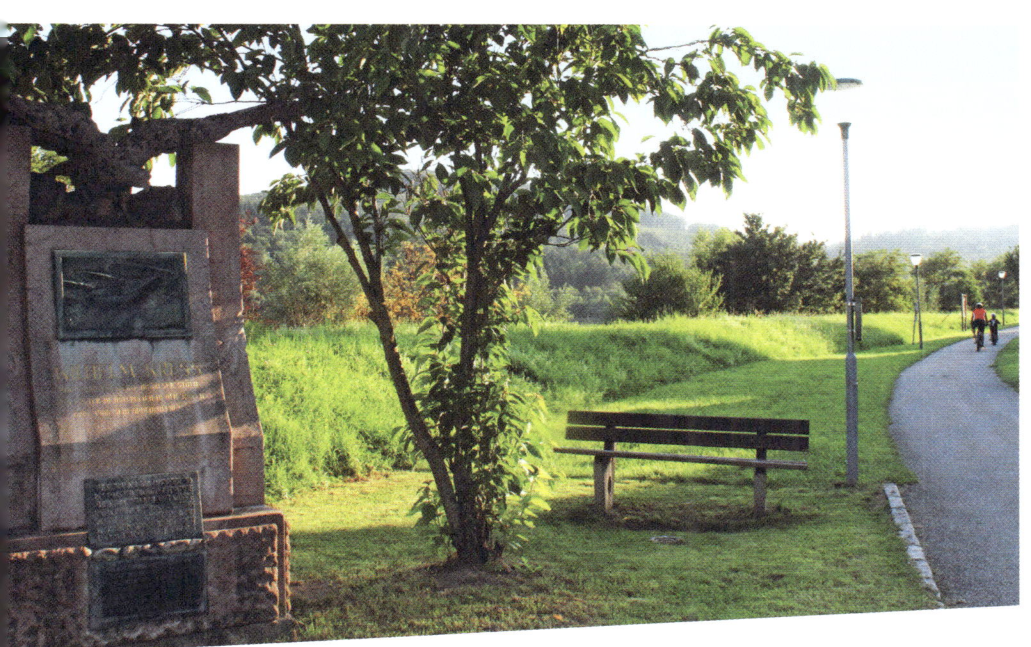

entlangschlängelt. Am südlichen Ufer erheben sich u.a. der Speichberg und der Glaskogel mit seinen einige hundert Meter hohen Gipfeln. Die sind uns egal, wir bleiben auch auf unserer zweiten Weghälfte in der Ebene.

Auf ein Eis

Ab dem Purkersdorfer Ortsteil Rechenfeld führt uns der Weg durch verkehrsberuhigte Nebengassen an Einfamilienhäusern vorbei. Wir schnabulieren schnell ein Eis im Gastgarten des Gasthauses 7 / Zur Alten Linde (Mo–Sa 10–22, So u. Fei 10–21 Uhr, Rechenfeldstraße 1, 3002 Purkersdorf, +43 2231 66454, Facebook: Cafe-Beisl „Zur Alten Linde" (Linde - Purkersdorf)). Wenn wir mehr Energiezufuhr brauchen, kehren wir wenige Radminuten später ins 8 / Gasthaus Staubmann (Tullnerbachstraße 39, Purkersdorf 3002, +43 2231 63369, Facebook: Eduard Staubmann) ein und stärken uns im Gastgarten mit traditioneller Hausmannskost.

Naturtheater

Etwas abseits unserer Route in Neu-Purkersdorf entdecken wir auf der linken Seite den 9 / Steinbruch Dambach, in dem im Som-

1872

Mit einer zweijährigen journalistischen Kampagne pro Wienerwald wurde 5 / Schöffel zum Naturschutzpionier. Nach drei teuren Kriegen in 10 Jahren wollte man die Staatskasse durch die Waldprivatisierung sanieren. Dies verhinderte Schöffel.

< links / Bei Purkersdorf idyllisch entlang der Wien radeln ^ oben / Denkmal für den österreichischen Flugpionier Wilhelm Kress am Wienerwaldsee

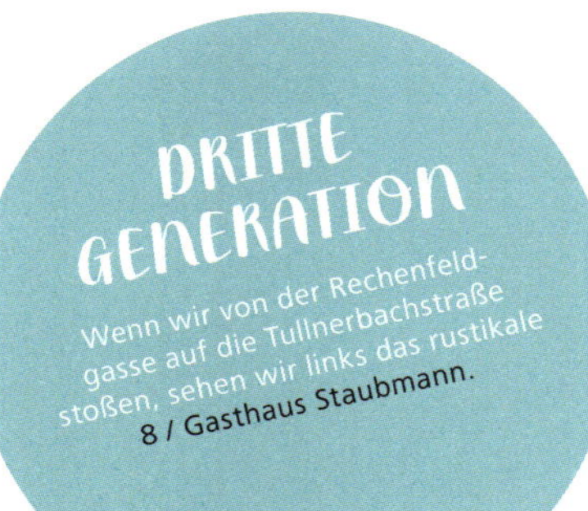

mer auf der Freiluftbühne Aufführungen des Theaters Purkersdorf stattfinden. Hier werden Klassiker wie „Jedermann" geboten und Stücke für Kinder wie etwa Grimm´s „Rumpelstilzchen" gegeben.

10 km

In den Sommermonaten weht nach der Hälfte unseres Weges eine große „Theater Purkersdorf" Fahne am Straßenrand. Dort links hinein und nach 2 Minuten sind wir beim 9 / Steinbruch Dambach bei den populären Aufführungen des hiesigen Theaters.

Finale Runde

Das letzte Stück unseres Weges führt uns entlang der Hauptstraße, wo wir auf einem Geh- und Radweg radeln. Das Tal weitet sich und wir erblicken den in der Sonne glänzenden Wienerwaldsee, der im 19 Jahrhundert als Hochwasserschutz und Wasserspeicher angelegt wurde. Wir krönen unsere Tour und „fliegen" mit unserem Fahrrad auf dem Weg um den See. Für Kinder gibt es einen Spielplatz nahe dem Wehr an der Wilhelm-Kress-Promenade, nur einen Steinwurf vom 10 / Wilhelm-Kress-Denkmal entfernt. Der war übrigens ein österreichischer Flugpionier, dessen Wasserflugzeug vor mehr als hundert Jahren im Wienerwaldsee versank. Also nicht alles, was Flügel hat, fliegt.

Absatteln

Wenn wir die Radroute ca. 1 km zurückfahren und vor dem Ortsende Untertullnerbach links in die Badgasse abbiegen, fahren wir noch 50 m auf der Hauptstraße und sehen halblinks den Zugang zum 11 / Bahnhof Untertullnerbach, unserem Endpunkt.

TOURENINFO / Gut geeignet für Familien mit selbstradelnden Kindern. Wegen Stufen ungeeignet für Anhänger. Kurze Abschnitte auf Schotter, sonst asphaltiert. Weg auf autofreien oder verkehrsarmen Straßen. Beinahe ebene Strecke. Öffnungszeiten und Hochwasserhinweise beim Zugang beachten! Badesachen einstecken!

> **1 /** Bahnhof Hütteldorf > **2 /** Denkmalgeschützte Villa > **3 /** Portal Zum Goldenen Adler > **4 /** Restaurant Nikodemus > **5 /** Schöffel Denkmal > **6 /** Wienerwaldbad Purkersdorf > **7 /** Zur Alten Linde X > **8 /** Gasthaus Staubmann > **9 /** Theater im Steinbruch Dambach > **10 /** Wilhelm-Kress-Denkmal > **11 /** Bahnhof Untertullnerbach

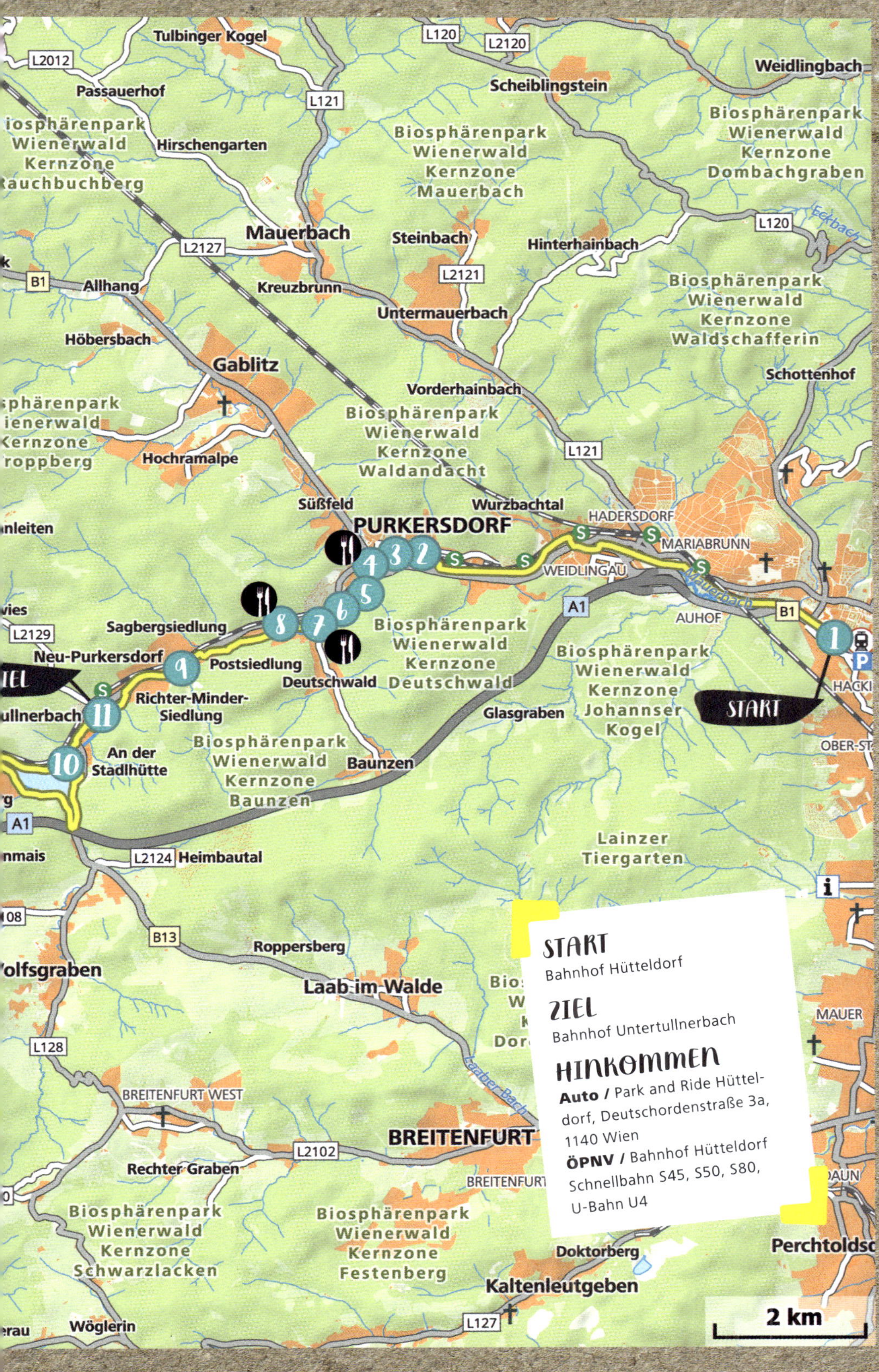

START
Bahnhof Hütteldorf
ZIEL
Bahnhof Untertullnerbach
HINKOMMEN
Auto / Park and Ride Hütteldorf, Deutschordenstraße 3a, 1140 Wien
ÖPNV / Bahnhof Hütteldorf Schnellbahn S45, S50, S80, U-Bahn U4
2 km
Tulbinger Kogel
Passauerhof
Hirschengarten
Mauerbach
Scheiblingstein
Weidlingbach
Biosphärenpark Wienerwald Kernzone Mauerbach
Biosphärenpark Wienerwald Kernzone Dombachgraben
Steinbach
Hinterhainbach
Allhang
Kreuzbrunn
Untermauerbach
Biosphärenpark Wienerwald Kernzone Waldschafferin
Höbersbach
Gablitz
Schottenhof
Vorderhainbach
Biosphärenpark Wienerwald Kernzone Waldandacht
Hochramalpe
Süßfeld
Wurzbachtal
PURKERSDORF
HADERSDORF
MARIABRUNN
WEIDLINGAU
AUHOF
Sagbergsiedlung
Neu-Purkersdorf
Postsiedlung
Deutschwald
Biosphärenpark Wienerwald Kernzone Deutschwald
Biosphärenpark Wienerwald Kernzone Johannser Kogel
START
ZIEL
Richter-Minder-Siedlung
Glasgraben
OBER-ST
An der Stadlhütte
Biosphärenpark Wienerwald Kernzone Baunzen
Baunzen
Lainzer Tiergarten
Heimbautal
Roppersberg
Laab im Walde
MAUER
BREITENFURT WEST
Rechter Graben
BREITENFURT
Biosphärenpark Wienerwald Kernzone Schwarzlacken
Biosphärenpark Wienerwald Kernzone Festenberg
Doktorberg
Perchtolds
Kaltenleutgeben
Wöglerin

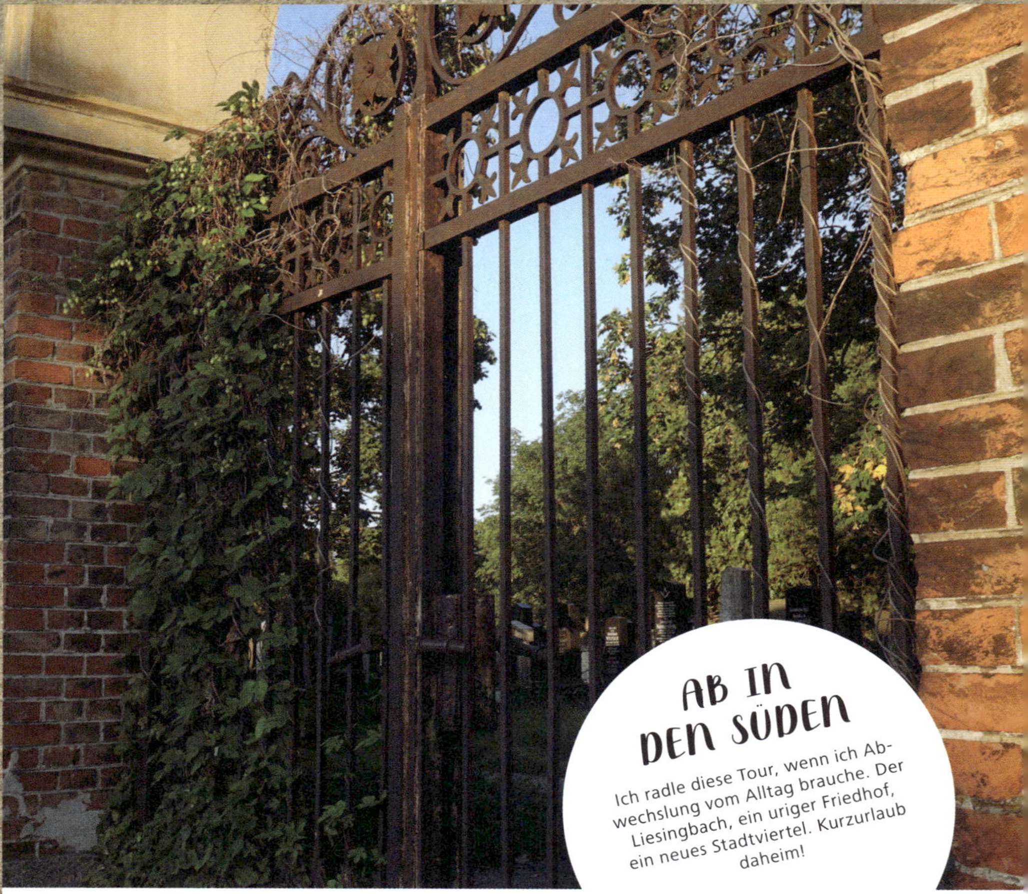

AB IN DEN SÜDEN

Ich radle diese Tour, wenn ich Abwechslung vom Alltag brauche. Der Liesingbach, ein uriger Friedhof, ein neues Stadtviertel. Kurzurlaub daheim!

➤ **1 /** Beim Hauptbahnhof Wien pedalieren wir los

➤ **2 /** Im Gasthaus Koci gibt´s deftige Cevapcici

➤ **3 /** Beim Oberlaaer Dorf-Wirt nehmen wir Gemüsecurry für z´Haus

➤ **4 /** Am Piratenspielplatz toben sich die Kinder aus

➤ **5 /** Der Brückenwirt bietet selbstgebrautes Bier

➤ **6 /** Der Zentralfriedhof zeigt uns seine mystischen Ecken

➤ **7 /** Im Böhmischen Prater spielen wir eine Partie Minigolf

➤ **8 /** Das Bikes and Rails ist das radfreundlichste Haus in Wien

➤ **9 /** Das Mimi im Stadtelefant hat Küche für alle und guten Wein

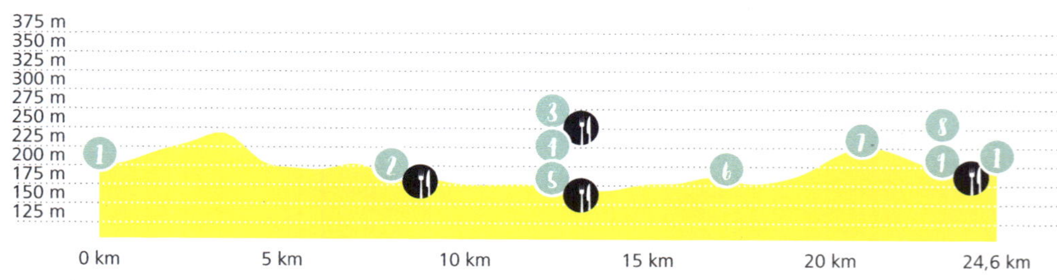

SÜDRANDMÉLANGE

Über den Liesingbachradweg ins Sonnwendviertel

Dem naturbelassenen Liesingbach folgend, radeln wir am südlichen Stadtrand entlang. Wir erkunden den alten Jüdischen Friedhof am Zentralfriedhof und den Böhmischen Prater. Im modernen Sonnwendviertel lassen wir den Abend im Mimi im Stadtelefant ausklingen.

25 Kilometer
85 Höhenmeter
2 Stunden
Rundtour

Start am Hauptbahnhof

Unsere Tour startet am 1 / Hauptbahnhof Wien im bevölkerungsreichsten Wiener Bezirk Favoriten. Wir fahren am Radweg durch die Sonnwendgasse und biegen links in die Gudrunstraße ein. Ab hier folgen wir der Beschilderung Laxenburg Radweg Eurovelo 9 bis zum Alten Landgut.

CHARAKTER

Sportlich ●●○○○
Abkühlung ●●●○○
Schlemmen ●●●●○
Panorama ●●●○○

Klein-Schweden

Wir rollen den sonnigen Südhang des Laaer Bergs auf einem hollandwürdigen Radweg die Favoritenstraße hinunter. Über den Stockholmer Platz biegen wir rechts in die Per-Albin-Hansson-Straße. Wir radeln durch eine idyllische Gartenstadt mit Reihenhäusern, queren über die Selma-Lagerlöf-Brücke die Südosttangente, biegen rechts in die Nebenfahrbahn der Laxenburger

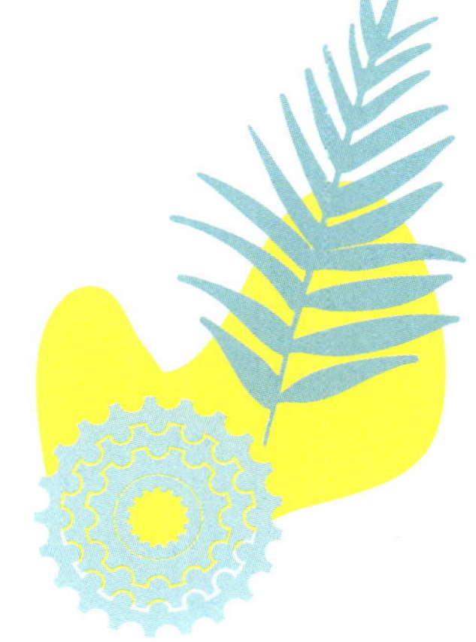

< links / Der Zentralfriedhof ist die letzte Ruhestätte für Menschen aller Religionen: Hinter diesem eisernen Tor liegt die jüdische Abteilung

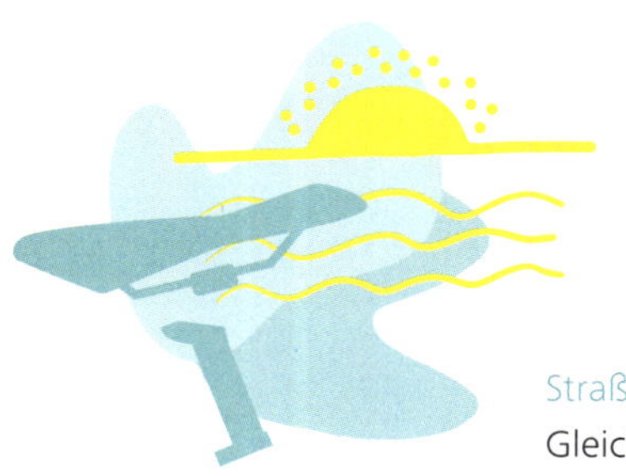

Straße und überqueren diese links in die Soesergasse einbiegend. Gleich danach fahren wir links in die Bleigasse, dann rechts in den Frödenplatz und links in die Neilreichgasse. Wir unterqueren die Bahngleise und biegen links in die Hochwassergasse. Wenn wir an dieser Stelle Hunger verspüren, dann schaffen wir mit einem Besuch im 2 / Gasthaus Koci (Draschestraße 81, 1230 Wien, +43 1615 56 26) Abhilfe. Am besten setzen wir uns in den Biergarten und schlagen mit Cevapcici mit Pommes zu.

Der Wirt zum Mitnehmen

Wir folgen nun der Beschilderung Liesingbachradweg Oberlaa und radeln auf Naturstein und festem Schotter unter hohen schattenspendenden Bäumen dem renaturierten Liesingbach entlang. Falls wir noch keinen Hunger haben, aber etwas für's Abendessen brauchen können, nehmen wir uns einfach beim 3 / Oberlaaer Dorf-Wirt (10–22 Uhr, Liesingbachstraße 75, 1100 Wien, +43 1688 76 63) Krautfleisch, Linseneintopf oder Gemüsecurry im Glas mit. In der Liesingbachstraße finden sich auch einige Heurige. Am besten die Hinweistafeln beachten, welcher wann „ausgsteckt" hat.

GELBES HAUS

Vor der Leopoldsdorfer Brücke schau nach rechts, da ist der 3 / Oberlaaer Dorf-Wirt. Um hinzukommen, 50 m vor der Brücke links und dann über die Brücke!

Piratengefängnis

Falls mitradelnde Kinder überschüssige Energie abbauen wollen, dann empfiehlt sich ein Besuch am 4 / Piratenspielplatz (gegenüber Klederinger Straße 213). Dort findet man alles, was Kinder- und junggebliebene Herzen begehren: Balancierseil, Rutsche und ein Kletterturm, das Piratengefängnis.

➤ rechts oben / Wien ist ein Dorf – in Oberlaa noch zutreffend: Liesingbachradweg mit Kirche Oberlaa ➤ rechts Mitte / Haus in Per-Albin-Hansson-Straße

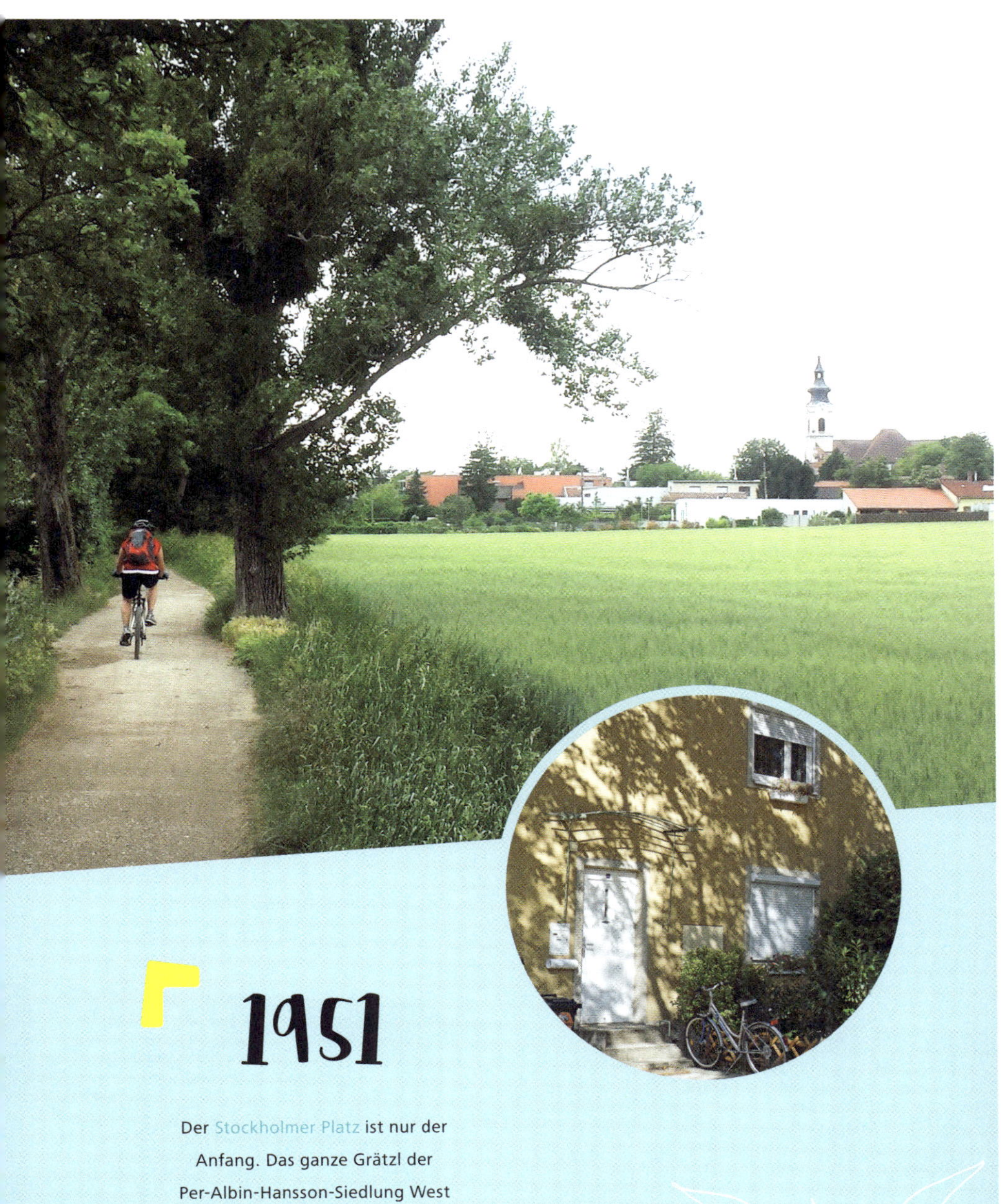

1951

Der Stockholmer Platz ist nur der Anfang. Das ganze Grätzl der Per-Albin-Hansson-Siedlung West wurde nach schwedischen Orten und Persönlichkeiten benannt. Von Malmö bis Selma-Lagerlöf. Als Dank der Stadt Wien für schwedische Hilfe nach dem 2. Weltkrieg.

PROMIBESUCH

Vom jüdischen Eck des 6 / Zentralfriedhofs ist es nahe zu den Ehrengräbern. Besucht doch Dohnal, Lamarr, Schubert, Falco und Co.

Elektrolyttankstelle

Die Gegend wird durch die uns umgebenden Getreidefelder nun ländlicher. Bevor wir den Liesingbachradweg verlassen, können wir beim 5 / Brückenwirt (Di–So 10–23 Uhr, Unterlaaerstraße 27, 1100 Wien, +43 1688 38 83, www.brueckenwirt-wien.at) unseren Elektrolytspiegel mit dem dort gebrauten Bier wieder anheben.

DER TOD MUSS EIN WIENER SEIN

Verwunschener Friedhof

Über die asphaltierte, wenig von Autos befahrene Straße Am Verschiebebahnhof verlassen wir den Liesingbachradweg und folgen der Beschilderung Laaerberg. Wenn wir lieber auf einem autofreien Weg unterwegs sein möchten, dann nehmen wir den Feldweg, der beim Brückenwirt nach Norden abzweigt. Dort folgen wir der Beschilderung Laaerberg und Simmeringer Hauptstraße. Inmitten der Felder blicken wir auf die Skyline des Wienerbergs und die Kuppel der Borromäus-Kirche am Zentralfriedhof. Wir überqueren auf der Gadnergassenbrücke die Bahngleise und fahren über die Spe-

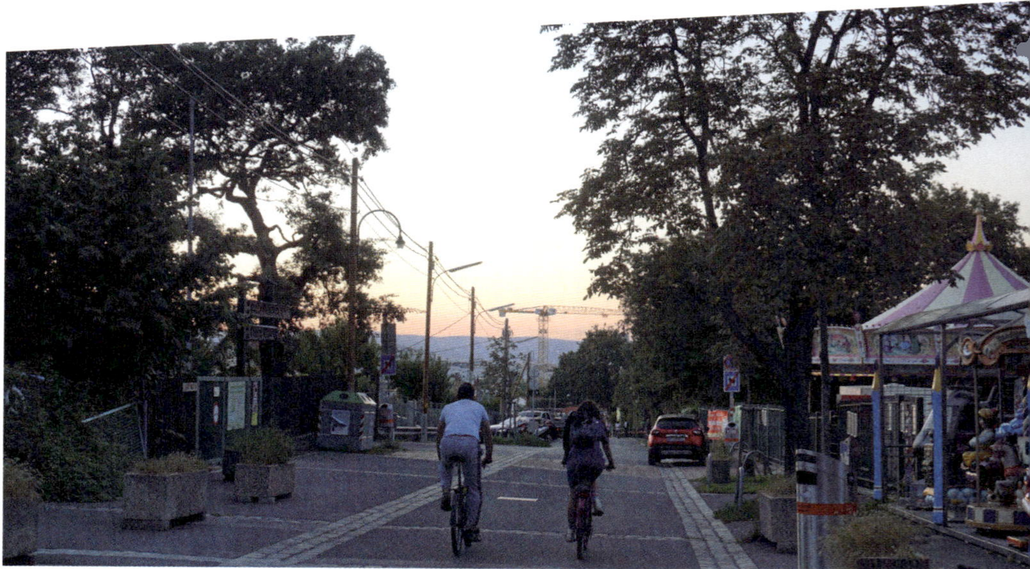

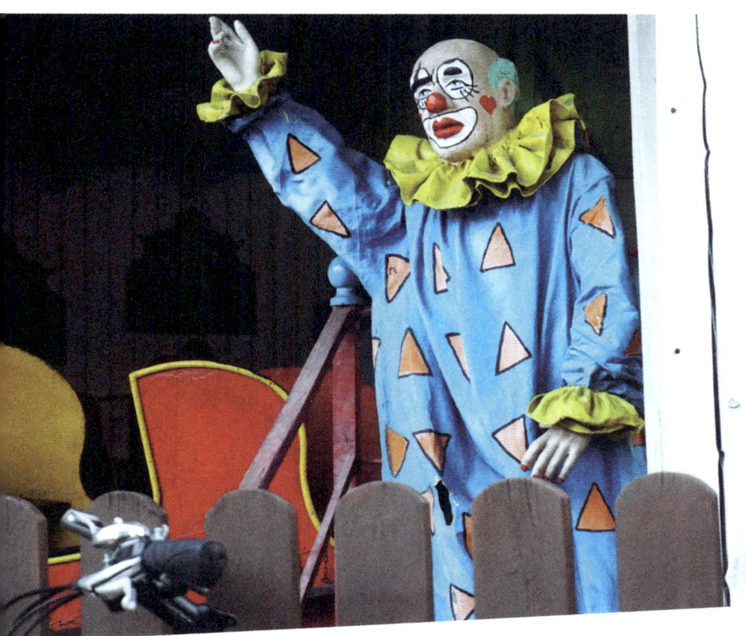

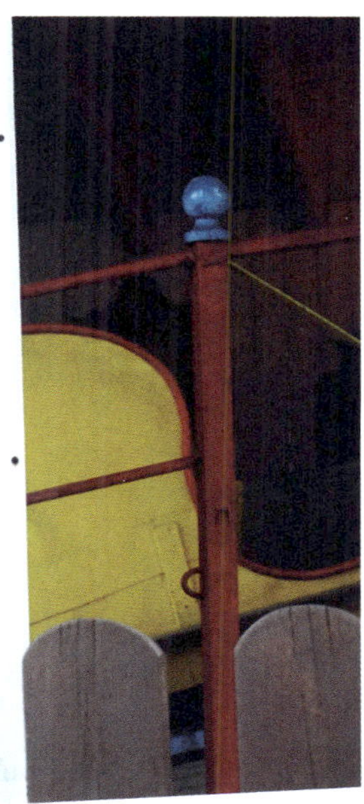

ditionsstraße in die Schemmerlstraße auf den Radweg. Wir folgen weiter der Beschilderung Simmeringer Hauptstraße und erreichen den alten Jüdischen Friedhof am 6 / Zentralfriedhof (Tor 11, Mylius-Bluntschli-Straße, 1110 Wien). Man erlebt hier eine friedliche Stimmung und ist beeindruckt, wie die alten Grabsteine von der Natur zurückerobert werden. Gelegentlich schauen Jogger, Eichhörnchen oder sogar Rehe vorbei.

Minigolf

Wir radeln jetzt die Schemmerlstraße nach Norden und biegen links in den bergauf führenden Straßenzug Swatoschgasse-Gadnergasse-Bitterlichstraße. Wir biegen rechts in den Löwyweg und fahren durch die Parkanlage Löwygrube. Wir haben den 7 / Böhmischen Prater (März–Nov. Laaerwald 30c, 1100 Wien, www.böhmischer-prater.at) erreicht, einem seit dem 19. Jahrhundert bestehenden Vergnügungspark, dessen Name sich von seinem ursprünglichen Publikum ableitet, nämlich den aus Böhmen und Mähren stammenden Arbeitern und Arbeiterinnen der damals umliegenden Ziegelwerke. Hier gibt es Fahrgeschäfte vom Ringelspiel bis zum Kinderautodrom und vom Panorama-Rad bis zum Zielschießen. Auch eine Runde Minigolf kannst du hier spielen.

>100 JAHRE

Der auf der Anhöhe des Laaer Bergs liegende 7 / Böhmische Prater wurde von Franz Bauer „gegründet“. Als Kantinenwirt des Ziegelwerks Laaer Wald führte er ein Gasthaus. Daneben stellte er Schaukel und Ringelspiel auf.

< links / Vom Böhmischen Prater hinab Richtung Ankerbrotfabrik
^ oben / Wie aus der Zeit gefallen: der Böhmische Prater im Laaer Wald

FRISCHLUFT

Euren Reifen Luft verschaffen könnt ihr im Erdgeschoß von 8 / Bikes and Rails. Vor der Werkstatt der Lenkerbande gibt's Luftpumpe & Co.

Ausklang im Sonnwendviertel

Durch die Puchsbaumgasse kommen wir zur Steudelgasse, in der wir rechts auf den Radweg einbiegen. Wir fahren die Artholdgasse gerade weiter und biegen links in die Hlawkagasse und gleich danach rechts in den Sissy-Löwinger-Weg. Nun sind wir im neuen, großteils autofreien Sonnwendviertel, das auf der Fläche des ehemaligen Südbahnhofs angelegt wurde. Man sieht hier Kinder auf Fahrrädern zwischen den Häusern herumflitzen oder miteinander Ball spielen. Von den Häusern, die von Baugruppen geplant wurden, ist 8 / Bikes and Rails (Emilie-Flöge-Weg 4, 1100, www.bikes-andrails.org) als gelungenes, radfreundliches Beispiel hervorzuheben. Es verfügt über eine fahrend erreichbare Tiefgarage nur für Fahrräder und eine eigene Fahrradwerkstatt. Im 9 / Mimi im Stadtelefant (Mo 11:45–14, Di, Mi, Do, Fr 11:45–14 u. 17–0, Sa 9:30–13 Uhr, Bloch Bauer Promenade 23, 1100 Wien, +43 665 655 746 43, Facebook: Mimi im Stadtelefant) lassen wir den Radtag bei internationaler Küche für alle geschmacklichen Vorlieben und einem guten Glas Wein ausklingen. Über die Bloch-Bauer-Promenade – die von Anrainerinnen und Anrainern als Fußgängerzone erkämpft wurde, Maria-Lassnig-Straße, Karl-Popper-Straße und Gerhard-Bronner-Straße kommen wir in fünf Minuten zurück zum Ausgangspunkt, dem 1 / Hauptbahnhof Wien.

2019

Fun Fact: Obwohl die Menschen in ein autofreies Grätzel ziehen wollten, sollte die Promenade des neuen Viertels – nach Vorstellung des Bezirks – mit Autos befahrbar sein. Eine Anrainerpetition machte die Bloch-Bauer-Promenade zur Fußgängerzone.

TOURENINFO / Gut geeignet für Familien mit selbstradelnden Kindern. Weg verläuft auf getrennten Radwegen, autofreien und verkehrsarmen Straßen. Teilweise unbefestigte Abschnitte. Einzelne kurze, mittelstarke Anstiege. Piratenspielplatz beim Liesingbach!

➤ **1 /** Hauptbahnhof Wien ➤ **2 /** Gasthaus Koci ➤ **3 /** Oberlaaer Dorf-Wirt
➤ **4 /** Piratenspielplatz ➤ **5 /** Brückenwirt ➤ **6 /** Zentralfriedhof
➤ **7 /** Böhmischer Prater ➤ **8 /** Bikes and Rails ➤ **9 /** Mimi im Stadtelefant

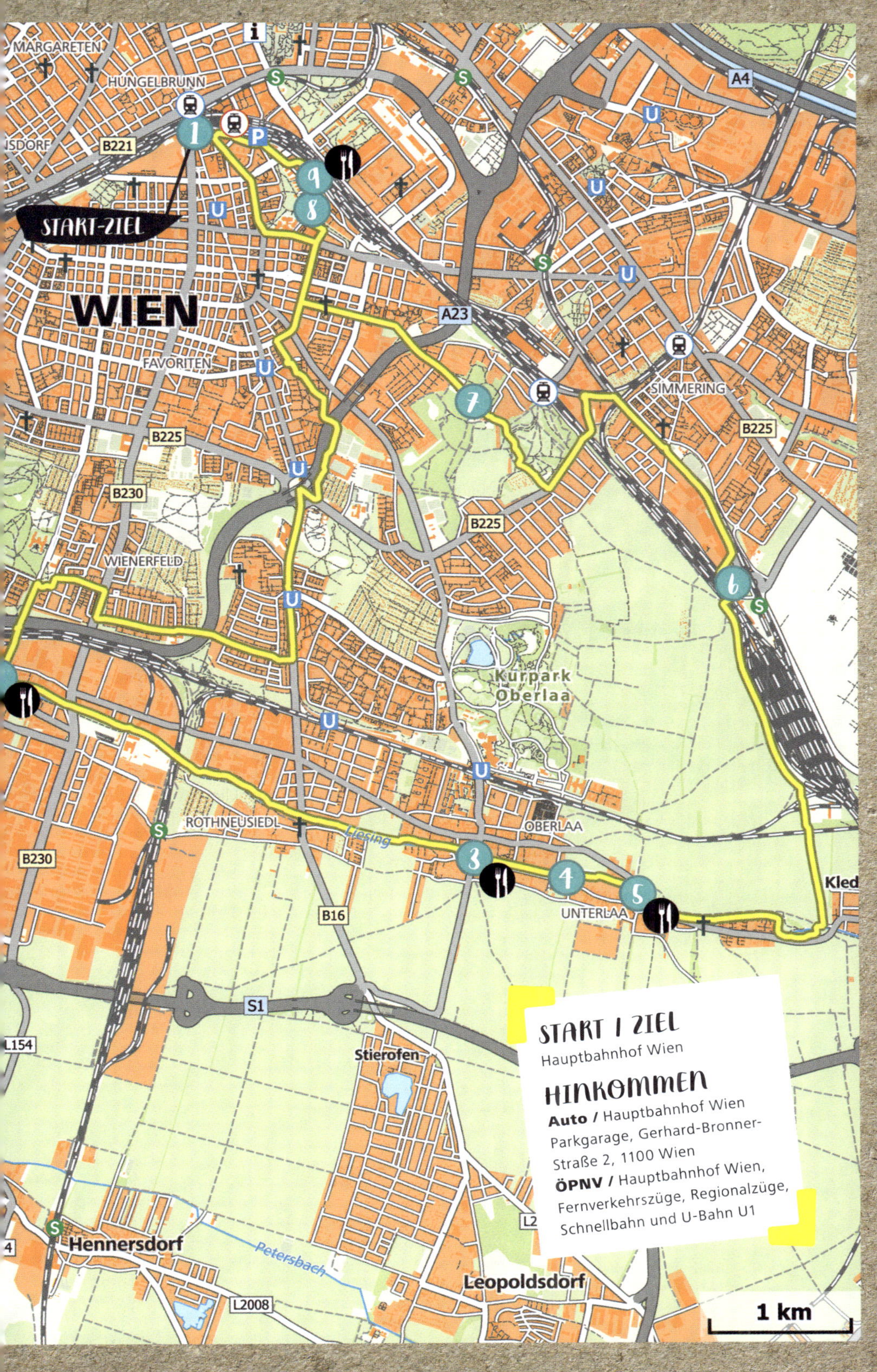

START / ZIEL
Hauptbahnhof Wien

HINKOMMEN
Auto / Hauptbahnhof Wien Parkgarage, Gerhard-Bronner-Straße 2, 1100 Wien
ÖPNV / Hauptbahnhof Wien, Fernverkehrszüge, Regionalzüge, Schnellbahn und U-Bahn U1

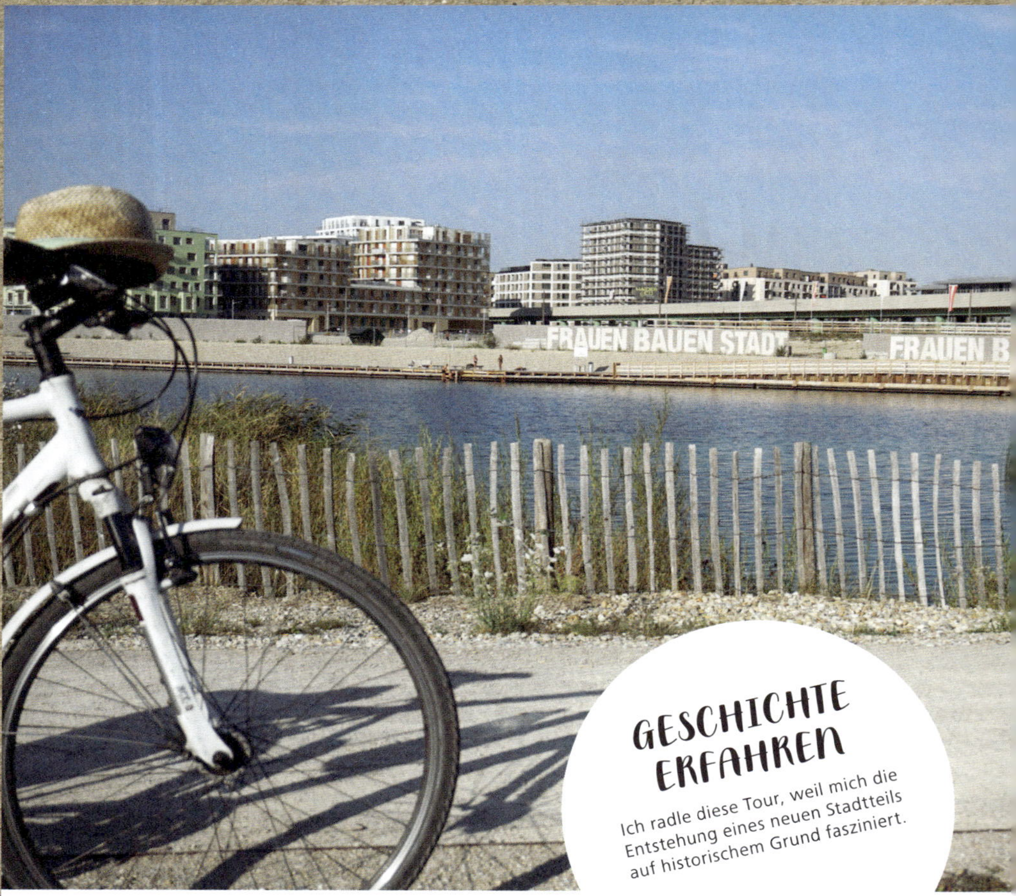

GESCHICHTE ERFAHREN

Ich radle diese Tour, weil mich die Entstehung eines neuen Stadtteils auf historischem Grund fasziniert.

➤ **1 /** Los geht´s bei der U2 Station Donaustadtbrücke

➤ **2 /** Im Museum 1809 erinnert alles an die Schlacht gegen Napoleon

➤ **3 /** Im United in Cycling gibt's selbstgemachte Quiche und Radservice

➤ **4 /** Das PingPong bietet gesunde 5-Elemente-Küche

➤ **5 /** Am Kieselstrand hüpfen wir in den See

➤ **6 /** Das Gasthaus Hansi labt uns am Rande des Auwaldes

➤ **7 /** Der Napoleon-Gedenkstein markiert Napoleons Marschroute

➤ **8 /** Im Nationalparkhaus lernen wir alles über den Auwald

➤ **9 /** Im Café im Leo chillen wir mitten in der Kleinen Stadtfarm

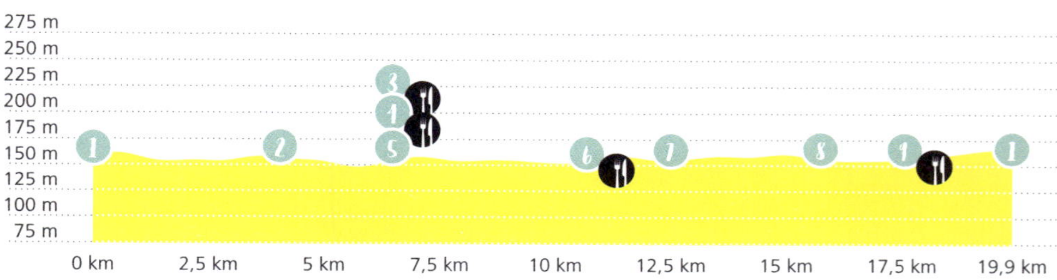

4

ZEITREISE

Vom Napoleonmuseum in die Seestadt Aspern

Wir radeln von der Donaustadtbrücke nach Aspern, wo wir zuerst im Museum 1809 von der Vergangenheit erfahren und danach die Zukunft in der Seestadt erkunden. Durch die Lobau radeln wir zum Café im Leo auf der Kleinen Stadtfarm.

20 Kilometer
5 Höhenmeter
1:30 Stunden
Rundtour

Start bei der Donaustadtbrücke

Wir starten unsere Tour bei der 1 / U2 Station Donaustadtbrücke. Wir nehmen den Radweg in der Kaisermühlenstraße und biegen auf Höhe des Bahnhofs Stadlau rechts in einen autofreien Weg unterhalb der U-Bahntrasse. Wir stoßen auf den Radweg in der Langobardenstraße, dem wir folgen und nach etwa 1 km linker Hand den Löwen von Aspern und die Asperner Pfarrkirche erblicken.

CHARAKTER

Sportlich ●●○○○
Abkühlung ●●●●●
Schlemmen ●●●○○
Panorama ●●●○○

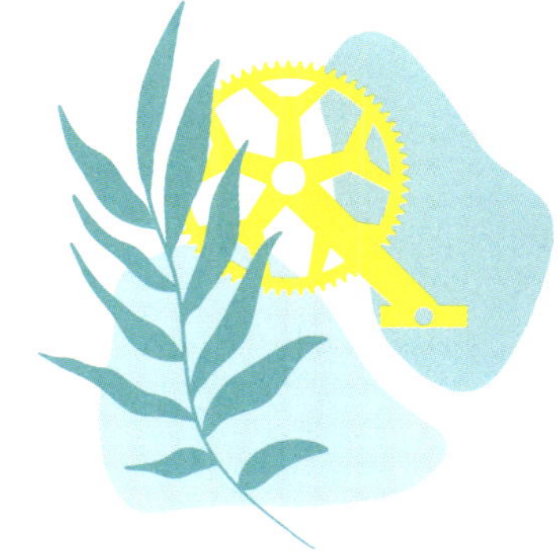

Anno 1809

Im 2 / Museum 1809 (April–Okt., So 10–12 Uhr, Sonderführungen, Eintritt frei, Asperner Heldenplatz 9, 1220 Wien, www.magazin-donaustadt.at/1809/museum.htm) hinter der Kirche erfahren wir anhand von ausgestellten Waffen, Fahnen und Uniformen über die Schlacht von Aspern zwischen Französischen und Österreichischen Truppen vor mehr als 200 Jahren.

◂ links / Die Seestadt Wien: Work-in-Progress um den See

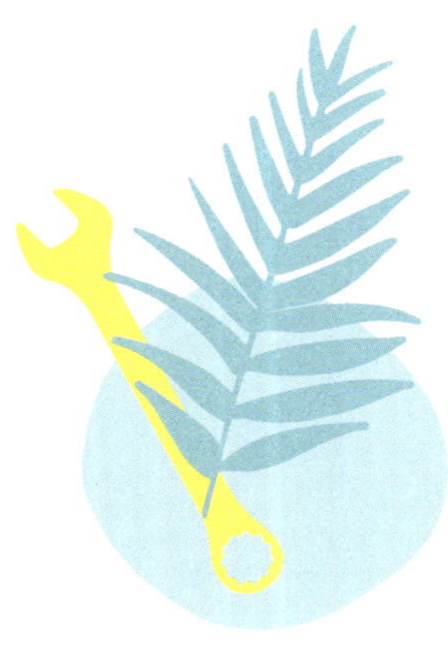

Anno 2030

Nach der Geschichtslektion radeln wir in die Zukunft. In die Seestadt Aspern, Stadtteil-in-Progress, der in den nächsten 10 Jahren mehr als 20.000 Menschen beherbergen soll. Wir fahren durch den Park in der Eisenhutgasse und dann gut 600 m durch die Haberlandtgasse. Der Seestadt nähern wir uns über autofreie Wege. Wir biegen links in die Strunzgasse, folgen gerade weiter in die Johann-Kutschera-Gasse und kommen entlang eines breiten Radwegs in die Seestadt. Wir biegen rechts in die Anna-Müller-Straße und gleich die erste links in die Ilse-Arlt-Straße. Nach der BMX Bahn geht´s rechts in den Madame-d´Ora-Park, nach zwei Blocks links in die Maria-Potesil-Gasse und nach einem Block beim Bildungscampus Seestadt rechts in den Hannah-Arendt-Platz. An dem fahren wir rechts vorbei und überqueren in der Frenke-Brunswik-Gasse die Sonnenallee. Wir halten uns halb rechts und sind am Eva-Maria-Mazzucco-Platz, der nahtlos in den Simone-de-Beauvoir-Platz und Wangari-Maathai-Platz übergeht. Man genießt die Belebtheit und gleichzeitig die Ruhe auf diesen Plätzen. Letztere verdanken wir der Wiener Stadtplanung, die viele der Seestädter Gassen und Plätze als autofreie Orte geschaffen hat.

FRAUENNAMEN

In der Seestadt wurden Straßen und Plätze nach Frauen benannt. Anna Müller war als Widerstandskämpferin eine „Gerechte unter den Völkern".

Rast und Plansch

Stärken wir uns im 3 / United in Cycling Shop & Café (Di–Fr 10–18, Sa 9–17 Uhr, Wangari-Maathai-Platz 3/2, 1220 Wien, +43 670 509 16 96, www.unitedincycling.com) bei Quiche oder selbstgemachten Kuchen wie Omamas Bananenkuchen, brasilianischem Karottenkuchen oder veganem Mohnkuchen. Oder im benachbarten 4 / PingPong Restaurant & Bar (11–22 Uhr, Simone-de-Beauvoir-Platz 7, 1220 Wien, +43 676 731 16 11, www.pingpong-seestadt.

➤ rechts oben / Die Seestadt Aspern gegen die Janis-Joplin-Promenade fotografiert ➤ rechts Mitte / Vor der Kirche in Aspern leitet uns das Schild zum Museum

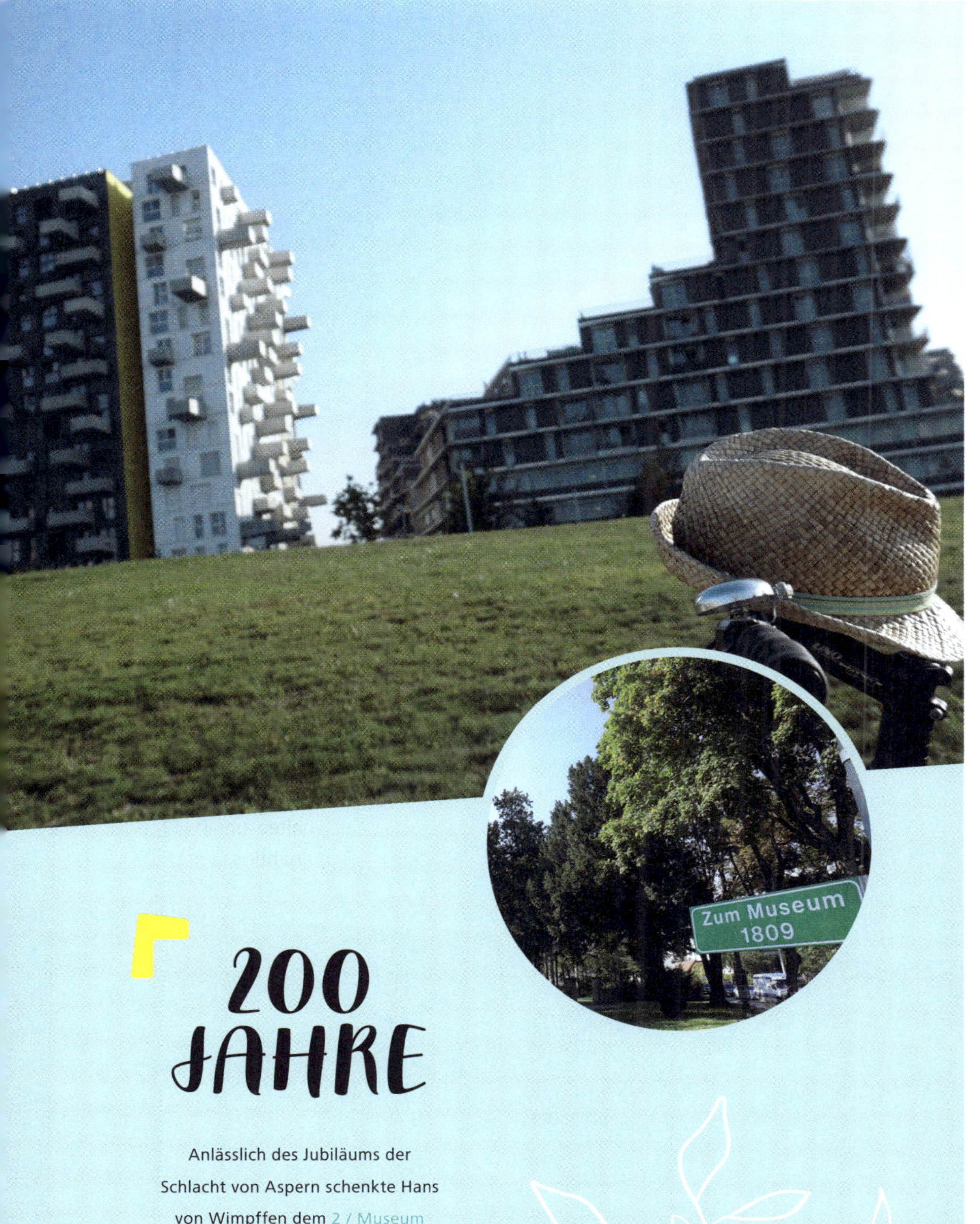

200 JAHRE

Anlässlich des Jubiläums der Schlacht von Aspern schenkte Hans von Wimpffen dem 2 / Museum 1809 Maximilian von Wimpffens Goldenes Vlies. Letzterer war als Generalstabschef mitverantwortlich für den Sieg der Habsburger im Mai 1809.

SONNEN-ANBETUNG

Die 5 / Kieselstrände sind perfekt für Sonnenanbeter. Bis die gepflanzten Bäume Schatten spenden, wird´s aber noch dauern.

at), das selbstgemachte Nudeln und nach der Fünf-Elemente-Küche frisch zubereitete Wok- und Curry-Gerichte anbietet. Vom Simone-de-Beauvoir-Platz biegen wir links in die Lydia-Sicher-Gasse und erreichen die Janis-Joplin-Promenade. Wir sind am See angelangt, dem Herz und Namensgeber des neuen Stadtteils. Wenn uns heiß ist, können wir an einem der beiden 5 / Kieselstrände das kühlende Nass aufsuchen.

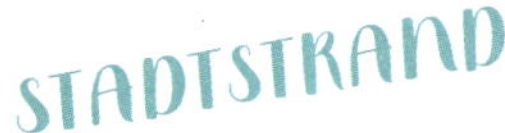

Auf in die Lobau

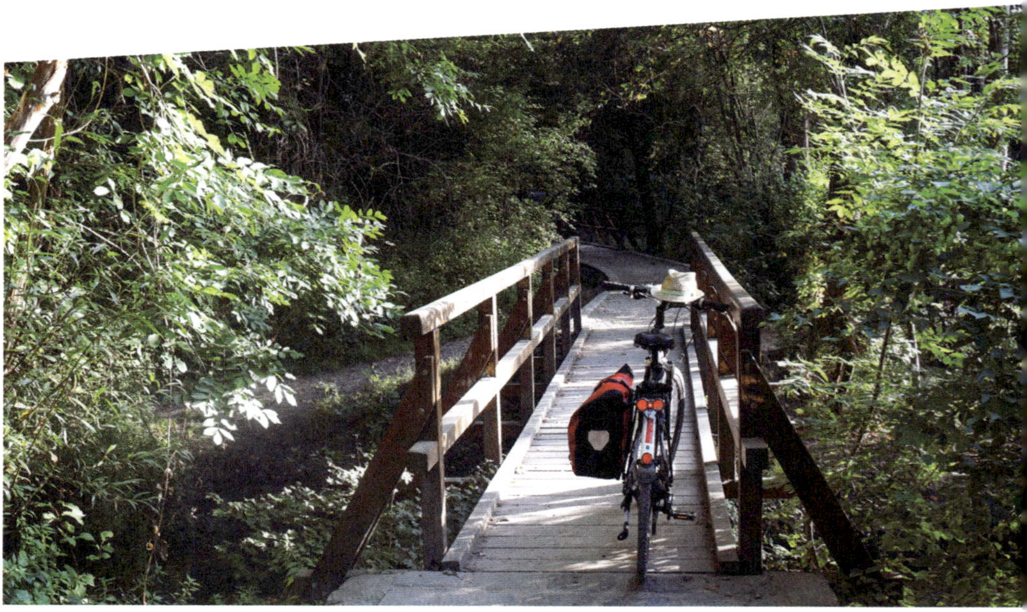

Von der Janis-Joplin-Promenade biegen wir rechts in die Seestadtstraße. Auf einem Radweg geht es gut 1 km entlang von Feldern und blühenden Wiesen. Wir halten uns links am Josefine-Hawelka-Weg und seiner Verlängerung der Rosthorngasse bis wir an der Esslinger Hauptstraße ankommen. Entlang dieser fahren wir auf einem Geh- und Radweg und biegen bei der Ampel auf Höhe Telephonweg rechts in die Kirschenallee, die wir bis zum Anstoßen

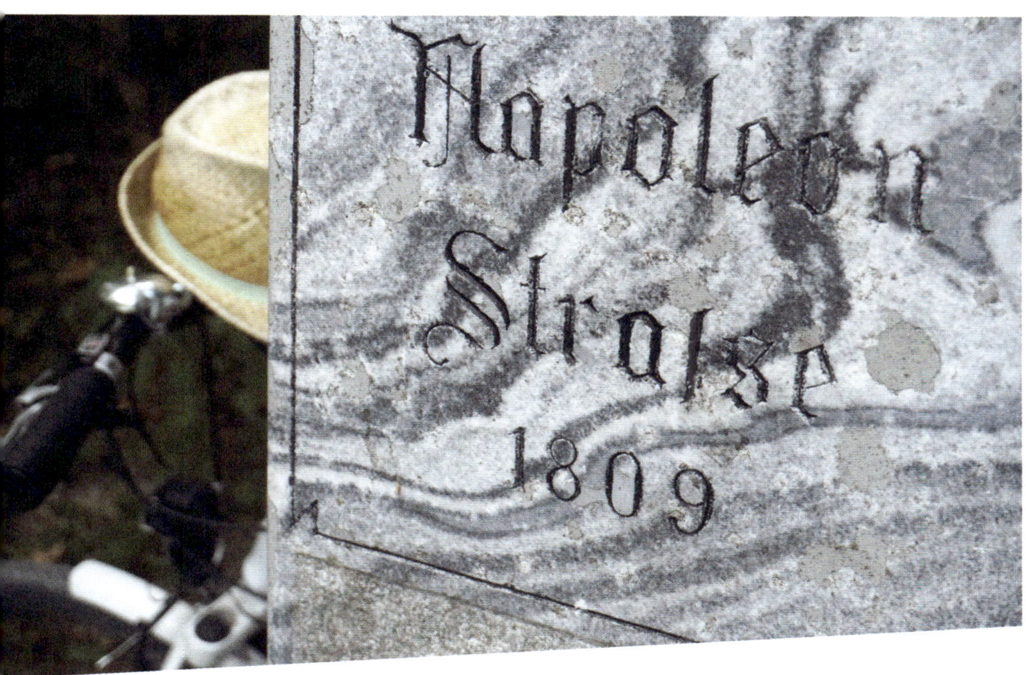

in der Reinholdgasse durchfahren. Wir fahren links in die Esslinger Furt am 6 / Gasthaus Hansi (10–22, 1. Okt.–31. März. Mo–Mi, So u. Fei 10–16 Uhr, Esslinger Furt 4, 1220 Wien, +43 1890 14 42, www.gasthaus-hansi.at) vorbei, in dem wir uns noch schnell ein Kaltgetränk oder Hausmannskost in großzügigen Portionen im schattigen Gastgarten genehmigen, bevor wir die Lobau entern.

Napoleon nochmal

Wir radeln über eine Holzbrücke in den Auwald und nehmen die erste Abzweigung rechts, dann links am Oberleitner Wasser vorbei und rechts beim Rastplatz in die Vorwerkstraße. Nach der Kreuzung kommen wir zu einem Napoleonstein. Er markiert die 7 / Alte Napoleonstraße, über die 1809 zehntausende französische Soldaten über die damalige Donauinsel Lobau in das Marchfeld marschiert sind. Bei den nächsten zwei Abzweigungen bleiben wir links am Hauptweg. Wir überqueren Wasser und Schilf auf einer Holzbrücke, dem Josefsteg. Wir folgen der Beschilderung Nationalparkhaus und erreichen das 8 / Besucherzentrum Nationalparkhaus (5. Mai–26. Okt., Mi–So, 10–18 Uhr, Dechantweg 8, 1220 Wien, www.donauauen.at/besuchen/nationalparkhaus-wien-lobau)

‹ links / Über ein Brückerl bei der Esslinger Furt in die Lobau ^ oben / Wo wir gemütlich radeln marschierten 1809 Napoleons Truppen

BLAU

Jeder kennt Napoleons blauen Gehrock. Mit diesem ist er auch hier mit seinen Truppen durchmarschiert. So leuchtend sind die schlichten Steine, die u.a. an die 7 / Alte Napoleonstraße erinnern, nicht. Könnt ihr trotzdem weitere entdecken?

HOLZBAU

Wenn sich der Auwald lichtet und Zivilisation vom Biberhaufenweg hörbar wird, halte links Ausschau nach dem 8 / Nationalparkhaus.

in wenigen Radminuten. Dort erfährst du alles, was du über die Lobau als Teil des Nationalpark Donau-Auen wissen möchtest.

Café am Bauernhof

Wir biegen rechts in den Radweg am Biberhaufenweg, wo wir gleich nach der Querung des Mühlwassers in den Naufahrtweg abbiegen. Wir stärken uns zum Abschluss unserer Tour mit gegrilltem Steckerlfisch im 9 / Café im Leo (Mo–Fr 10–16, Sa, So 10–18 Uhr, Naufahrtweg 14, 1220 Wien, +43 1282 77 38, www.cafeimleo.at) auf dem Gelände der Kleinen Stadtfarm, einem Gemeinschaftshof und Verband von ökologischer und sozialer Initiativen. An Sonntagen gibt´s Brunch mit orientalischen Köstlichkeiten wie Fladenbrot, Falafel oder Hummus. Am Ende des Naufahrtweges fahren wir links in den Zieselweg, links über eine Brücke über das Schillerwasser, unterqueren die Ostbahngleise, nehmen die ampelgeregelte Radwegüberfahrt über den Autobahnzubringer Am Kaisermühlendamm und fahren entlang des Dammweges noch ein paar hundert Meter stromaufwärts und erreichen den Ausgangspunkt unserer Tour, die 1 / U2 Station Donaustadtbrücke.

›20

Der Gemeinschaftshof Kleine Stadtfarm am Naufahrtweg 14 beherbergt viele ökologische und soziale Initiativen, die sich zum Wohl von Mensch und Umwelt einsetzen. Für die Kulinarik sorgt das 9 / Café im Leo.

TOURENINFO / Gut geeignet für Familien mit selbstradelnden Kindern und für Radanhänger. Einzelne Abschnitte in der Lobau sind unbefestigt. Die sonstigen Streckenteile sind asphaltiert. Der Weg verläuft auf getrennten Radwegen, autofreien und verkehrsarmen Straßen. Ebene Strecke. Badesachen einstecken!

➤ **1 /** U2 Station Donaustadtbrücke ➤ **2 /** Museum 1809 ➤ **3 /** United in Cycling Shop & Café ➤ **4 /** PingPong Restaurant & Bar ➤ **5 /** Kieselstrand Seestadt Aspern ➤ **6 /** Gasthaus Hansi ➤ **7 /** Gedenkstein Alte Napoleonstraße ➤ **8 /** Besucherzentrum Nationalparkhaus ➤ **9 /** Café im Leo

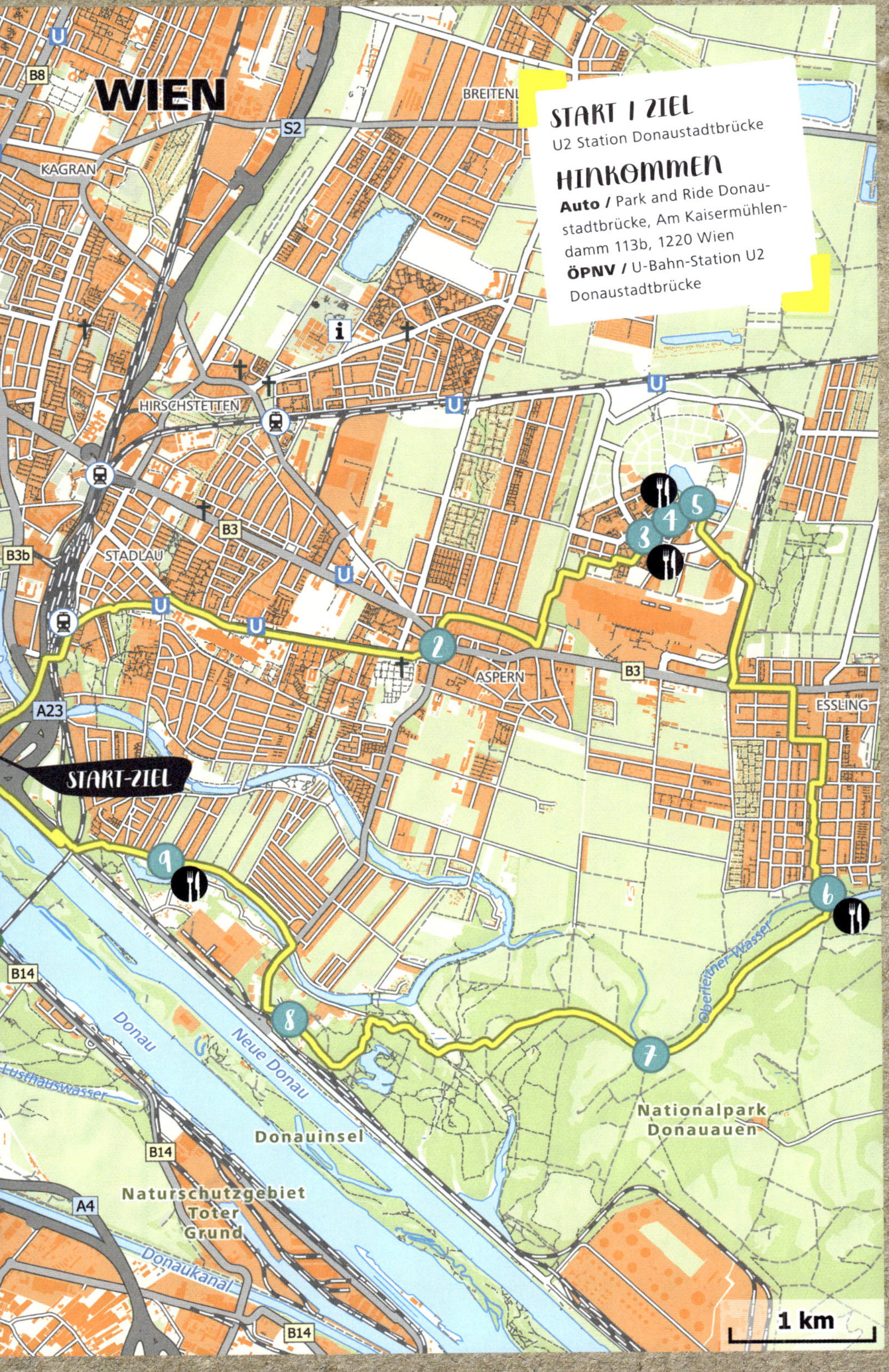

WIEN
START / ZIEL
U2 Station Donaustadtbrücke
HINKOMMEN
Auto / Park and Ride Donaustadtbrücke, Am Kaisermühlendamm 113b, 1220 Wien
ÖPNV / U-Bahn-Station U2 Donaustadtbrücke
KAGRAN
BREITENL
S2
B8
HIRSCHSTETTEN
STADLAU
B3b
B3
ASPERN
ESSLING
A23
START-ZIEL
Oberleitner Wasser
Donau
Neue Donau
Lusthauswasser
Donauinsel
Nationalpark Donauauen
Naturschutzgebiet Toter Grund
Donaukanal
B14
A4
1 km

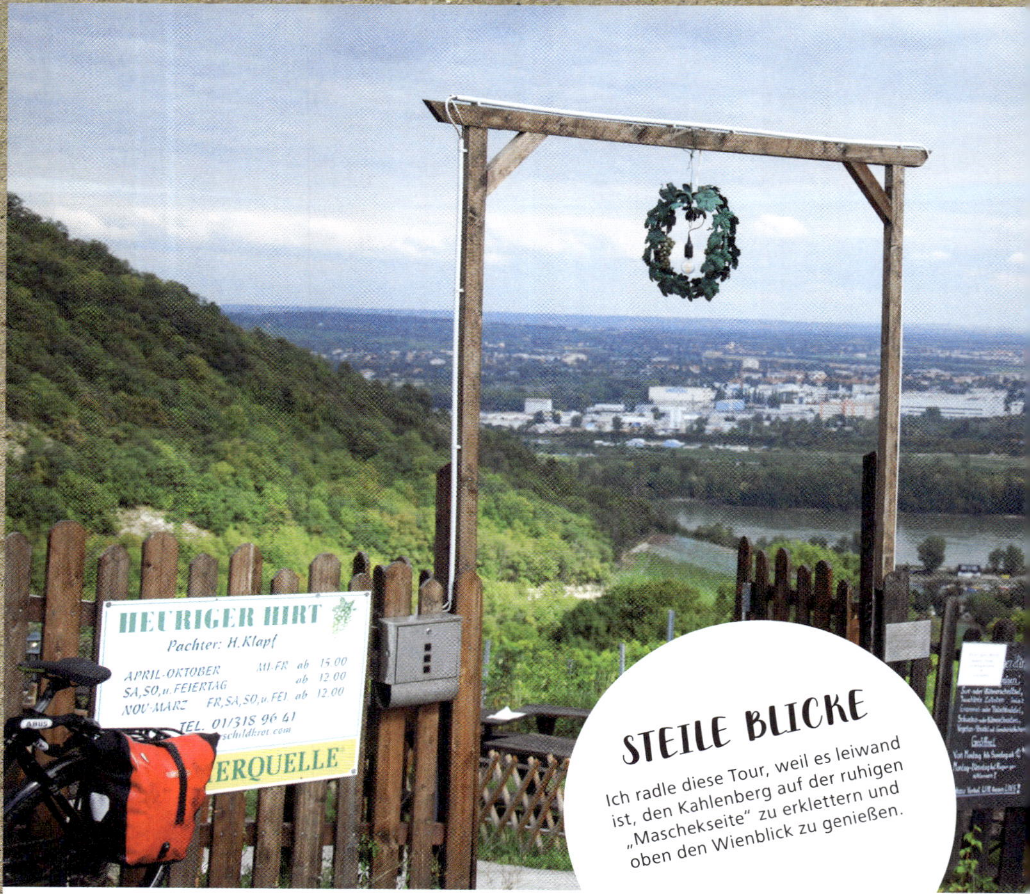

STEILE BLICKE

Ich radle diese Tour, weil es leiwand ist, den Kahlenberg auf der ruhigen „Maschekseite" zu erklettern und oben den Wienblick zu genießen.

➤ **1 /** Beim Bahnhof Heiligenstadt rollen wir los

➤ **2 /** Beim Taschler gibt´s Heurigenkost im Nussbaumschatten

➤ **3 /** Das Donaumädchen ist ein Kunstwerk von Prof. Hutter

➤ **4 /** Beim Heurigen Hirt blicken wir auf´s Kahlenbergerdörfl

➤ **5 /** Die Buschenschank am Nußberg lockt mit Brettljause

➤ **6 /** Vom Waldfriedhof Kahlenberg gibt´s geheime Fernblicke

➤ **7 /** Beim Sobieski Stand´l serviert ein uriger Wiener Apfelstrudel

➤ **8 /** Das Häuserl am Himmel ruft uns mit selbstgemachten Mehlspeisen

➤ **9 /** Im Oktogon am Himmel gibt´s himmlische Aussicht

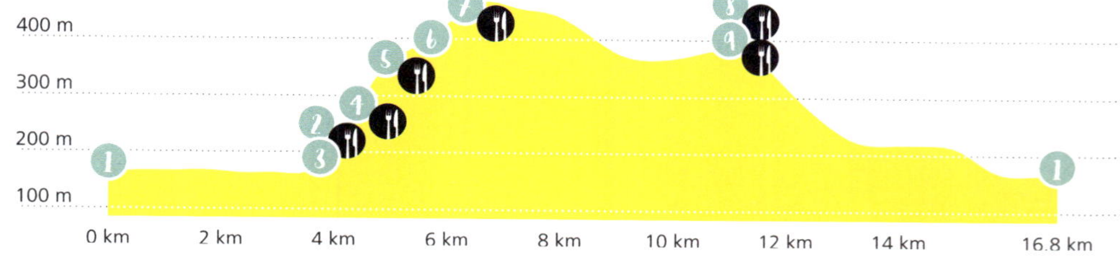

WADL-DELIKATESSE

Vom Kahlenbergerdorf auf den Kahlenberg

Wir klettern mit dem Rad auf der „Maschekseite" vom Kahlenbergerdorf auf den Kahlenberg. Vom geheimnisvollen Waldfriedhof genießen wir Blicke über Wien und bis zum Schneeberg. Nach einer kulinarischen Rast rollen wir vom Himmel hinunter.

17 Kilometer
330 Höhenmeter
1:30 Stunden
Rundtour

Start in Heiligenstadt

Wir starten am 1 / Bahnhof Heiligenstadt beim Ausgang zum Leopold-Ungar-Platz. Wir radeln nach links in die Muthgasse und biegen die zweite Gasse rechts in die Holzgasse und kommen unter der hochgeführten Autostraße auf den Donaukanalweg, in den wir links einbiegen und dem wir stromaufwärts folgen. Wir sehen rechts die Schemerlbrücke mit den markanten Bronzelöwen, die das Nussdorfer Wehr bewachen und radeln entlang der Donau einen kurzen Abschnitt des Donauradweges weiter. 250 m nach dem Jachthafen biegen wir von der Kuchelauer Hafenstraße links ab und fahren durch die Bahnunterführung in die Billergasse und sind schon mitten im „Kahlenbergerdörfl".

CHARAKTER

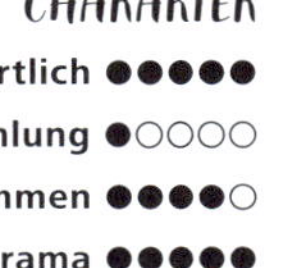

Sportlich	●●●●●
Abkühlung	●○○○○
Schlemmen	●●●●○
Panorama	●●●●●

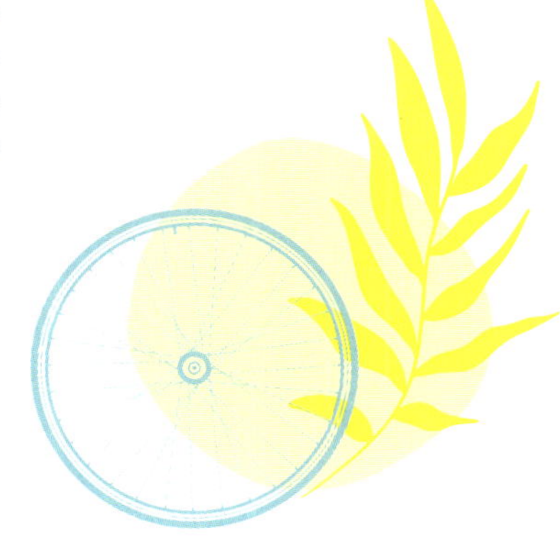

◂ **links / Vom Heurigen Hirt genießen wir die Aussicht auf die Donau und Transdanubien**

Mit Wadlkraft hinauf

An der T-Kreuzung fahren wir links in die Bloschgasse und gleich anschließend in einem U-Haken wieder rechts in die Wigandgasse. Wir halten uns links am Hauptweg und passieren die 2 / Buschenschank Taschler (Do–Sa ab 15, So u. Fei ab 10 Uhr, Jän.–März Fr–So, Geigeringasse 6, 1190 Wien, +43 664 447 13 96), in der wir im Schatten eines Nussbaumes bei typischer Heurigenkost nochmal Kräfte für den Anstieg sammeln können. Wir erfreuen uns am Anblick der von Wolfgang Hutter entworfenen Skulptur 3 / Donaumädchen (St. Georg-Platz 2), bevor wir in der Eisernenhandgasse, die steil durch die nordöstlichen Weinberge des Kahlenbergs ansteigt, hinaufradeln.

Luft holen

Nach fast 1 km kräfteraubender Fahrt dürfen wir uns schon die erste Verschnaufpause mit traumhafter Aussicht auf das Kahlenbergerdörfl und die Donau beim 4 / Heurigen Hirt (Mo–So, saisonal unterschiedliche Öffnungszeiten, Eiserne Handgasse Parzelle 165, Kahlenbergerdorf, 1190 Wien, +43 1318 96 41, +43 1664 277 31 41, www.heuriger-hirt.at) gönnen. Ob´s an dieser Stelle schon der Schweinsbraten sein muss oder doch eher ein Aufstrichbrot mit einem Glas Traubensaft, kann jeder selbst entscheiden. Wir bleiben in der Eisernenhandgasse und halten uns nach 500 m an einer T-Kreuzung links. Hier wartet in der 5 / Buschenschank am Nußberg Feuerwehr Wagner (Schönwetter Sa, So u. Fei ab 13 Uhr, Eisernenhandgasse 17, 1190 Wien, +43 1320 24 42, www.feuerwehrwagner.at) die letzte Labemöglichkeit vor dem Gipfel auf uns.

WEITBLICK

Verdientermaßen gönnt man sich beim 4 / Heurigen Hirt eine Rast und genießt den Blick aufs Kahlenbergerdörfl und „Transdanubien".

➤ rechts oben / Durchs liebliche Kahlenbergerdörfl hinauf auf den Kahlenberg ➤ rechts Mitte / Noch eine Kunststation vor dem Anstieg: das Donaumädchen im Kahlenbergerdörfl

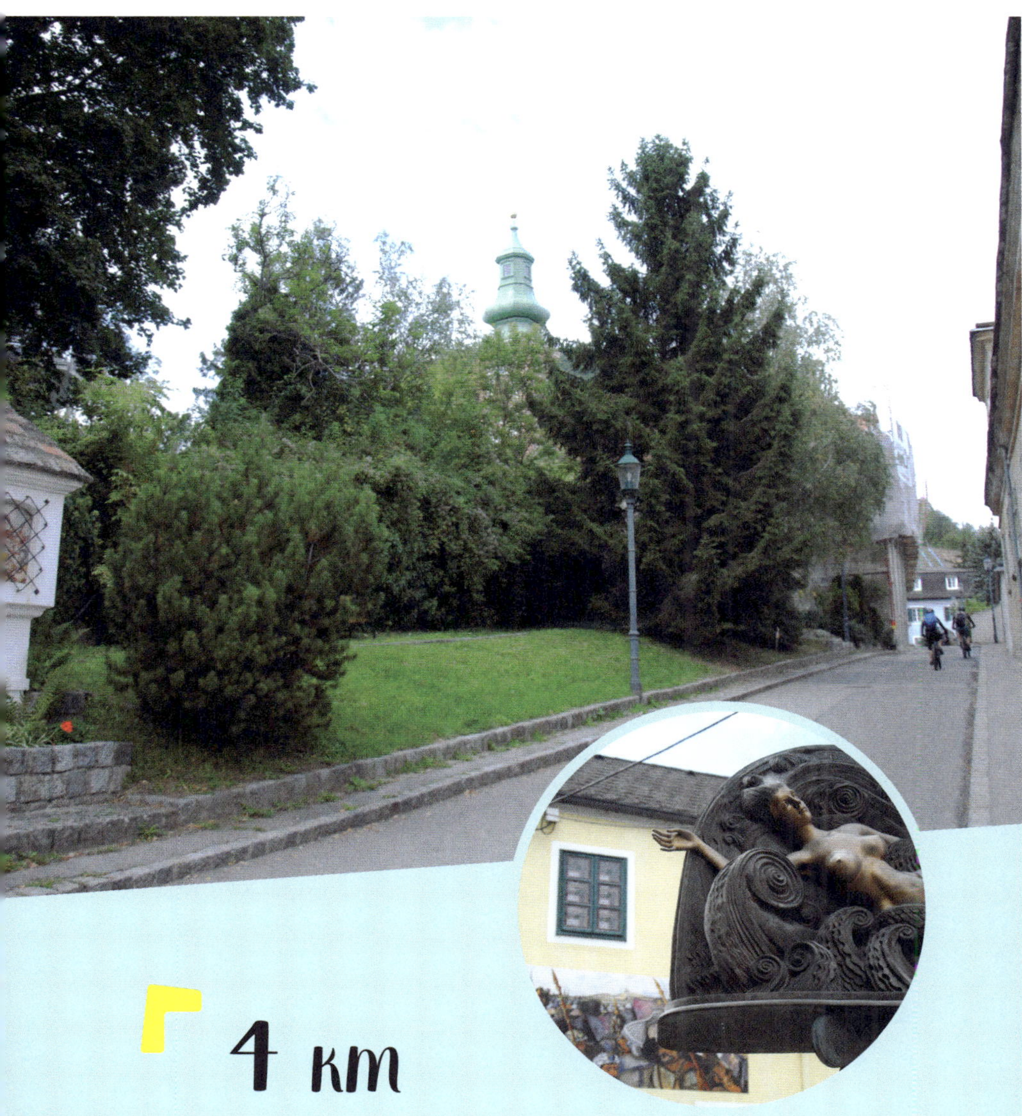

4 km

Inspiriert von der „Donaunixen"-Sage wurde auf Initiative des Vereins „Freunde des Kahlenbergerdorfes" das Kunstwerk 3 / Donaumädchen geschaffen. Es soll den Ort schmücken und Wanderer erfreuen. Wir freuen uns, bevor es ab hier schweißtreibend wird.

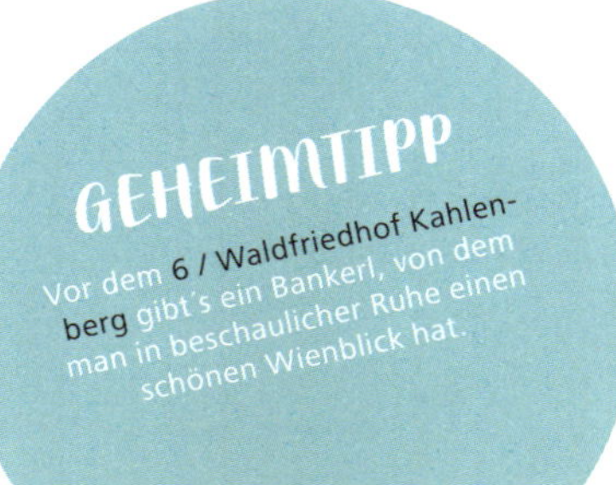

FRIEDLICHE RUHESTÄTTE MIT AUSBLICK

Himmlische Aussicht

Den steilsten Weg haben wir geschafft. Wir biegen rechts in die nur gering ansteigende Kahlenbergerstraße und nach 600 m haben wir vom 6 / Waldfriedhof Kahlenberg himmlische Aussichten über Wien, während wir durch den Wald schon touristisches Stimmengemurmel von der Aussichtsterrasse, „einen Stock" über uns vernehmen. Auf diesem Friedhof wurden ursprünglich nur historische Persönlichkeiten beigesetzt. Seit Kurzem ist der Friedhof für alle nutzbar. Bekannte hier bestattete Persönlichkeiten sind die Künstlerin Karoline Traunwieser, die „Braut vom Kahlenberg", oder Leopold Ungar, langjähriger Caritas-Leiter. Per QR-Code kann ein Audioguide aufgerufen werden. Publikumsliebling Peter Weck erzählt darin über Ungars Leben.

Geschafft

Nach zwei Serpentinen haben wir das Plateau des Kahlenbergs erreicht. Historische Bedeutung hat er durch Polens König Sobieski,

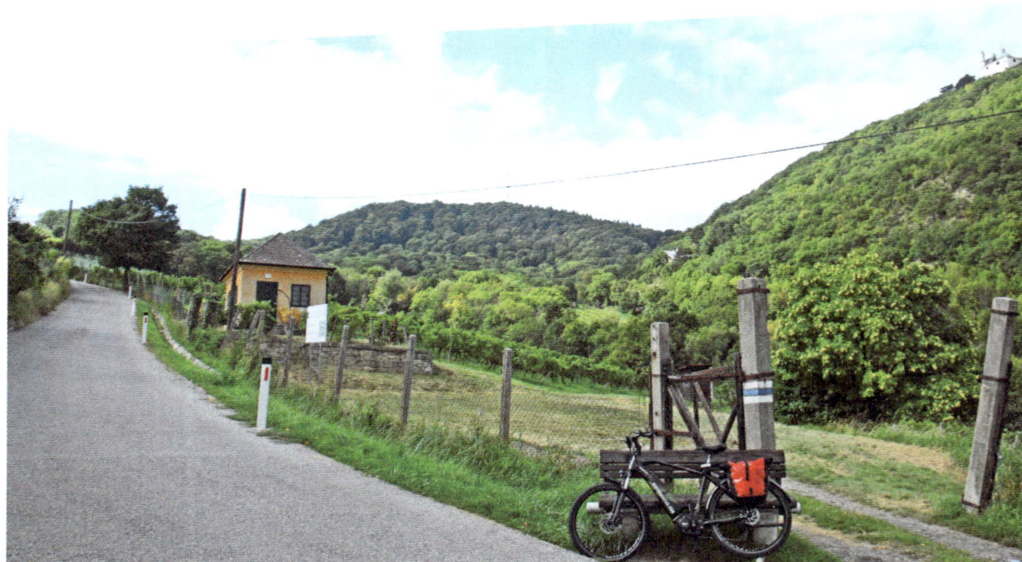

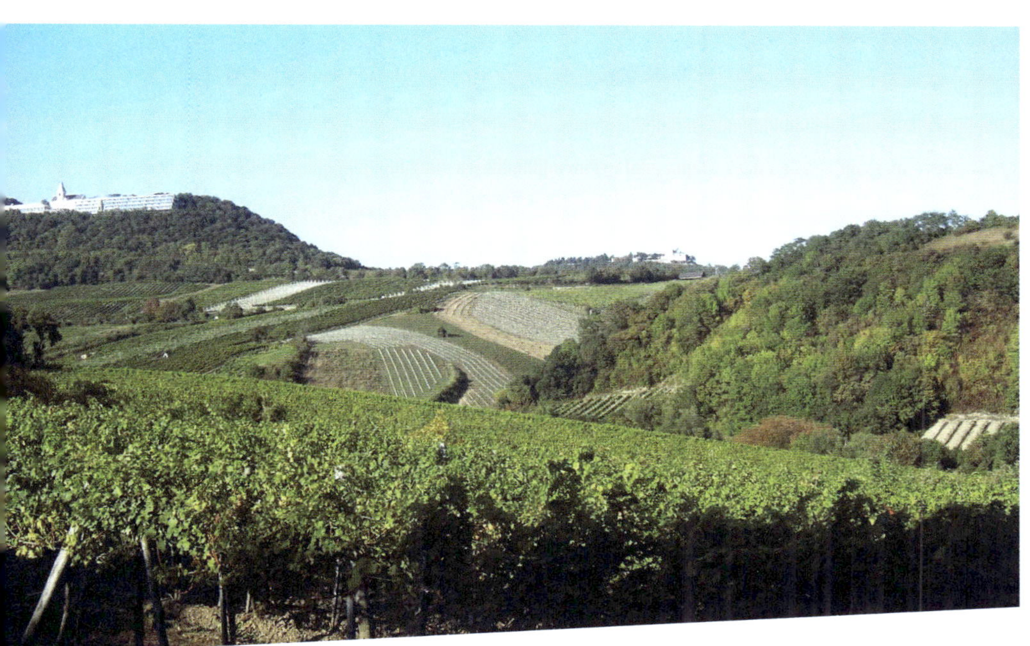

den „Retter von Wien", der 1683 hier während der Zweiten Wiener Türkenbelagerung den entscheidenden Angriff gegen die Türken führte. Heute ist er ein beliebter Ausflugsort bei Touristen und Einheimischen. Einen schnellen Imbiss, pikant oder süß, können wir uns bei einem Wiener Original, am 7 / Stand'l Sobieski (Mo–So 10–19 Uhr, Am Kahlenberg 13, 1190 Wien) holen.

1905

Nach dem Baubeschluss zu Beginn des 20. Jahrhunderts, dauerte es noch 35 Jahre bis die Höhenstraße 1940 fertig war. Über den Granitkleinsteinbelag müssen wir noch länger holpern. Dafür sorgt der Denkmalschutz und seit 2019 ein Gerichtsurteil.

Himmlische Einkehr

Nun lassen wir uns bergab rollen. Zuerst links am Denkmal „Schlacht am Kahlenberg" vorbei und durch den Villenweg bis zur Höhenstraße fahren, in die wir links einbiegen. Nach mehreren Kehren passieren wir das rechter Hand befindliche Schloss-Restaurant Cobenzl, das bis Herbst 2022 umgebaut werden soll. Wir biegen in die Himmelstraße und haben die Qual der Wahl beim Einkehrschwung. Linker Hand gibt's einen gemütlichen Gastgarten mit Hausmannskost im Ausflugsrestaurant 8 / Häuserl am Himmel (Do–So, Fei 9–18 Uhr, Himmelstraße 80, 1190 Wien, +43 1320 66 61) und rechter Hand lockt das 9 / Café Restaurant Oktogon am Himmel (Mi–Fr 12–21, Sa, So, Fei 11–21, Nov.–Feb., Sa, So, Fei 11–21 Uhr, Himmelstraße 125/Ecke Höhenstraße, 1190 Wien,

< links / Die Eisernenhandgasse bietet beste Aussicht auf Leopolds- und Kahlenberg ^ oben / Kahlenbergblick: Fantastische Ausblicke haben wir an vielen Stellen auf unserer Runde

EXPRESSIONISMUS

In der Grinzinger Allee siehst du links auf Nummer 50 die ehemalige Villa Lemberger, erbaut von Wagner-Schüler Jan Kotera.

+43 1328 89 36, www.himmel.at), das uns eine gute Auswahl an vegetarischen Gerichten, einen eigenen „Himmelwein" und einen letzten betörenden Blick über die Dächer von Wien bietet.

Vom Himmel herab

Nach Wadlrast und Energiezufuhr gleiten wir die Himmelstraße hinunter und uns rechts haltend in der Straßergasse weiter. Wir biegen nach 500 m rechts in die Grinzinger Allee, einem kurzen unangenehmen Abschnitt, da es auf dieser Schienenstraße keinen Radweg und keine Umfahrungsmöglichkeiten gibt. Nach zwei Blocks biegen wir links in die Hungerbergstraße und bleiben an deren Ende ganz links am Geh- und Radweg, der in der Haubenbiglgasse fortgesetzt wird. Nach dem Ende des Radweges biegen wir rechts in die Hohe Warte, abermals eine Schienenstraße, die in diesem Abschnitt etwas weniger stark von Autos befahren ist. Nach zwei Blocks biegen wir links in die Gallmeyergasse, ab der wir der Beschilderung Radroute Heiligenstadt folgen. Ab 12.-Februar-Platz folgen wir der Wegweisung Radroute Donaukanal. Nach dem sehr schmalen Zweirichtungsradweg durch die Bahnunterführung fahren wir die erste Möglichkeit rechts in die Muthgasse. Wenn wir nach einem Block wieder rechts fahren, haben wir unseren Ausgangspunkt, den 1 / Bahnhof Heiligenstadt, erreicht.

1851

An der Adresse Hohe Warte 38 ist der älteste staatliche Wetterdienst zu Hause. Die Zentralanstalt für Meteorologie und Geodynamik, die im Auftrag von Kaiser Franz Joseph I. errichtet wurde. Markant ist der Wetterbeobachtungs-Turm des Hann Hauses.

TOURENINFO / Weniger geeignet für Familien mit Kindern. Wegführung abschnittsweise im Mischverkehr auf Straßen mit höherem Verkehrsaufkommen. Strecke durchgängig befestigt, teilweise Kopfsteinpflaster (Höhenstraße). Kurzer starker Anstieg (> 10 %) auf den Kahlenberg. E-Bike-Empfehlung!

➤ **1 /** Bahnhof Heiligenstadt ➤ **2 /** Buschenschank Taschler ➤ **3 /** Donaumädchen ➤ **4 /** Heuriger Hirt ➤ **5 /** Buschenschank am Nußberg ➤ **6 /** Waldfriedhof Kahlenberg ➤ **7 /** Stand'l Sobieski ➤ **8 /** Häuserl am Himmel ➤ **9 /** Café Restaurant Oktogon am Himmel

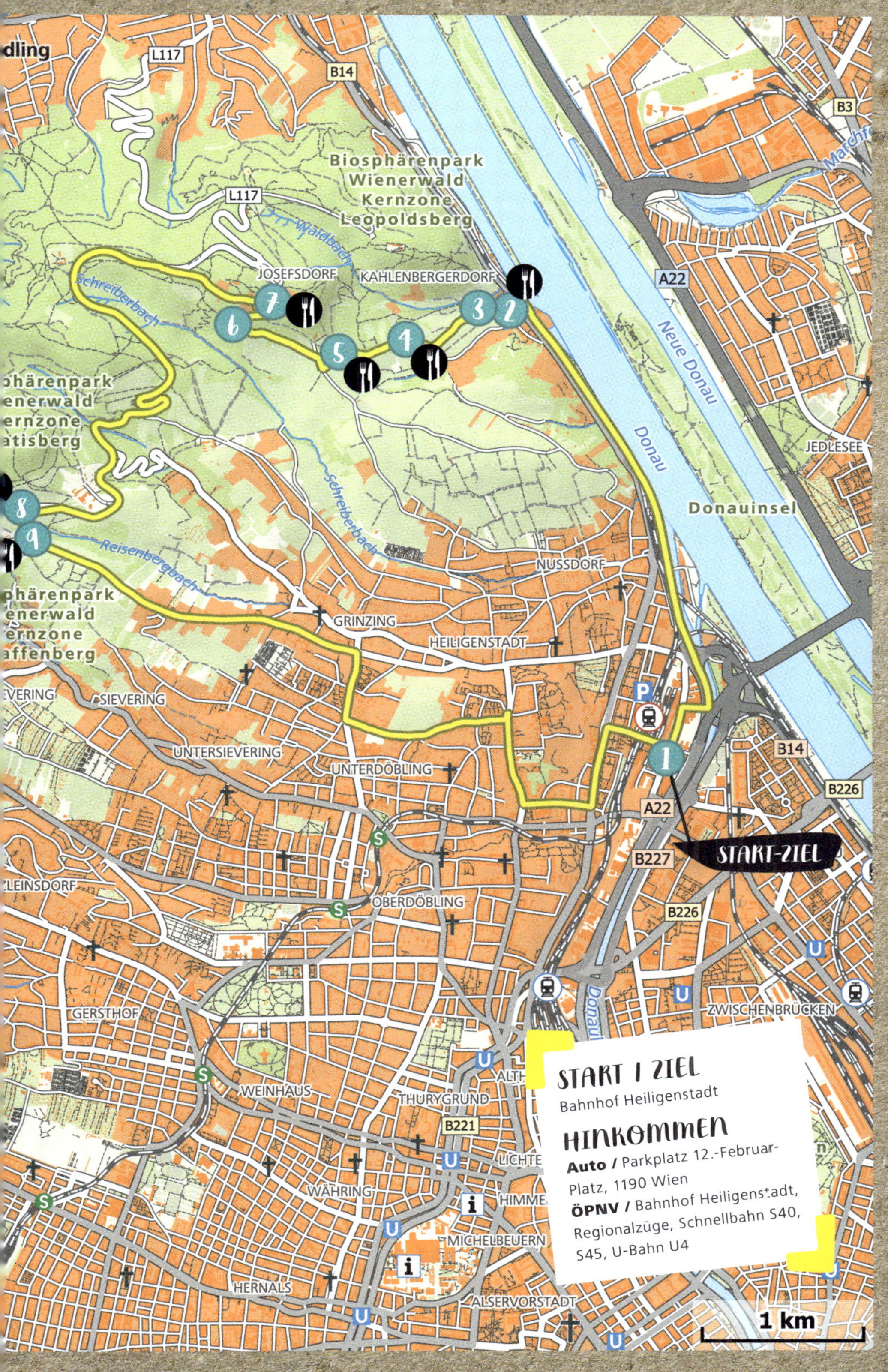

START / ZIEL

Bahnhof Heiligenstadt

HINKOMMEN

Auto / Parkplatz 12.-Februar-Platz, 1190 Wien

ÖPNV / Bahnhof Heiligenstadt, Regionalzüge, Schnellbahn S40, S45, U-Bahn U4

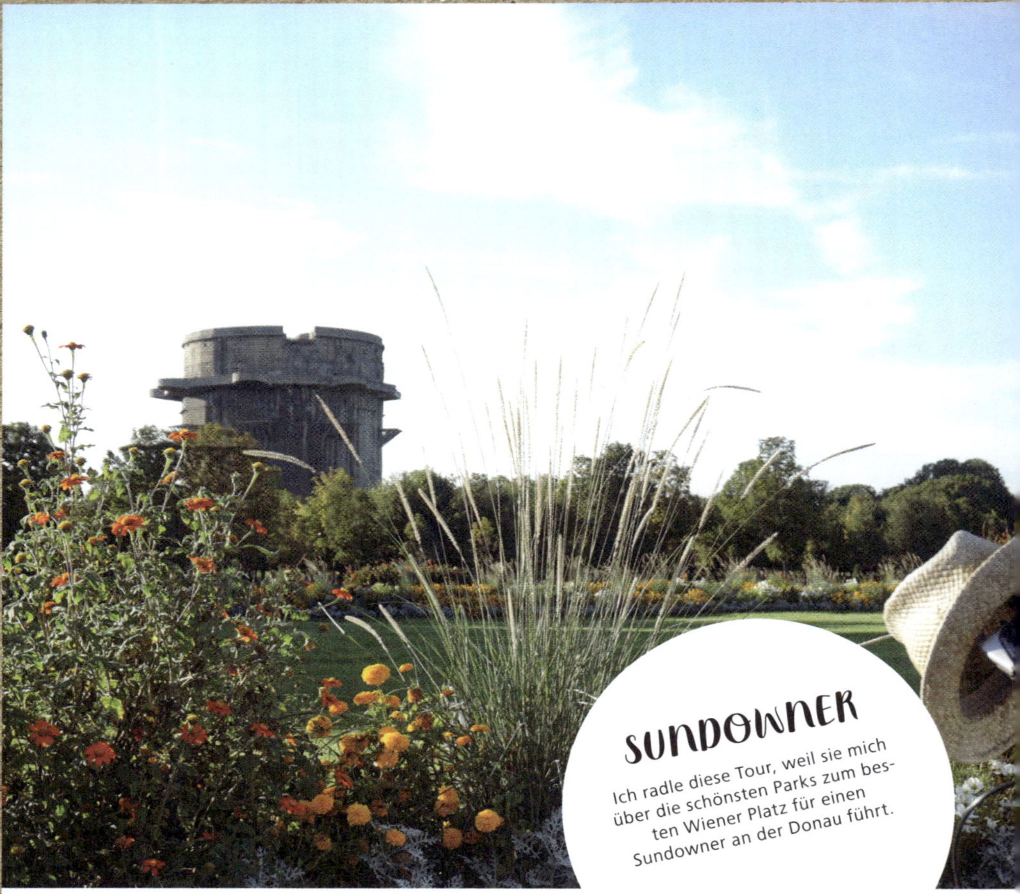

SUNDOWNER

Ich radle diese Tour, weil sie mich über die schönsten Parks zum besten Wiener Platz für einen Sundowner an der Donau führt.

➤ **1 /** Beim Donauturm rollen wir los

➤ **2 /** In der Franz-von-Assisi-Kirche unbekannte Ecken entdecken

➤ **3 /** Ein Kaffee vom Espressomobil im Stadtpark gibt uns Schwung

➤ **4 /** Das Yohan im Stadtpark beseelt uns kulinarisch

➤ **5 /** In der Palmenhaus Brasserie-Bar im Burggarten erfrischt uns hauseigene Limonade

➤ **6 /** Vom Theseustempel im Volksgarten haben wir den besten Blick auf Rathaus und Co.

➤ **7 /** Die Grande Dame im Augarten verzaubert uns an die französische Riviera

➤ **8 /** Die beste Böhmische Küche gibt´s Am Nordpol

➤ **9 /** Der Else-Feldmann-Park ist ein verwandelter Parkplatz

➤ **10 /** Der Wasserturm ist das Wahrzeichen des neuen Nordbahnviertels

➤ **11 /** Im USUS am Wasser geben wir uns den besten Sundowner

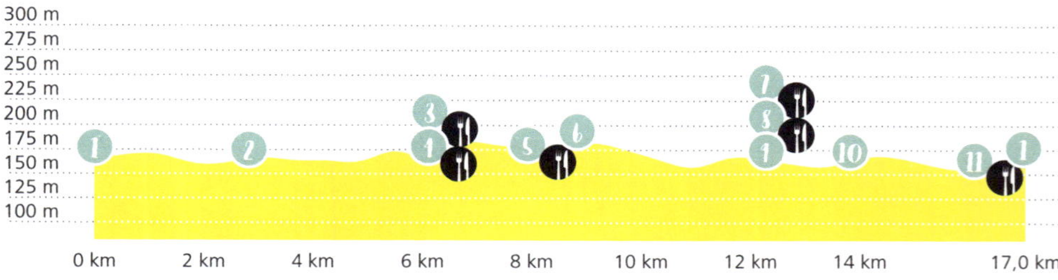

PARKERFAHRUNG

Durch die beliebtesten Wiener Parks zum Usus am Wasser

Wir erkunden die schönsten Wiener Parks, darunter Klassiker und Neulinge und nutzen dabei überwiegend eigene Radwege. Als Höhepunkt genießen wir einen Sundowner im szenigen USUS am Wasser an der Neuen Donau.

10 Kilometer
80 Höhenmeter
1:15 Stunden
Rundtour

Start im Donaupark

Wir starten beim höchsten Bauwerk Österreichs, dem 1 / Donauturm. Er ist mit 252 m mehr als 100 m höher als der Stephansdom und wurde 1964 als Höhepunkt der Wiener Internationalen Gartenschau mit dem ihn umgebenden Donaupark errichtet. Vom Fuß des Turms fahren wir zur Donaucity, die durch den höchsten Wolkenkratzer, den DC Tower von Dominique Perrault, gut erkennbar ist. Wir folgen der Beschilderung Donauinsel, kommen über eine Wendel durch eine autofreie Hochhausschlucht, biegen bei einer Bäckerei rechts in die die Isidro-Fabela-Promenade und stoßen an den Copa Beach an der Neuen Donau, einem frei zugänglichen Stadtstrand.

CHARAKTER

Sportlich ●●○○○
Abkühlung ●●●●○
Schlemmen ●●●●●
Panorama ●●●○○

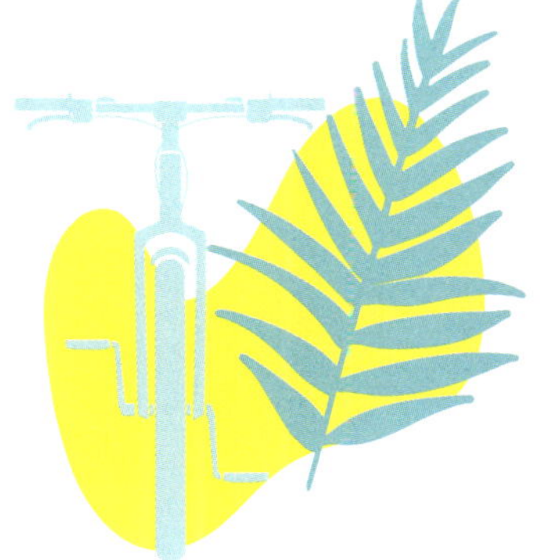

◄ links / Radstopp im blumigen Augarten. Im Hintergrund einer der beiden Flaktürme, Fliegerabwehrtürme aus dem Zweiten Weltkrieg

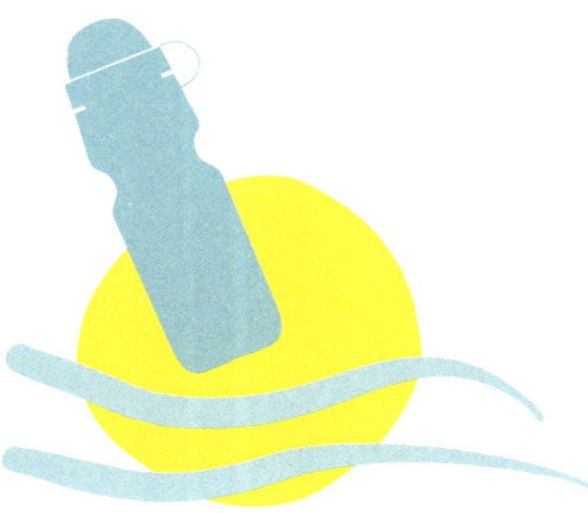

Mexiko

Über die Reichsbrücke kommen wir zum Mexikopark, mit der von weitem sichtbaren 2 / Franz-von-Assisi-Kirche. Sehenswert darin ist die Kaiserin-Elisabeth-Gedächtniskapelle, mit sezessionistischem Altar und Mosaiken ein bedeutendes, aber eher unbekanntes Jugendstil-Denkmal. Platz und Park wurden Mexiko gewidmet, was am Gedenkstein vor der Kirche erläutert wird. Mexiko war das einzige Land, das im März 1938 vor dem Völkerbund Protest gegen den gewaltsamen Anschluss Österreichs an das nationalsozialistische Deutsche Reich einlegte.

Espresso beim „Schani"

Über die Radwege in Lassalle- und Praterstraße erreichen wir die Aspernbrücke, die wir über den Donaukanal queren und so Wiens Prachtboulevard, die Ringstraße, erreichen. Da uns hier auf dem Radweg zu viel los ist, verlassen wir ihn gleich bei erster Gelegenheit links via Reischachstraße an den Wienfluss und folgen diesem bis zum Stadtpark. Dieser lädt zu einer Rast auf einer schattigen Parkbank, einem Kaffee beim 3 / Espressomobil (tgl. 11–17 Uhr, Johannesgasse 33, 1010 Wien, +43 1367 48 47) neben dem Johann-Strauss-Denkmal oder zu einem noblen mediterranen Soulfood-Snack im 4 / Yohan im Stadtpark (Di–Sa ab 16 Uhr, Johannesgasse 33, 1010 Wien, +43 664 832 91 80, www.yohan-stadtpark.com).

RADSTAU

Die Querung der Aspernbrücke mit dem Rad dauert wegen Ampelschaltung und Radverkehrsaufkommen oft sehr lange. Darum gabs 2019 den Flashmob „Blockabfertigung".

Griechenland

Über den Radweg der „Zweierlinie", entlang Lothringerstraße und Karlsplatz, geht's bis zur Operngasse, über die wir zur Ringstraße wechseln. Bei der Staatsoper biegen wir links in den inneren Ringradweg. Innerhalb von einer Radminute erreichen wir den

---

➤ rechts oben / Mit dem Rad kommt man am besten hin, in den Wiener Stadtpark ➤ rechts Mitte / Franz-von-Assisi-Kirche

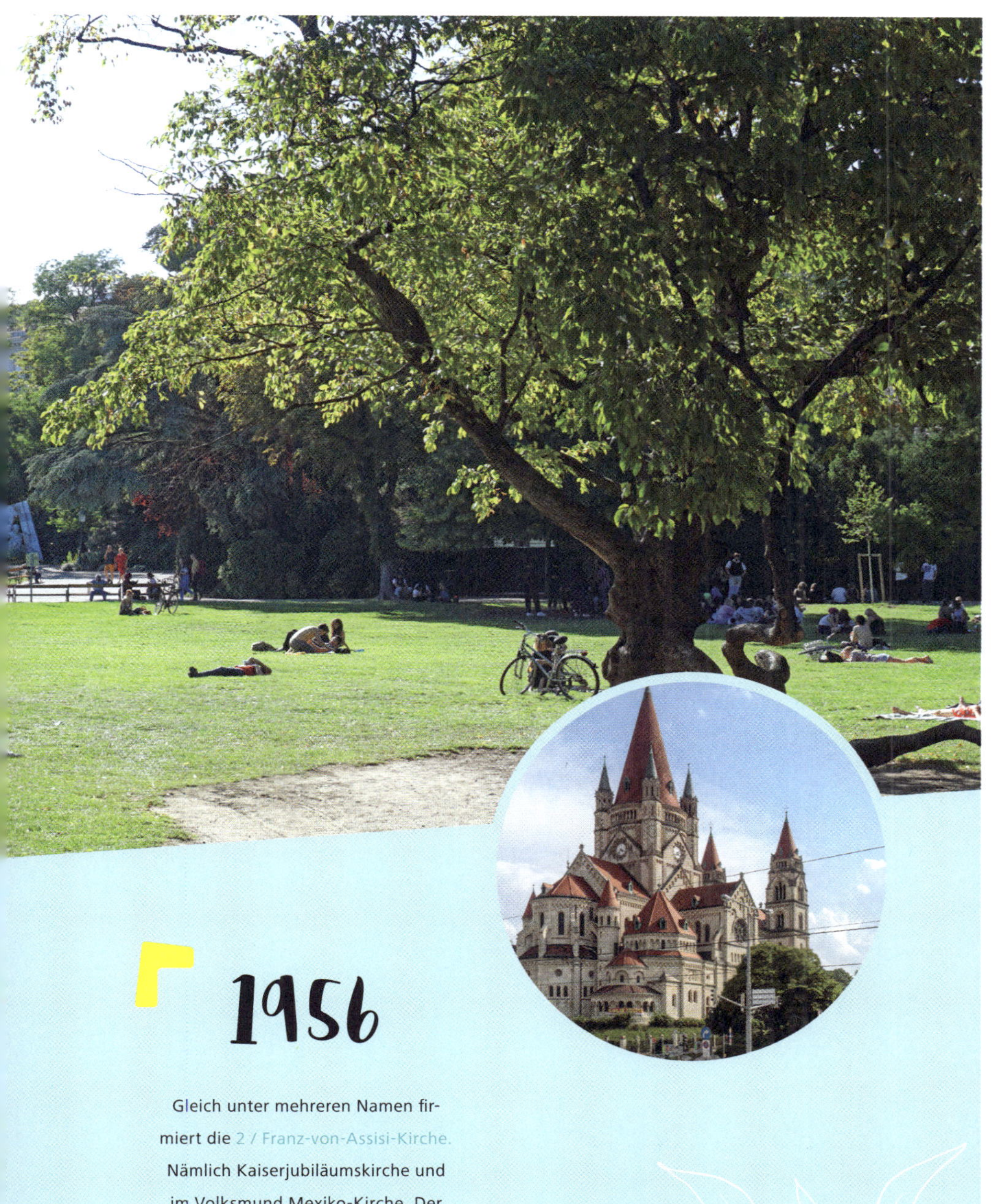

1956

Gleich unter mehreren Namen firmiert die 2 / Franz-von-Assisi-Kirche. Nämlich Kaiserjubiläumskirche und im Volksmund Mexiko-Kirche. Der sie umgebende Platz wurde 1956 von Erzherzog-Karl-Platz auf Mexikoplatz umbenannt. Die Erklärung finden wir am Gedenkstein bei der Kirche.

BLICKFANG

Nach Renovierung 2011 strahlt der **6 / Theseustempel** im Volksgarten wieder so griechisch weiß, dass es schon fast blendet. Sehenswert!

EIN GARTENPARADIES NACH DEM ANDEREN

Burggarten, früher kaiserlicher Privatgarten, heute ein beliebter Erholungsort für alle. Blickfang ist das 5 / Palmenhaus Café-Brasserie-Bar (Mo–Do 10–23, Fr 10–0, Sa 9–0, So, Fei 9–22 Uhr, Burggarten 1, 1010 Wien, +43 1533 10 33, www.palmenhaus.at) mit seiner Jugendstil-Fassade, in dem wir uns mit einer hausgemachten Limonade erfrischen oder einem Hokkaido-Burger stärken können. Gehobene Preisklasse. Nach drei weiteren Radminuten sind wir im Volksgarten. Herausragend sind der Rosengarten und der im Griechenland-Weiß leuchtende 6 / Theseustempel. Von hier erhaschen wir Blicke auf die „Big Five": Burgtheater, Rathaus, Parlament, Natur- und Kunsthistorisches Museum.

Frankreich und Böhmen

Über Schottenring und Roßauer Lände verlassen wir die Prachtstraße. Wir radeln über den Donaukanal und via Rembrandtstraße zum Augarten in der Leopoldstadt, dem zweiten Wiener Gemeindebezirk. Wir bestaunen die beiden monumentalen Flaktürme, die im Zweiten Weltkrieg in die im französischen Stil gestaltete

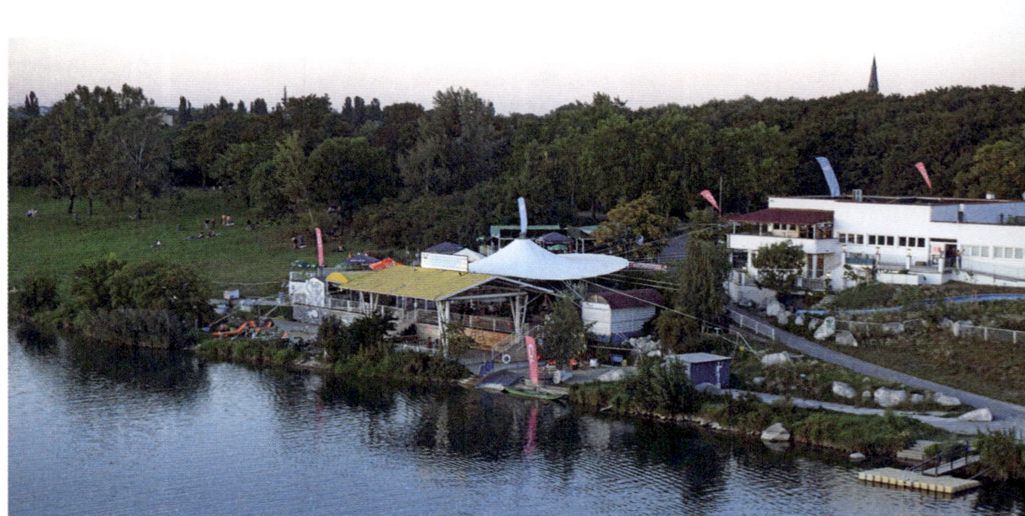

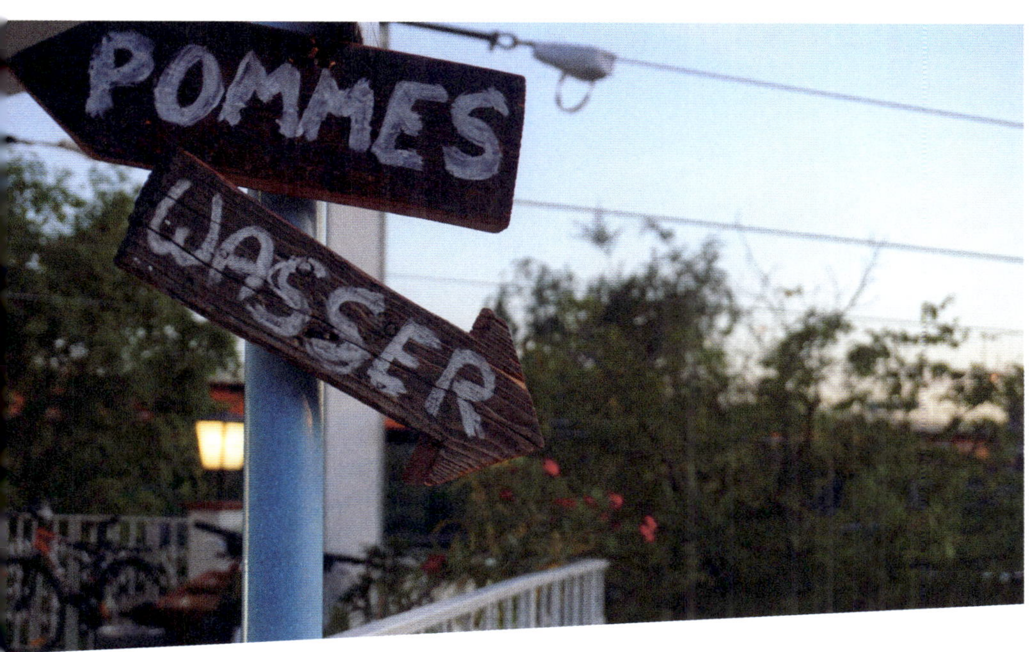

barocke Gartenanlage gestellt wurden und danach erhalten blieben. Wir fahren über die Obere Augartenstraße, Castellezgasse und Scherzergasse um die Gartenanlage herum und kommen über einen Hintereingang zu einem Kleinod. Das 7 / La Grande Dame (Mai–Okt, Mo–Fr ab 12, Sa, So ab 9 Uhr, Scherzergasse 1A, 1020 Wien, +43 677 641 460 12, www.lagrandedame.at) ist ein verstecktes Bistro-Lokal mit mediterranem Flair, dessen Terrasse von einer jahrhundertealten Platane beschattet wird. Man kann hier aus einer reichlichen Auswahl an belegten Brötchen kosten. Außerhalb der Mauern des Augartens gibt's eine Einkehrmöglichkeit für alle, die es deftiger lieben. Im Gasthaus 8 / Am Nordpol 3 (Mo–Fr 17–23:30, Sa, So, Fei 12–23:30 Uhr, Nordpolgasse 3, 1020 Wien, +43 1 333 5854) gibt's die beste böhmische Küche. Mein Favorit: Fleischknödel mit Süßkraut. Nicht ungeduldig werden, es wird frisch gekocht.

Kunst

Im Gasthaus 8 / Am Nordpol 3 bekommt man neben der grandiosen Kost auch Kunst geboten, die Großteils vom Chef selbst stammt. Das Lokal hat eine zarte Anmutung eines Kuriositätenkabinetts. Tipp: Kozel vom Fass probieren.

Jüdisches Wien und „Neue Mitte"

Wir biegen von der Fahrradstraße Scherzergasse in Am Tabor ein, eine Hauptstraße, die kürzlich eigene Radwege bekam, was unsere heutige Wegführung ermöglicht. Im Zuge der Straßenumgestal-

< links / Sundowner genießen im USUS am Wasser bei der Brigittenauer Brücke an der Neuen Donau ^ oben / Im USUS am Wasser muss man sich entscheiden

OBSTHECKE

In Fahrtrichtung links haltet Ausschau nach der Evangelischen Verklärungskirche Am Tabor. Dahinter liegt schon der 9 / Else-Feldmann-Park.

tung wurde der neue 9 / Else-Feldmann-Park geschaffen, der nach der jüdischen Schriftstellerin benannt wurde, die sich für arme Kinder und Frauen einsetzte. Wir naschen von der Wildobsthecke und radeln weiter. Wir überqueren die Nordbahnstraße und fahren an der T-Kreuzung links in die Ernst-Melchior-Gasse, dann in einer Rechts-links-Kombination durch Schweidlgasse und Leystraße. Wir sind in der Taborstraße an einer Großbaustelle im neuen Nordbahnviertel angekommen. Hier wird um den denkmalgeschützten 10 / Wasserturm, etwa an Stelle der früheren Nordbahnhalle, in den nächsten 5 Jahren eine „Freie Mitte", ein zentraler Naturraum mit umgebenden Parkanlagen entstehen.

21

Das nur einen Steinwurf von der Brigittenauer Brücke gelegene 11 / USUS am Wasser ist nicht nur für einen Sundowner wie geschaffen, sondern bietet am Kulturdeck regelmäßig künstlerische Darbietungen wie Kabarett und Konzerte sowie Clubbings.

Sundowner

Via Engerthstraße und Traisengasse geht´s über die Brigittenauer Brücke. Nach vollständiger Querung geht´s links zum szenigen 11 / USUS am Wasser (in der Sommersaison, An der Neuen Donau 1, 1210 Wien, +43 660 342 01 69, www.amwasser.wien). Hier geben wir uns den kultigsten Sonnenuntergang mit einem ordentlichen Sundowner auf einem der drei Sonnendecks oder direkt auf der Wiese daneben. Wenn wir dem Radwegverlauf der Brigittenauer Brücke weiter folgen und dann halbrechts einem Weg im Donaupark noch weitere 800 m, sind wir beim Ausgangspunkt unserer Tour, dem 1 / Donauturm, angekommen.

TOURENINFO / Gut geeignet für Familien mit selbstradelnden Kindern und für Radanhänger. Der Weg verläuft auf getrennten Radwegen, autofreien und verkehrsarmen Straßen und ist durchgängig asphaltiert. Ebene Strecke. Badesachen einstecken!

➤ **1 /** Donauturm ➤ **2 /** Franz-von-Assisi-Kirche ➤ **3 /** Espressomobil im Stadtpark ➤ **4 /** Yohan im Stadtpark ➤ **5 /** Palmenhaus Café-Brasserie-Bar im Burggarten ➤ **6 /** Theseustempel im Volksgarten ➤ **7 /** La Grande Dame im Augarten ➤ **8 /** Am Nordpol 3 ➤ **9 /** Else-Feldmann-Park ➤ **10 /** Wasserturm im Nordbahnhofviertel ➤ **11 /** USUS am Wasser

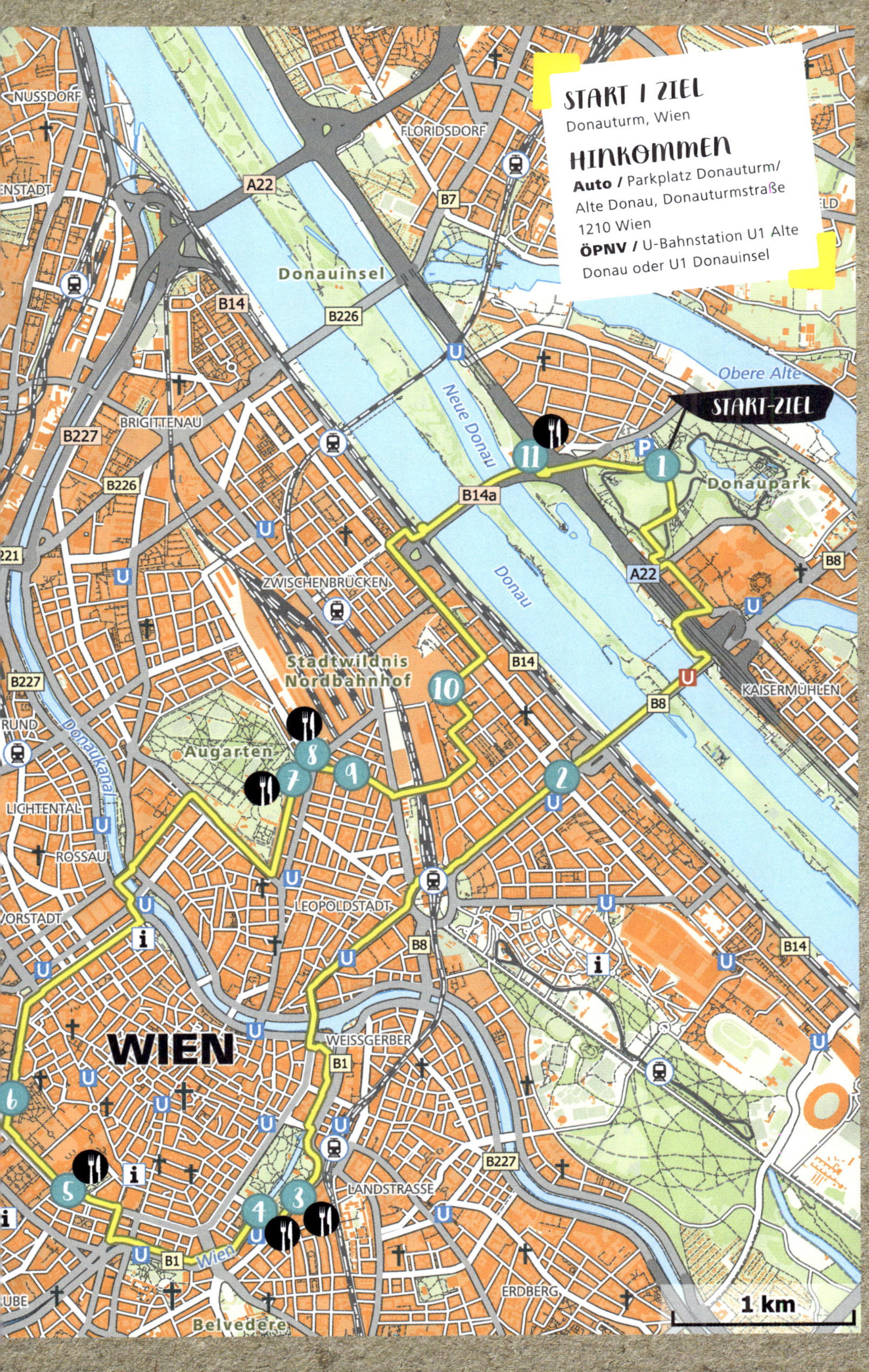
START / ZIEL
Donauturm, Wien
HINKOMMEN
Auto / Parkplatz Donauturm/ Alte Donau, Donauturmstraße 1210 Wien
ÖPNV / U-Bahnstation U1 Alte Donau oder U1 Donauinsel
START-ZIEL
Donauinsel
Donaupark
Neue Donau
Donau
Obere Alte
FLORIDSDORF
BRIGITTENAU
ZWISCHENBRÜCKEN
Stadtwildnis Nordbahnhof
Augarten
KAISERMÜHLEN
LEOPOLDSTADT
WIEN
WEISSGERBER
LANDSTRASSE
ERDBERG
Belvedere
Donaukanal
LICHTENTAL
ROSSAU
NUSSDORF
Wien
1 km

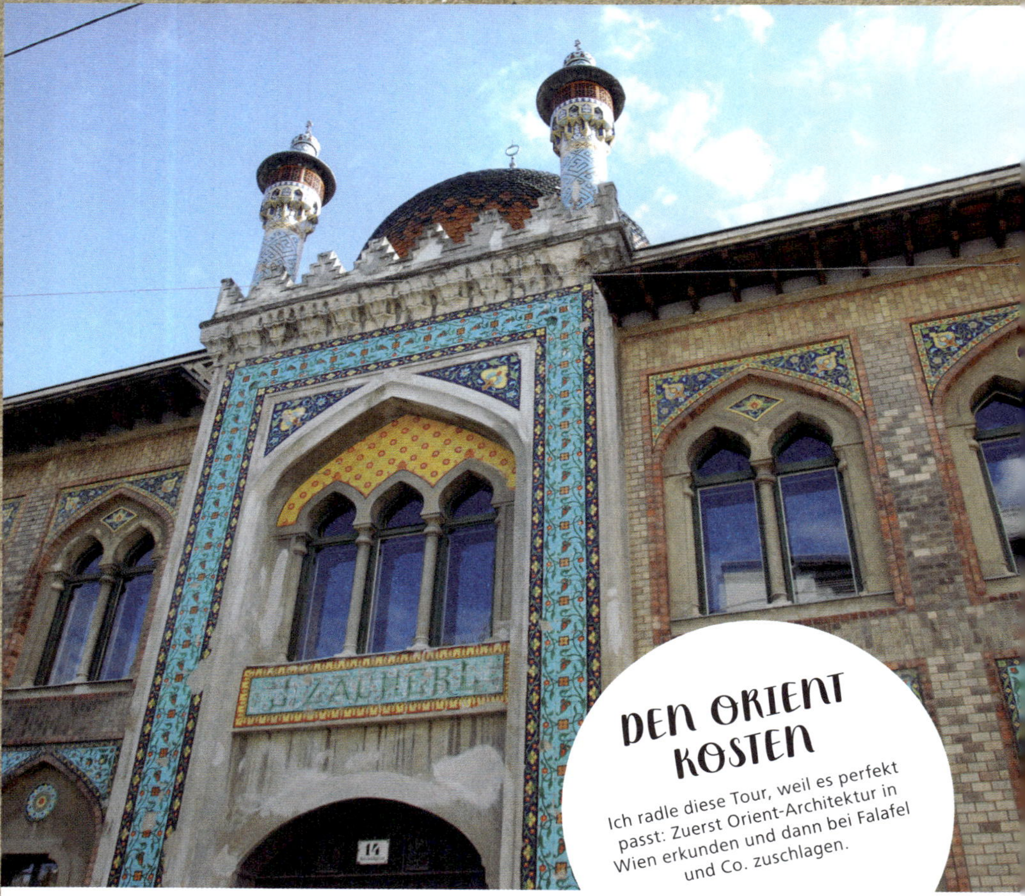

DEN ORIENT KOSTEN

Ich radle diese Tour, weil es perfekt passt: Zuerst Orient-Architektur in Wien erkunden und dann bei Falafel und Co. zuschlagen.

› **1 /** Vor den „Minaretten" der Karlskirche geht´s los

› **2 /** Die Secession blendet mit zeitgenössischer Kunst

› **3 /** Bei der Schleifmühlbrücke ziert die „Hohe Pforte" ein Haus

› **4 /** Der Naschmarkt begeistert als Basar „Alla Turca"

› **5 /** Neni am Naschmarkt kredenzt den besten Jerusalem-Teller

› **6 /** Die evangelische Gustav-Adolf-Kirche überrascht mit Ornamenten

› **7 /** Bei Elisabeth gibt´s Wiener Beislkost im Schanigarten

› **8 /** Das Fischer Bräu ist der Bierlokal-Klassiker in Döbling

› **9 /** Die Zacherlfabrik versetzt uns in Tausendundeine Nacht

› **10 /** Die Griechische Kirche erzeugt Fernweh

› **11 /** Bei Mani im Vierten gibt´s moderne Orientküche

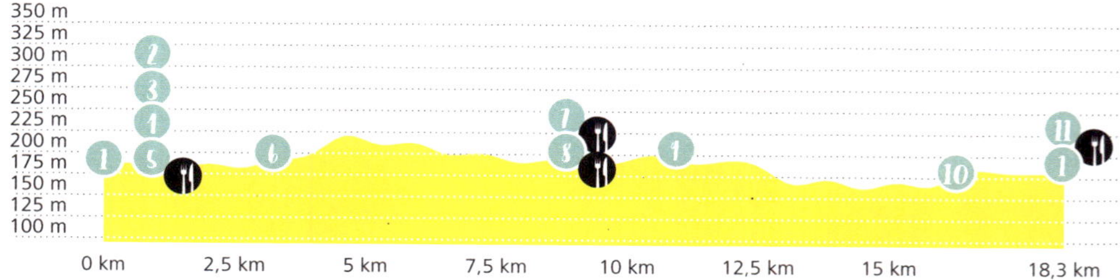

TAUSENDUNDEINE NACHT

Auf Erkundung Wiener Orient-Architektur

Wir radeln durch Wien zu den bekanntesten im orientalisierenden Stil errichteten Bauwerken – von der Karlskirche bis zur Zacherlfabrik im Nobelvorort Döbling. Wir lassen den Abend mit moderner Orientküche im Mani im Vierten ausklingen.

18 Kilometer
80 Höhenmeter
1:15 Stunden
Rundtour

Start beim Teich

Wir starten vor der 1 / Karlskirche beim Spiegelteich, der durch die ihn umgebenden Topfpalmen ein mediterranes Flair ausstrahlt. Bis Mitte der 1960er Jahre war hier ein Kreisverkehr. Heute ist der Platz ein beliebter Verweilort für Jung und Alt. Die barocke Karlskirche wurde von Johann Bernhard Fischer von Erlach entworfen. Ihr wurde durch die minarettartigen Säulen bewusst einen Orient-Einschlag verpasst. Denn Architektur mit Orientbezug war in Wien im 18. Jahrhundert nach Überwindung der Türkengefahr sehr beliebt.

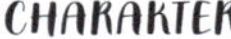

CHARAKTER

Sportlich ●●○○○
Abkühlung ●○○○○
Schlemmen ●●●●●
Panorama ●●●○○

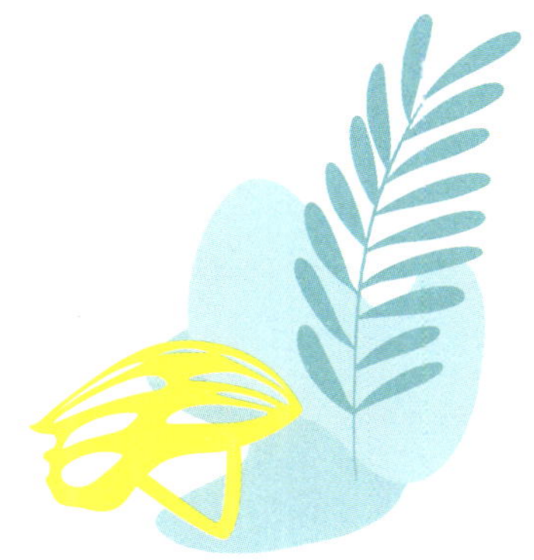

Kunstausstellung

Wir radeln über Karlsplatz und Treitlstraße zur Operngasse, in die wir rechts auf den Radweg einbiegen. Nach der zweiten Ampel queren wir die

---

◂ links / Orient in Wien: die Zacherlfabrik in Döbling

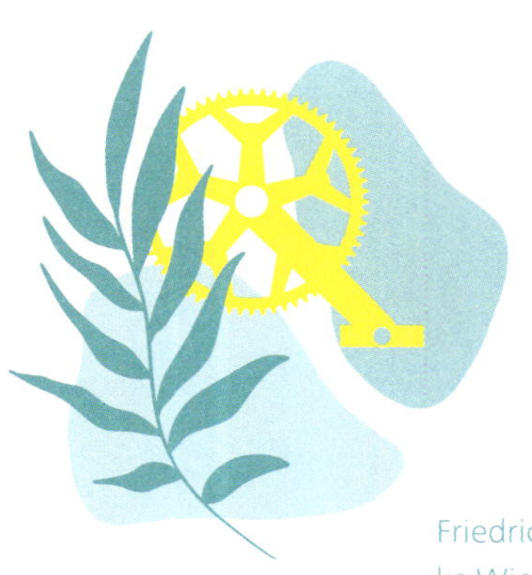

Friedrichsstraße und radeln über den Radweg Friedrichstraße-Linke Wienzeile stadtauswärts. Dabei entdecken wir rechts das nächste orientalisch beeinflusste Monument, nämlich die 2 / Secession von Josef Maria Olbrich (Di–So 10–18 Uhr, Friedrichstraße 12, 1010 Wien, +43 1587 53 07, www.secession.at). Sie wird als Ausstellungshaus für zeitgenössische Kunst genutzt.

Basar und Hohe Pforte

Wenn wir den Radweg an der Linken Wienzeile weiterfahren, fallen uns bei der 3 / Schleifmühlbrücke mehrere im sezessionistischen Stil erbaute Gründerzeithäuser auf, bei denen das Pforte-Motiv in Anlehnung an die Hohe Pforte in Konstantinopel eingearbeitet wurde. Am Naschmarkt links von uns erkennen wir 4 / Basar-Architektur angelehnt an osmanische Kioskgestaltung. Hier haben wir eine passende Einkehrmöglichkeit im 5 / Neni am Naschmarkt (Mo–Sa 8–23, So, Fei 10–21 Uhr, Naschmarkt 510, 1060 Wien, +43 1 5852020, www.neni.at). Es gibt köstliche Falafel und einen sehr guten Jerusalem-Teller.

FALAFEL

150 m nach der Schleifmühlbrücke auf der linken Seite findest du 5 / Neni am Naschmarkt. Gute Radbügel sind direkt vor dem Lokal vorhanden.

Evangelische Kirche

Vom Radweg biegen wir halbrechts in die Magdalenentstraße und nach ca. 1 km rechts in die Hornbostelgasse. Nach einem Block fahren wir wieder rechts und sind bei der Evangelischen 6 / Gustav-Adolf-Kirche (Lutherplatz 2, 1060 Wien) von Ludwig Förster angelangt. Sie besticht durch ihre Ornamente und Verzierungen.

Zwischenstopp Währing

Wir radeln die Gumpendorferstraße bergab und biegen nach vier Blocks links in die Webgasse. Dem Straßenzug Webgasse-Schot-

---

➤ rechts oben / Gründerzeitgebäude mit Pforte-Motiv in der Fassade
➤ rechts Mitte / Der Naschmarkt: Radelnd vorbei an der Basar-Architektur

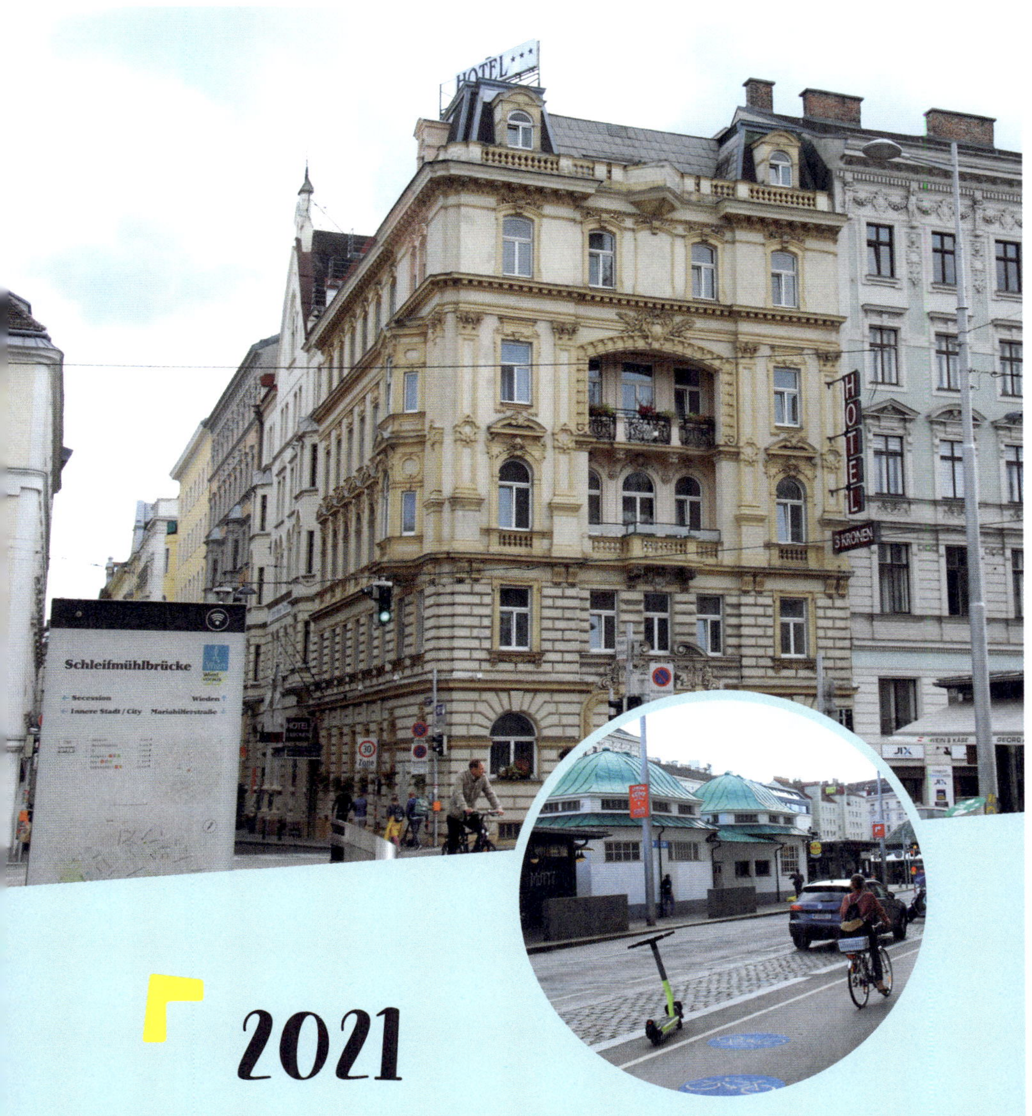

2021

Haltet Ausschau nach dem Pforte-Motiv. Ihr findet es etwa auf dem 3 / Gründerzeithaus in der Linken Wienzeile 42. Seit 2021 wehen gelbe Banner von den Fenstern vieler Häuser. Eine Bürgerinitiative fordert Park statt Naschmarktparkplatz.

RADELWISSEN

Parks sind ideale Grünrouten in der Stadt. Leider dürfen nur wenige mit dem Rad durchfahren werden. Der Währinger Park ist einer davon.

DURCH DEN PARK RADELN

tenfeldgasse-Albertgasse folgen wir gut 2,5 km schnurgerade nach Norden. In die Alser Straße biegen wir links ein und gleich darauf wieder rechts in die Zimmermanngasse. An der T-Kreuzung biegen wir links in die Borschkegasse. Wir unterqueren die U-Bahnbögen und nehmen den Gürtelradweg nach rechts. Wir folgen der Beschilderung Kreuzgasse. Nach deren Querung folgen wir der Beschilderung Schulgasse bis zur Kreuzung Schopenhauerstraße und Canongasse. Wir fahren in der Schopenhauerstraße weiter und biegen links in die Semperstraße, der wir 1 km folgen. Die Straße geht in einen Radweg durch den Währinger Park über. Hier haben wir eine Rastgelegenheit mit bodenständiger Kost im Beisl mit Schanigarten 7 / Zur Elisabeth (Mi, Fr, So 11–0, Do 14–0 Uhr, Semperstraße 64A, 1180 Wien).

Döblinger Perserteppich-Look

Gerade weiter geht es durch die Lißbauergasse, dann rechts in die Schegargasse. Wir sind etwas im Zickzack unterwegs, da wir versu-

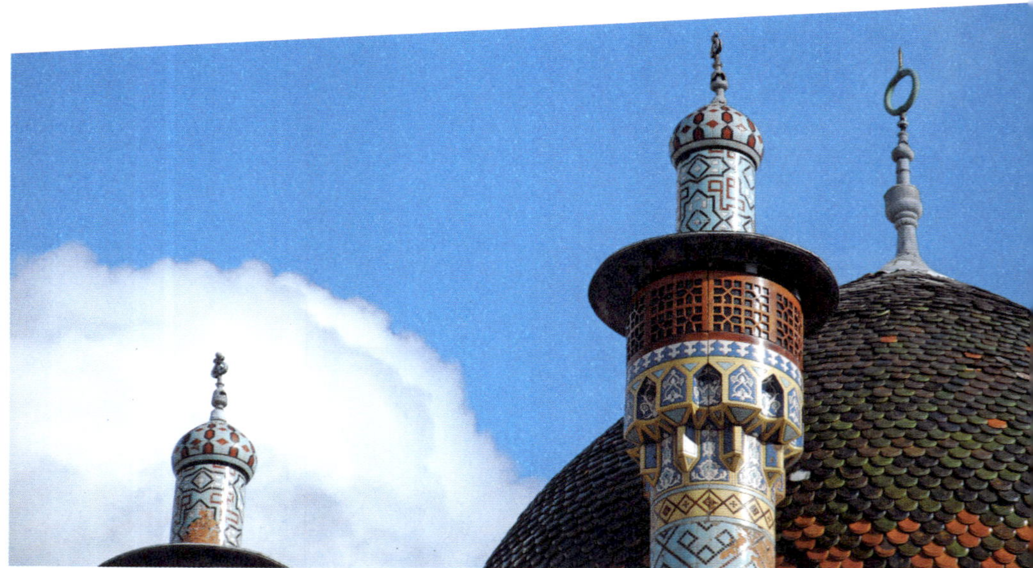

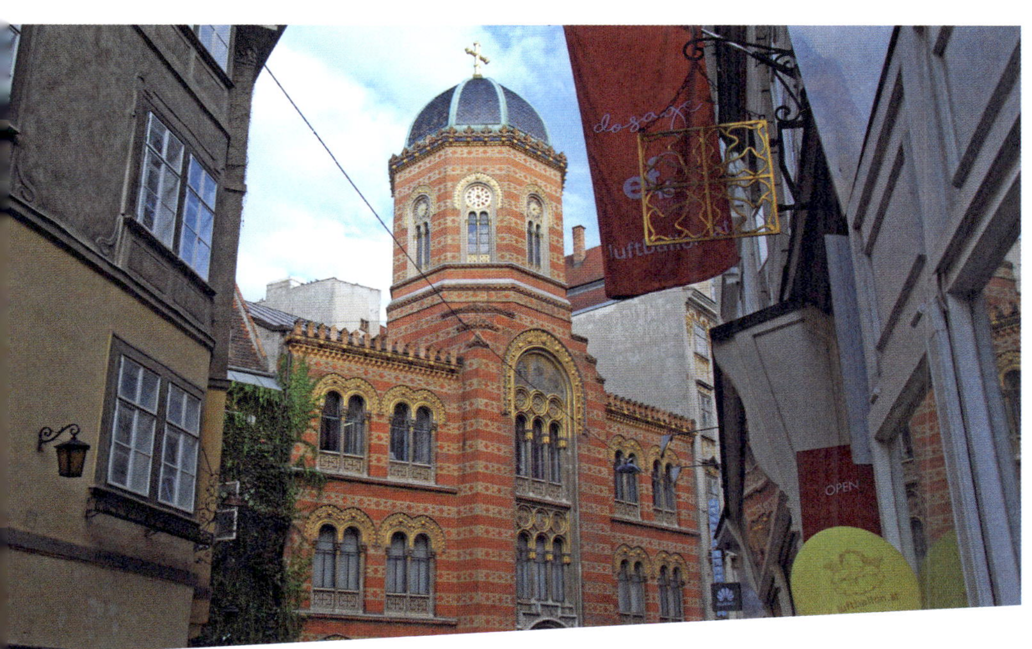

chen, die fehlenden Radwege auf den Hauptstraßen zu umfahren. Ein Stopp im 8 / Fischer Bräu, Gasthofbrauerei mit Hausmannskost (tgl. 16–0:30 Uhr, Billrothstraße 17, 1190, +43 1369 59 49, www.fischerbraeu.at), ist empfehlenswert. Wir biegen links in die Döblinger Hauptstraße und nochmal links in die Hardtgasse. Dann fahren wir rechts in die Kreindlgasse bis zur T-Kreuzung und dann links die Pyrkergasse bis zur Billrothstraße. Wir biegen rechts ein und fahren geradeaus weiter in die Silbergasse. Nach zwei Blocks geht´s rechts in die angenehm verkehrsarme Nusswaldgasse, in der du gleich die minarettartigen Türmchen der 9 / Zacherlfabrik erblickst (Nusswaldgasse 14, 1190 Wien, Privatbesitz, gelegentlich Kulturveranstaltungen). Das Portal der früheren Insektenpulverfabrik, die vor 130 Jahren erbaut wurde, erinnert an Perserteppiche.

Griechenkirche

Wir fahren über die Silbergasse zurück und biegen nach einem Block links in die Hofzeile. Über die Vormosergasse erreichen wir die Pyrkergasse. Wir fahren bis zur Hardtgasse den gleichen Weg zurück wie wir gekommen sind. Dort biegen wir nicht in die Döblinger Hauptstraße, sondern überqueren sie in die Guneschgasse.

BUNT

Gleich nachdem man in die Nusswaldgasse einbiegt, sieht man die mosaikbunten minarettartigen Türmchen. Die 9 / Zacherlfabrik ist stilistisch ein wahrer Solitär. Als Insektenpulverfabrik in Döbling schwer vorstellbar. Als persische Moschee eher.

< links / Farbenfrohe minarettartige Türmchen auf der Zacherlfabrik
^ oben / Im orientalisierenden Stil gehaltene Griechisch nicht unierte Kirche am Fleischmarkt

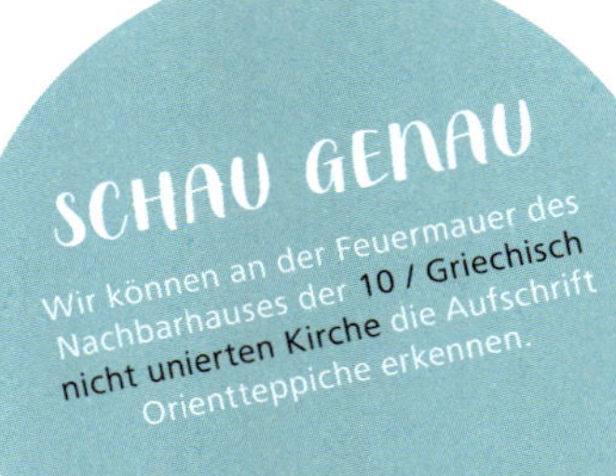

Über den Skywalk der U-Bahnstation Spittelau fahren wir auf die Radwegbrücke Richtung Donaukanal. Dem Donaukanalweg folgen wir flussabwärts gut 2,5 km, dann biegen wir in die Rotenturmstraße. Nach 100 m biegen wir links in den Fleischmarkt, wo sich die von Theophil Hansen im orientalisierenden Stil gehaltene 10 / Griechisch nicht unierte Kirche (Fleischmarkt 13, 1010 Wien) befindet.

3

Wenn wir die Radroute im Straßenzug Dominikanerbastei nehmen, kommen wir viel flüssiger voran. Wir ersparen uns drei Ampeln auf 900 m und radeln durch angenehm verkehrsberuhigte Bereiche und eine Fußgängerzone.

Ausklang bei Mani

Nun radeln wir links in den Laurenzerberg und rechts einen Block durch die Wohnstraße Schwedenplatz. Über die Postgasse und den Auwinkel kommen wir zur Radroute, die parallel zur Ringstraße verläuft. Wir folgen ihr von der Dominikanerbastei bis zur Fichtegasse. Dort biegen wir links ab und fahren am Ringradweg Richtung Schwarzenbergplatz. Dort überqueren wir den Ring. Nach ein paar Metern am äußeren Ringradweg biegen wir links in die Canovagasse. Wir sehen die 1 / Karlskirche, unseren Startpunkt, schon vor uns und erreichen ihn nach etwa 300 m. Nur wenige Meter abseits unserer Route, lassen wir den Tag bei 11 / Mani im Vierten (Mo–Do 8–0, Fr 8–1, Sa 9–1, So 9–0 Uhr, Schleifmühlgasse 7, 1040 Wien, +43 1890 31 60, Facebook: Mani im Vierten) mit Orientküche, z.B. mit geröstetem Karfiol mit Hummus, ausklingen.

TOURENINFO / Für Familien mit Kindern weniger geeignet. Wegführung abschnittsweise im Mischverkehr auf Straßen mit höherem Verkehrsaufkommen ohne schützende Radinfrastruktur. Strecke durchgängig asphaltiert. Einzelne moderate Anstiege.

➤ **1 /** Karlskirche ➤ **2 /** Secession ➤ **3 /** Gründerzeithaus Schleifmühlbrücke
➤ **4 /** Basar-Architektur Linke Wienzeile ➤ **5 /** Neni am Naschmarkt
➤ **6 /** Gustav-Adolf-Kirche ➤ **7 /** Zur Elisabeth ➤ **8 /** Fischer Bräu
➤ **9 /** Zacherlfabrik ➤ **10 /** Griechische Kirche ➤ **11 /** Mani im Vierten

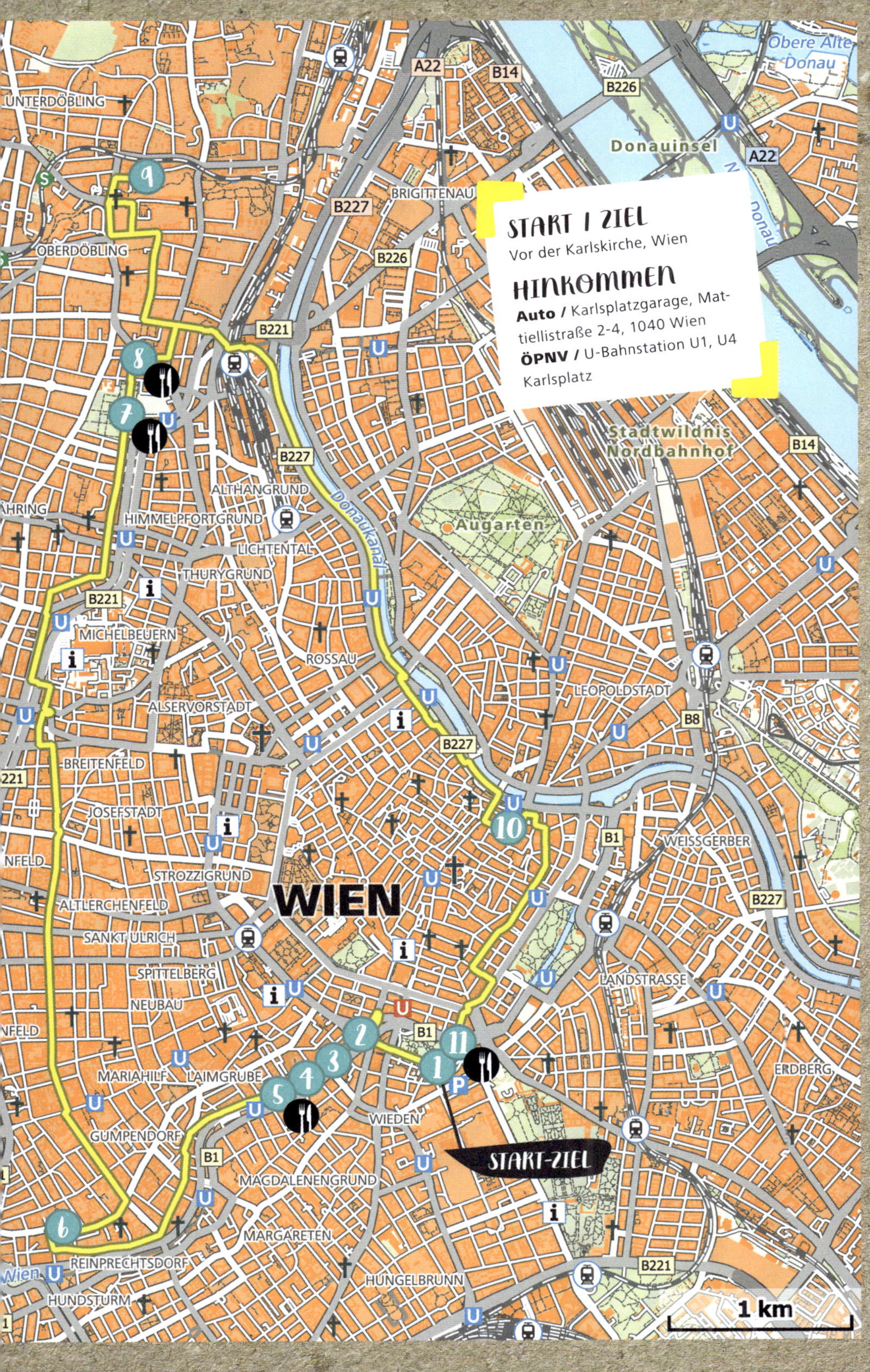
START | ZIEL
Vor der Karlskirche, Wien
HINKOMMEN
Auto / Karlsplatzgarage, Mattiellistraße 2-4, 1040 Wien
ÖPNV / U-Bahnstation U1, U4 Karlsplatz
START-ZIEL
WIEN
1 km
UNTERDÖBLING
OBERDÖBLING
BRIGITTENAU
Donauinsel
Obere Alte Donau
ALTHANGRUND
HIMMELPFORTGRUND
LICHTENTAL
THURYGRUND
MICHELBEUERN
ROSSAU
ALSERVORSTADT
BREITENFELD
JOSEFSTADT
STROZZIGRUND
ALTLERCHENFELD
SANKT ULRICH
SPITTELBERG
NEUBAU
MARIAHILF
LAIMGRUBE
GUMPENDORF
MAGDALENENGRUND
MARGARETEN
REINPRECHTSDORF
HUNDSTURM
HUNGELBRUNN
WIEDEN
LANDSTRASSE
ERDBERG
WEISSGERBER
LEOPOLDSTADT
Augarten
Stadtwildnis Nordbahnhof
Donaukanal

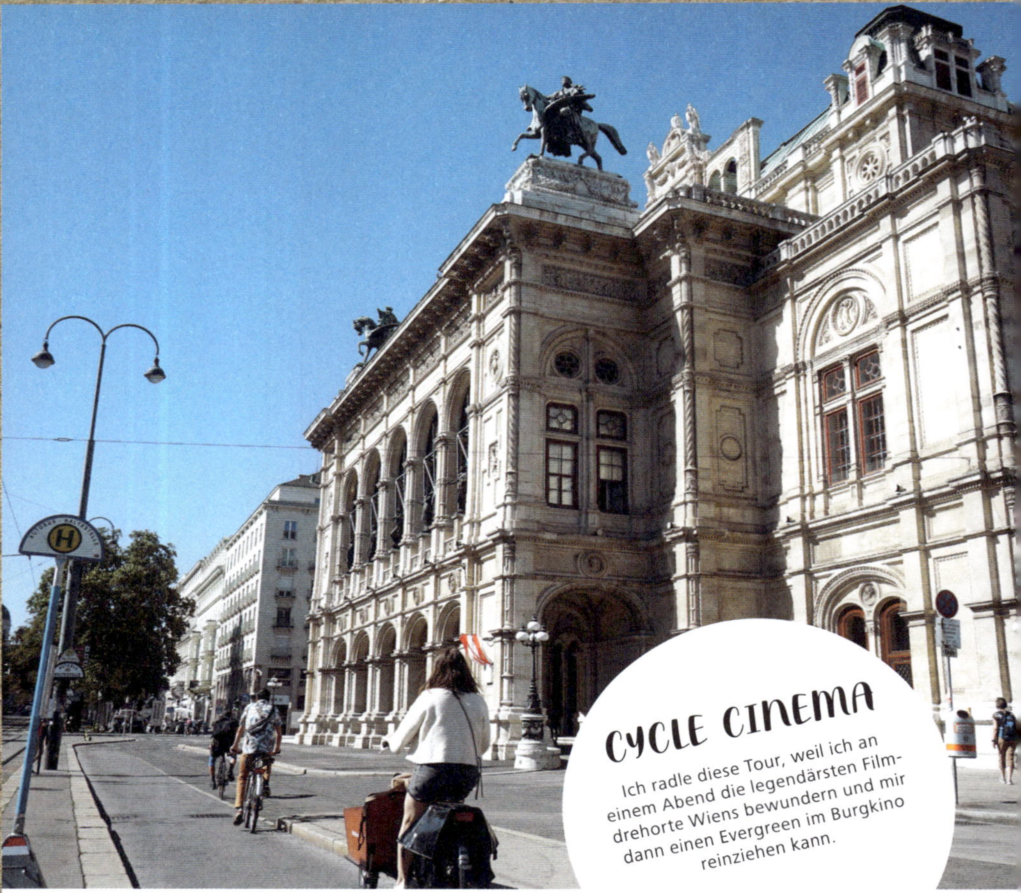

CYCLE CINEMA

Ich radle diese Tour, weil ich an einem Abend die legendärsten Filmdrehorte Wiens bewundern und mir dann einen Evergreen im Burgkino reinziehen kann.

➤ **1 /** Vor der Wiener Staatsoper heißt´s „Action!“, auch ohne Tom Cruise

➤ **2 /** Palais Pallavicini: an der Türe von Harry Lime´s Wohnung

➤ **3 /** Schreyvogelgasse 8: erster Lime-Auftritt im Dritten Mann

➤ **4 /** WUK Statt-Beisl, nix zu tun mit Bond, trotzdem gut

➤ **5 /** Café Weimar: einkehren im Opernkaffee

➤ **6 /** Die Volksoper: Als Double nur ein heimlicher Bond-Star

➤ **7 /** Naschen am Bond-Schauplatz im Süßen Eck

➤ **8 /** Besuch im Freud Museum aus Dunkler Begierde. Wo ist die Couch?

➤ **9 /** Morzinplatz: Denkmal an die dunkle Geschichte

➤ **10 /** Romantik-Radeln: über den Zollamtssteg aus Before Sunrise

➤ **11 /** Im Stadtpark haben wir den besten Blick auf die „Moskauer“ U-Bahn

➤ **12 /** Wir ziehen uns Der Dritte Mann im Burgkino rein

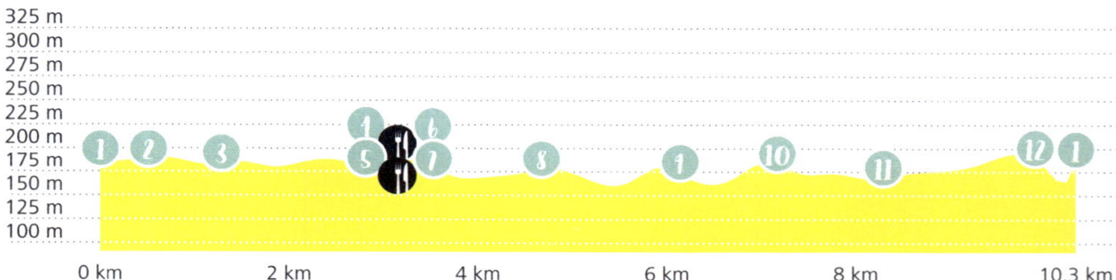

KAMERA AB!

Eine Filmtour von der Staats- zur Volksoper

Wir erkunden die bekanntesten Wiener Filmschauplätze. Von den Drehorten von James Bond bis zu Mission Impossible 5. Wir lassen den Tag mit einer Vorstellung von „Der Dritte Mann" im Burgkino ausklingen.

10 Kilometer
35 Höhenmeter
45 Minuten
Rundtour

Premiere mit Cruise

Wir starten unsere Tour am Radweg vor der an der Ringstraße gelegenen 1 / Wiener Staatsoper. Superagent Ethan Hunt musste hier 2015 in „Mission Impossible 5" das Leben des österreichischen Kanzlers vor einer Verbrecherorganisation schützen – am Ende erfolglos. Die Weltpremiere des Films fand im Juli 2015 vor der Staatsoper unter Anwesenheit des Hauptdarstellers Tom Cruise statt.

CHARAKTER
Sportlich ●○○○○
Abkühlung ●○○○○
Schlemmen ●●●○○
Panorama ●●●●○

Kopfsteinpflasterdrama

Wir radeln über die Operngasse, den Albertinaplatz und die Augustinerstraße zum Josefsplatz 5, wo das 2 / Palais Pallavicini liegt. Im Nachkriegsthriller „Der Dritte Mann" wohnt der von Orson Welles dargestellte Penizillin-Schmuggler Harry Lime darin. Wir holpern über Wiens berüchtigstes Kopfsteinpflaster am Michaelerplatz, fahren durch die

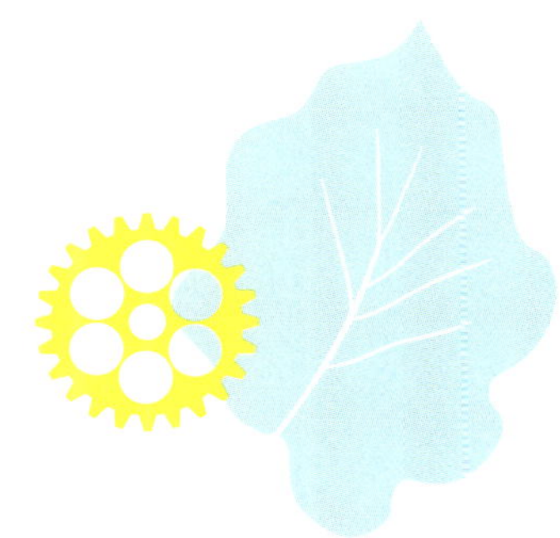

◄ links / Einer der meist befahrenen Radwege in Wien, vorbei an der Wiener Staatsoper, von der sich schon Tom Cruise als Superagent Ethan Hunt abseilte

Begegnungszone Herrengasse und vor der Freyung links in die Teinfaltstraße. Wir biegen gleich wieder rechts in die Schreyvogelgasse ab. Um zur 3 / Schreyvogelgasse 8 zu gelangen, wo Harry Lime im „Dritten Mann" das erste Mal auftaucht, müssen wir unsere Fahrräder ein paar Meter über den Mölker-Steig schieben. Man hat von diesem stillen Winkel einen sehr schönen Blick auf die Universität an der Ringstraße.

Weimar oder WUK

Über die Mölker Bastei und die Schottengasse verlassen wir die Innenstadt. Wir queren die Ringstraße beim Schottentor und radeln 1 km auf einem Fahrradstreifen in der Währingerstraße. Wir überqueren die Spitalgasse und müssen noch 150 m auf der Hauptstraße im Mischverkehr fahren, bevor wir rechts in die ruhigere Wilhelm-Exner-Gasse abbiegen können. An dieser Stelle haben wir zwei Einkehrmöglichkeiten. Im 4 / WUK Statt-Beisl (Mo–Fr 11:30–2, Sa 17–2, So 17–0 Uhr, Währinger Straße 59, 1090 Wien, +43 1408 72 24, www.statt-beisl.info) gibt es vorzügliche vegetarische und vegane Speisen wie Rote Linsensuppe oder Orient Meets Okzident Burger. Wer traditionelle Wiener Kaffeehäuser liebt, für den ist das 5 / Café Weimar (tgl. 8–22 Uhr, Währingerstraße 68, 1090 Wien, +43 1317 12 06, www.cafeweimar.at) genau das richtige.

FAHRRADFLOHMARKT

Im 4 / WUK Statt-Beisl kann man gut essen. Im Hof des WUK gibt es jeden ersten Mittwochnachmittag im Monat einen Fahrradflohmarkt.

Bratislava Double

Von der Wilhelm-Exner-Gasse biegen wir links in die Bleichergasse und sehen schon die 6 / Volksoper vor uns. Sie hatte im 1987er Bond-Film „Der Hauch des Todes" ihren großen Auftritt. Die Volks-

---

➤ rechts oben / Vor dem Haus Schreyvogelgasse 8 taucht der von Orson Welles dargestellte Penizillin-Schmuggler Harry Lime im Nachkriegsthriller „Der Dritte Mann" das erste Mal auf ➤ rechts Mitte / Die Volksoper Wien hatte ihren großen Auftritt als Oper in Bratislava

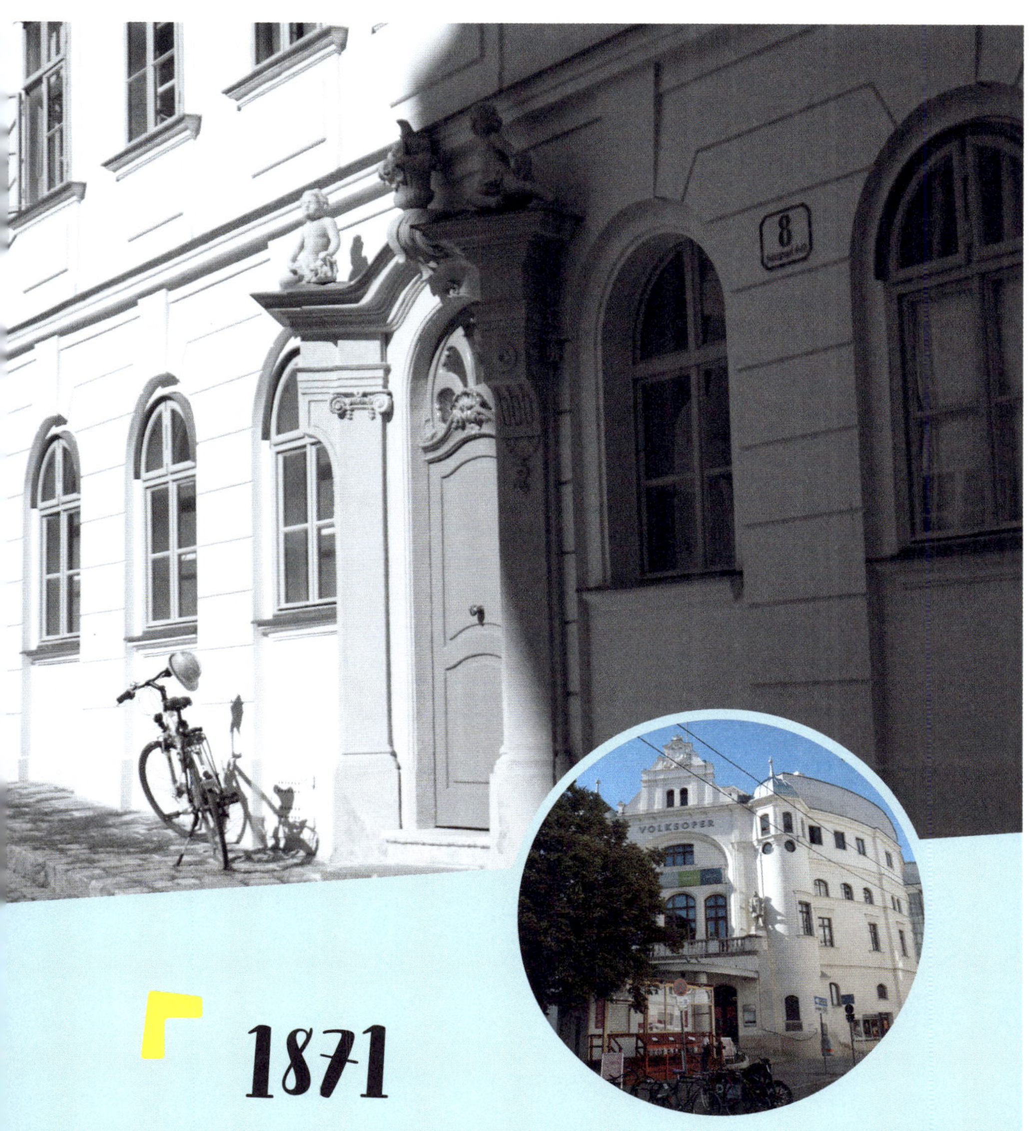

1871

Erratum: Die Befestigung entlang der Schreyvogelgasse, knapp 1 km nach unserem Tourstart, ist kein Teil der alten Stadtmauer, sondern eine 1871 zur Sicherung der Böschung errichtete Mauer. Die ursprüngliche Mölker Bastei wurde 10 Jahre davor bei Errichtung der Ringstraße geschliffen.

SCHÖNE HÜLLE

Die 6 / Volksoper zeigte im Bond-Film „Der Hauch des Todes" nur ihre äußere Hülle. Die Innenaufnahmen wurden in den Sofiensälen gemacht.

BONDAUFTRITT

oper doubelte dabei die Oper in Bratislava, die damals noch hinter dem Eisernen Vorhang lag und für Dreharbeiten nicht genutzt werden konnte. Das der Volksoper vis-à-vis liegende Zuckerlgeschäft, die 7 / Confiserie zum süßen Eck (Mo 14–19, Di–Fr 10–19 Uhr, Währinger Straße 65, 1090 Wien, +43 1402 79 74, www.suesses-eck.at), hatte auch einen kurzen Bondauftritt. Heute können wir uns dort typisch wienerische Naschereien wie Kokosstangerln oder Schokobananen kaufen.

Keine Couch

Wir machen uns auf zu einem Schauplatz des Films „Eine Dunkle Begierde". In diesem Film spielt Viggo Mortensen den Begründer der Psychoanalyse Sigmund Freud. Das Freud-Museum erreichen wir, indem wir die Lustkandlgasse einen Block bis zur Fuchsthallergasse fahren und uns diese dann bergab rollen lassen. In die Alserbachstraße biegen wir links ein und verlassen sie an der nächsten Kreuzung rechts in die Liechtensteinstraße. Nach 800 m biegen wir links in die Berggasse, in der wir das 8 / Freud-Museum. (Mi–So,

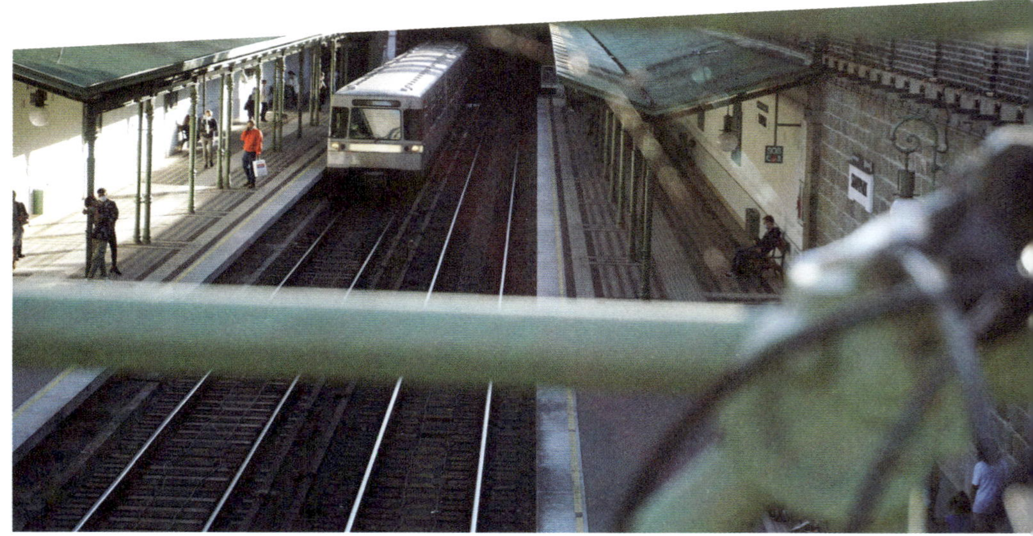

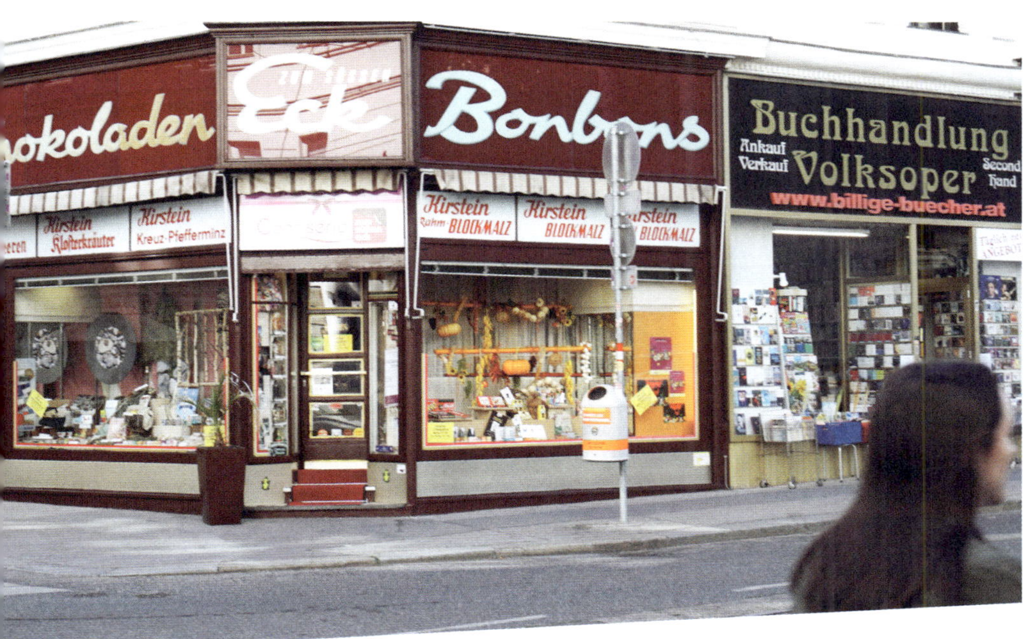

Fei 10–18 Uhr, Berggasse 19, 1090 Wien, www.freud-museum.at) linker Hand in einem eleganten Gründerzeithaus vorfinden. Um Freud's Couch zu sehen, musst du allerdings nach London ins dortige Freud-Museum reisen. Immerhin können wir vor dem Wiener Museum kurz auf einem Bankerl rasten.

Dunkle Vergangenheit

Wir radeln die Berggasse noch 400 m weiter und biegen rechts in die Roßauer Lände auf einen Radweg, dem wir 800 m bis zur Salztorgasse folgen. Diese biegen wir rechts ein und dann gleich wieder links in die Gonzagagasse. Nun haben wir den 9 / Morzinplatz, einen weiteren Schauplatz aus der Dunklen Begierde und aus der dunklen Geschichte unseres Landes, erreicht. Hier stand während des Nazi-Terrors das Gestapo-Hauptquartier, ein Ort grausamer Folter, an den ein Mahnmal erinnert. Wir machen uns auf zu erfreulicheren Erinnerungen.

Liebesromanze

Wir biegen vom Morzinplatz links in die Rotenturmstraße und fahren nach Überquerung der Hauptfahrbahn am Rad- und Gehweg

ROT

Auch ohne „die" Couch ist das 8 / Freud-Museum besuchenswert. Es wurde kürzlich neu gestaltet und 2021 mit dem Bauherrenpreis der Zentralvereinigung der Architektinnen und Architekten Österreichs ausgezeichnet. Rottöne prägen Shop und Café.

< links / Im 80er-Jahre-Thriller „Firefox" doubelte die U-Bahnstation im Stadtpark für Moskau ^ oben / Bondkulisse: Zuckerlgeschäft Confiserie zum süßen Eck

ROMANTIK

Ob der 10 / Zollamtssteg auch im Alltag eine Romantik-Brücke ist, müsst ihr selbst entscheiden. In „Before Sunrise" war sie ein Drehort.

Franz-Josefs-Kai weiter stromabwärts bis zur Uraniakreuzung. Dort fahren wir rechts in den Stubenring und gleich wieder links über die Reischachstraße und die Schallautzerstraße zum 10 / Zollamtssteg. Dieser war einer von zahlreichen Wiener Drehorten der Romanze „Before Sunrise" von Richard Linklater aus dem Jahr 1995, in der Ethan Hawke und Julie Delpy 24 Stunden durch Wien streifen, bevor sie sich wieder aus den Augen verlieren.

1982

Um den besten Blick auf den „Kinostar" aus „Firefox", die 11 / U4-Station Stadtpark, zu erhaschen, müssen wir am Heumarkt gegenüber Reisnerstraße absatteln und in den Park hinein. Beim Brückengeländer links vom Spielplatz sieht man perfekt.

Moskau-Double

Über den Radweg entlang der Wien geht es flussaufwärts zur 11 / U4-Station Stadtpark. Sie stellte 1982 im US-Thriller „Firefox" eine Moskauer U-Bahnstation dar. Die österreichische Schauspiel- und Gastro-Legende Hanno Pöschl spielt in einer Szene mit Hollywoodstar Clint Eastwood in einem U4-Silberpfeil.

Kinoabend

Wir folgen dem Radweg entlang der „Zweierlinie" in der Lothringerstraße und am Karlsplatz, radeln gerade weiter durch die Nibelungengasse und biegen rechts in den Radweg in der Babenbergerstraße. Ein allerletztes Mal rechts abbiegen auf den Ringradweg und wir können unsere Tour mit einer Vorführung des Dritten Mann in der englischen Originalversion im 12 / Burgkino (2- bis 3-mal pro Woche, Opernring 19, 1010, www.burgkino.at) krönen. Wenn wir den Ringradweg noch 300 m weiter fahren kommen wir zu unserem Ausgangspunkt, der 1 / Staatsoper.

TOURENINFO / Für Familien mit routinierten Kindern geeignet. Einzelne Abschnitte auf Fahrradstreifen auf Straßen mit höherem Verkehrsaufkommen. Sonstiger Weg auf eigenen Radwegen oder in verkehrsberuhigten Bereichen. Strecke befestigt, einzelne Stellen mit Kopfsteinpflaster.

➤ **1 /** Wiener Staatsoper ➤ **2 /** Palais Pallavicini ➤ **3 /** Schreyvogelgasse 8 ➤ **4 /** WUK Statt-Beisl ➤ **5 /** Café Weimar ➤ **6 /** Volksoper ➤ **7 /** Confiserie zum süßen Eck ➤ **8 /** Freud-Museum ➤ **9 /** Denkmal am Morzinplatz ➤ **10 /** Zollamtssteg ➤ **11 /** U4-Station Stadtpark ➤ **12 /** Burgkino

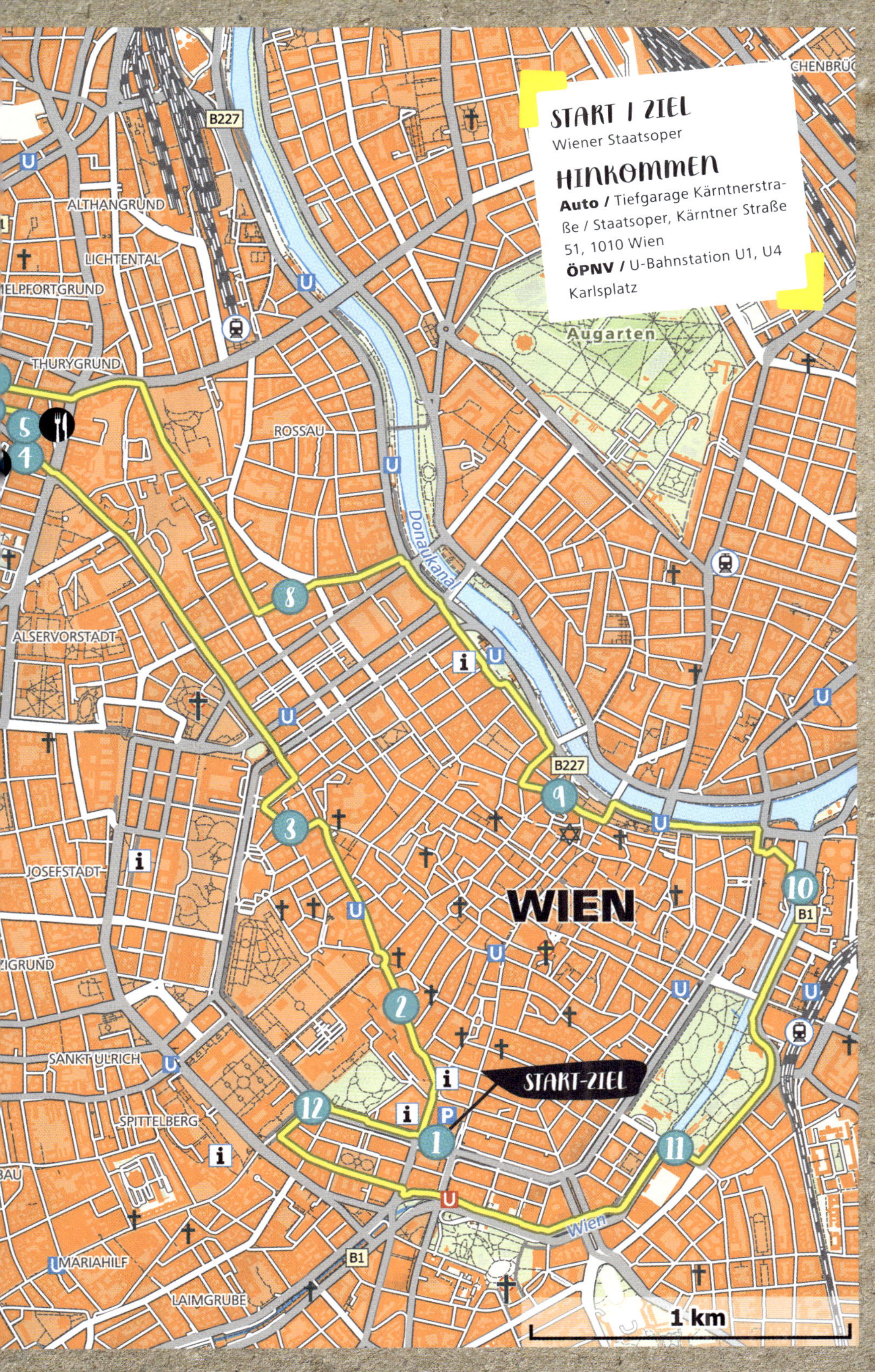
START / ZIEL
Wiener Staatsoper
HINKOMMEN
Auto / Tiefgarage Kärntnerstraße / Staatsoper, Kärntner Straße 51, 1010 Wien
ÖPNV / U-Bahnstation U1, U4 Karlsplatz
START-ZIEL
WIEN
Augarten
Donaukanal
Wien
ALTHANGRUND
LICHTENTAL
THURYGRUND
ROSSAU
ALSERVORSTADT
JOSEFSTADT
SANKT ULRICH
SPITTELBERG
MARIAHILF
LAIMGRUBE
B227
B1
1 km

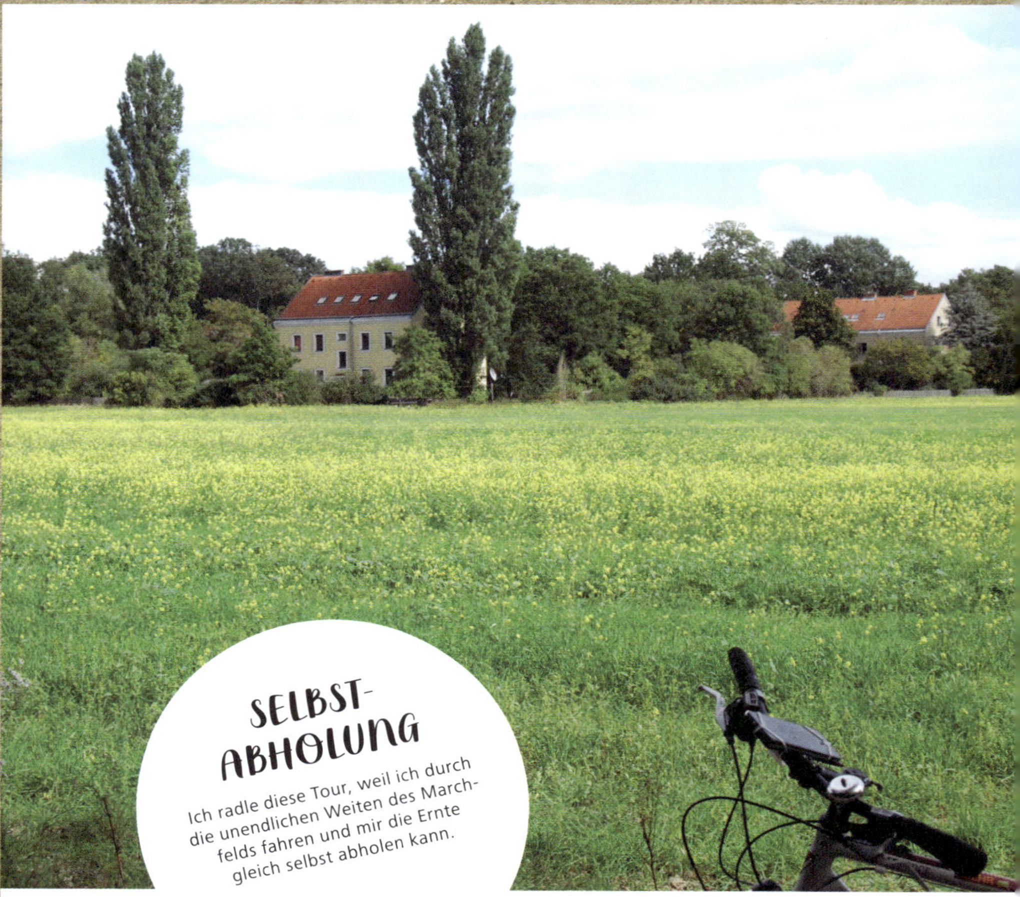

SELBST-ABHOLUNG

Ich radle diese Tour, weil ich durch die unendlichen Weiten des Marchfelds fahren und mir die Ernte gleich selbst abholen kann.

➤ **1 /** Beim Bahnhof Simmering rollen wir los

➤ **2 /** Wir bestaunen den massiven Wehrturm der Altsimmeringer Kirche

➤ **3 /** Bei der Gärtnerei Schippani schnabulieren wir delikate Paradeiser

➤ **4 /** Das Gasthaus Hansi labt uns am Rande des Auwaldes

➤ **5 /** Am Biohof Adamah tanken wir Bio-Ernte aus dem Marchfeld

➤ **6 /** In der Fleischerei Schauer versorgen wir uns mit Delikatessen

➤ **7 /** Zum Abschluss stärken wir uns in der Gastwirtschaft Prosser

➤ **8 /** Am Bahnhof Glinzendorf satteln wir ab

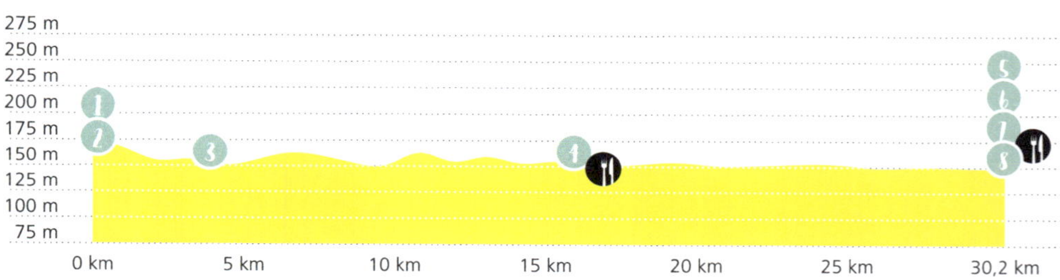

BIO ERNTE TANK!

Von Simmering ins Marchfeld

TOUR, DIE DU SO NIE GEMACHT HÄTTEST

Wir radeln von Wiens Gemüsegarten im 11. Hieb, Wienerisch für Bezirk, ins Marchfeld, dem landwirtschaftlichen Nahversorger vor den Toren der Stadt, wo wir den Biohof Adamah besuchen. Wir lassen den Tag in der Gastwirtschaft Prosser in Glinzendorf ausklingen.

30 Kilometer
20 Höhenmeter
2 Stunden
Rundtour

Alter Ortskern

Wir starten unsere Tour am 1 / Bahnhof Simmering. Von dort radeln wir die Simmeringer Hauptstraße im Mischverkehr einen Block stadtauswärts, biegen die erste Möglichkeit links ab und kommen zur 2 / Altsimmeringer Pfarrkirche St. Laurenz, deren markanten Wehrturm wir schon von unserem Startpunkt aus erblicken konnten. St. Laurenz hat eine 1000-jährige Geschichte. Ob die noch erhaltenen Grabsteine des ehemaligen Bergfriedhofes hinter der Kirche so alt sind? Egal. Wir nehmen die zweite Ausfahrt aus dem Kreisverkehr, fahren Unter der Kirche auf einem Fahrradstreifen und biegen nach einem Block rechts in den Seeschlachtweg. Dann biegen wir vor Ende der Sackgasse links in einen eigenständigen Radweg.

CHARAKTER

Sportlich ●●○○○
Abkühlung ●●○○○
Schlemmen ●●●○○
Panorama ●●●●○

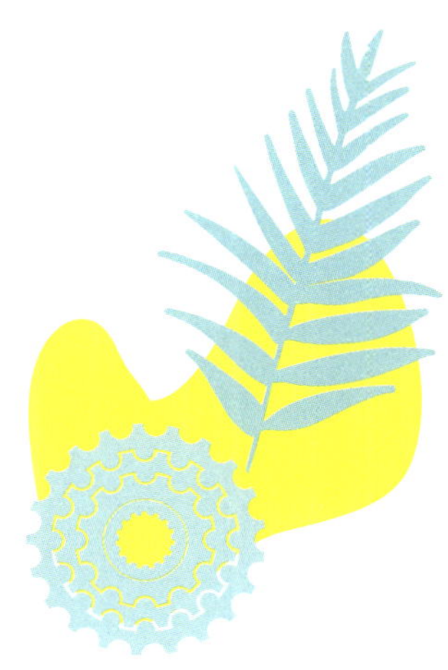

◂ **links / Mit dem Rad in die unendlichen Weiten der Lobau**

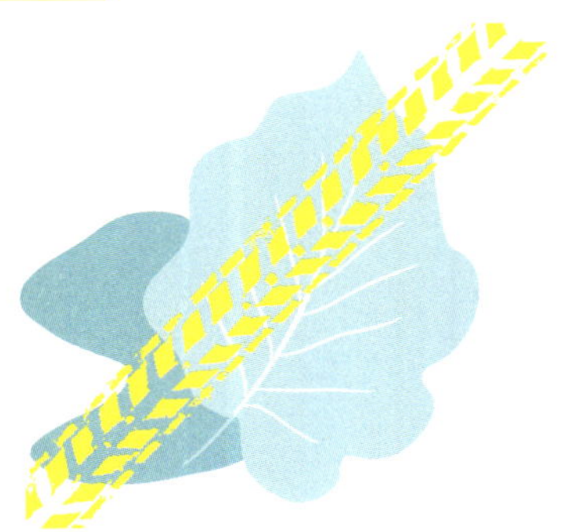

Kaiserebersdorf

Unsere Umgebung ist durch Gemeindebauten charakterisiert, durch deren weitläufige Parkanlagen wir jetzt entspannt radeln. Am Radweg fahren wir entlang des Seeschlachtparkes, überqueren die Florian-Hedorfer-Straße und fahren gerade in der Bleriotgasse weiter, die am Ende der Sackgasse in einen Geh- und Radweg übergeht, den Seeschlachtweg. Wir passieren die moderne Kirche Hl. Josef, benannt nach dem Patron der Gärtner. Nach Radwegende führt der Seeschlachtweg als ruhige Gasse 1 km durch Gärtnereigebiet. Wir sind in den Simmeringer Stadtteil Kaiserebersdorf vorgedrungen. Dörfliche Gassen zwischen Glashäusern, blühenden Feldern und Höfen strahlen hier ländliches Ambiente aus.

TOUR, DIE DU SO NIE GEMACHT HÄTTEST

Vitaminvorräte

Wir biegen rechts in den Wegverlauf Haindlgasse–Hörtengasse, den wir nach 1 km links in die Klebindergasse verlassen. Im Ab Hof Verkauf der 3 / Gärtnerei Schippani (Hörtengasse 156, Kaiserebersdorf, 1110 Wien, www.stadtlandwirtschaft.wien/betrieb/4159187/gaertnerei-schippani) können wir uns mit Gurken und Paradeisern eine Vitamindosis verpassen. Die vom Autoverkehr geprägte Zinnergasse überqueren wir und biegen nach links auf einen getrennten Radweg ein. Wir folgen der Beschilderung Donauinsel. Die Freudenauer Hafenbrücke queren wir auf einem geschützten Radstreifen. Werfen wir von dort einen Blick in Richtung südlichem Donaukanal, dann sehen wir eine neu entstehende Skyline mit Hochhausbaustellen und direkt vor uns viele Ausflugsschiffe, die im Hafen Wien auf ihren touristischen Einsatz warten.

ROT-GRÜN

Die Farben haben nichts mit Politik zu tun, sondern mit Gemüse. Rispenparadeiser und Gurken bekommen wir in der 3 / Gärtnerei Schippani.

➤ rechts oben / In den Landwirtschaften Kaiserebersdorfs wird Gemüse angebaut und angepriesen ➤ rechts Mitte / Unterwegs im dörflichen Teil Simmerings in der Haindlgasse

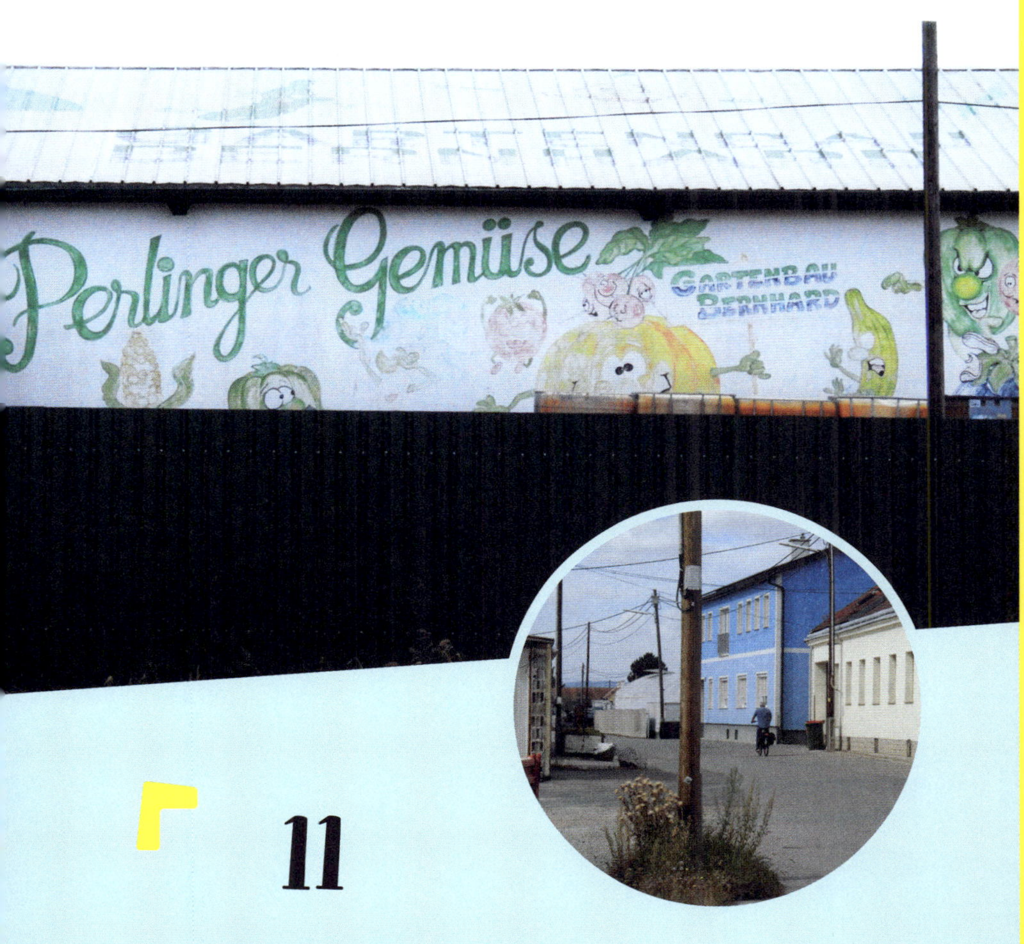

11

Mitten durch Simmering, den 11. Wiener Gemeindebezirk, verläuft zwischen Feldern und Glashäusern eine vielen unbekannte Radroute. Sie führt entlang des Seeschlachtwegs von Alt Simmering in Richtung Alberner Hafen.

OLIVENZWEIG

Die Walulisobrücke ist nach dem Wiener Friedensaktivisten benannt, der in den 1980ern meist in weißer Toga und Stirnkranz auftrat.

TOUR, DIE DU SO NIE GEMACHT HÄTTEST

Donauquerung

Wir nutzen das Wehr des Kraftwerkes Freudenau, um die Donau zu queren und die stromabwärts versetzte schwimmende Walulisobrücke, um über die Neue Donau zu kommen. Wir fahren in die Lobgrundstraße und zweigen nach der 92B Busstation Zentraltanklager links in die Lobau ab, überqueren eine Gleistrasse und fahren dann 400 m parallel der Gleise, die wir dann nach rechts überqueren. Wir bleiben auf markierten Wegen und wenn wir der Beschilderung Hainburg, Groß Enzersdorf und dann Eßlinger Furt folgen, kommen wir bei der Eßlinger Furt am 4 / Gasthaus Hansi, das wir aus Tour 4 kennen, aus dem Auwald (10–22, 1. Okt.–31. März. Mo–Mi, So u. Fei 10–16 Uhr, Esslinger Furt 4, 1220 Wien, +43 1890 14 42, www.gasthaus-hansi.at).

Heißes Marchfeld

Wir fahren links in die Reinholdgasse, rechts in die Kirschenallee und nochmal rechts in die Auernheimergasse. Die Gasse geht

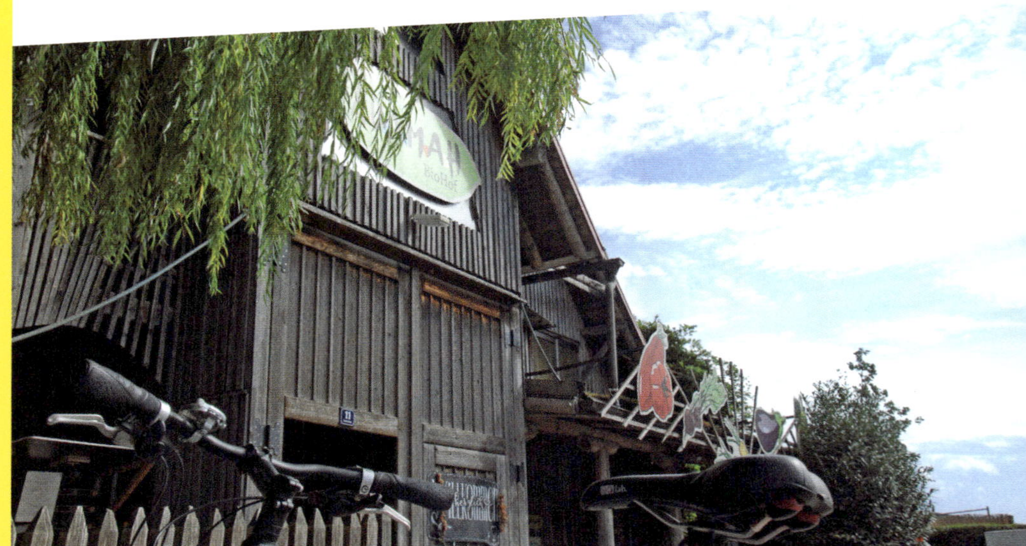

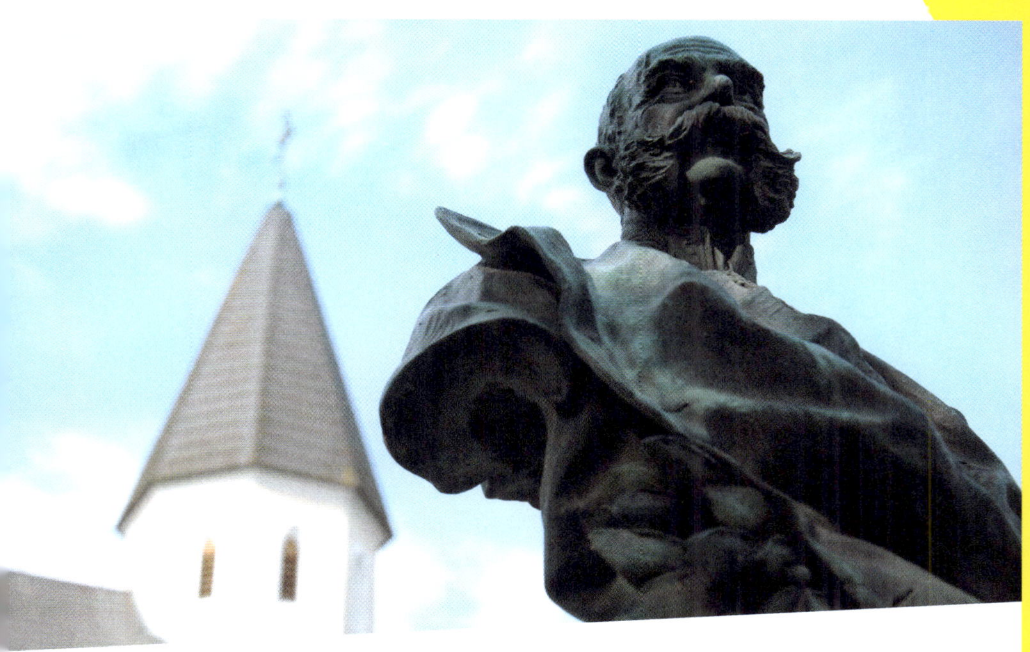

in einen unbefestigten Feldweg über, der nach Groß Enzersdorf führt. Vor der Ortstafel biegen wir links in den Weidlinger Damm, der anfangs ein unbefestigter schmaler Pfad ist. Wir queren die Esslinger Hauptstraße und radeln durch die Gunterstraße zwischen Einfamilienhaussiedlung und Feldrand, bis wir bei einem Gartendesign-Geschäft rechts in den unbefestigten Mitterfeldweg einbiegen. Wir befinden uns jetzt in den Weiten des Marchfeldes, einer der größten Ebenen in Österreich. Das pannonische Klima begünstigt den Anbau von Erbsen, Karotten und Spargel, bringt uns aber gehörig ins Schwitzen. Denn schattenspendende Bäume gibt's hier nur spärlich.

Odyssee zum Biohof

Wir überqueren die Landesstraße L2 und kommen 400 m danach zur Landesstraße L11. Um von hier nach Glinzendorf zu gelangen, müssen wir die letzten Kilometer auf Landesstraßen ohne eigener Radinfrastruktur fahren. Wir fahren links in Richtung Raasdorf und nehmen beim zweiten Kreisverkehr die erste Ausfahrt auf die Landesstraße L5 in Richtung Leopoldsdorf im Marchfelde, der wir etwa 3 km folgen. Dann biegen wir links in die Landesstraße

BIO

Vor Entern des Nationalparks Donau-Auen werfen wir einen Blick auf Tafeln des Themenwegs Bio-Landwirtschaft zwischen Reinholdgasse und Eßlinger Furt. Darauf wird kindergerecht über die aktuell auf den Feldern angebauten Produkte informiert.

< links / Einkaufen bei Adamah, einem der bekanntesten Biohöfe um Wien ^ oben / Vor der romanischen Kirche Glinzendorf wacht Kaiser Franz Josef I.

ERNTE NAHT!

Aufgepasst: Nach der Bahnunterführung nehmen wir die erste Straße rechts. Eine halbe Minute später sind wir beim 5 / Biohof Adamah.

L3010. Letztere ist Gott sei Dank schwächer befahren. Nach 2 km Fahrt haben wir Glinzendorf erreicht. Nach der Bahnunterführung mit eigenem Radweg halten wir uns rechts am Sonnenweg. Wir passieren einige landwirtschaftliche Höfe und Lagerhallen. Während der Erntezeit herrscht hier geschäftiges Treiben, wenn Anhänger voller Zwiebeln, Erdäpfeln und Kürbisse entladen werden.

1

Die 7 / Gastwirtschaft Prosser zu finden ist nicht schwierig. Ihr müsst nur nach der einzigen Kirche im Ort Ausschau halten. Sie ist 800 Jahre alt, der heiligen Katharina gewidmet und war ursprünglich romanisch. Der Wirt liegt gleich daneben!

Biotanke!

Nach 200 m sind wir am 5 / Biohof Adamah (Mo–Fr 9–18:30, Sa 9–16 Uhr, 2280 Glinzendorf, Sonnenweg 11, www.adamah.at/Bioladen). Im hofeigenen Laden kannst du Biogemüse, Pesto, Brot, Käse und andere Köstlichkeiten einkaufen. Anfang September gibt´s ein Hoffest. Alternativ dazu können wir Rindfleischspezialitäten sowie Honig, Öle und Gewürze bei der 6 / Ab-Hof-Fleischerei Schauer erstehen (Fr 8–12 und 13–18 Uhr, Sa 8–13 Uhr, Kornweg 8, 2280 Glinzendorf, www.marchfeldrind.at). Den Tag lassen wir in der 7 / Gastwirtschaft Prosser bei regionalen und saisonalen Spezialitäten ausklingen (Mi–So 11–22 Uhr, Im Anger 4, 2280 Glinzendorf, +43 650 571 25 57, www.prosserwirt.at). Mit Packtaschen voller Delikatessen und satt gegessen geht's zum 8 / Bahnhof Glinzendorf und von dort nach Wien zurück.

TOUR, DIE DU SO NIE GEMACHT HÄTTEST

TOURENINFO / Weniger geeignet für Familien mit Kindern. Wegführung ab Stadtgrenze bis Glinzendorf auf Überlandstraßen mit hohem Verkehrsaufkommen ohne schützende Radinfrastruktur. Abschnitte in der Lobau teilweise unbefestigt, am Stadtrand ein kurzes Stück Feldweg (mit Tourenrad befahrbar), sonst asphaltiert.

> **1 /** Bahnhof Simmering > **2 /** Altsimmeringer Pfarrkirche St. Laurenz > **3 /** Gärtnerei Schippani > **4 /** Gasthaus Hansi > **5 /** Biohof Adamah > **6 /** Ab-Hof-Fleischerei Schauer > **7 /** Gastwirtschaft Prosser > **8 /** Bahnhof Glinzendorf

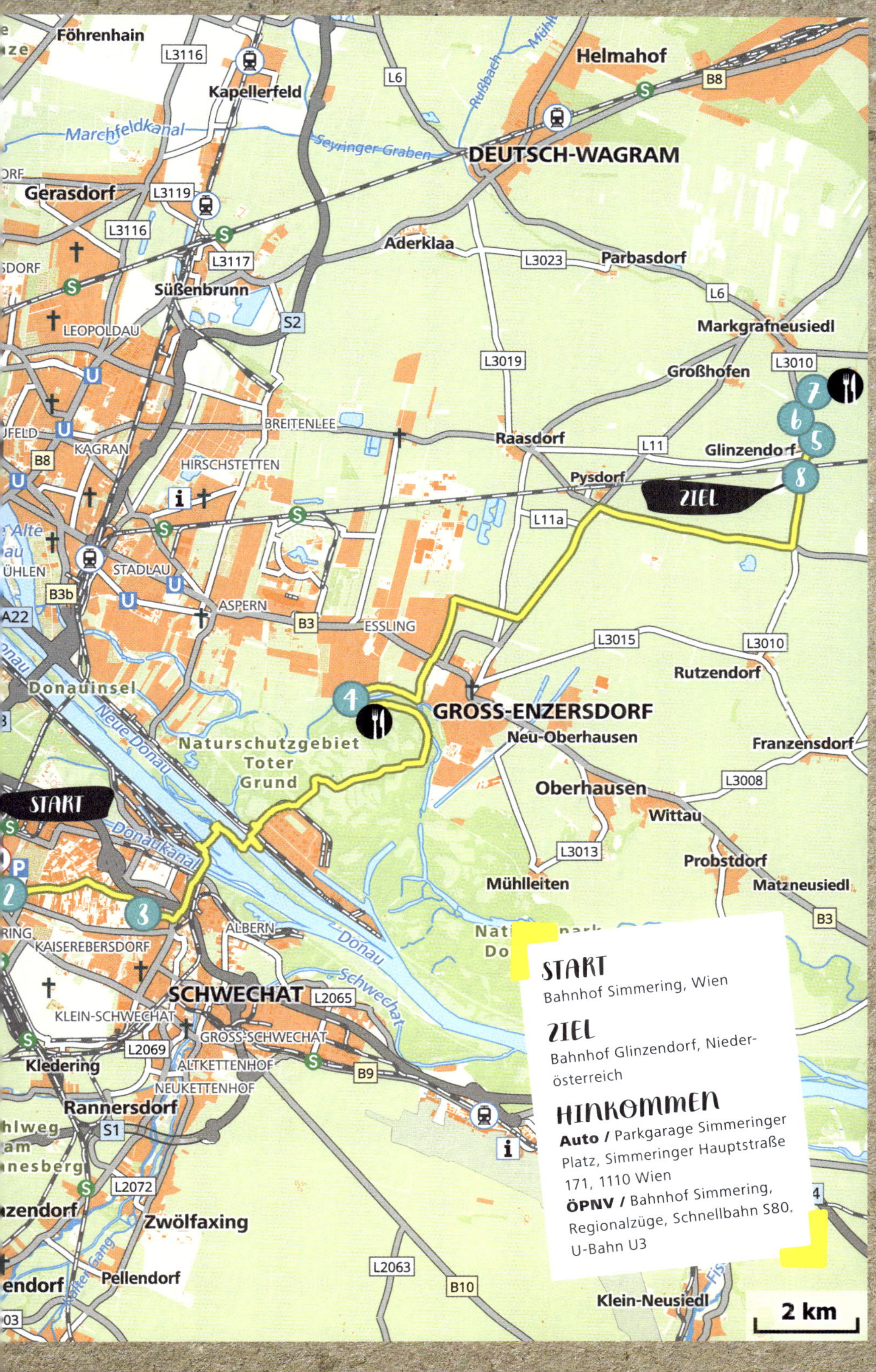
Föhrenhain
L3116
Kapellerfeld
L6
Helmahof
B8
Marchfeldkanal
Seyringer Graben
Rußbach
DEUTSCH-WAGRAM
Gerasdorf
L3119
L3116
L3117
Aderklaa
L3023
Parbasdorf
Süßenbrunn
S2
L6
LEOPOLDAU
Markgrafneusiedl
L3019
L3010
Großhofen
BREITENLEE
Raasdorf
L11
Glinzendorf
KAGRAN
B8
HIRSCHSTETTEN
Pysdorf
ZIEL
L11a
STADLAU
ASPERN
B3
ESSLING
L3015
L3010
Rutzendorf
A22
Donauinsel
GROSS-ENZERSDORF
Neu-Oberhausen
Neue Donau
Naturschutzgebiet
Toter
Grund
Franzensdorf
Oberhausen
L3008
Wittau
START
Donaukanal
L3013
Probstdorf
Mühlleiten
Matzneusiedl
B3
ALBERN
KAISEREBERSDORF
Donau
Schwechat
SCHWECHAT
L2065
KLEIN-SCHWECHAT
GROSS-SCHWECHAT
L2069
Kledering
ALTKETTENHOF
B9
NEUKETTENHOF
Rannersdorf
S1
L2072
Zwölfaxing
L2063
Pellendorf
B10
Klein-Neusiedl
2 km
START
Bahnhof Simmering, Wien
ZIEL
Bahnhof Glinzendorf, Niederösterreich
HINKOMMEN
Auto / Parkgarage Simmeringer Platz, Simmeringer Hauptstraße 171, 1110 Wien
ÖPNV / Bahnhof Simmering, Regionalzüge, Schnellbahn S80, U-Bahn U3

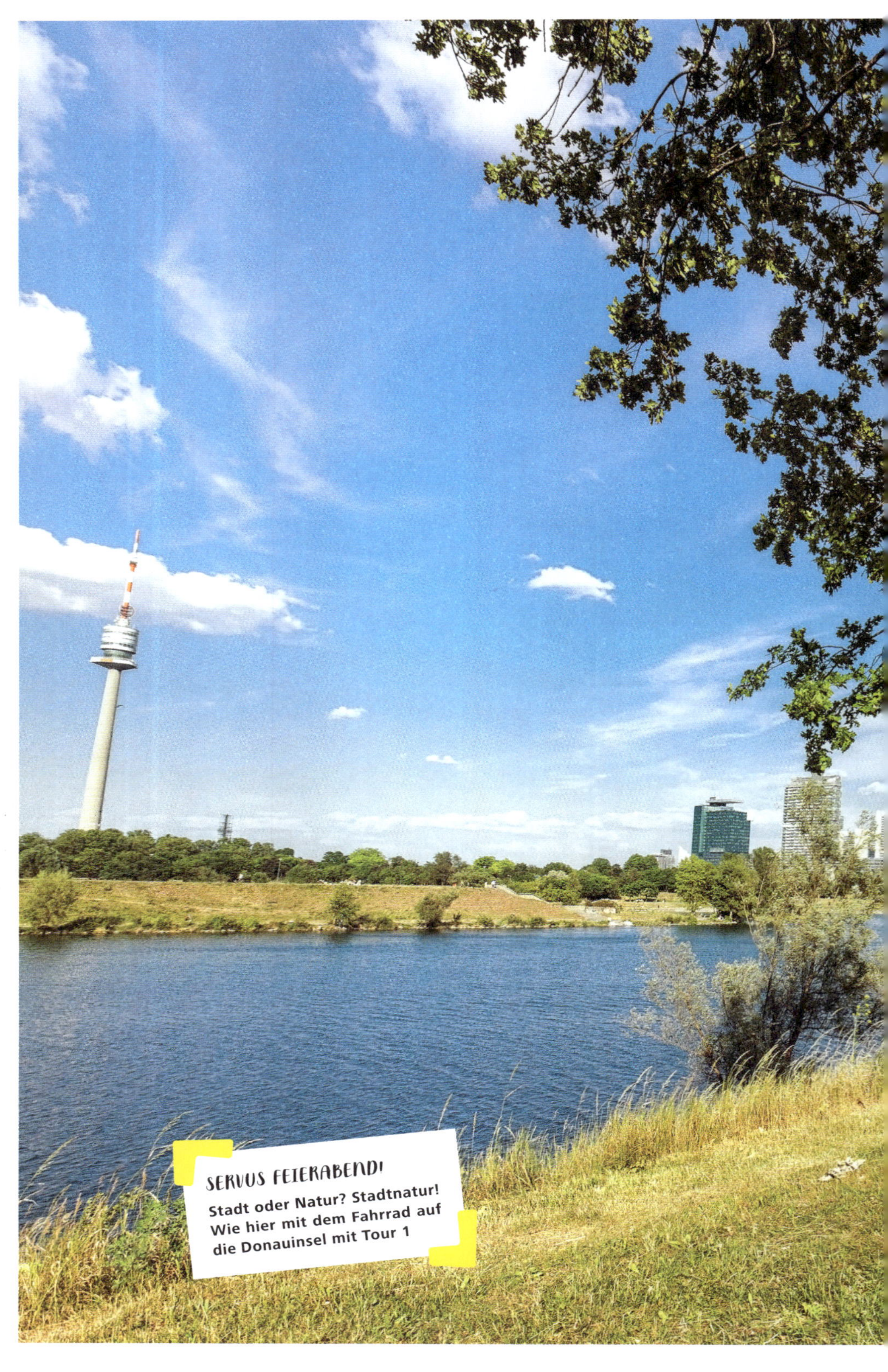
SERVUS FEIERABEND!
Stadt oder Natur? Stadtnatur!
Wie hier mit dem Fahrrad auf
die Donauinsel mit Tour 1

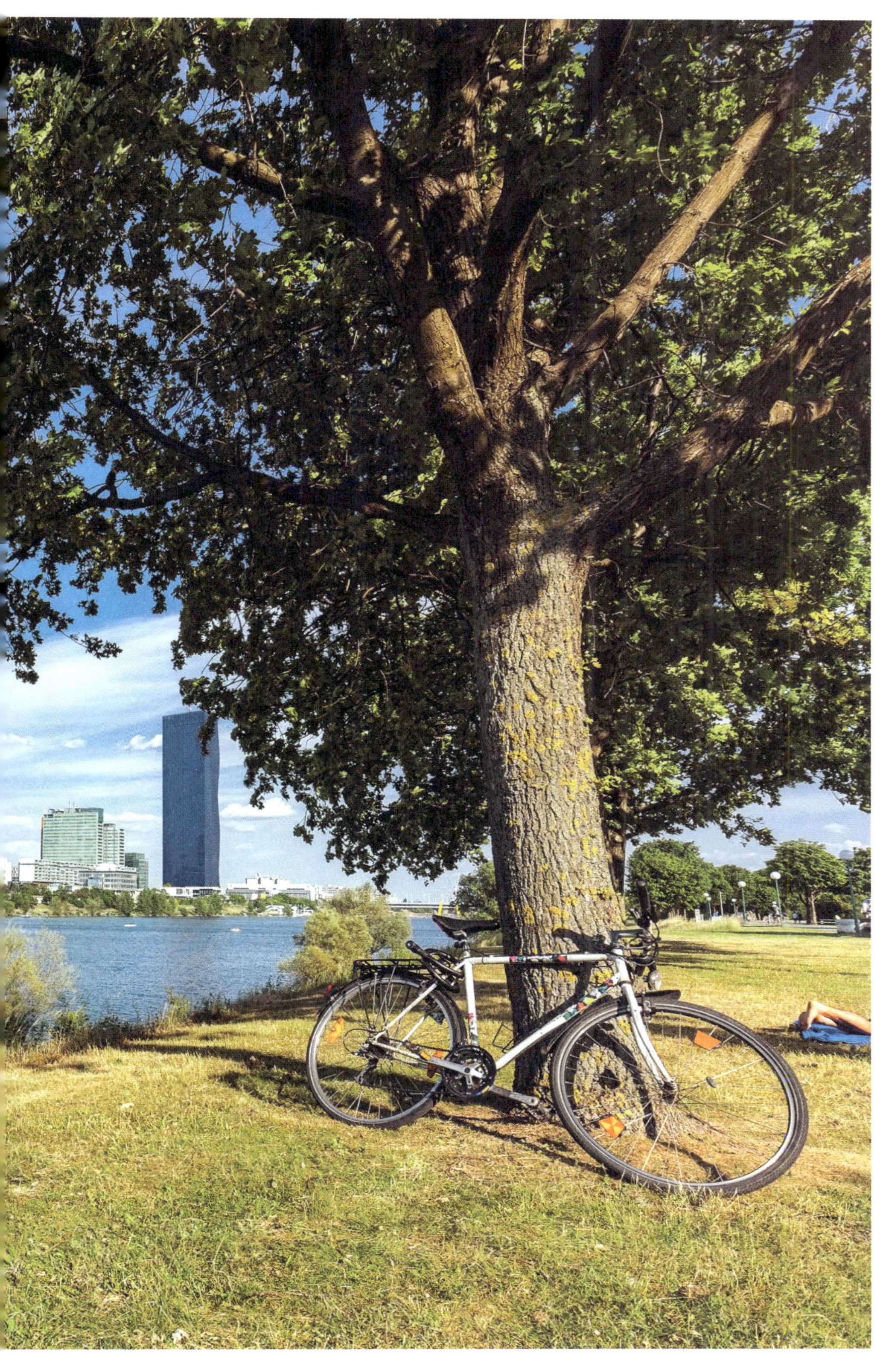

MEHR ERFAHREN

SPANNENDE TAGESTOUREN
DIE JEDER SCHAFFT

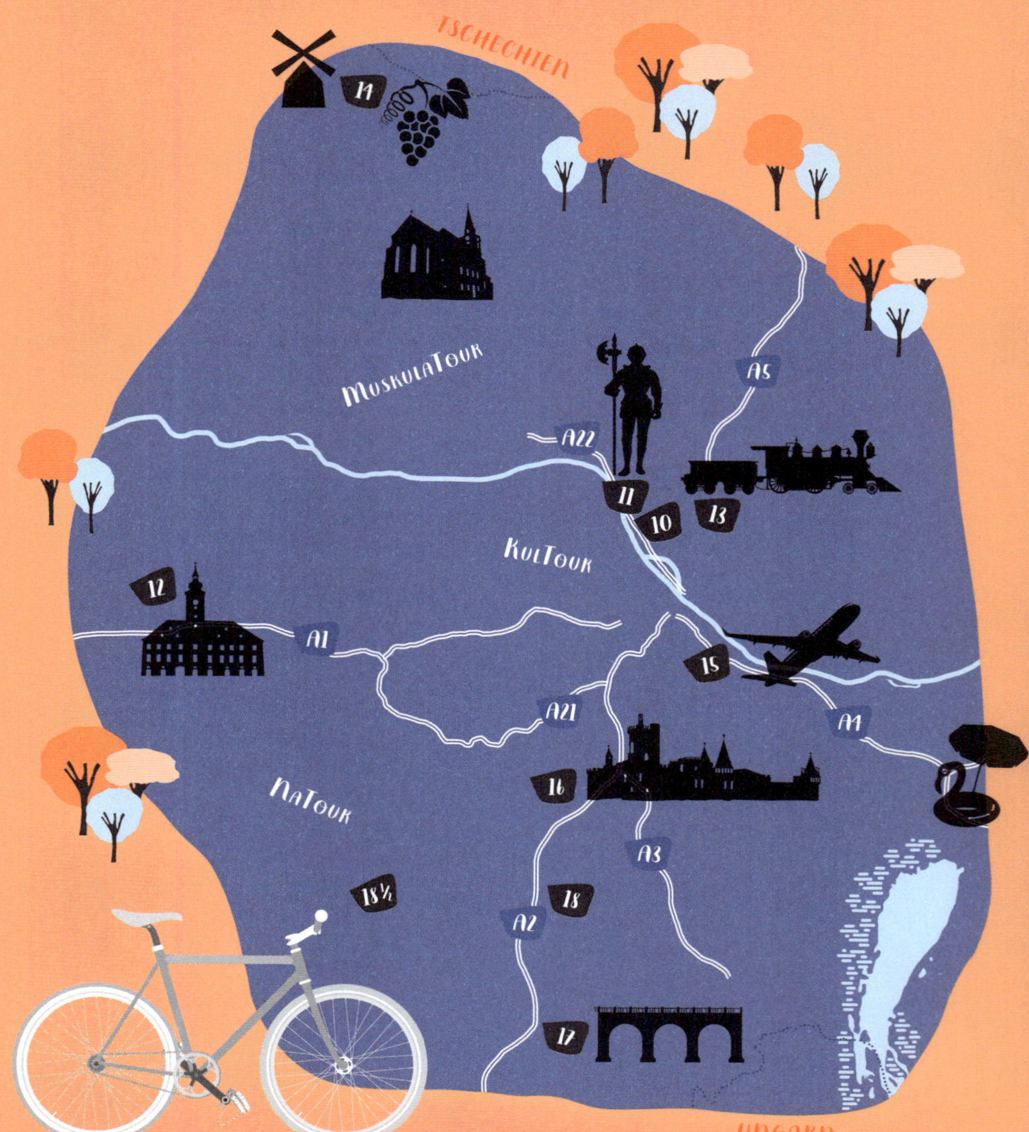

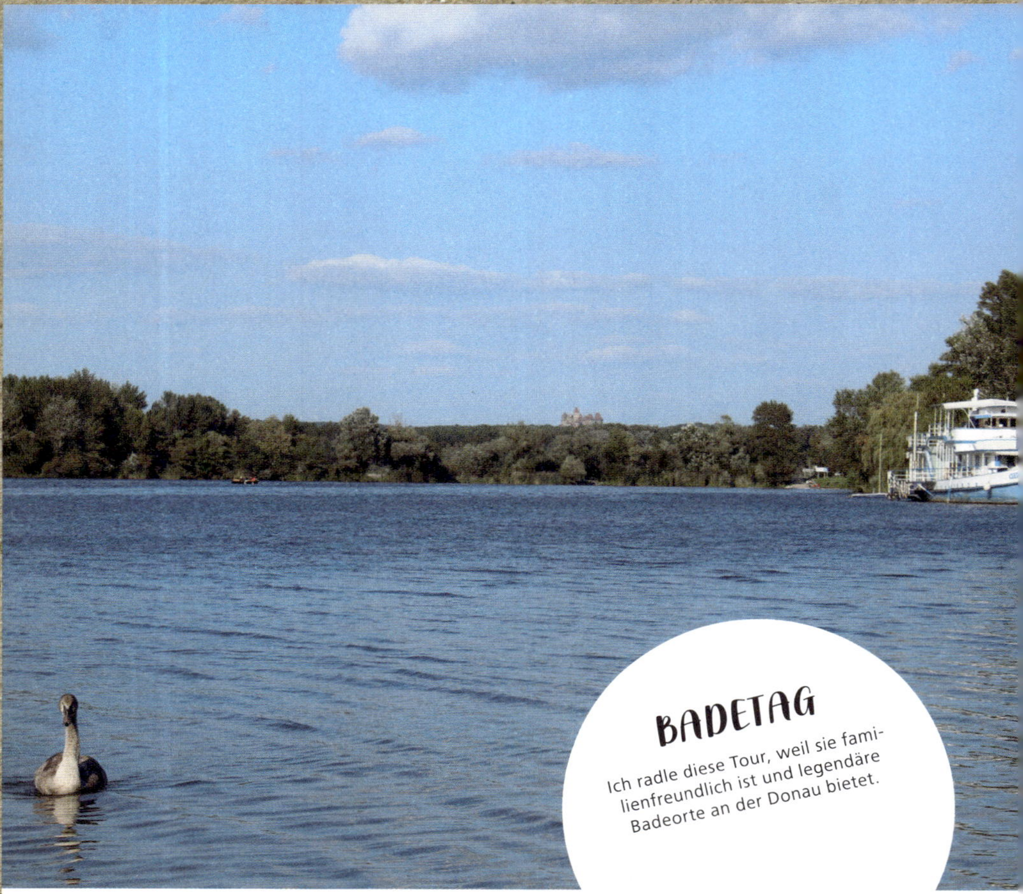

BADETAG

Ich radle diese Tour, weil sie familienfreundlich ist und legendäre Badeorte an der Donau bietet.

➤ **1 /** Beim Bahnhof Nussdorf gleiten wir los

➤ **2 /** Blickfang gleich zu Beginn: die Schemerlbrücke-Löwen

➤ **3 /** Im Kirschenhain gibt´s im April ein großes Fest

➤ **4 /** Der Donaublick Imbiss verwöhnt mit Steckerlfisch

➤ **5 /** Die Alte Hafenschenke bietet Tretboot und Trampolin

➤ **6 /** Im Roten Hahn gibt´s vegetarische und vegane Gerichte

➤ **7 /** Gasthaus am Silbersee: Hier gibt´s nur kulinarische Schätze

➤ **8 /** Das Strombad Kritzendorf ist und bleibt legendär

➤ **9 /** Kletteranlage Happyland: Hier bouldern die Unermüdlichen

➤ **10 /** Der Au-Erlebnisweg erzählt über das Leben im Auwald

➤ **11 /** Käpt´n Otto kredenzt im Sommer Marillenknödel

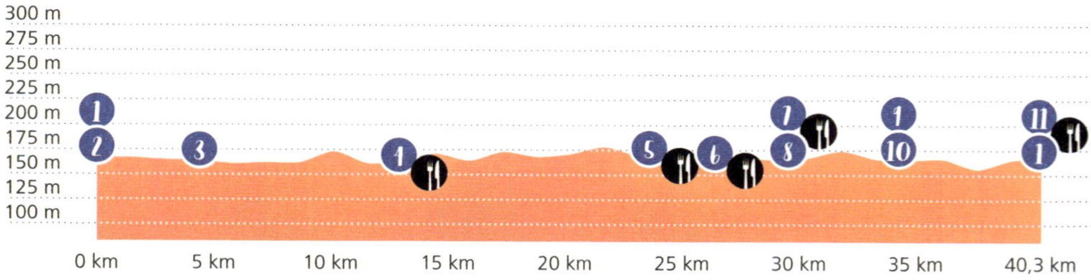

In die blaue Donau

Baden in Greifenstein und Kritzendorf

Wir radeln vom Bahnhof Nussdorf über den nördlichen Donauradweg nach Greifenstein. In der Alten Hafenschenke stärken wir uns und nehmen ein Bad im Donaualtarm. Am Rückweg geht´s auf einen Hupfer ins Strombad Kritzendorf.

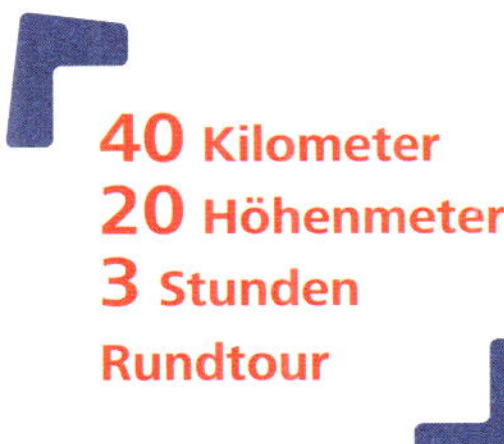

40 Kilometer
20 Höhenmeter
3 Stunden
Rundtour

Löwiger Start

Wir starten beim 1 / Bahnhof Nussdorf an der Herrmann-Zottl-Promenade, wo wir gleich die erste Portion Donaufrischluft einatmen. Wir radeln stromabwärts und queren das Nussdorfer Wehr über die von Otto Wagner entworfene, von zwei Bronzelöwen flankierte 2 / Schemerlbrücke zum Brigittenauer Sporn. Wir folgen der Beschilderung Euro Velo 6 Reichsbrücke Nordsteg. Nach Querung über den Nordsteg, einer komfortablen Fuß- und Radbrücke parallel zur Autobrücke, fahren wir am Nordufer der Neuen Donau nach links. Wir folgen der Beschilderung Euro Velo 6 Donauradweg den nächsten 20 km stromaufwärts.

Charakter

Sportlich	●●●○○
Abkühlung	●●●●●
Schlemmen	●●●●○
Panorama	●●●●○

Kirschblüte

Im Frühling, wenn sich die Kirschbäume in einem rosa Blütenkleid zeigen, lohnt sich ein Abstecher

◂ links / Familienausfahrt zum Donaualtarm in der Aulandschaft bei Greifenstein

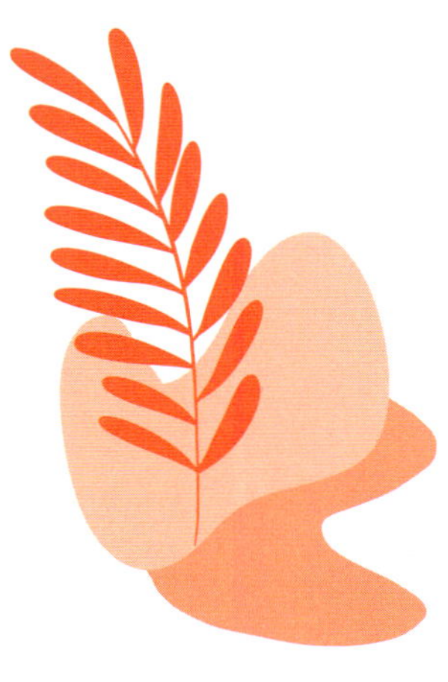

über die Jedleseer Brücke auf die Donauinsel. Wir radeln dann durch den 3 / Kirschenhain (www.kirschenhain.at), in dem jedes Jahr im April ein Kirschblütenfest gefeiert wird. Zusätzlich haben wir von hier einen wunderbaren Blick auf den von der Donau steil ansteigenden Leopoldsberg mit seiner Kirche und Burg. Wir fahren am Nordzipfel der Donauinsel über die Brücke des Einlaufbauwerkes Langenzersdorf wieder auf unseren Hauptweg zurück.

Donaublick

Wir radeln durch die Wiener Pforte, durch die die Donau vom Rand des Wienerwaldes in die Ebene des Wiener Beckens durchbricht. Da wir am perfekt asphaltierten Radweg so gut dahingleiten, haben wir flugs ein Viertel unserer Tour geschafft. Zeit für eine kleine Stärkung? Die gönnen wir uns im 4 / Donaublick Imbiss (Bei Schönwetter März–Okt. ganztägig, Donaulände 2, 2100 Korneuburg, +43 680 314 16 08, www.lisadittlbacher.wixsite.com/donaublick) mit Burger, Pommes und Co. Dazu bekommen wir gratis den besten Blick auf die Donau, auf der Motorboote, Ausflugs- oder Frachtschiffe an uns vorüberziehen. Für Kinder gibt´s einen Spielplatz mit Piratenschiff. Unser weiterer Weg führt durch die Korneuburger Au und erfreut uns mit schattenspendenden Pappeln, Birken und Akazien.

GRILLAGE

Im 4 / Donaublick Imbiss wird gegrillt. Vom Burger bis zum Steckerlfisch. Wartezeitverkürzung für Kinder: am Spielplatz mit Piratenschiff!

Baden mit Schwänen

Die Halbzeitrast naht mit kräftigen Pedalumdrehungen. Wir folgen der Beschilderung DRW 6 Krems Tulln und fahren über die Brücke des Kraftwerks Greifenstein. Danach folgen wir der Beschilderung Euro Velo 6 Klosterneuburg Greifenstein noch ein paar hundert Meter durch den Wald. Wir gelangen zu einem Steg, der uns an

---

➤ rechts oben / Vom Kirschenhain sehen wir auf den Leopoldsberg
➤ rechts Mitte / Steckerlfisch ist im Angebot des Donaublick Imbiss Korneuburg

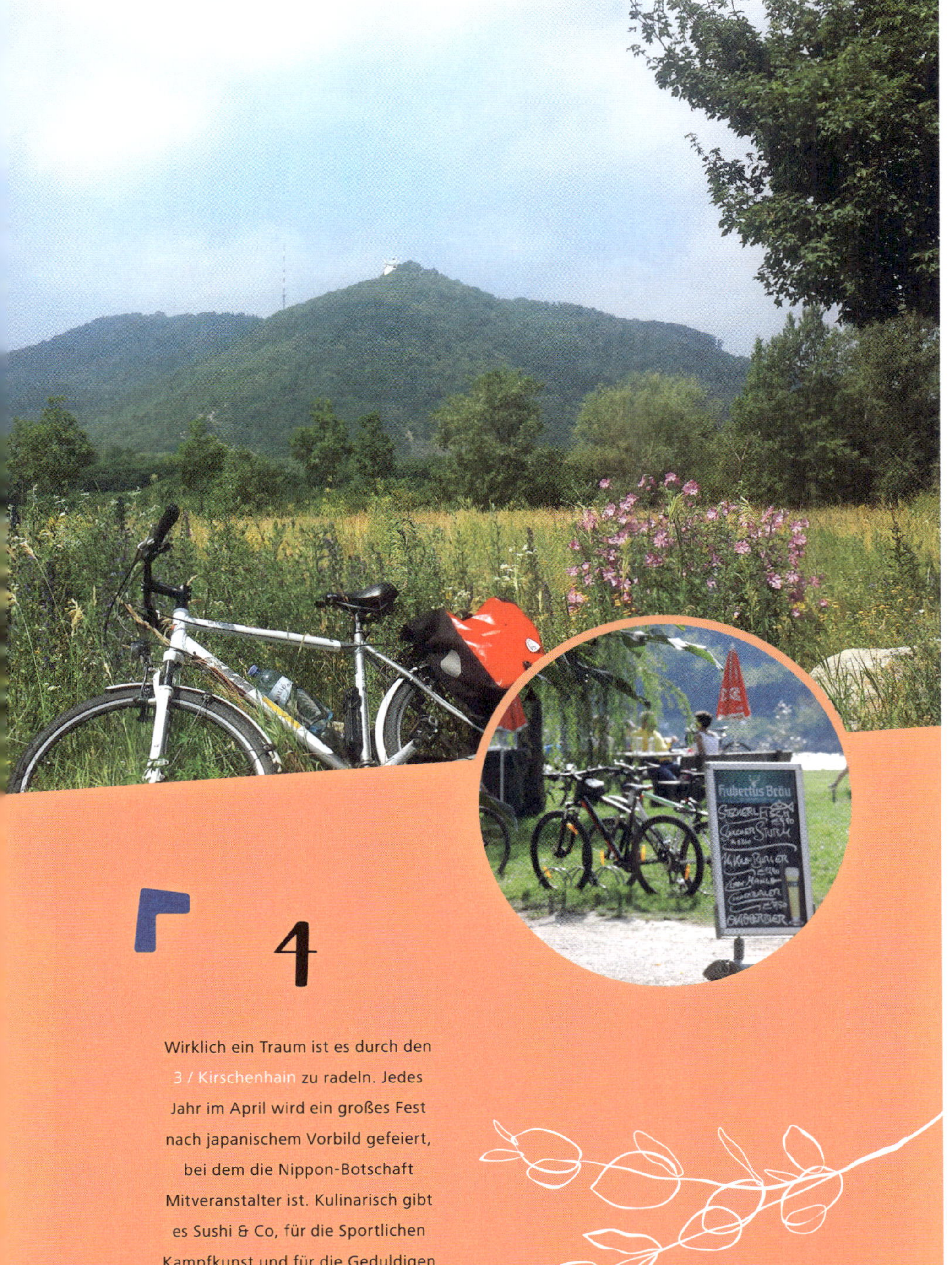

4

Wirklich ein Traum ist es durch den 3 / Kirschenhain zu radeln. Jedes Jahr im April wird ein großes Fest nach japanischem Vorbild gefeiert, bei dem die Nippon-Botschaft Mitveranstalter ist. Kulinarisch gibt es Sushi & Co, für die Sportlichen Kampfkunst und für die Geduldigen Origami-Basteln.

Tretboot-fahren!

Beim Pedalieren zu Lande bauen Kinder oft nicht genug Energie ab. Dafür gibt's in der **5 / Alten Hafenschenke** einen Tretbootverleih.

Idyll Donauauen

das Greifensteiner Ufer des Donaualtarms bringt. Dort fahren wir rechts den Donauradweg noch knapp 1 km in Richtung Tulln und kommen zur 5 / Alten Hafenschenke (10–22 Uhr, 3422 Greifenstein, +43 2242 338 37, www.staw.at/Alte_Hafenschenke). Hier können Kinder beim Tretbootfahren und Trampolinspringen ihre überschüssige Energie abbauen. Nach einer Stärkung mit Schnitzel und Co. können wir uns im Donaualtarm erfrischen. Wenn es ruhiger ist, tummeln sich Schwäne in Ufernähe. Was viele nicht wissen: Wir verweilen nur wenige Meter vom Geburtsort des Mitbegründers der vergleichenden Verhaltensforschung, Konrad Lorenz, der mit seinen Forschungen an Graugänsen weltberühmt wurde und 1973 den Nobelpreis bekam. Hier sind es zwar graue Schwäne und keine Graugänse, aber dennoch denkt man bei dem Idyll an Lorenz, der sich vehement für den Erhalt der Donauauen einsetzte.

Burgblick

Zurück radeln wir am südlichen Donauufer, der Radwegbeschilderung Euro Velo 6 Wien folgend. Wir werfen noch einen Blick auf die

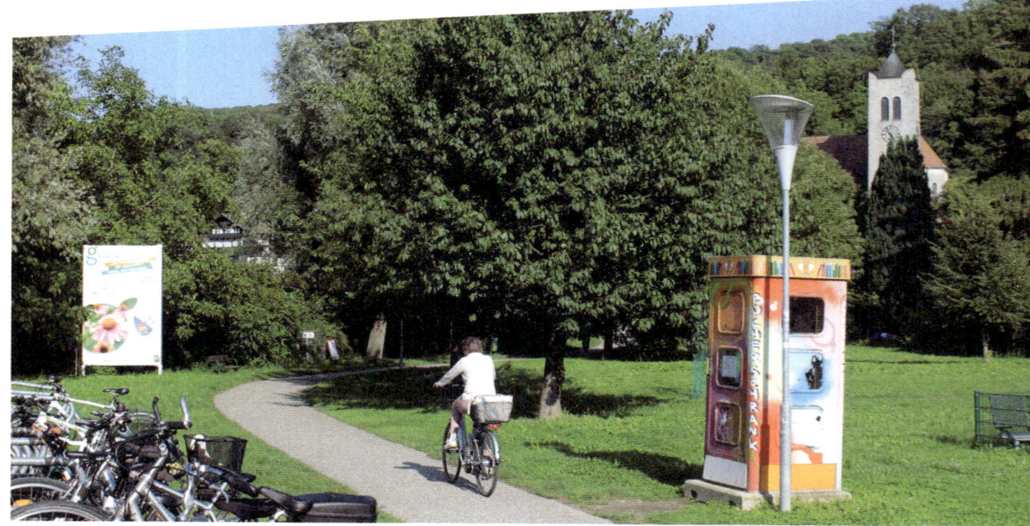

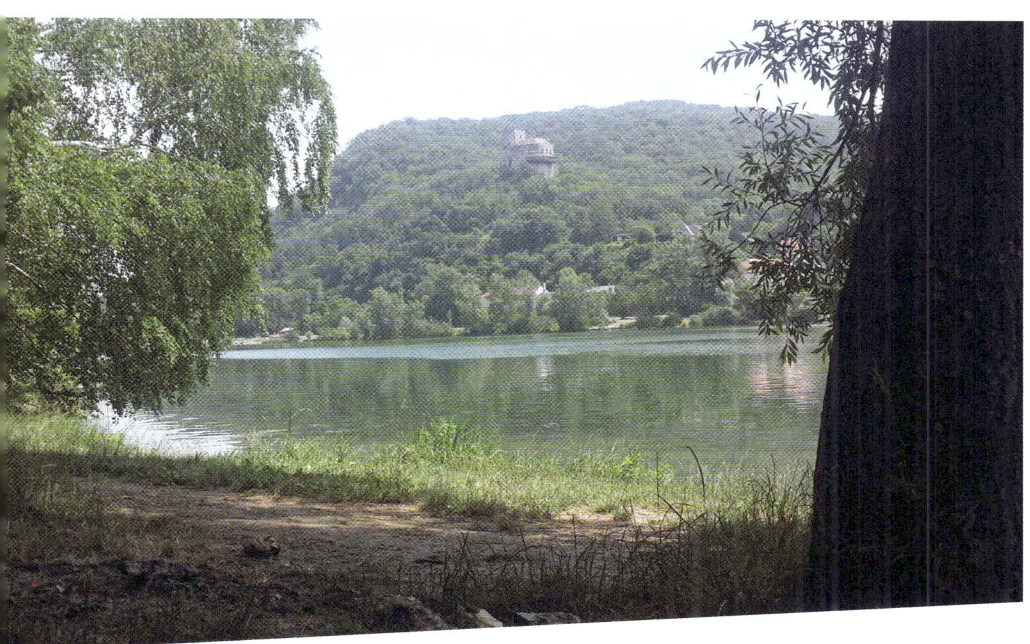

tausend Jahre alte Burg Greifenstein, die in Fahrtrichtung rechts über uns thront und die mit ihrem Blick über das Tullnerfeld einst eine wichtige Verteidigungsfunktion hatte. Sie wird seit einigen Jahren renoviert und daher können wir sie nur aus der Ferne betrachten.

Gartenzwerge und Karl May

Die zweite Tourenhälfte führt uns zwischen Wienerwald und Donau durch mehrere Kleingartensiedlungen und Orte. Wir radeln an dem einen oder anderen Gartenzwerg vorbei und an manchen Wirten, die es trotz einiger Lokalschließungen in dieser Gegend Gott sei Dank immer noch gibt. Nächste Haltemöglichkeit ist im Gasthof 6 / Roter Hahn, in dem wir auch vegetarische und vegane Gerichte bekommen (Mo, Do, Fr, Sa 10–15, 17–22, So 10–21 Uhr, Hauptstraße 117, 3421 Höflein, +43 660 666 66 30, www.gasthof-roterhahn.at). Einen Schatz zu heben gibt's im Silbersee in Kritzendorf zwar nicht, dafür bietet das 7 / Gasthaus am Silbersee mit selbstgemachten Mehlspeisen wie Mohn-Topfen-Torte einen guten Grund für eine Kaffeepause (Do–Mo 10–20:30 Uhr, Am Silbersee 1, 3420 Kritzendorf, +43 2243 244 42, www.gasthaus-am-silbersee.at).

VEGETARISCH

Der 6 / Rote Hahn strotzt vor kulinarischer Vielfalt. Es werden seltene Fleischgerichte wie Weiße Nierndln, Hirn oder Bries angeboten, aber auch vegetarische Gerichte wie Krautfleckerln. Auf Wunsch werden Gerichte vegan zubereitet.

< links / Fünfzig oder mehr Fahrräder zählt man an schönen Tagen vor der Alten Hafenschenke ^ oben / Blick auf Burg Greifenstein vom FKK-Badeufer

Hupfer ins Strombad

Zwischen Höflein und Kritzendorf bleibt der Radweg am Fuße des Wienerwaldes und wir radeln Am Durchstich entlang, einem schmalen von der Donau abzweigenden Wasserweg. Einen letzten Hupfer ins Wasser kannst du im legendären 8 / Strombad Kritzendorf machen. Seine Hochzeit in den 1920er-und 1930er Jahren, als es an Sommertagen von zehntausenden Menschen besucht wurde, ist längst vorüber. Mittlerweile ist es seit fast einem halben Jahrhundert kein öffentliches Freibad mehr. Steinstrand und Liegewiese am Donauufer sind uns jedoch frei zugänglich. Zufahrt vom Donauradweg über Badstraße und Neue Badstraße, 3420 Kritzendorf.

KULTBAD

Mag auch seine Hochzeit von vor 100 Jahren vorbei sein. Einen Hupfer ins Wasser genehmigen wir uns im 8 / Strombad Kritzendorf jedenfalls.

Kletterwand für Kinder

Möchten wir unsere mitradelnden Kinder zu weiterem Energieabbau bringen, ist die Boulder- und Kletteranlage im 9 / Happyland Klosterneuburg (Mo–Fr 14–22, Sa, So u. Fei 9–22 Uhr, In der Au, 3400 Klosterneuburg, www.kletteranlage-klosterneuburg.at) genau das Richtige. Für etwas Gemütlicheres gegen Ende unserer Tour empfiehlt sich ein Spaziergang entlang des 10 / Au-

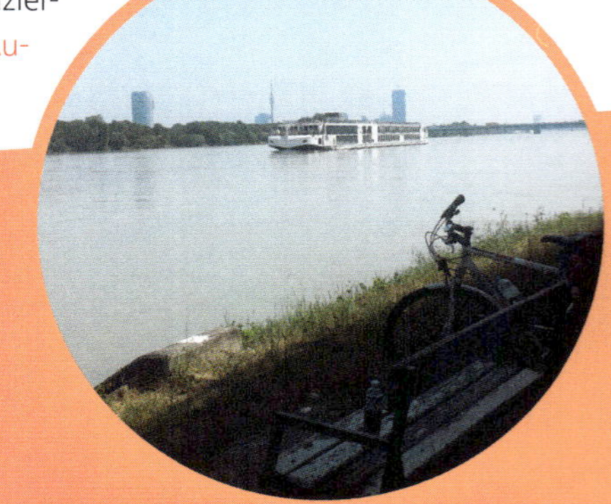

1,5 KM

Beine Ausschütteln gegen Ende unserer Tour können wir am gemütlich kurzen 10 / Au-Erlebnisweg in Klosterneuburg. Der Weg erklärt die Fauna und Flora einer Au mit Schautafeln und wartet mit Spielstationen auf!

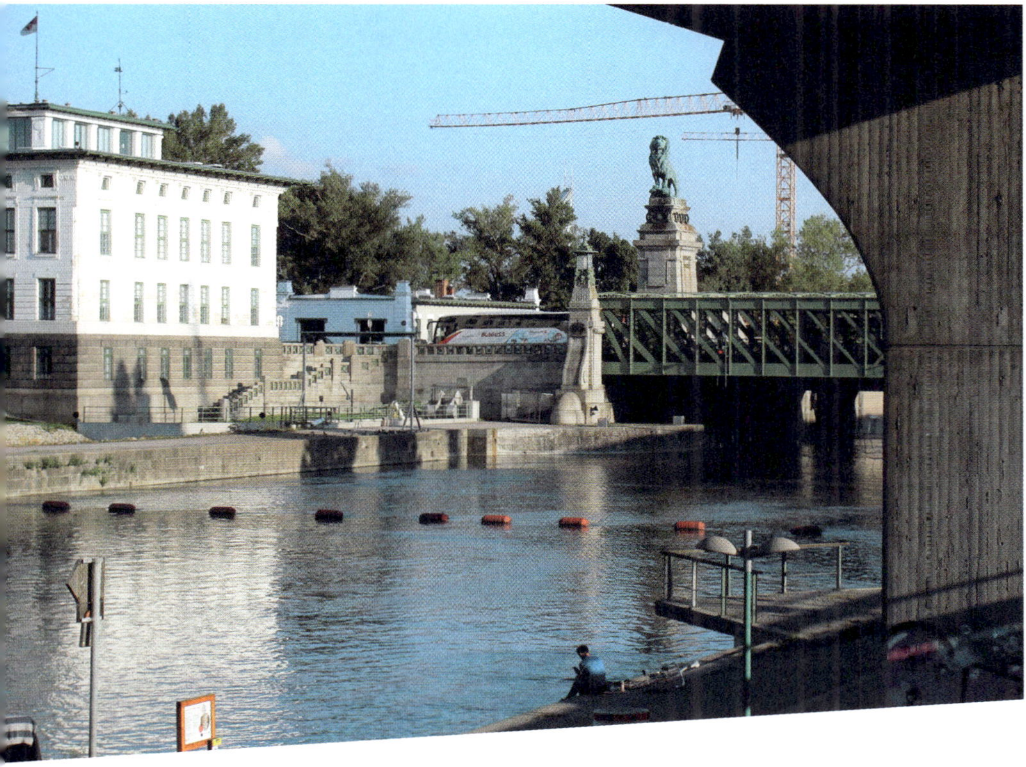

Erlebniswegs (Aupark, 3400 Klosterneuburg, www.wienerwald.info/ausflug/a-aupark). Der 1,5 km kurze Weg erklärt die Fauna und Flora einer Au mit Schautafeln und wartet mit Spielstationen für Kinder auf.

Nachspeise

Den Tag am besten ausklingen lassen wir auf der Zielgeraden mit unserem letzten Donaublick im 11 / Käpt'n Otto. (Mo, Di, Fr 9:30–20, Sa, So 8:30–20 Uhr, Hermann-Zottl-Promenade 1, 1190 Wien, +43 1370 12 06, www.facebook.com/GasthausKaeptnOtto), der im Sommer selbstgemachte Marillenknödeln serviert. Den 1 / Bahnhof Nussdorf erreichen wir nach nur 300 m.

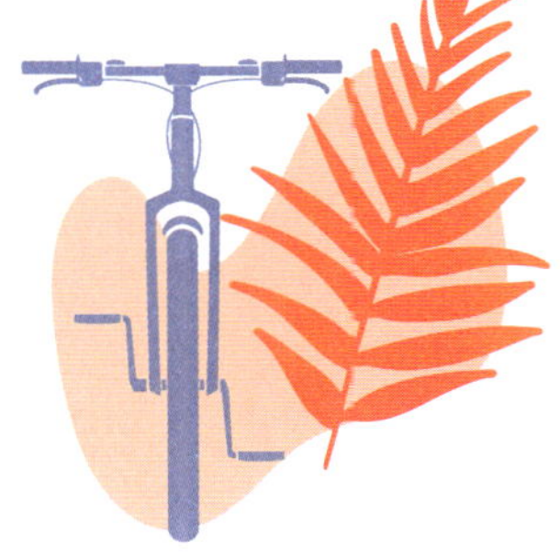

TOURENINFO / Sehr gut geeignet für Familien mit selbstradelnden Kindern und für Anhänger. Weg verläuft durchgängig auf autofreien und sehr verkehrsarmen Straßen. Durchgängig asphaltiert. Ebene Strecke. Badesachen einstecken!

< links / Rast mit Donaublick bei Nussdorf ^ oben / Fischen und Chillen bei der Schemerlbrücke Nussdorf

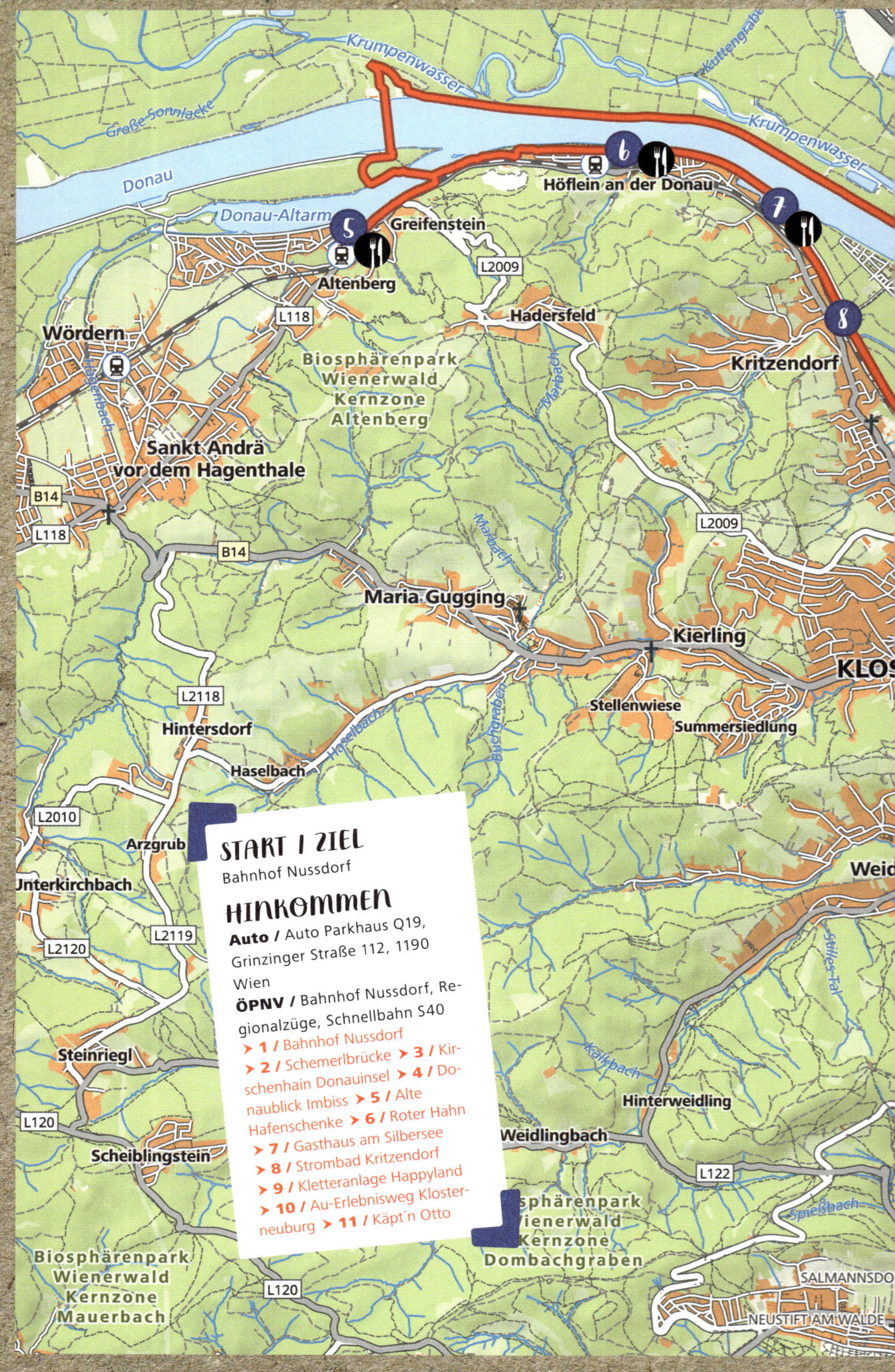

START / ZIEL

Bahnhof Nussdorf

HINKOMMEN

Auto / Auto Parkhaus Q19, Grinzinger Straße 112, 1190 Wien

ÖPNV / Bahnhof Nussdorf, Regionalzüge, Schnellbahn S40

➤ **1 /** Bahnhof Nussdorf ➤ **2 /** Schemerlbrücke ➤ **3 /** Kirschenhain Donauinsel ➤ **4 /** Donaublick Imbiss ➤ **5 /** Alte Hafenschenke ➤ **6 /** Roter Hahn ➤ **7 /** Gasthaus am Silbersee ➤ **8 /** Strombad Kritzendorf ➤ **9 /** Kletteranlage Happyland ➤ **10 /** Au-Erlebnisweg Klosterneuburg ➤ **11 /** Käpt´n Otto

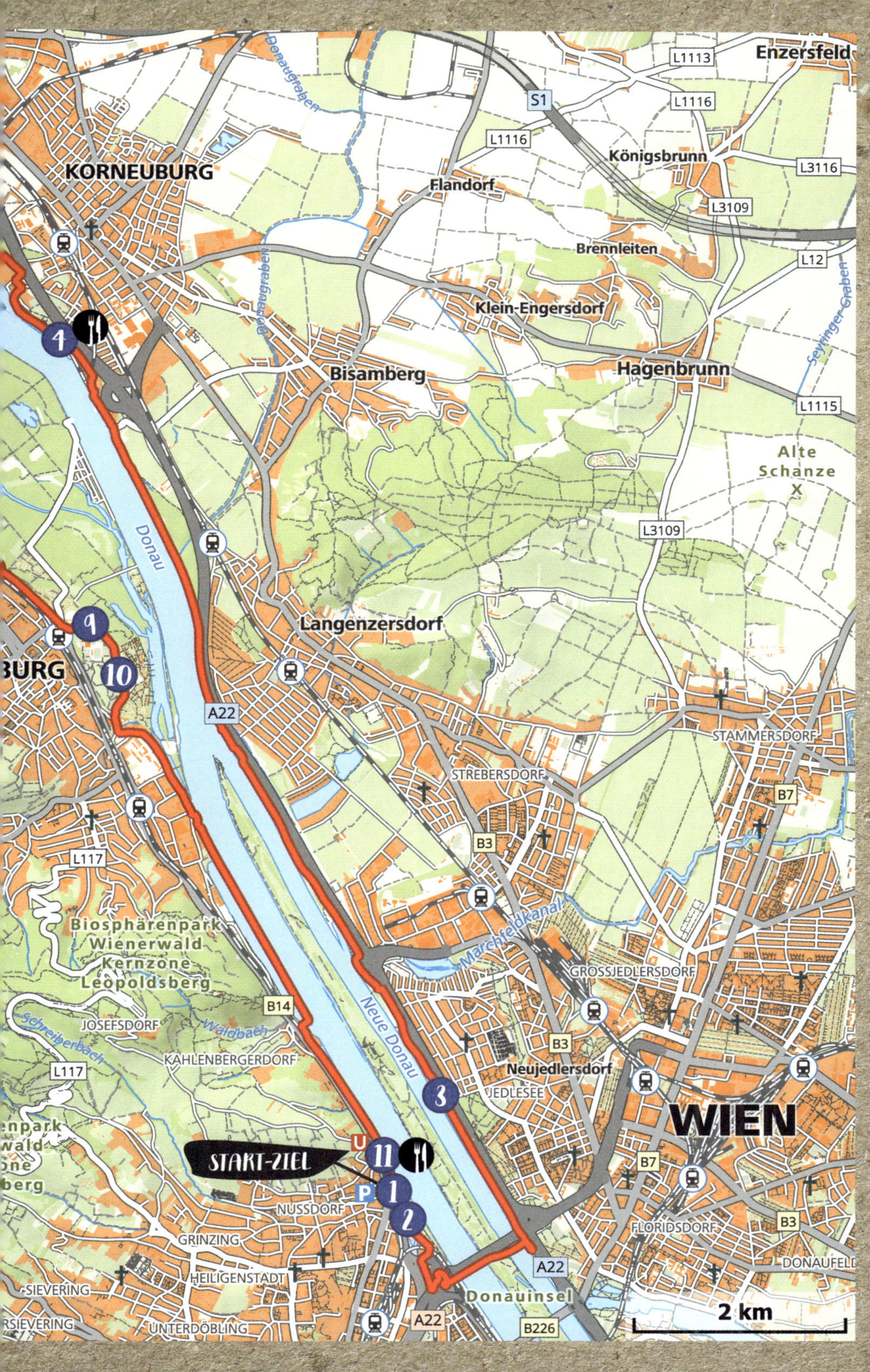

Enzersfeld
KORNEUBURG
Flandorf
Königsbrunn
Brennleiten
Klein-Engersdorf
Bisamberg
Hagenbrunn
Alte Schanze
Langenzersdorf
STAMMERSDORF
STREBERSDORF
Donau
Neue Donau
Marchfeldkanal
GROSSJEDLERSDORF
Neujedlersdorf
JEDLESEE
WIEN
FLORIDSDORF
DONAUFELD
Donauinsel
Biosphärenpark Wienerwald Kernzone Leopoldsberg
JOSEFSDORF
KAHLENBERGERDORF
NUSSDORF
GRINZING
HEILIGENSTADT
SIEVERING
UNTERDÖBLING
START-ZIEL
2 km

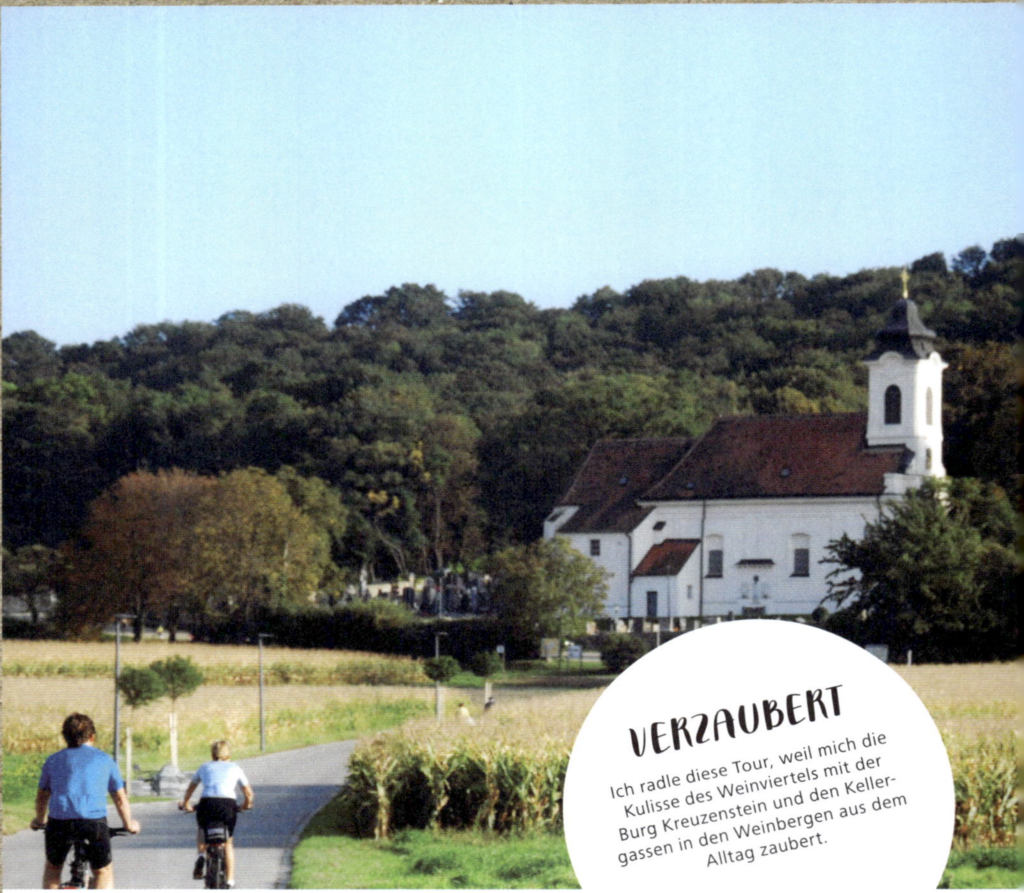

VERZAUBERT

Ich radle diese Tour, weil mich die Kulisse des Weinviertels mit der Burg Kreuzenstein und den Kellergassen in den Weinbergen aus dem Alltag zaubert.

➤ **1 /** Wir starten am Bahnhof Langenzersdorf

➤ **2 /** Das Restaurant Tuttendörfl bezaubert mit Fischspezialitäten

➤ **3 /** Im Alten Zollhaus gibt´s bodenständige Küche aus der Heimat

➤ **4 /** Burg Kreuzenstein: Inspektion von Filmkulisse und Ritterrüstungen

➤ **5 /** In der Greifvogelschau jagen hungrige Adler

➤ **6 /** Beim Heurigen Glatt kosten wir Surbraten mit Erdäpfelknödel

➤ **7 /** Italien-Flair verströmt Reigl's Cantina Piccola

➤ **8 /** Das Weingut Oberschil ist radfreundlich und macht Top-Weine

➤ **9 /** Am Rastplatz Hagenbrunn treffen wir auf den Dampfross-und-Drahtesel-Radweg

➤ **10 /** Im Erholungsgebiet Seeschlacht bleibt´s friedlich

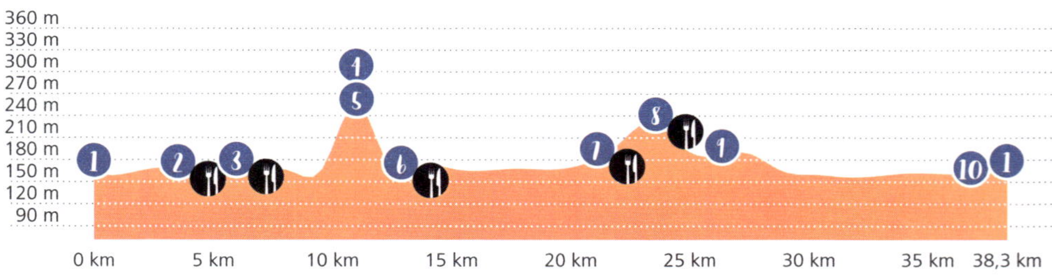

MÄRCHENHAFT

Erkundung des südlichen Weinviertels

Wir radeln vom Bahnhof Langenzersdorf zu Adlerschau und Festungserkundung auf die Burg Kreuzenstein, genießen Italien-Flair in der Kellergasse Hagenbrunn und nehmen ein Bad im Schotterteich des Erholungsgebietes Seeschlacht.

38 Kilometer
160 Höhenmeter
2:45 Stunden
Rundtour

Bisamberg: der Bienen Glück

Wir starten unsere Tour beim 1 / Bahnhof Langenzersdorf. Wir überqueren die Klosterneuburger Straße und fahren in dieser auf einem Radweg nach rechts in Richtung Bisamberg, der durch die Kronen einer Bergahornallee schimmert. An der nächsten Kreuzung biegen wir links ab und radeln dem Straßenzug Schulstraße-Tuttenhofstraße entlang. Bald haben wir den Ortskern hinter uns und fahren an einzelnen Höfen vorbei. Wir genießen freie Blicke auf Wiesen, Felder und die Rebgärten des Bisambergs. Der Bisamberg am Südrand des Weinviertels bietet mit seiner geschützten Trockenlandschaft vielen Spezies eine Heimat. Es ist die bienenartenreichste Gegend in ganz Österreich und weist rekordverdächtige 700 Schmetterlingsarten auf.

CHARAKTER

Sportlich	●●●○○
Abkühlung	●●●●○
Schlemmen	●●●●○
Panorama	●●●●○

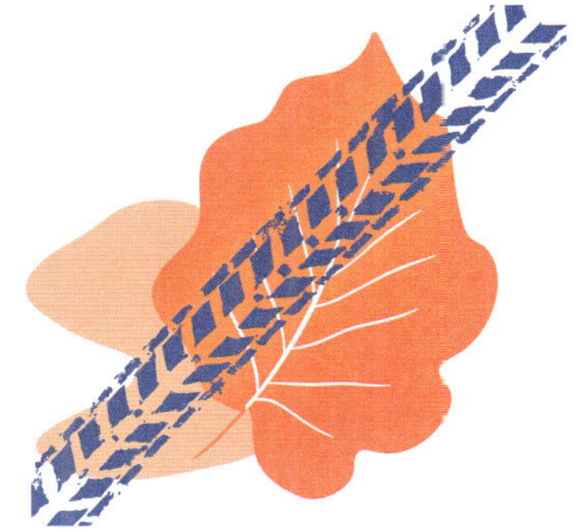

< links / Pfarrkirche St. Veit in Kleinengersdorf am Fuße des Bisambergs

Schlenker an die Donau

Nach dem Ortsende radeln wir über den Donaugraben und dann links in einen autofreien Weg, der uns kurz darauf zum Donauradweg bringt. Wir genießen eine feine Brise, während wir stromaufwärts pedalieren. Eine Einkehrmöglichkeit bietet sich im 2 / Restaurant Tuttendörfl, in dem wir Saiblingfilet oder Zander, und vom Garten einen formidablen Donaublick, genießen (Di–Sa 11:30–21 Uhr, Tuttendörfl 6, 2100 Korneuburg, +43 2262 724 85, www.tuttendoerfl.com).

Bodenständige Kost

Nach dem Motorboothafen folgen wir der Beschilderung Korneuburg Zentrum. Wir folgen dem Straßenverlauf und unterqueren die Bahntrasse bei erster Gelegenheit. Gleich danach fahren wir links in den Doktor-Max-Burckhard-Ring. Im 3 / Gasthaus Zum Alten Zollhaus können wir unsere Energiespeicher etwa mit Kärntner Kasnudeln für den bevorstehenden Anstieg aufladen (Mo–Fr 9–22, Sa, So, Fei 9:30–15 Uhr, Bahnhofplatz 2, 2100 Korneuburg, +43 2262 726 00, www.zumaltenzollhaus.at).

FAMILIENBETRIEB

Willst du dich vor dem Anstieg zur Burg stärken? Im 3 / Gasthaus Zum Alten Zollhaus hast du nochmal eine gute Gelegenheit!

Postkartenansicht

Nach dem Bahnhofsplatz bleiben wir links am Geh- und Radweg. Am Neubau fahren wir an Kleingärten vorbei und biegen die zweite Gasse rechts in die Hofaustraße. Wir queren die Stockerauer Straße und fahren am linksgeführten Radweg zwei Blöcke, bevor wir links in die Kreuzensteiner Straße biegen, der wir schnurgerade folgen. Nach 1,5 km wird sie als Fuß- und Radweg über eine Brücke geführt. Von hier haben wir die perfekte Postkartenansicht auf die über den sanften Hügeln von Leobendorf thronende Burg Kreuzenstein.

➤ rechts oben / Hinter der Brücke in Leobendorf lugt die Burg Kreuzenstein hervor ➤ rechts Mitte / Unterwegs im Donaugraben

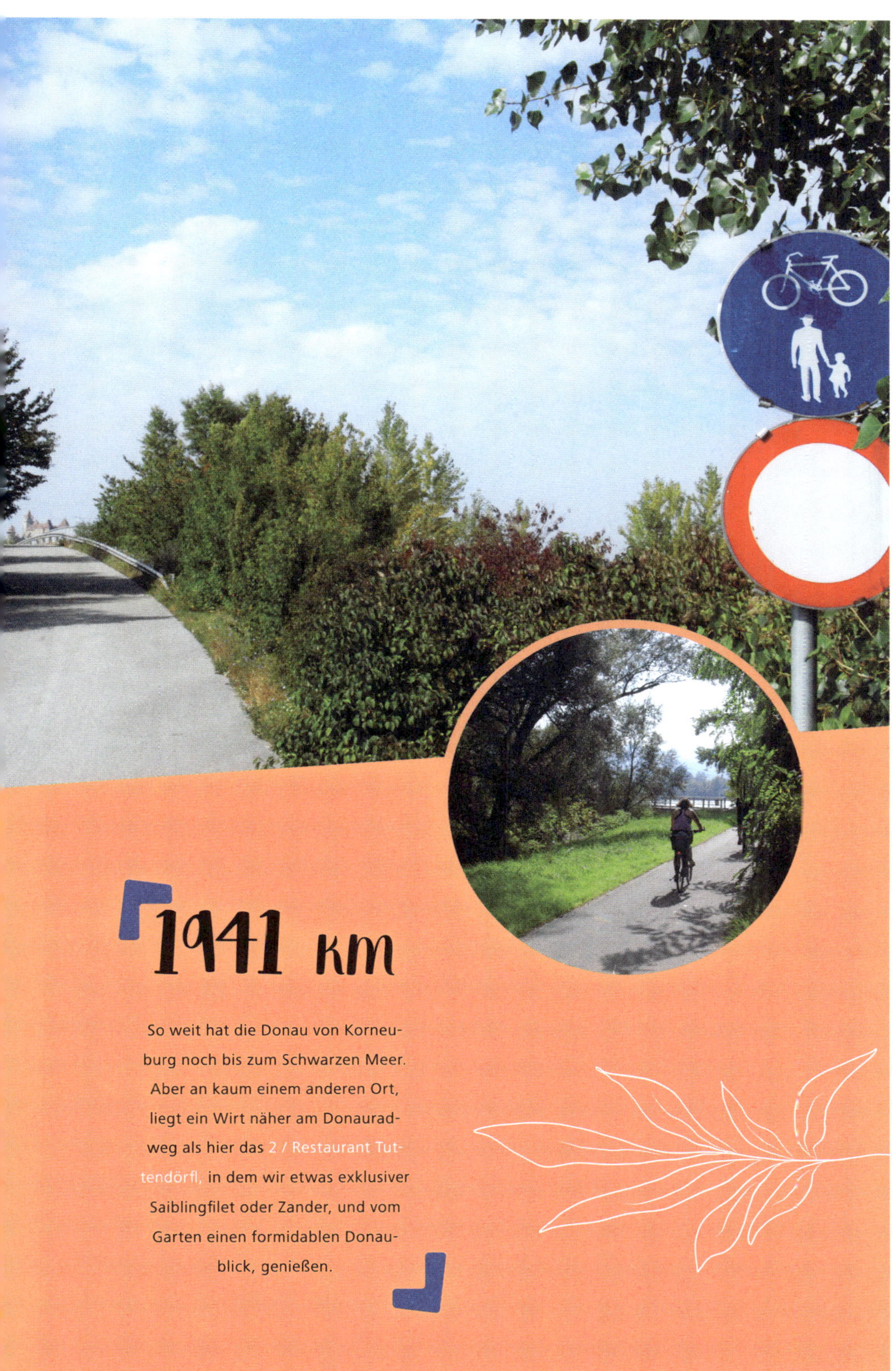

1941 km

So weit hat die Donau von Korneuburg noch bis zum Schwarzen Meer. Aber an kaum einem anderen Ort, liegt ein Wirt näher am Donauradweg als hier das 2 / Restaurant Tuttendörfl, in dem wir etwas exklusiver Saiblingfilet oder Zander, und vom Garten einen formidablen Donaublick, genießen.

Kulisse

Die **4 / Burg Kreuzenstein** ist seit 100 Jahren ein echter Filmstar mit Auftritten in Heimatfilmen und Hollywoodschinken mit Nicolas Cage.

Wie Burgfräulein und Burgherr

Disney-Burg

Nach Querung der Stockerauer Straße klettern wir auf dem Asphalt durch den schattenspendenden Rohrwald und erreichen nach 1 km die märchenhafte 4 / w (Burgführungen April–Okt stündl. Mo–Sa 10–16, So–Fei 10–17 Uhr, www.kreuzenstein.com). Das beliebte Ausflugsziel wurde Ende des 19. Jahrhunderts von Graf Wilczek auf Ruinen einer mittelalterlichen Burg errichtet. Es ist auch eine populäre Filmkulisse. Szenen aus dem Disneyklassiker „Die drei Musketiere" wurden 1993 hier gedreht. Wir haben die Qual der Wahl zwischen Burgbesichtigung und 5 / Greifvogelschau (April–Okt. Di–Sa 11–15, So, Fei 11, 14, 16 Uhr, www.adlerwarte-kreuzenstein.at). Bei einer Burgführung entdecken wir Ritterrüstungen und alle möglichen mittelalterlichen Waffen. Bei der Greifvogelschau erleben wir die Falknerei, die älteste Jagdform der Welt.

Glatte Sache

Wir rollen über die Burggasse ab und fahren nach dem Fußballplatz rechts in die Nußallee und links über Neubau und Pfarrweg

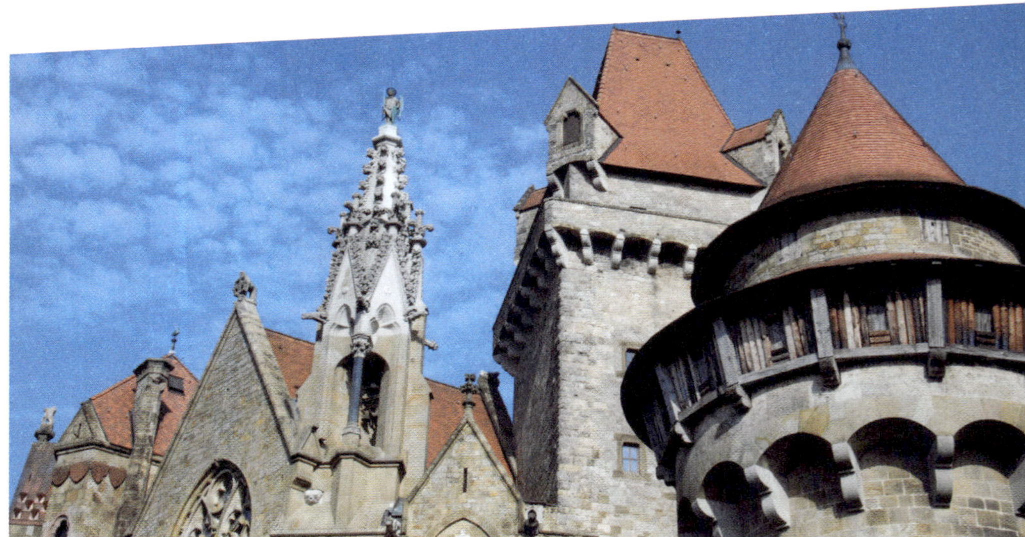

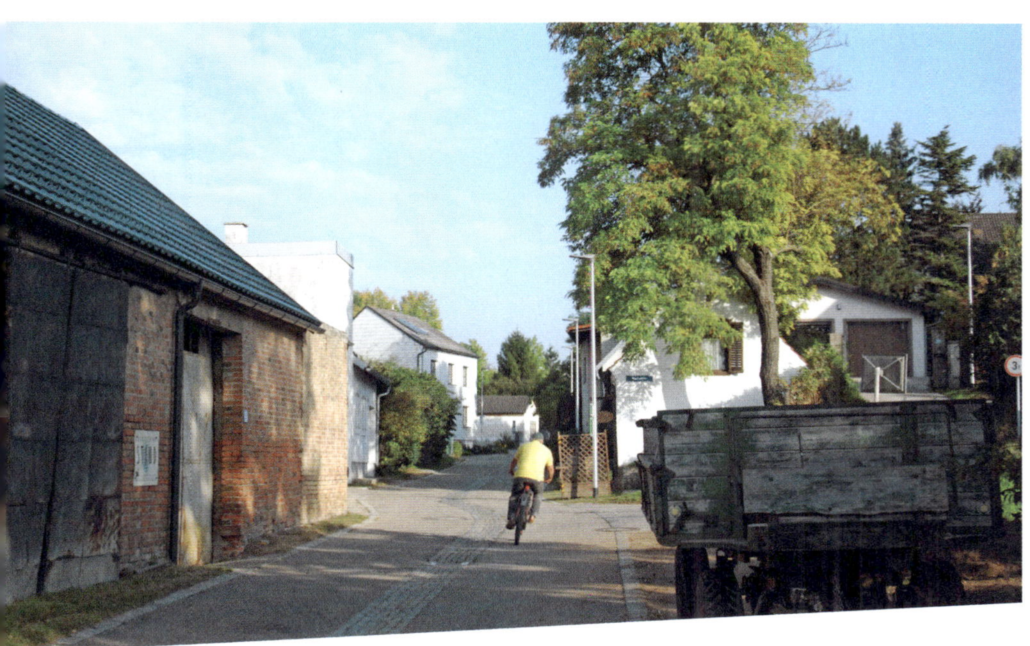

zur Stockerauer Straße, in die wir links einbiegen. Wir folgen dem Straßenverlauf und können beim 6 / Heurigen Glatt (Hauptstraße 39, 2100 Leobendorf, +43 699 125 822 24, www.weingutglatt.at/heuriger) Qualitätsweine und selbstgemachte Schmankerln wie Surbraten mit Erdäpfelknödel kosten.

GELB

Bevor wir den Burg-Ort Leobendorf wieder verlassen, nach dem Hauptplatz wo die Hauptstraße einen Rechtsschlenker macht, liegt der 6 / Heurige Glatt. Er bietet uns Qualitätsweine, selbstgemachte Köstlichkeiten und einen Gastgarten.

Durch Korneuburg

Wir biegen rechts in den Schwemmweg und folgen dann linksabbiegend dem Straßenverlauf Korneuburger Straße-Leobendorfer Straße für mehr als 2 km. Auf Radwegen erreichen wir Korneuburg. Wir radeln nun halblinks in der Mechtlerstraße bis zur T-Kreuzung, nach der wir einen Block rechts am Radweg in der Laaer Straße fahren. Wir zweigen links in den Bankmannring und folgen der Straße weiter in die Konrad-Fetty-Gasse. An der T-Kreuzung biegen wir rechts in die Jochingergasse und auf Höhe des Landesklinikums links in die Feldgasse. Nach zwei Blöcken fahren wir links auf den Radweg der Kleinengersdorfer Straße.

Kellergassen

An Feldern und Wiesen vorbei radelnd dringen wir nun tiefer ins Weinviertel, an die Nordseite des Bisambergs. In Kleinengersdorf

< links / Auf zur Burgführung in der „Disney-Kulisse" von Burg Kreuzenstein ^ oben / Durch die Kellergasse in Kleinengersdorf

biegen wir die zweite Möglichkeit rechts in eine typische Weinviertler Kellergasse. Gleich am Anfang der Kellergasse genehmigen wir uns feine Happen aus dem Weinviertel und dem Friaul in 7 / Reigl's Cantina Piccola (Kellergasse 26, 2102 Klein Engersdorf, +43 676 343 90 32, www.reigls.at). Wenn du dich in der leicht ansteigenden Kellergasse nochmal umdrehst, erhaschst du einen letzten malerischen Blick auf die Burg Kreuzenstein. Ab dem Kirchenweg folgen wir der Beschilderung Weinviertel Donau Radtour und ab der Schulgasse in Hagenbrunn der Wegweisung zum Dampfross-und-Drahtesel-Radweg. Wir nähern uns mit kräftigen Pedalumdrehungen der nächsten Kellergasse. Das 8 / Weingut Oberschil bietet uns u. a. DAC Beuschel, Gemüseterrine und süße Küche (Zu Aussteckzeiten 11–23 Uhr, Schloßgasse 17, 2102 Hagenbrunn, +43 2262 672 780, +43664 274 26 70, www.oberschil.at).

30 JAHRE

Der Marchfeldkanal wurde 1992 in Betrieb genommen, dient der Bewässerung des Marchfelds mit Donauwasser und uns zum entspannten Radfahren.

Friedliche Seeschlacht

Über einen Feldweg stoßen wir bei einem 9 / Rastplatz zum Dampfross-und-Drahtesel-Radweg, dem wir in Richtung Wien folgen. Durch die blühenden Rapsfelder sehen wir schon die Spitze des Donauturms. Wir folgen dem Wegweiser Marchfeldkanal und

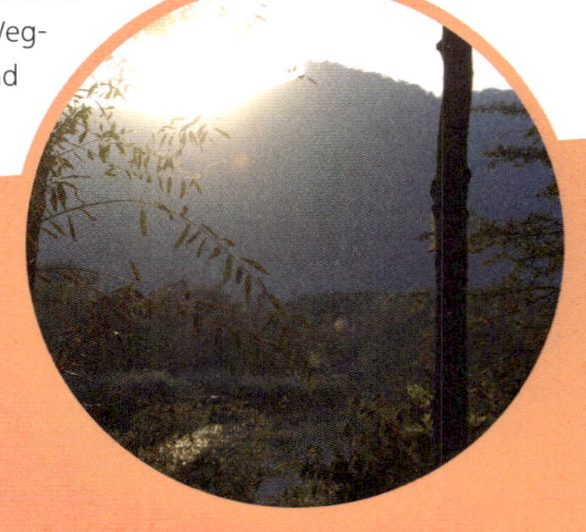

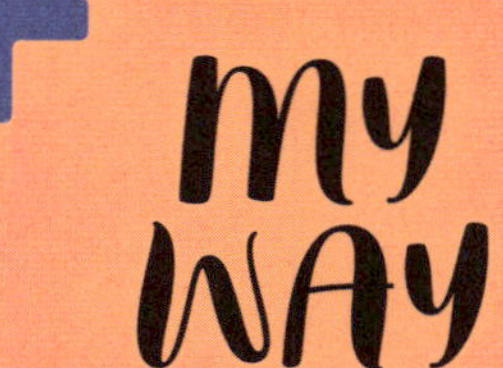

Entlang des Kirchenwegs Hagenbrunn seht ihr 7 Skulpturen, die bedeutende Lebensstationen darstellen sollen. Von der Explosion bis zum Licht. Für Sinnsuchende und Esoterikfans. Auch Prominente wie Lech Walesa oder Waris Dirie begaben sich hier angeblich schon auf die Suche.

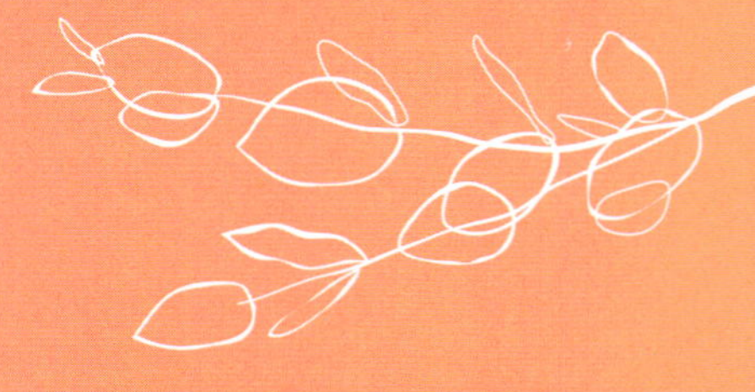

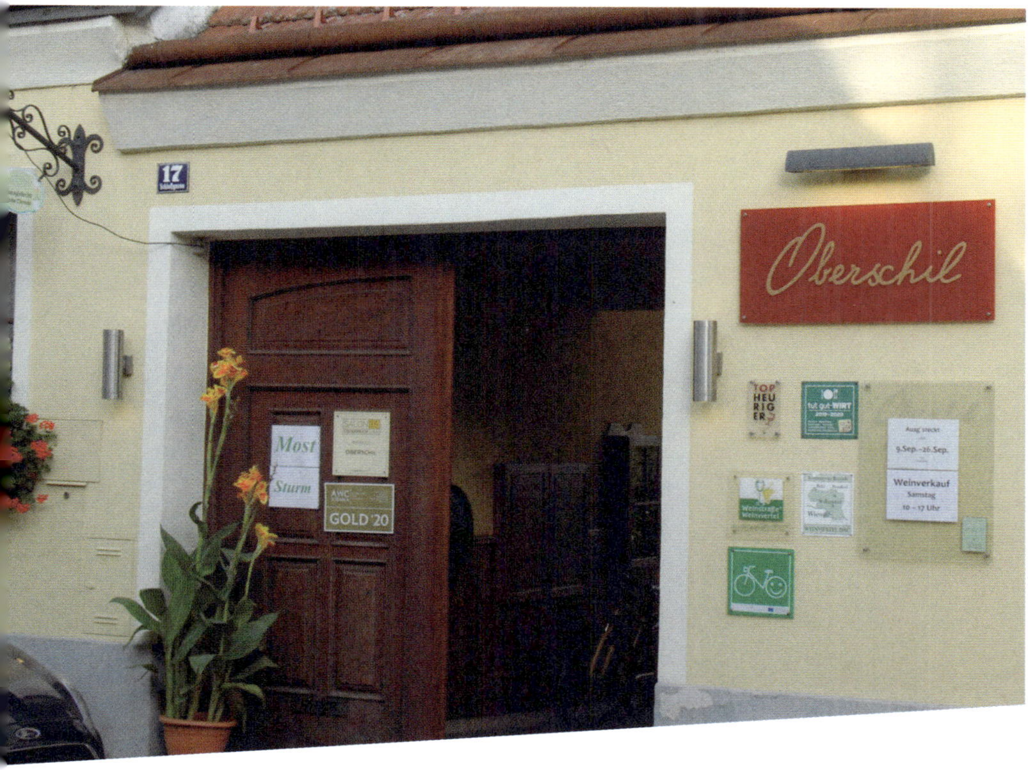

radeln dem naturnahen und idyllischen Wasserlauf über 7 km bis Langenzersdorf entlang. Bei der Fischerhütte biegen wir rechts in die Barwichgasse. Wir lassen den Tag friedlich am Badeteich des Erholungsgebietes 10 / Seeschlacht (6–22 Uhr, ab 17 Uhr freier Eintritt, Alleestraße 85, 2103 Langenzersdorf, www.langenzersdorf.gv.at/Kultur_Freizeit/Freizeit_Tourismus/Erholungsgebiet_Seeschlacht) ausklingen. Schlacht gibt's hier höchstens am Buffet. In der Barwichgasse radeln wir bis an die Bahntrasse, dann in den Bahnboden nach links. Rechts in die Klosterneuburger Straße durch die Unterführung und gleich danach rechts zum Ausgangspunkt, dem 1 / Bahnhof Langenzersdorf.

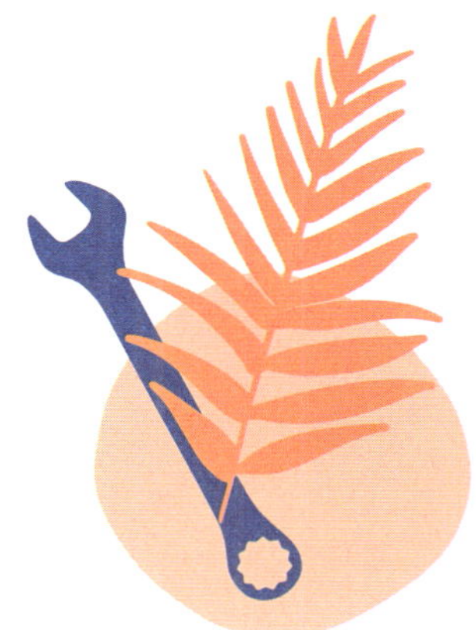

TOURENINFO / Geeignet für Familien mit ausdauernden, selbstradelnden Kindern. Abschnitte im Ortsgebiet im Mischverkehr, sonst überwiegen autofreie und verkehrsarme Straßen. Letzter Abschnitt des Marchfeldkanalweges für Anhänger ungeeignet. Ein kurzer steiler Anstieg zur Burg Kreuzenstein. Badesachen einstecken!

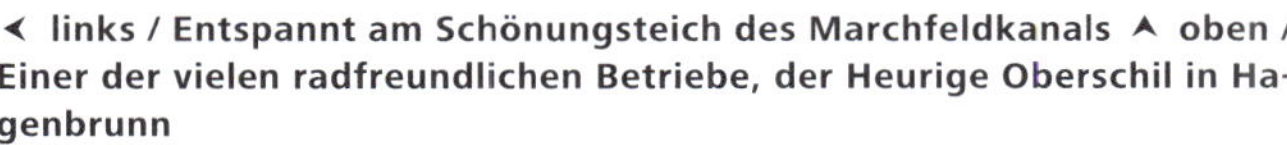

< links / Entspannt am Schönungsteich des Marchfeldkanals ^ oben / Einer der vielen radfreundlichen Betriebe, der Heurige Oberschil in Hagenbrunn

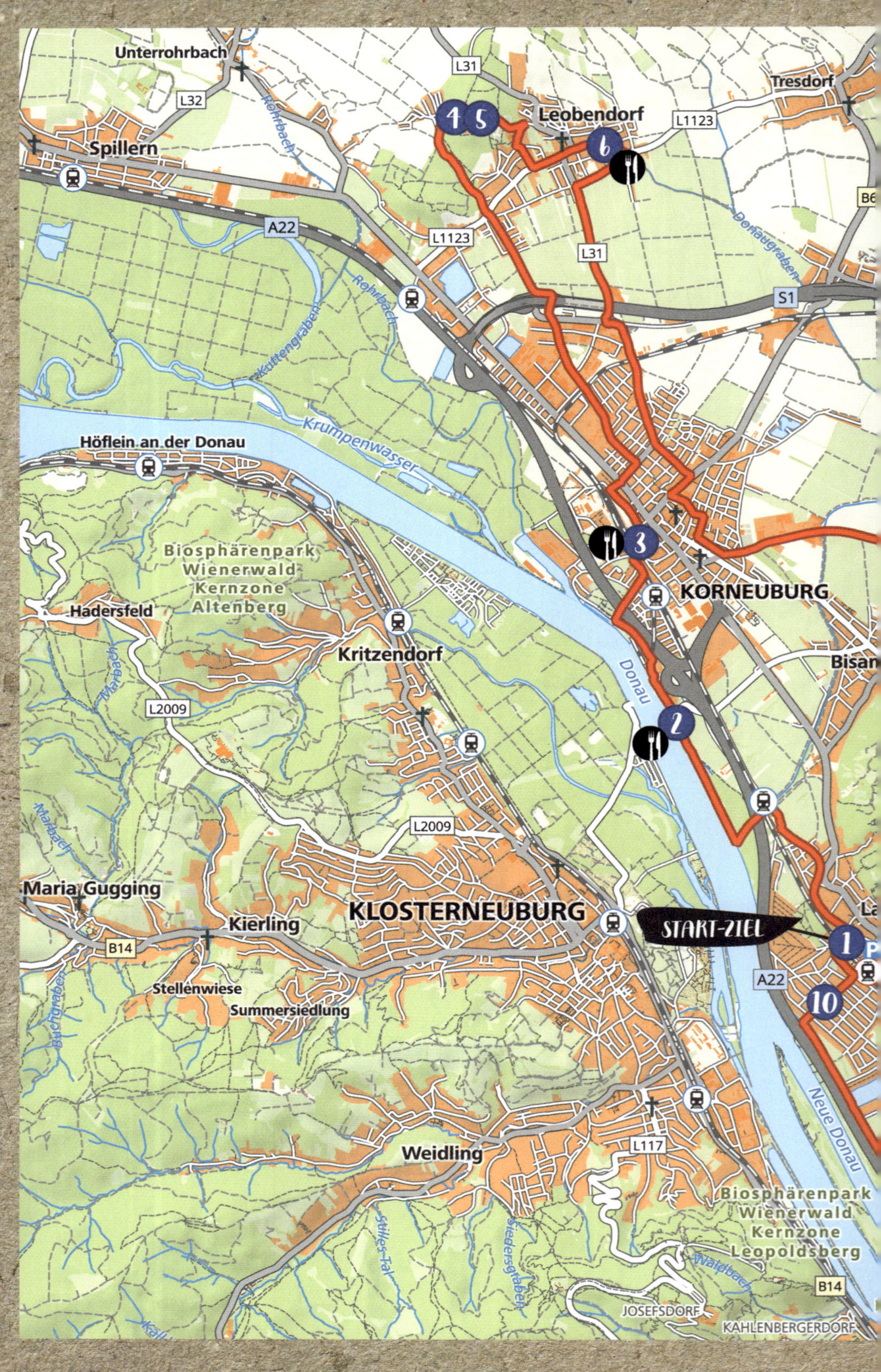
Unterrohrbach
L32
Spillern
L31
Leobendorf
L1123
Tresdorf
A22
L1123
L31
S1
Rohrbach
Donaugraben
Kuttengraben
Krumpenwasser
Höflein an der Donau
Biosphärenpark
Wienerwald
Kernzone
Altenberg
Hadersfeld
Kritzendorf
KORNEUBURG
Bisan
Donau
Marbach
L2009
L2009
Maria Gugging
Kierling
KLOSTERNEUBURG
START-ZIEL
B14
A22
Stellenwiese
Summersiedlung
Buchgraben
Weidling
L117
Neue Donau
Biosphärenpark
Wienerwald
Kernzone
Leopoldsberg
Stilles Tal
Weidlingbach
B14
JOSEFSDORF
KAHLENBERGERDORF
1
2
3
4
5
6
10

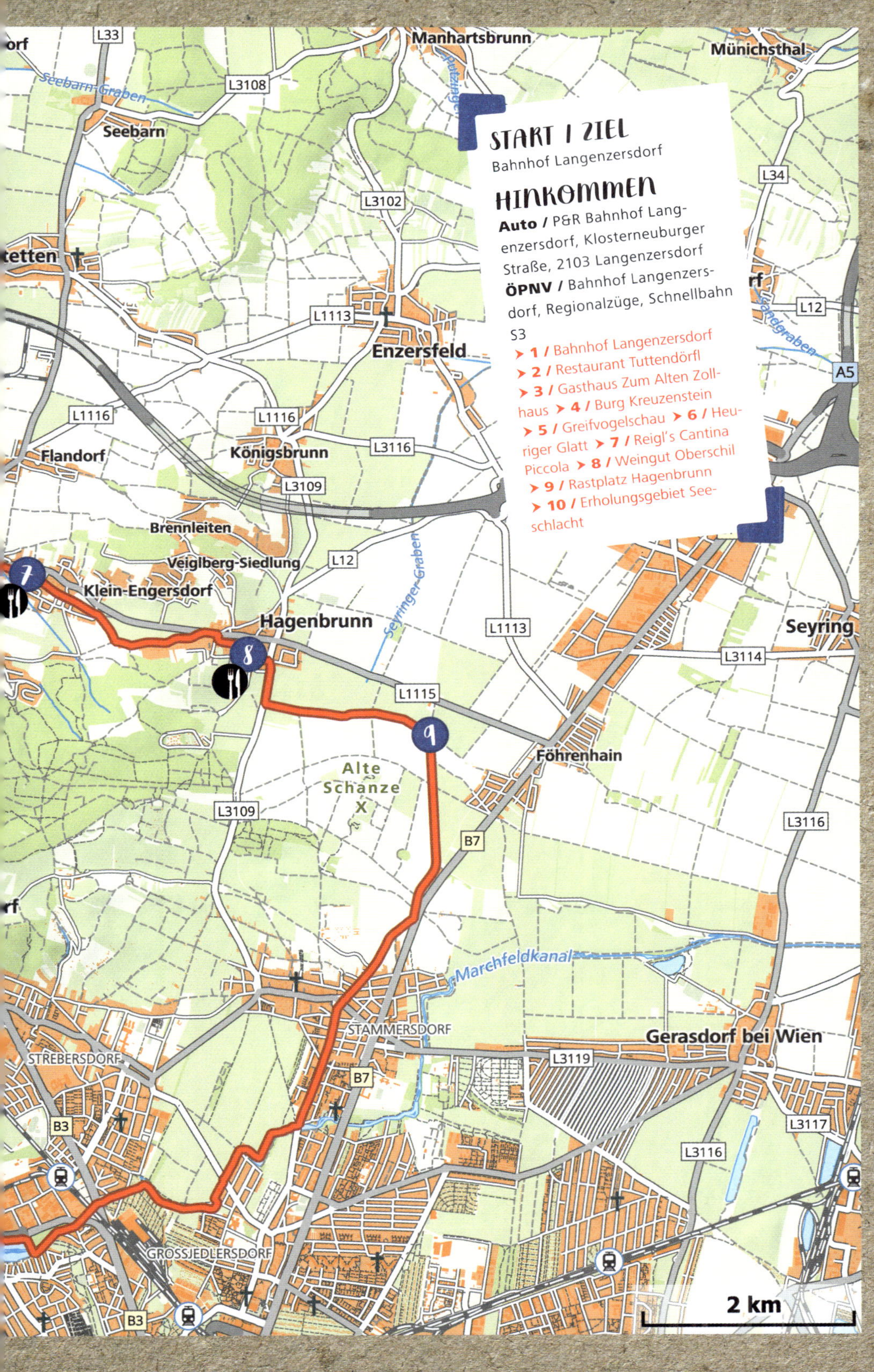

START / ZIEL
Bahnhof Langenzersdorf
HINKOMMEN
Auto / P&R Bahnhof Langenzersdorf, Klosterneuburger Straße, 2103 Langenzersdorf
ÖPNV / Bahnhof Langenzersdorf, Regionalzüge, Schnellbahn S3
1 / Bahnhof Langenzersdorf
2 / Restaurant Tuttendörfl
3 / Gasthaus Zum Alten Zollhaus
4 / Burg Kreuzenstein
5 / Greifvogelschau
6 / Heuriger Glatt
7 / Reigl's Cantina Piccola
8 / Weingut Oberschil
9 / Rastplatz Hagenbrunn
10 / Erholungsgebiet Seeschlacht
Manhartsbrunn
Münichsthal
Seebarn
Seebarn-Graben
Enzersfeld
Flandorf
Königsbrunn
Brennleiten
Veiglberg-Siedlung
Klein-Engersdorf
Hagenbrunn
Seyring
Föhrenhain
Alte Schanze
Marchfeldkanal
Stammersdorf
Strebersdorf
Gerasdorf bei Wien
Grossjedlersdorf
Seyringer Graben
L33
L3108
L3102
L34
L12
A5
L1113
L1116
L3116
L3109
L3114
L1115
B7
L3119
B3
L3117
2 km

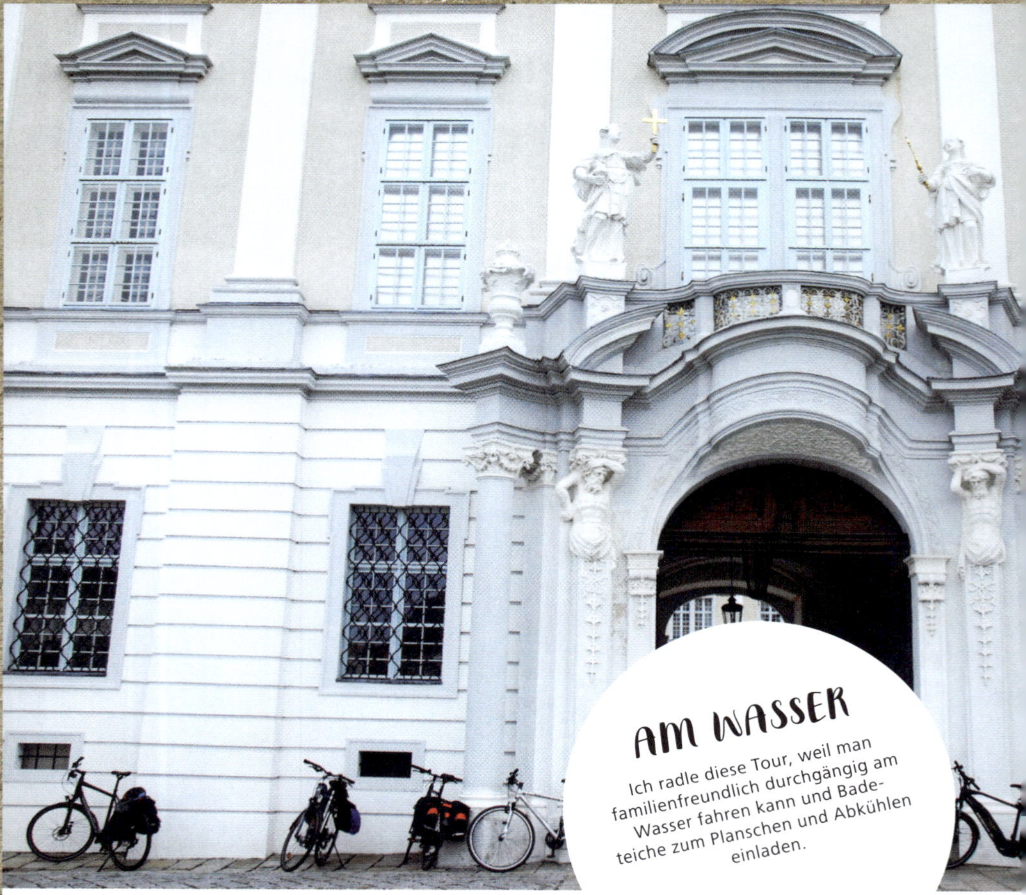

AM WASSER

Ich radle diese Tour, weil man familienfreundlich durchgängig am Wasser fahren kann und Badeteiche zum Planschen und Abkühlen einladen.

> 1 / Los geht´s beim Bahnhof St. Pölten

> 2 / Am Rathausplatz St. Pölten bewundern wir das barocke Rathaus

> 3 / In den Viehofner Seen kühlen wir uns ab

> 4 / Mediterrane Kost genießen wir in der Seedose

> 5 / Im Stift Herzogenburg erkunden wir die Kunstsammlung

> 6 / Im Badesee Traismauer schwimmen wir eine Runde

> 7 / In der Apricot Beachbar trinken wir regionale Fruchtsäfte

> 8 / Das Donaurestaurant kredenzt Fischspezialitäten

> 9 / Durchs Steinerne Tor geht´s in die Kremser Fußgängerzone

> 10 / Köstliche Marillenknödel gibt´s im Gasthof Alte Post

> 11 / Von der Piaristenkirche blicken wir in die Wachau

> 12 / Unsere Tour endet am Bahnhof Krems

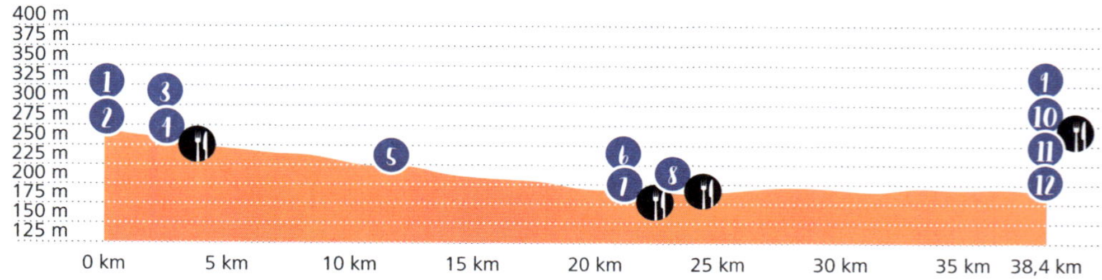

Baden und Barock

Entlang *Traisen* und *Donau*
von *St. Pölten* nach *Krems*

Wir erkunden die Altstadt von St. Pölten und den Stift Herzogenburg. Wir radeln entlang der Traisen und der Donau durchgängig auf autofreien Wegen bis in die Wachau nach Krems. Auf unserem Weg erfrischen wir uns in Badeteichen entlang der Traisen.

38 Kilometer
5 Höhenmeter
2:30 Stunden
Streckentour

Altstadtbesuch

Wenn wir nach kurzer Zugfahrt aus Wien am 1 / Bahnhof St. Pölten ankommen, mag man schon Lust verspüren, sich gleich auf den Weg zu machen. Doch ohne einen Abstecher in die Barockstadt St. Pölten verpassen Liebhaber von zauberhaften Altstädten einen ersten Höhepunkt. Wir dürfen durch die Fußgängerzone direkt vor dem Bahnhof radeln. Zumindest den Rathausplatz muss man einmal gesehen haben. Wir fahren durch die Kremser Gasse bis zum Riemer Platz. Dort erfreuen wir uns am einzigen erhaltenen durchgängigen Althausbestand aus der Barockzeit. Rechts geht´s in die Rathausgasse und zum 2 / Rathausplatz mit dem Rathaus als Wahrzeichen von St. Pölten. Zu weiteren bedeutenden Gebäuden am Platz zählen die Franziskanerkirche oder das Landestheater Niederösterreich.

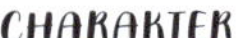

Charakter

Sportlich ●●○○○
Abkühlung ●●●●●
Schlemmen ●●●●○
Panorama ●●●●○

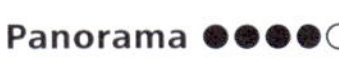

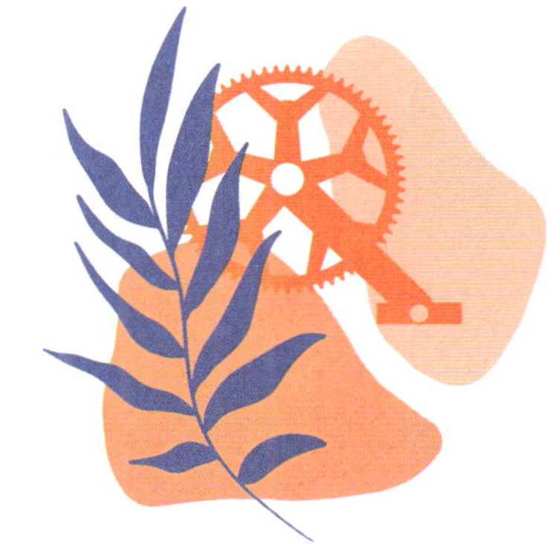

◂ links / Ein Abstecher zum Stift Herzogenburg muss drin sein – und wir sind nicht die einzigen mit Rad

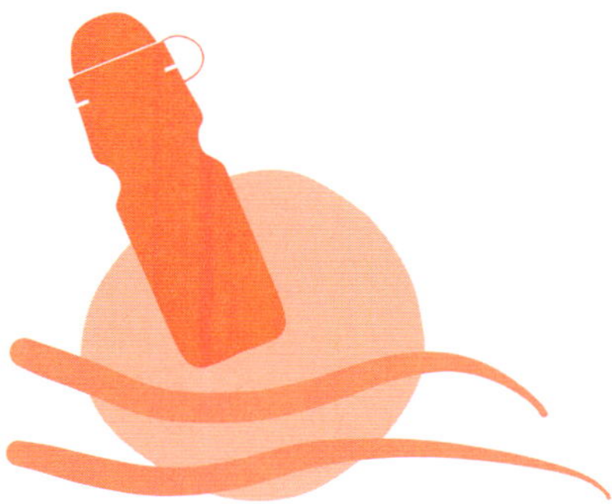

Aufsatteln

Nun radeln wir aber wirklich los. Wir folgen der Radroutenbeschilderung Traisentalweg 4. Wir fahren auf einem eigenen Radweg und sind in ein paar hundert Metern an der Traisen, an der wir auf unserem ersten Wegabschnitt bis zur Donau entlangfahren. Man freut sich über den ebenen und asphaltierten Weg. So wird es bleiben und unsere Fahrt zu einem Genuss machen.

Abkühlen

Gerade erst entlang des Traisen-Ufers richtig ins Rollen gekommen, lockt nach etwa 2 km ein attraktiver Rastplatz direkt am Radweg. Am Stadtrand von St. Pölten erwarten uns die 3 / Viehofner Seen (Dr. Adolf Schärf Straße, 3100 St. Pölten), die zusammen mit dem Ratzersdorfer See ein einzigartiges Seenerlebnis und grüne Erholungslandschaft darstellen. Ein Bad im See verspricht Abkühlung an heißen Tagen und auf einer Gesamtfläche, die größer als 50 Fußballfelder ist, findet jeder von uns genug Platz. Wenn man schwindelfrei ist, kann man sich vom 12 Meter hohen Aussichtsturm einen guten Überblick auf die Umgebung verschaffen. Der Eintritt ist frei!

PASTA UND PADDELN

Kohlenhydrate hineinschaufeln oder Kalorien bei Wasserspaß abbauen. Bei einem Halt in der 4 / Seedose am Viehofner See ist beides möglich.

Bootfahren

In der 4 / Seedose am Viehofner See (Mitte Mai–Mitte Sept. 8:30–22 Uhr, Dr. Adolf Schärf-Straße 21, 3107 St. Pölten, +43 650 475 10 89, www.seedose.at) stillen wir unseren Hunger unter schattigen Föhren mit mediterranen Tagesgerichten oder mit Gegrilltem. Meinen wir, uns heute nicht ordentlich verausgaben zu können, ergänzen wir unseren Ausflug noch mit einer Seerunde auf dem Ruder- oder Tretboot. Unser Gleichgewicht können wir beim Stand-up-Paddling üben.

➤ rechts oben / Hier kommt Urwaldfeeling auf: radeln durch üppige Aulandschaft entlang der Traisen ➤ rechts Mitte / Barock regiert in St.Pölten, hier das Schuberthaus

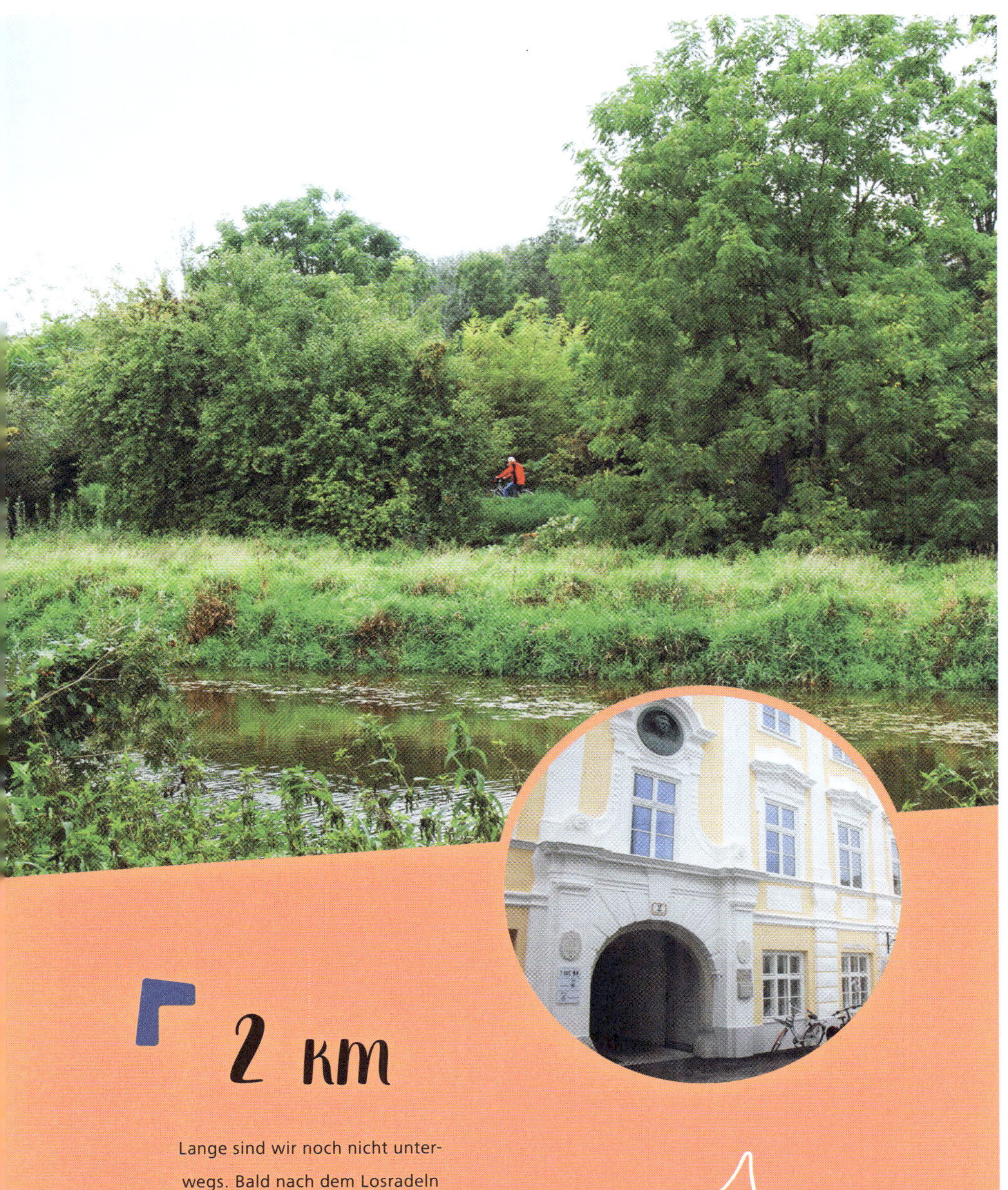

2 km

Lange sind wir noch nicht unterwegs. Bald nach dem Losradeln erreichen wir die erste Badeplatzverlockung an den 3 / Viehofner Seen. Auf der rechten Seite des Radweges, am Ufer vom Ratzersdorfer See, gibt es einen eigenen Bereich für Anhänger des FKK.

BAROCKTURM

Auf dem Weg nach Herzogenburg halte Ausschau nach dem rosa Stiftskirchturm des **5 / Augustiner Chorherrenstifts**. Dort gibt's barocke Kunst.

Wenn wir eine After-Lunch-Siesta halten möchten, legen wir uns einfach in einen der Liegestühle oder in eine Hängematte.

DUCH URWÜCHSIGE NATURLANDSCHAFT ENTLANG DER TRAISEN

Stiftsbesuch

Wir gleiten eine Dreiviertelstunde entspannt entlang des Traisenufers und erfreuen uns an der Naturlandschaft, die uns umgibt. Gelegentlich flattern Wildvögel wie Silberreiher oder Seidenreiher über Fluss und Uferlandschaft. Nach ca. 12 km erreichen wir Herzogenburg, wo sich nur 800 m vom Radweg entfernt das 5 / Augustiner Chorherrenstift Herzogenburg (Prandtauerring 2, 3130 Herzogenburg, www.stift-herzogenburg.at) befindet. Den barockrosa Stiftskirchturm sehen wir schon von Weitem. Wir können uns die Kunstsammlung mit Schätzen aus dem Mittelalter ansehen oder eine Führung machen, bei der wir Einblicke in die Bibliothek oder die spätbarocke Stiftskirche erhalten. Ist das zu viel Kultur am heutigen Bade- und Radtag? Dann machen wir einfach eine schattige Rast in einem der Stiftshöfe oder auf einem Bankerl davor.

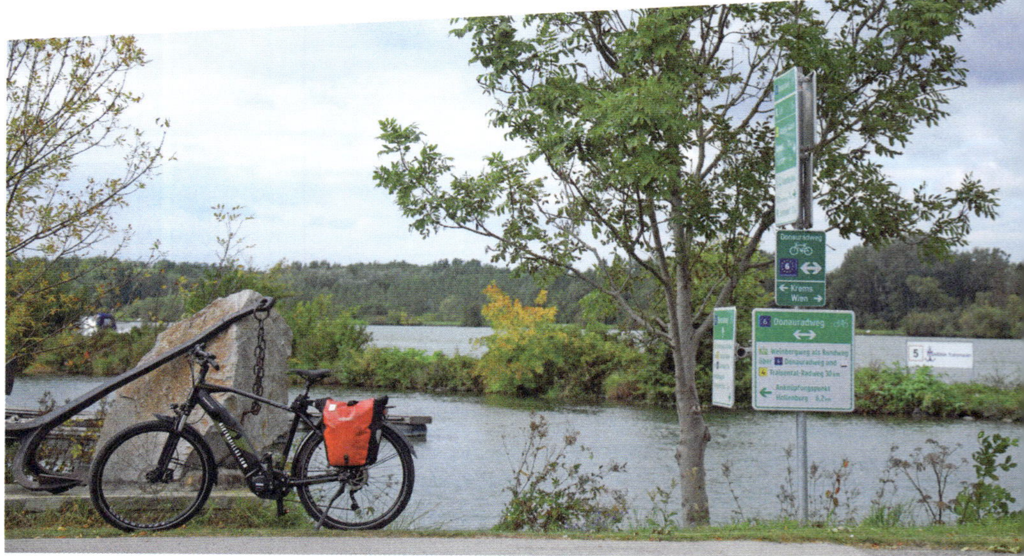

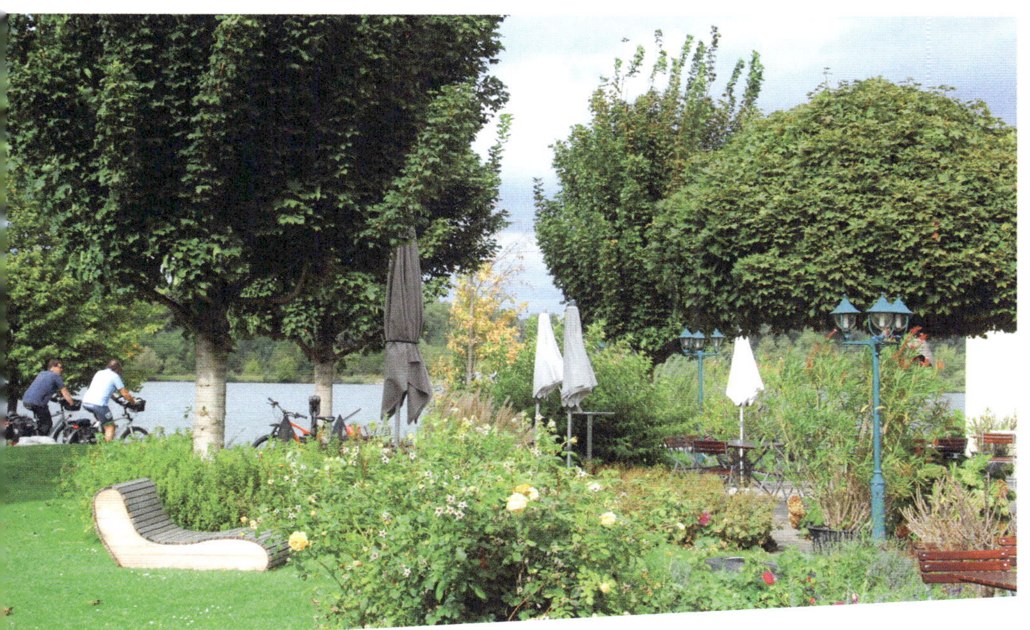

Badeteich

Wir streifen eine weitere Dreiviertelstunde entspannt durch das Traisental. Je näher wir der Donau kommen, desto eher tritt der Au-Charakter der Landschaft zu Tage. Und in dieser gibt es die nächste Rastmöglichkeit für uns am 6 / Badesee Traismauer, einem Naturbadesee, in dem wir eine Runde schwimmen können. Direkt am See liegt das 7 / Apricot Beachbar & Restaurant (10–21 Uhr, Okt. Mi geschlossen, ab Nov. Di, Mi geschlossen, In der Traisenau 1, 3133 Traismauer, +43 680 154 14 86, www.aprico.at), in dem wir uns verköstigen können. Wir bekommen hier kleine Snacks, moderne Hausmannskost und regionale Fruchtsäfte.

Rast mit Strom

Ein weiterer hervorragender Rastplatz, direkt an der Einmündung vom Traisenradweg zum Donauradweg, ist das 8 / Donaurestaurant (saisonal variable Öffnungszeiten, Juni–Sept. Mi–So ab 9 Uhr, Donaustraße 64, 3133 Traismauer, +43 2783 84 00, www.donaurestaurant.at). Von der Terrasse blicken wir auf den Donaustrom, während wir unser E-Bike an der Stromtankstelle des Restaurants aufladen. Das Restaurant ist passend zur Örtlichkeit im Schifffahrtsstil gehalten und versprüht mediterranes Flair. Besonders Fischlieb-

BLAU

Dort wo der Traisenradweg an den Donauradweg stößt, wartet das 8 / Donaurestaurant mit Fischspezialitäten auf uns. Von der Terrasse blicken wir auf den Donaustrom, während wir unser E-Bike an der Stromtankstelle des Restaurants aufladen.

< links / Radeln an der schönen blauen Donau bei Traismauer ^ oben / Vom Donaurestaurant den Blick auf die Donau genießen

haber werden ob der gebotenen Vielfalt von Lachs bis Zander auf ihre Rechnung kommen.

Stromaufwärts

Die Orientierung ist weiterhin ein Kinderspiel. Wir folgen der Wegweisung Donauradweg Krems. Weit ist es auch nicht mehr, denn schon mehr als die Hälfte der Strecke ist geschafft. Nach 2 km queren wir den Strom über die Donaubrücke Traismauer und radeln dann am linken Donauufer auf der Zielgeraden nur mehr 13 km bis Krems. Knapp vor Krems machen wir nochmal kurz einen Schwenk durch eine idyllische Aulandschaft, ansonsten genießen wir die Frischluft des Donaustroms.

HINAUF

Wem in der Fußgängerzone Krems zu viel Trubel herrscht, der steigt am besten „einen Stock" höher. Der Hohe Markt ist noch immer ein Geheimtipp.

Tor nach Krems

Wir folgen der Beschilderung Donauradweg Krems Zentrum. Über die Ringstraße und Utzstraße kommen wir zum 9 / Steinernen Tor – das Wahrzeichen von Krems und die Pforte zur Fußgängerzone Obere Landstraße. Das untere Stockwerk und die flankierenden Trabantentürme stammen aus dem späten Mittelalter. Wir flanieren gemütlich durch die Fußgängerzone mit ihren vielen Cafés und Geschäften. Ein Ein-

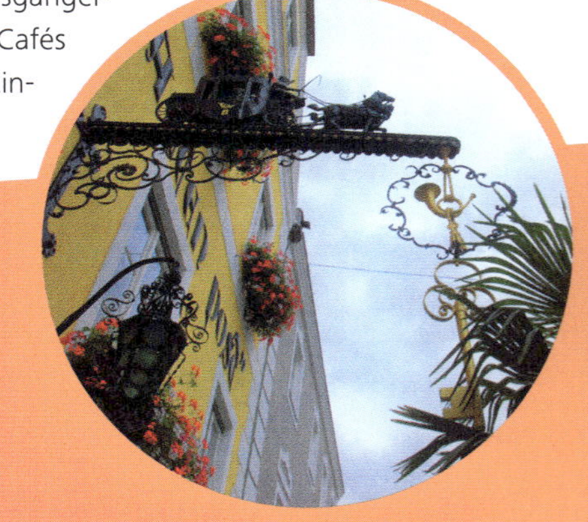

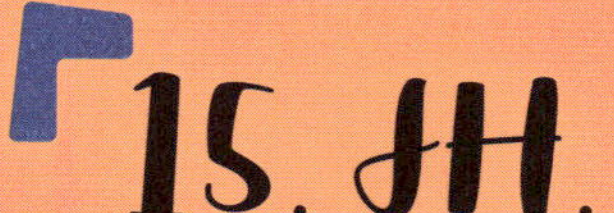

Der 10 / Gasthof Alte Post ist der älteste Gasthof in Krems. Das Gebäude war ursprünglich kaiserliches Posthaus. Gemütlich sitzt es sich im Arkadenhof, wo man österreichische Schmankerln von Tafelspitz bis Marillenknödel auftischt.

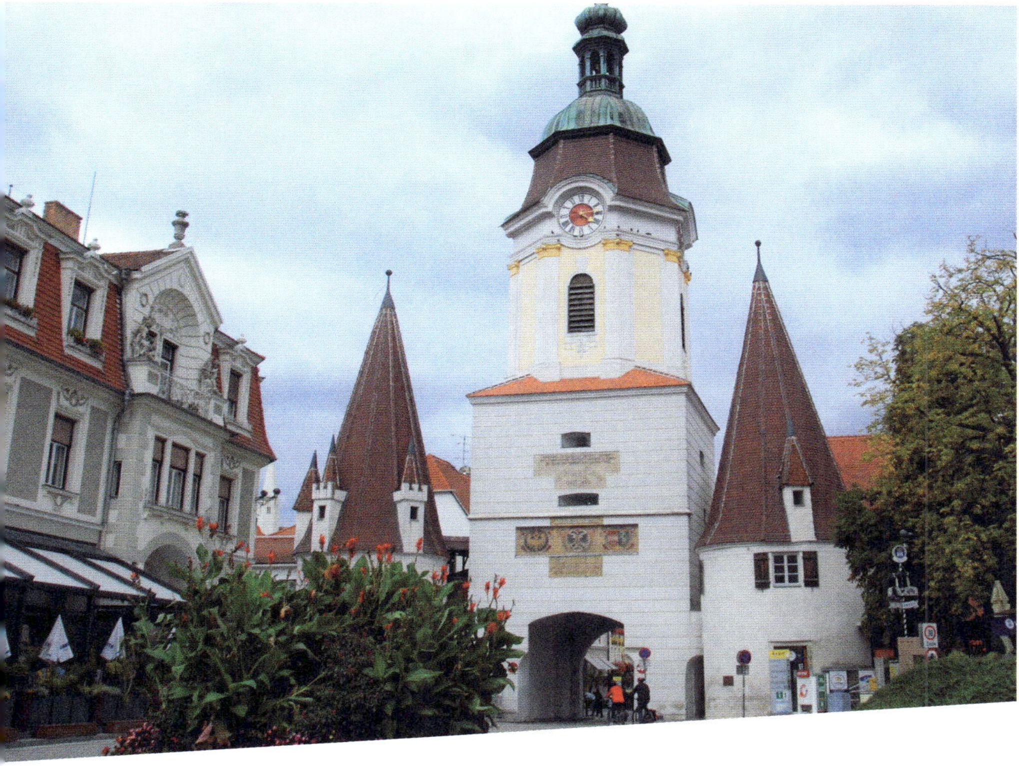

kehrschwung bietet sich im traditionellen 10 / Gasthof Alte Post (Do–Mo 7–22 Uhr, Obere Landstraße 32, 3500 Krems an der Donau, +43 2732 822 76, www.altepost-krems.at) an. Kredenzt werden österreichische Schmankerln von Tafelspitz bis Marillenknödel.

Aussicht in die Wachau

Wem in der Fußgängerzone zu viel Trubel herrscht, dem sei ein ruhiges Bankerl am Hohen Markt empfohlen. Über diesen erreichen wir die 11 / Piaristenkirche, von der wir einen formidablen Blick über Krems und bis zur Wachau genießen. Über Sparkassengasse, Hafnerplatz, Herzogstraße, Gartenaugasse und Ringstraße erreichen wir unser Ziel, den 12 / Bahnhof Krems, in wenigen Minuten.

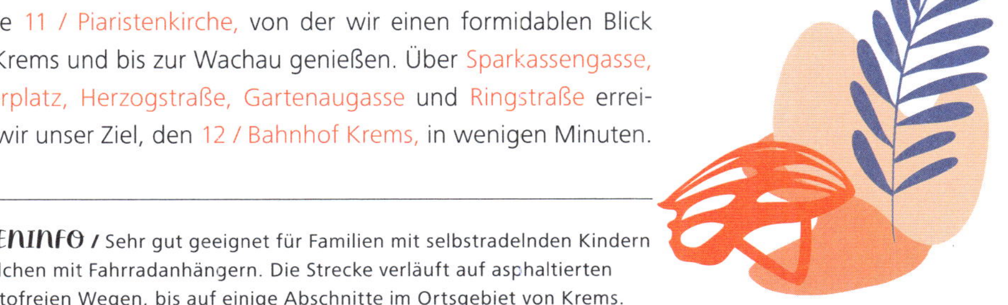

TOURENINFO / Sehr gut geeignet für Familien mit selbstradelnden Kindern und solchen mit Fahrradanhängern. Die Strecke verläuft auf asphaltierten und autofreien Wegen, bis auf einige Abschnitte im Ortsgebiet von Krems. Badesachen einstecken! E-Bike-Ladestation am 8 / Donaurestaurant.

< links / Die Alte Post ist der älteste Gasthof in Krems ^ oben / Durchs Kremser Tor geht´s in die Fußgängerzone der Altstadt

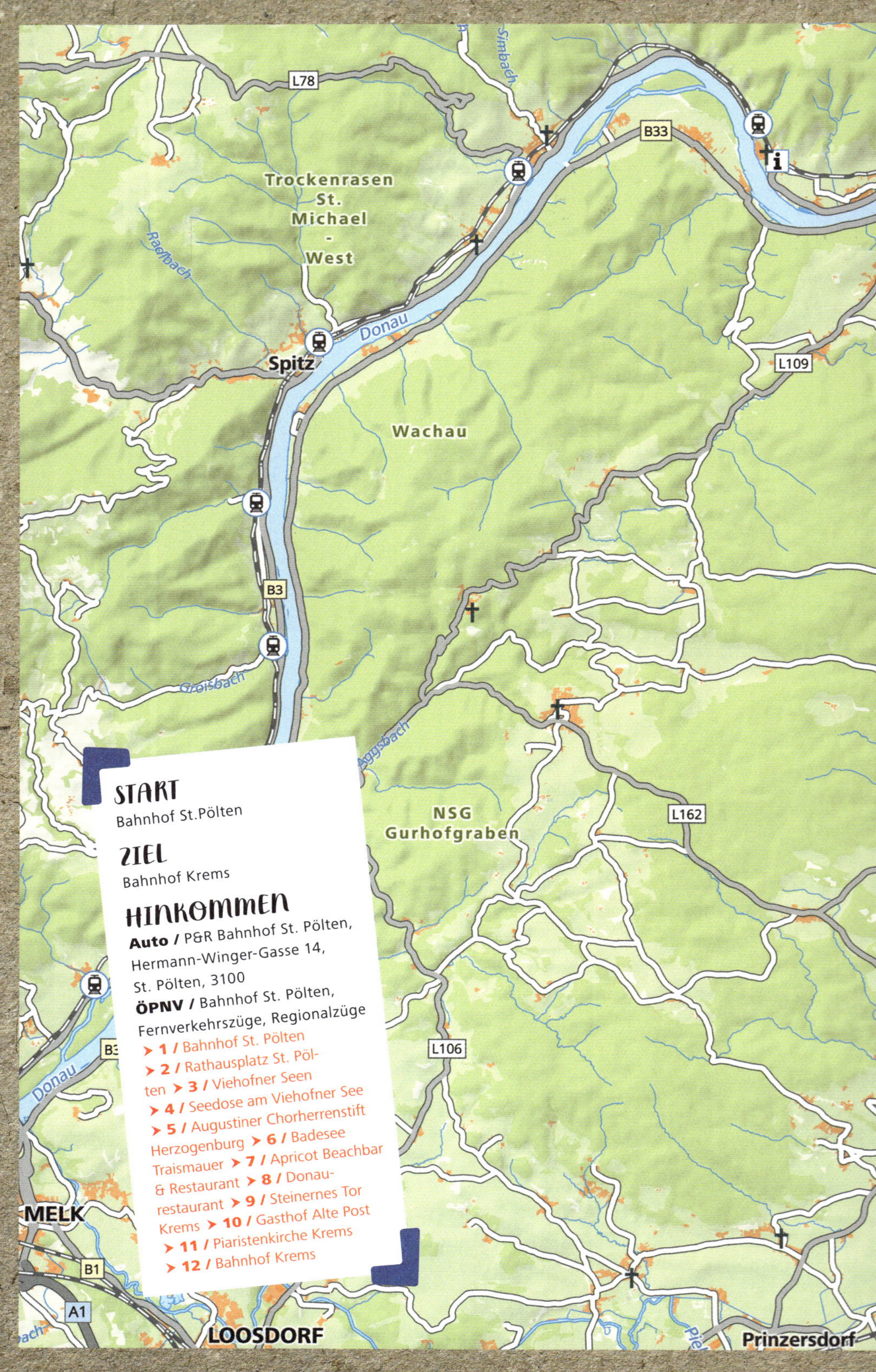

START

Bahnhof St.Pölten

ZIEL

Bahnhof Krems

HINKOMMEN

Auto / P&R Bahnhof St. Pölten, Hermann-Winger-Gasse 14, St. Pölten, 3100
ÖPNV / Bahnhof St. Pölten, Fernverkehrszüge, Regionalzüge

➤ **1 /** Bahnhof St. Pölten ➤ **2 /** Rathausplatz St. Pölten ➤ **3 /** Viehofner Seen ➤ **4 /** Seedose am Viehofner See ➤ **5 /** Augustiner Chorherrenstift Herzogenburg ➤ **6 /** Badesee Traismauer ➤ **7 /** Apricot Beachbar & Restaurant ➤ **8 /** Donaurestaurant ➤ **9 /** Steinernes Tor Krems ➤ **10 /** Gasthof Alte Post ➤ **11 /** Piaristenkirche Krems ➤ **12 /** Bahnhof Krems

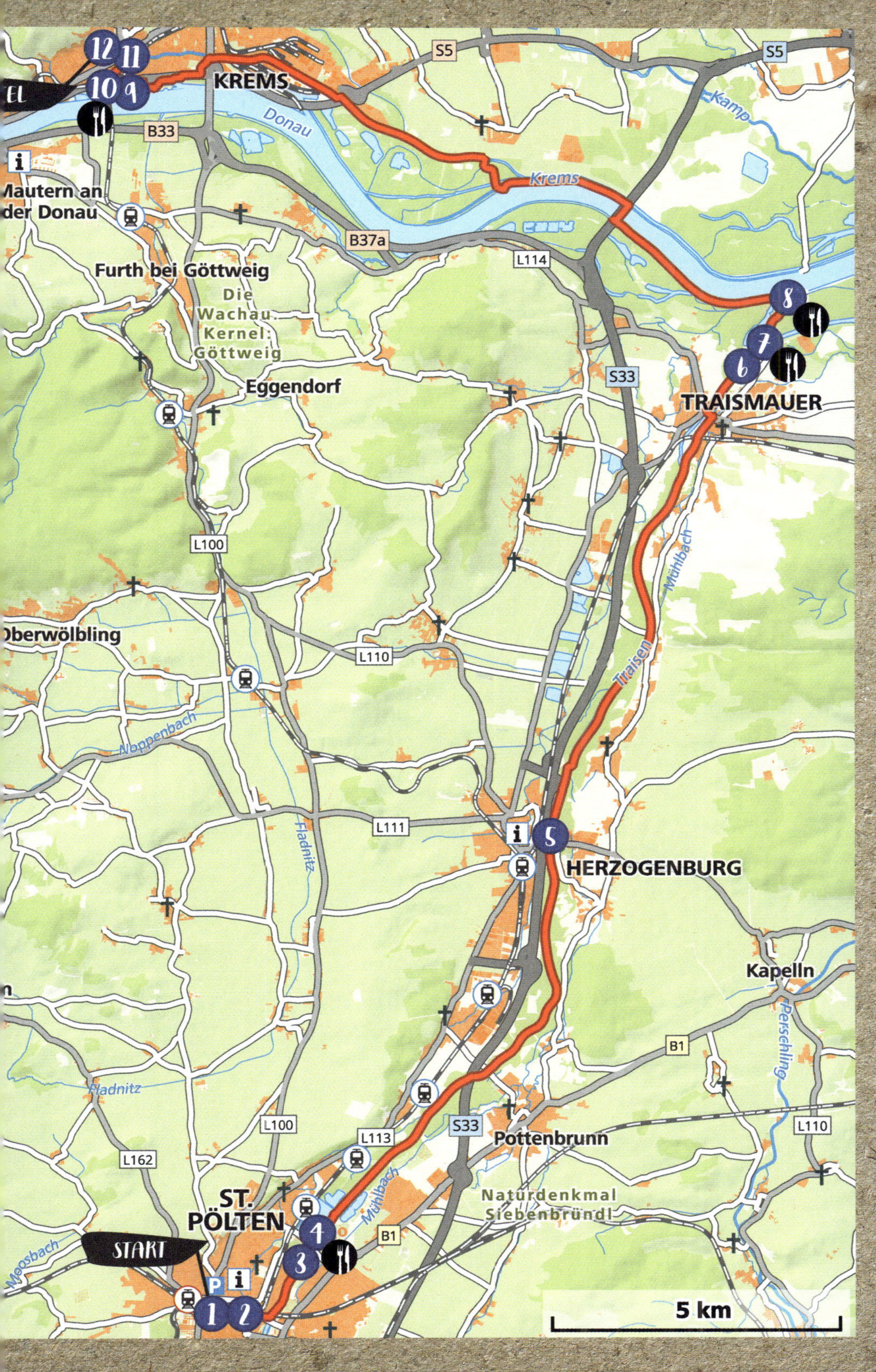

KREMS
Donau
Krems
Kamp
S5
B33
B37a
L114
Mautern an der Donau
Furth bei Göttweig
Die Wachau Kernel: Göttweig
Eggendorf
S33
TRAISMAUER
L100
Mühlbach
Oberwölbling
L110
Traisen
Noppenbach
Fladnitz
L111
HERZOGENBURG
Kapelln
B1
Perschling
L100
L113
S33
Pottenbrunn
L110
L162
ST. PÖLTEN
Naturdenkmal Siebenbründl
B1
Mühlbach
Moosbach
START
5 km

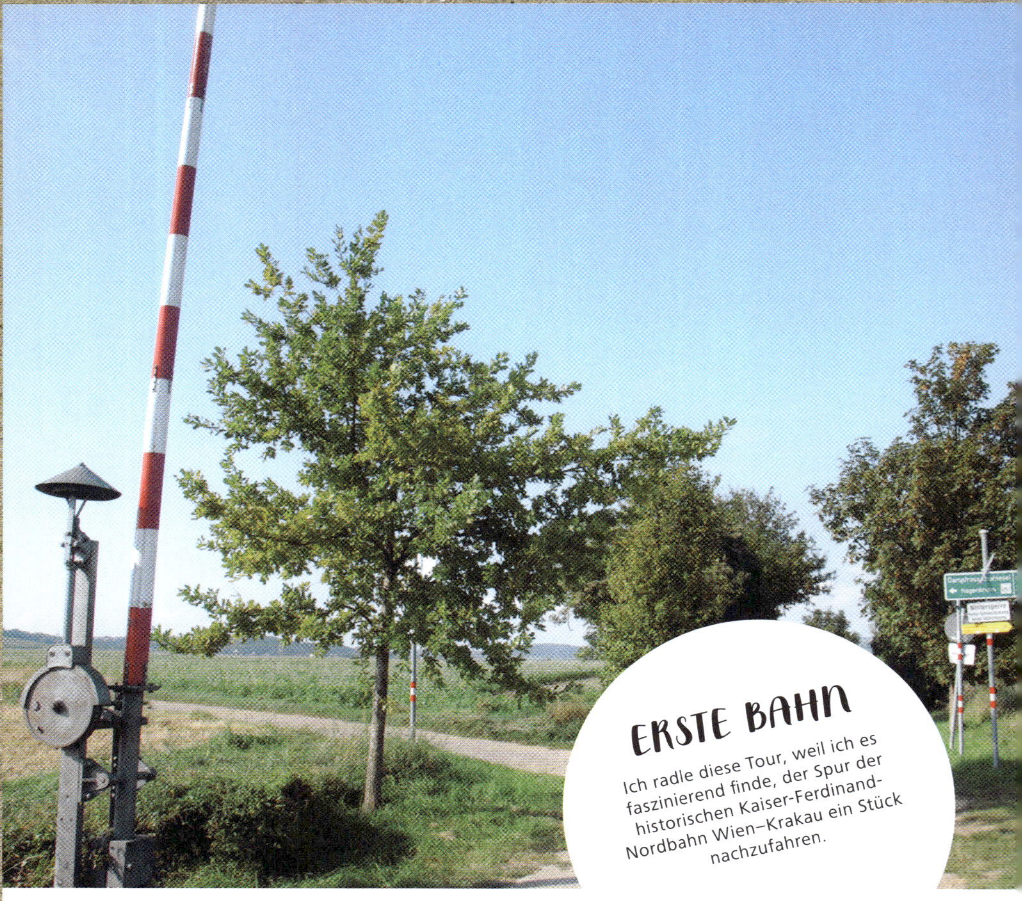

ERSTE BAHN

Ich radle diese Tour, weil ich es faszinierend finde, der Spur der historischen Kaiser-Ferdinand-Nordbahn Wien–Krakau ein Stück nachzufahren.

➤ **1 /** Am Bahnhof Gerasdorf startet und endet die Tour

➤ **2 /** Im Badeteich Gerasdorf erfrischen wir uns

➤ **3 /** Die Hörbuch-Station Großebersdorf lehrt Eisenbahngeschichte

➤ **4 /** Auf einer Obstbaumwiese pausieren wir am Rastplatz Pillichsdorf

➤ **5 /** Im Turmmuseum Pillichsdorf fasziniert ein Mondidol

➤ **6 /** Das Großengersdorfer Geheimnis lüften wir im Gasthaus Glöckler

➤ **7 /** Vegane Gerichte genießen wir im Restaurant Lebenszeit

➤ **8 /** Alte Dampfloks erkunden wir im Eisenbahnmuseum Straßhof

➤ **9 /** Im Marchfelderhof erstaunt uns Dekor und die Promi-Gästeliste

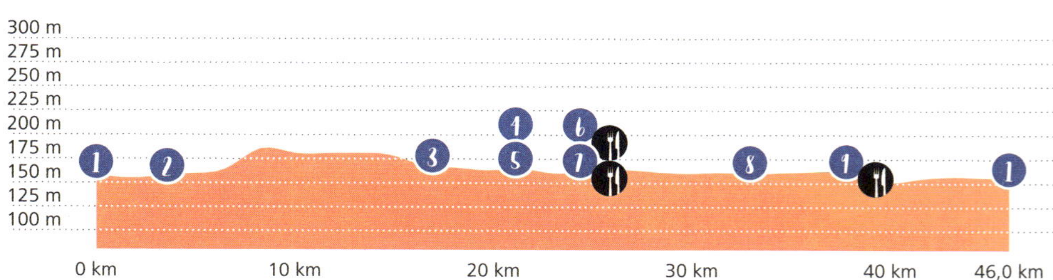

RAD FÄHRT AB!

Auf einer ehemaligen Bahntrasse ins Weinviertel

Wir radeln auf der Bahntrasse der ehemaligen Kaiser-Ferdinand-Nordbahn ins Weinviertel. Wir genießen Ausblicke auf Weinberge und Kellergassen. An Rastplätzen hören wir Eisenbahngeschichten und im Eisenbahnmuseum Strasshof bestaunen wir Dampfloks.

46 Kilometer
25 Höhenmeter
3:15 Stunden
Rundtour

Aufsatteln

Wir starten am 1 / Bahnhof Gerasdorf. Wenn wir der Ostbahngasse etwas über 1 km folgen, stoßen wir auf den Marchfeldkanal Radweg. Um auf diesen zu gelangen, fahren wir vor der über den Kanal führenden Brücke rechts ab. Wir fahren dem Kanal auf einem geschotterten Weg entlang, wobei Holunderbüsche und Hagebuttensträucher unseren Weg säumen. Im Süden hinter Feldern und Wiesen erspähen wir die Skyline von Wien mit dem Donauturm.

CHARAKTER

Sportlich ●●●○○
Abkühlung ●●●○○
Schlemmen ●●●●○
Panorama ●●●●○

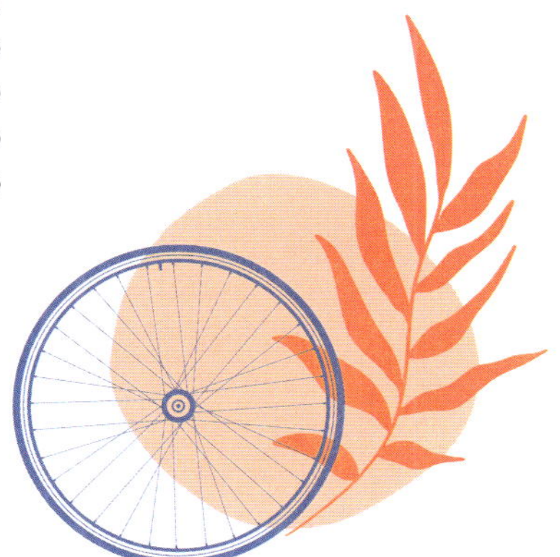

Naturbad

Wer gleich zu Beginn unserer Tour Lust auf eine Erfrischung hat, dem sei ein Sprung in den kühlen 2 / Gerasdorfer Badeteich (ab Mitte Mai 9–21 Uhr, Teichgasse, 2201 Gerasdorf, www.

< links / Schranken auf! Bahntrassenradeln am Dampfross-und-Drahtesel-Radweg bei Hagenbrunn

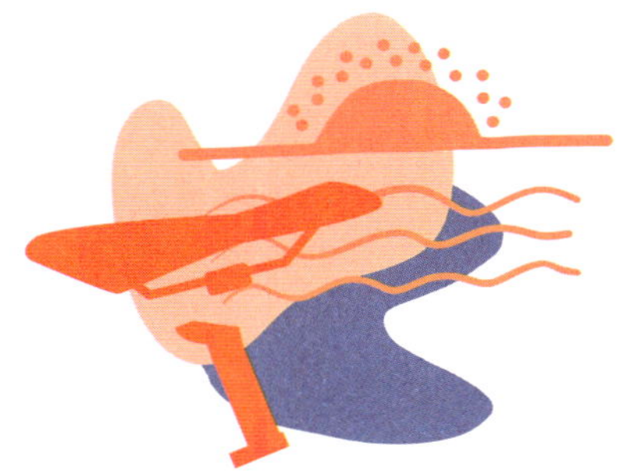

gerasdorf-wien.gv.at/Badeanlage_in_der_Teichgasse) empfohlen. Auf der großflächigen Liegewiese ist viel Platz für eine gemütliche Rast. Vor Stammersdorf macht der Marchfeldkanal einen scharfen Linksknick. Nach diesem radeln wir geradeaus in die Ebereschengasse und queren die Brünner Straße an einer Ampelkreuzung. Dann biegen wir nach rechts und folgen der Wegweisung Dampfross Drahtesel.

Hörbuchgeschichten

Unsere Bahntrasse ins Weinviertel ist von Bäumen und Hecken gesäumt und führt vorbei an Kürbisfeldern und Weinbergen. Wir haben einen sanften Anstieg über den Rendezvousberg zu bewältigen, aber ich verspreche euch, dass es der einzige unserer Tour bleibt. Bahnschranken und Lichtsignalmasten lassen die ehemalige Funktion der von uns befahrenen Trasse erkennen und kennzeichnen Rastplätze, die mit Sitzgelegenheiten und Informationstafeln ausgestattet sind. An einigen der Rastplätze können wir Hörbuchgeschichten lauschen. Publikumsliebling Wolfgang Böck erzählt darin die Geschichte der einst so wichtigen Bahn, die die Kornkammer des Marchfelds mit der Residenzstatt Wien verband. In Großebersdorf befindet sich eine solche mittels QR Code aufrufbare 3 / Hörbuch-Station.

MARCHFELDDOM

Wenn wir den mächtigen Kirchturm erblicken, haben wir den 4 / Rastplatz Pillichsdorf fast erreicht. Er ist der schönste der ganzen Tour.

Dom im Marchfeld

Der 4 / Rastplatz Pillichsdorf ist besonders empfehlenswert für einen Halt. Die Pausenstation liegt auf einer Obstbaumwiese und so können wir im Frühling unter blühenden Bäumen verweilen und im Herbst Äpfel vom Boden klauben und kosten. Unser Tourenthema, das Bahntrassenradeln, verkörpert sehr zutreffend eine überlebensgroße Drahtesel-Skulptur, deren Räder denen einer Dampflok nachempfunden sind. Von dem er-

---

➤ rechts oben / Unter Obstbäumen in Pillichsdorf ➤ rechts Mitte / Das Dampflok-Fahrrad am Rastplatz Pillichsdorf begeistert auch große Kinder

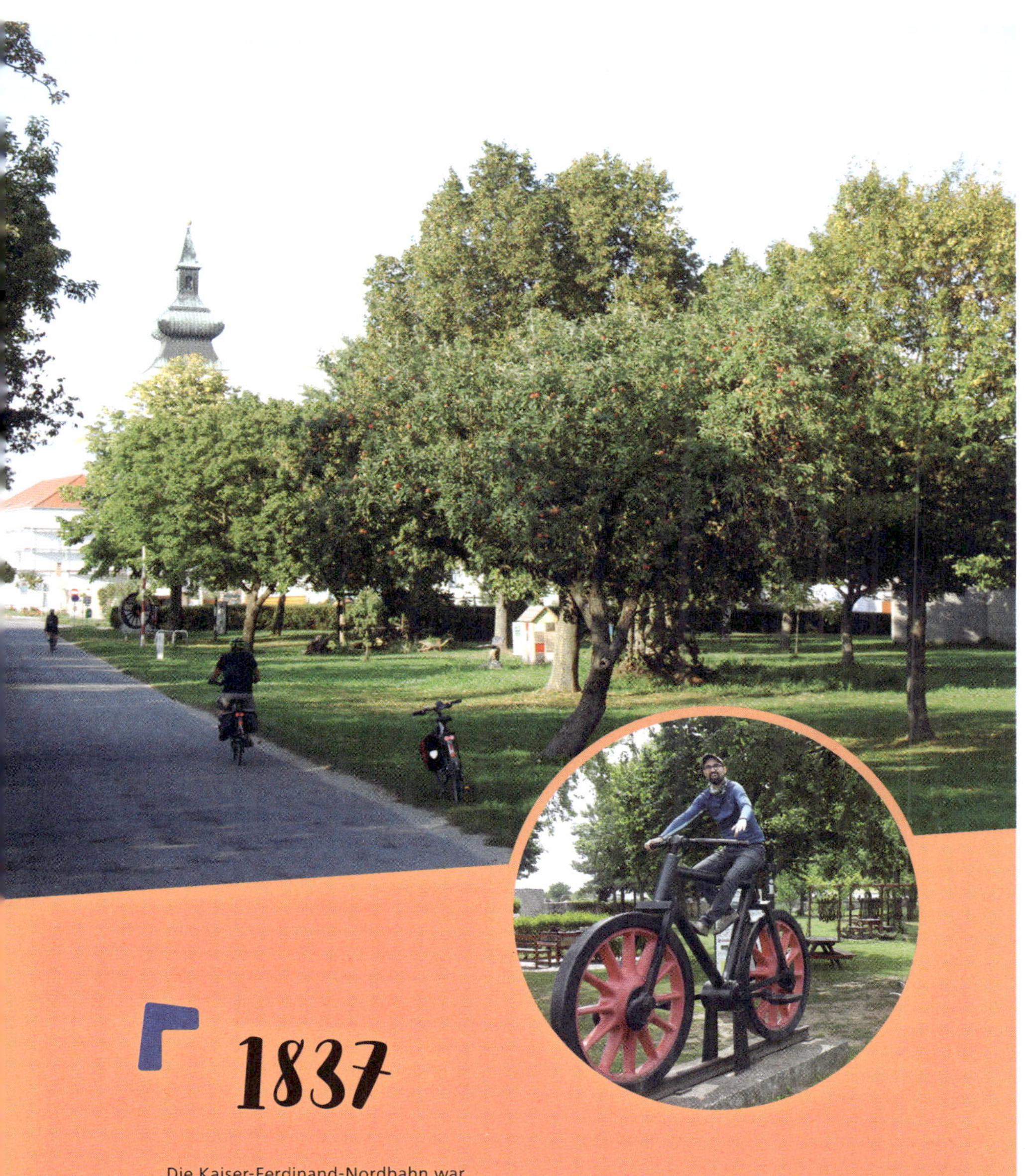

1837

Die Kaiser-Ferdinand-Nordbahn war die erste Dampfeisenbahn in Österreich. Nicht verpassen dürfen wir die von Publikumsliebling Wolfgang Böck an der 3 / Hörbuch-Station erzählten Geschichten über die einst so wichtige Bahn, auf deren Trasse wir heute radeln.

Halbzeitrast

Augen nach links bei Fahrt durch Großengersdorf. Dort wartet das rustikale 6 / Gasthaus Glöckler mit dem „Großengersdorfer Geheimnis".

Über die Bahntrasse und durch Dörfer

höhten Sitzplatz, blickt man auf die örtliche Pfarrkirche, den „Dom am Rande des Marchfelds". Im mächtigen Kirchturm befindet sich das 5 / Turmmuseum, ein zwei Geschoße umfassendes Minimuseum, in dem wir über 130 Exponate aus den Gebieten Geologie und Geschichte des Ortes besichtigen können (nach tel. Voranm., Kirchenplatz 1, 2211 Pillichsdorf, +43 664 581 24 38, www.pillichsdorf.at/Turmmuseum).

Zäsur

Ab Großengersdorf ändert sich der Tourencharakter. Wir fahren nicht mehr entlang der ehemaligen Bahntrasse, sondern bis auf wenige kurze Ausnahmen durch ruhige Dorfgassen mit ihren typischen aneinandergereihten Höfen. Vor Hoftoren werden auf Tischen eigene Ernte und Lebensmittelerzeugnisse zum Verkauf angeboten, dazu zählen Kürbisse, Paradeiser, Kirschen- und Holunderblütensirup und selbstgemachte Liköre. Für Liebhaber von Süßem gibt es Honig und Marmeladen. Meist gilt Selbstbedienung gegen Münzeinwurf.

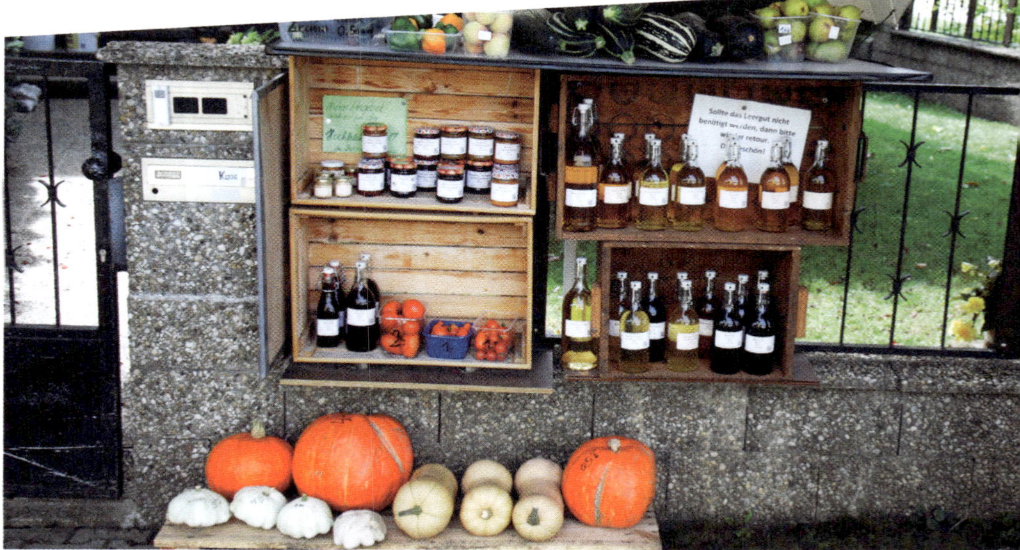

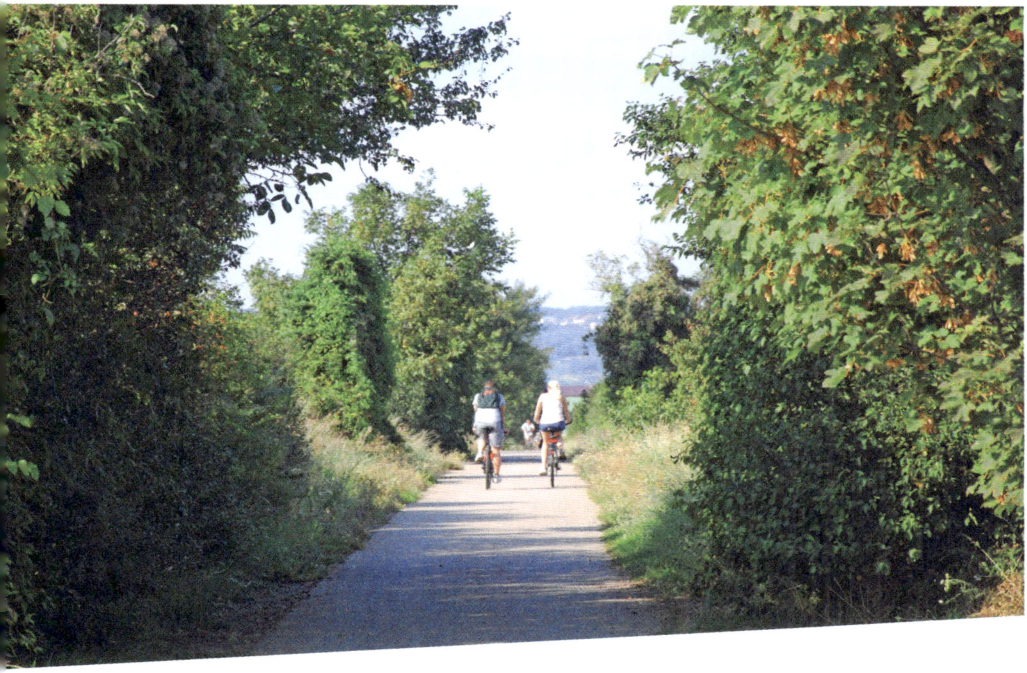

Vollladung

Unsere „Tourhalbzeit" ruft geradezu nach einer Rast. Die machen wir in der charmant rustikalen Gaststube des 6 / Gasthaus Glöckler (Mo, Mi, Fr, Sa, So 7:30–22, Do 7:30–15 Uhr, Hauptstraße 129, 2212 Großengersdorf, +43 2245 882 34, www.gasthaus-gloeckler.at), wo wir unsere Energiespeicher mit Hausmannskost füllen. Was sich hinter dem auf der Speisekarte angebotenen „Großengersdorfer–Geheimnis" verbirgt, kann jeder selbst herausfinden. Alternativ dazu können wir den vis-à-vis liegenden Radlertreff im 7 / Restaurant Lebenszeit (Mo–Fr 10–23, Sa 8–0, So, Fei 8–16 Uhr, Kurze Zeile 68, 2212 Großengersdorf, +43 2245 882 07, www.lebenszeit.at) ausprobieren. In dem seit fast 400 Jahren gastronomisch genutzten Haus serviert man heimische Klassiker – teilweise in Bio-Qualität – sowie vegetarische und vegane Gerichte wie Erdäpfel-Kohlsprossenpfanne mit Feta oder Gemüse-Couscous mit Haselnüssen, Datteln und Rosinen. Egal welche Gaststätte wir wählen, beide bieten E-Bike-Ladestationen, an denen wir unsere elektrischen Drahtesel auftanken können.

GELB

Der Radlertreff im saftig gelb gestrichenen 7 / Restaurant Lebenszeit bietet auch vegetarische und vegane Gerichte. Vieles in Bio-Qualität. Elektrisch unterstützte Drahtesel können an Ladestationen vor dem Haus „gefüttert" werden.

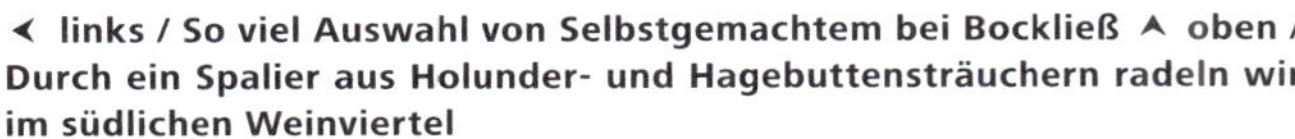

◄ links / So viel Auswahl von Selbstgemachtem bei Bockließ ▲ oben / Durch ein Spalier aus Holunder- und Hagebuttensträuchern radeln wir im südlichen Weinviertel

Bockfließ Texas

Weingärten auf sanften Hügeln sind passé. Wir sind in die weiten Ebenen des Marchfelds vorgestoßen. In Bockfließ können wir wahre Raritäten bewundern. Unser Weg führt uns an einzelnen Ölbohrtürmen vorbei. Es riecht wie damals in Omis Keller, wo der Ölheizkessel stand. Dominant sind jedoch die vielen Windräder, von denen es hier mehr gibt als Windmühlen in Don Quijote. Ein Güterweg führt schnurgerade nach Süden. Im Sommer wird es hier zwischen Mais- und Weizenfeldern ganz schön heiß und man freut sich, endlich in den schattenspendenden Föhrenwald in Strasshof zu kommen. Nun müssen wir eine Richtungsentscheidung treffen. Wollen wir das 8 / Eisenbahnmuseum Straßhof „Das Heizhaus" besuchen (1. Apr.–26. Okt., Di, So, Fei 10–17, 27. Okt.–23. Dez., 1. Feb–31. März, Sa, So 10–17 Uhr, Gartenbahnbetrieb nur Sommersaison So, Fei, Siller-Straße 123, 2231 Strasshof an der Nordbahn, www.eisenbahnmuseum-heizhaus.com), dann folgen wir der Wegweisung Drahtesel Dampfross Heizhaus, falls nicht, der Beschilderung Drahtesel Dampfross Helmahof. Im Museum finden wir alle Elemente, die ein Eisenbahnbetrieb einst erforderte: Dampfloks, Wasserturm und Kohlenkräne.

PROMITREFF

Der 9 / Marchfelderhof ist nicht nur das bekannteste Seitenblicke-Restaurant in Ostösterreich. Es bietet auch gute österreichische Küche.

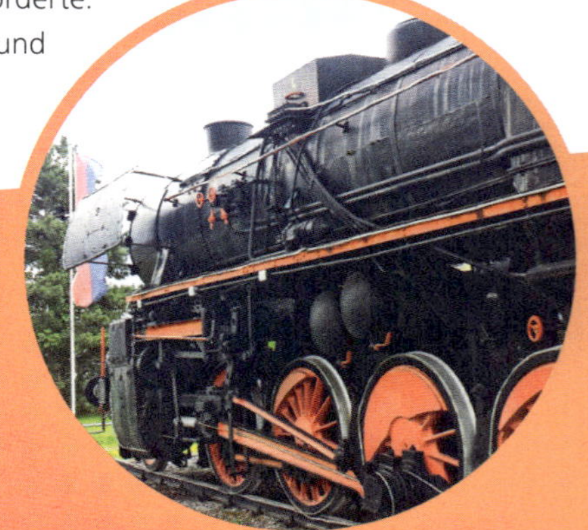

3

Spannend für Klein und Groß ist das 8 / Eisenbahnmuseum Straßhof „Das Heizhaus". Dort besichtigen wir die wesentlichen Elemente eines Eisenbahnbetriebs im 19. Jahrhundert: Dampfloks, Wasserturm und Kohlenkräne. Im Sommer mit Gartenbahnbetrieb. Tipp: Das Museum veranstaltet Nostalgiefahrten.

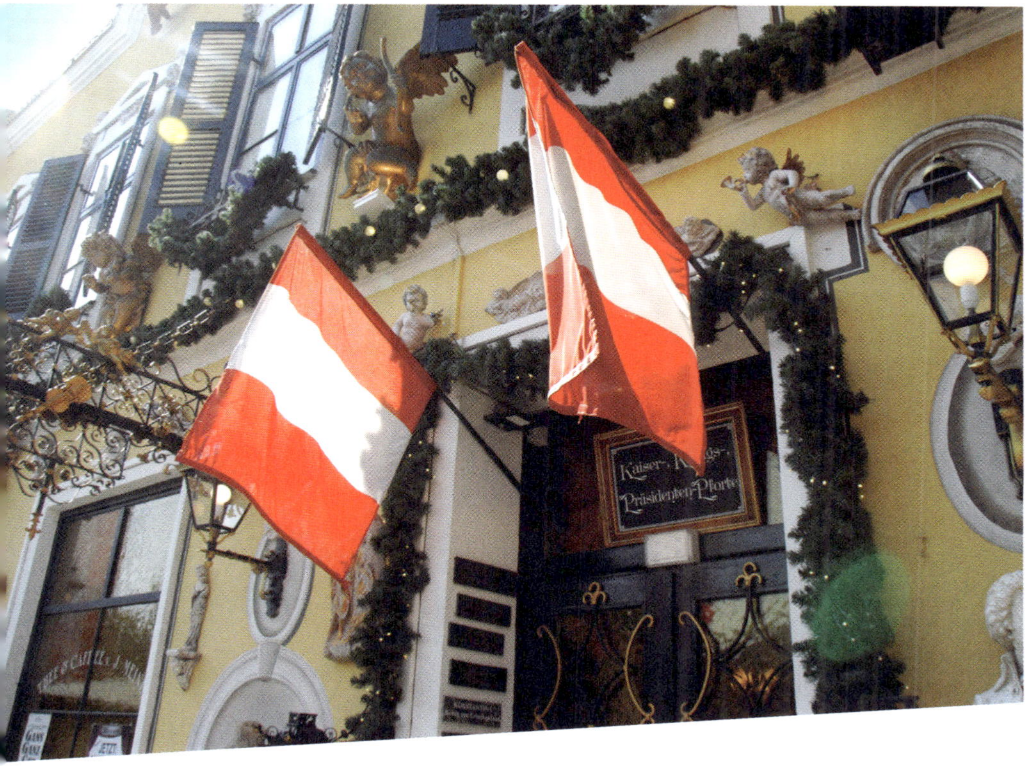

Seitenblicke

Bevor wir uns auf die Zielgerade begeben, haben wir in Deutsch-Wagram eine Einkehrmöglichkeit, die wir nicht auslassen sollten. Der 9 / Marchfelderhof ist nicht nur Deko-Kuriositätenkabinett und legendärer Promi-Treff, sondern bietet gute österreichische Küche zu fairem Preis (Mo–Fr 12–0, Sa–So 11–0 Uhr, Bockfließerstrasse 31, 2232 Deutsch-Wagram, +43 2247 22 43, www.marchfelderhof.at). Die Zelebritäten-Gästeliste ist länger als das Gilgamesch-Epos und reicht vom Schah von Persien bis zu Liz Taylor. Danach folgen wir der Beschilderung zum Marchfeldkanalradweg, über den wir in 45 Minuten den 1 / Bahnhof Gerasdorf erreichen.

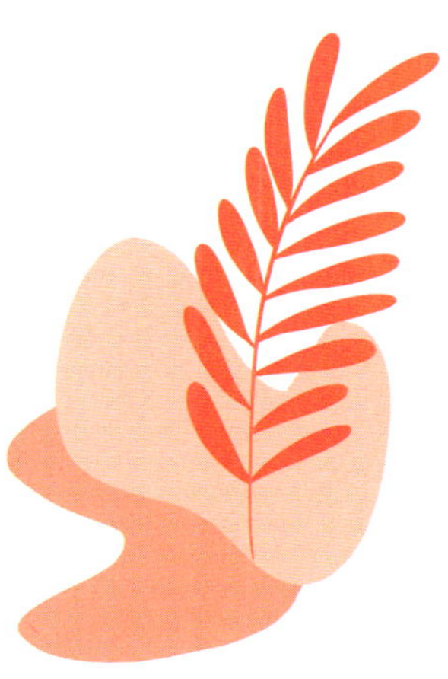

TOURENINFO / Geeignet für Familien mit selbstradelnden Kindern. Umlaufsperren vor Kreuzungen können ein Hindernis für Fahrradanhänger darstellen. Die ebene Strecke verläuft bis auf wenige Abschnitte im Ortsgebiet auf autofreien Wegen. Der Weg am Marchfeldkanal ist unbefestigt. Badesachen einstecken! E-Bike-Ladestationen beim 6 / Gasthaus Glöckler und 7 / Restaurant Lebenszeit.

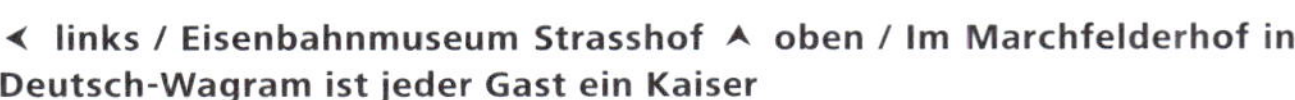

< links / Eisenbahnmuseum Strasshof ^ oben / Im Marchfelderhof in Deutsch-Wagram ist jeder Gast ein Kaiser

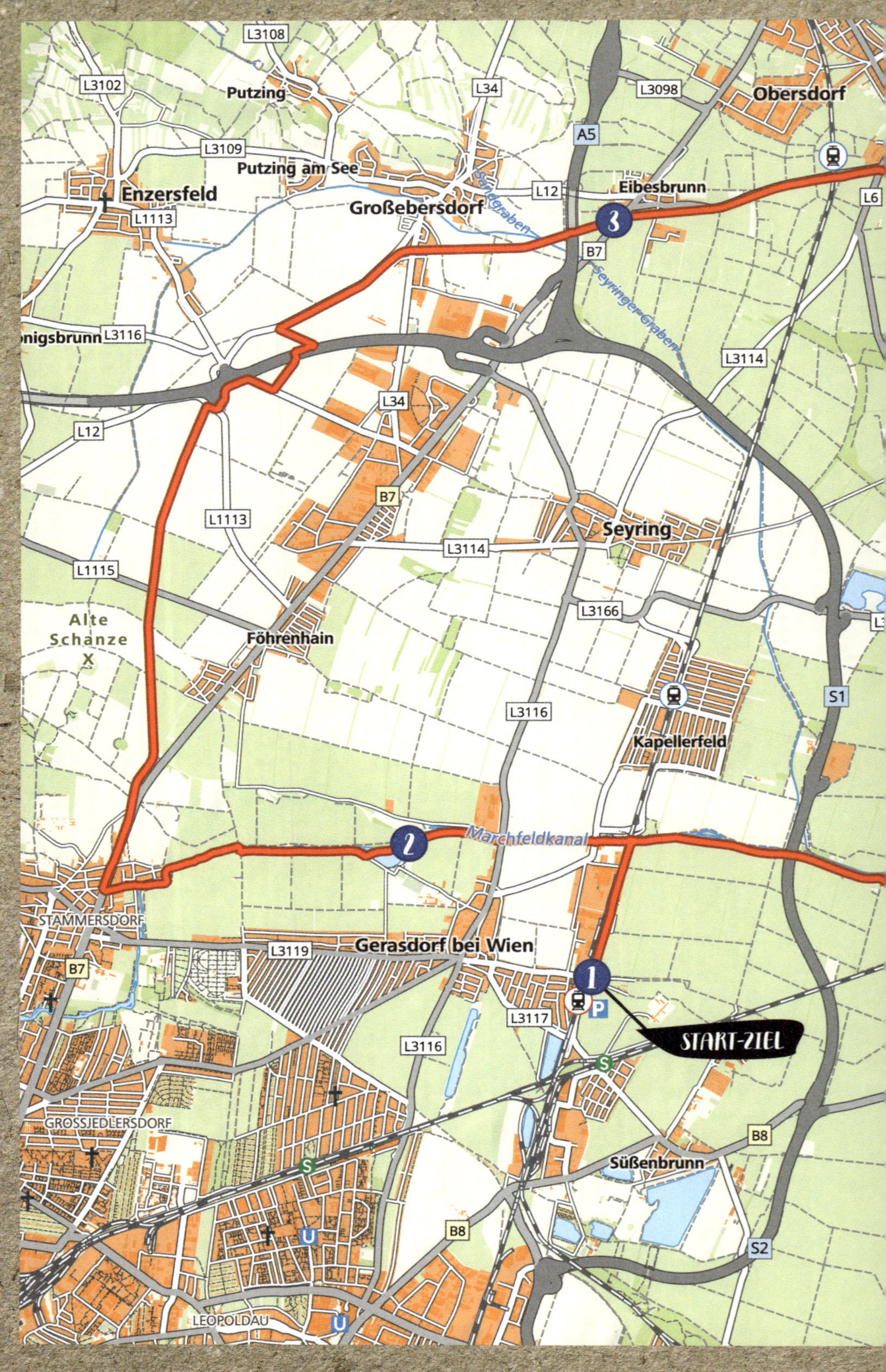

L3108
L3102
Putzing
L34
L3098
Obersdorf
A5
L3109
Putzing am See
Enzersfeld
Großebersdorf
L12
Eibesbrunn
L6
L1113
3
B7
Seyringer Graben
L3116
L3114
L34
L12
B7
L1113
Seyring
L3114
L1115
L3166
Alte Schanze
Föhrenhain
S1
L3116
Kapellerfeld
2
Marchfeldkanal
STAMMERSDORF
L3119
Gerasdorf bei Wien
B7
1
L3117
START-ZIEL
L3116
GROSSJEDLERSDORF
B8
Süßenbrunn
B8
S2
LEOPOLDAU

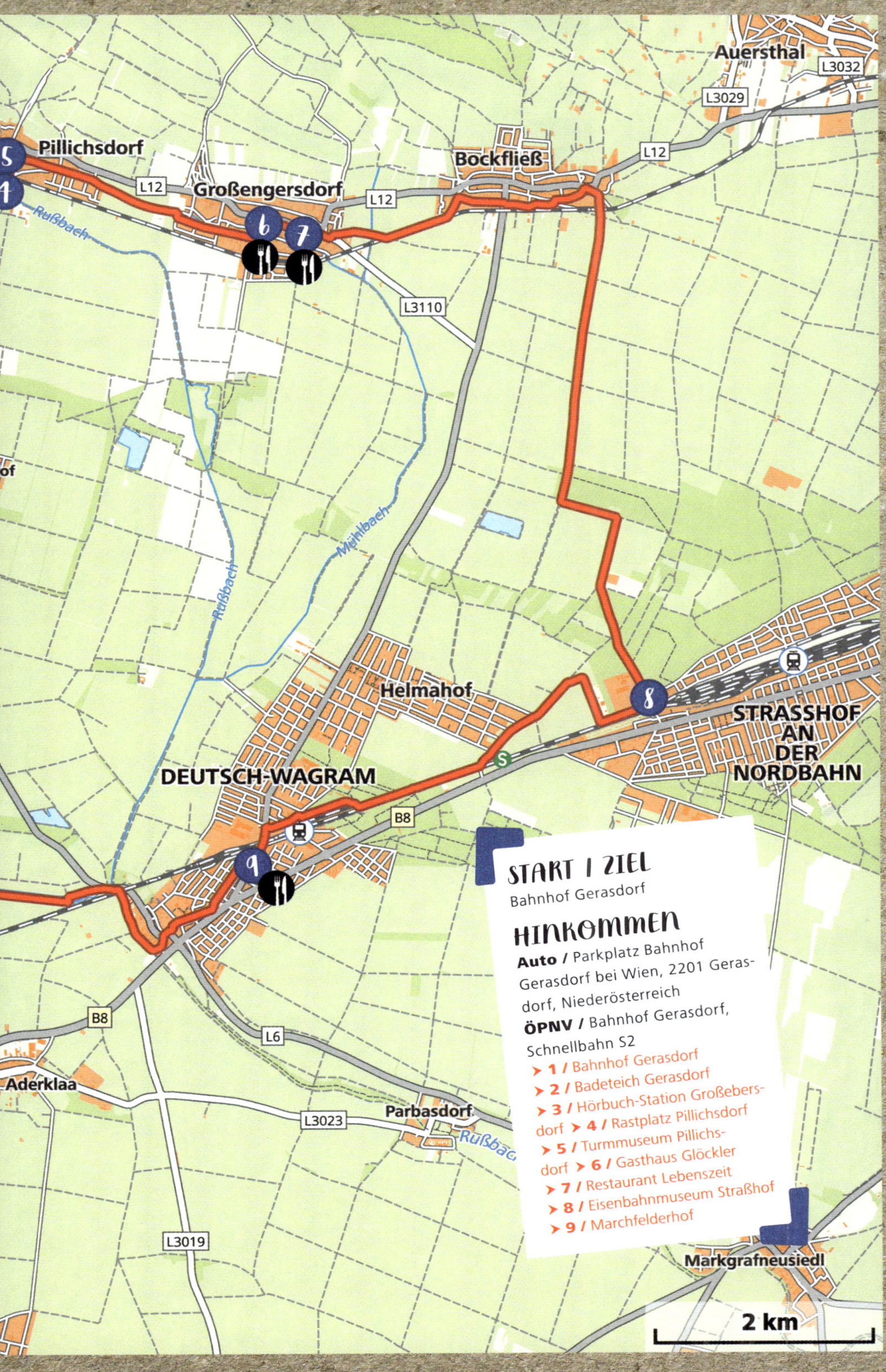
Auersthal
L3032
L3029
L12
Bockfließ
Pillichsdorf
L12
Großengersdorf
L12
Rußbach
L3110
Mühlbach
Rußbach
Helmahof
STRASSHOF AN DER NORDBAHN
DEUTSCH-WAGRAM
B8
B8
L6
Aderklaa
Parbasdorf
L3023
Rußbach
L3019
Markgrafneusiedl
2 km
START | ZIEL
Bahnhof Gerasdorf
HINKOMMEN
Auto / Parkplatz Bahnhof
Gerasdorf bei Wien, 2201 Geras-
dorf, Niederösterreich
ÖPNV / Bahnhof Gerasdorf,
Schnellbahn S2
➤ 1 / Bahnhof Gerasdorf
➤ 2 / Badeteich Gerasdorf
➤ 3 / Hörbuch-Station Großebers-
dorf ➤ 4 / Rastplatz Pillichsdorf
➤ 5 / Turmmuseum Pillichs-
dorf ➤ 6 / Gasthaus Glöckler
➤ 7 / Restaurant Lebenszeit
➤ 8 / Eisenbahnmuseum Straßhof
➤ 9 / Marchfelderhof

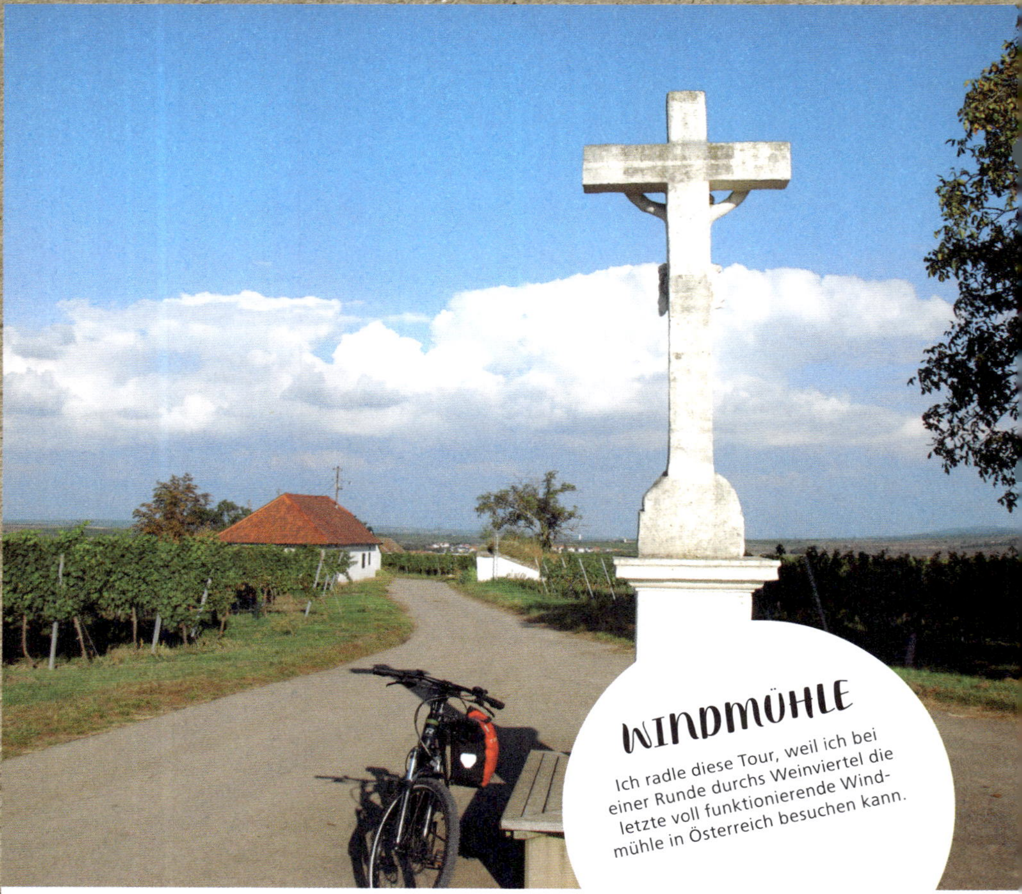

WINDMÜHLE

Ich radle diese Tour, weil ich bei einer Runde durchs Weinviertel die letzte voll funktionierende Windmühle in Österreich besuchen kann.

➤ 1 / Am Bahnhof Retz satteln wir auf

➤ 2 / Der Hauptplatz Retz verzaubert uns auf eine italienische Piazza

➤ 3 / In der Retzer Windmühle duftet es nach frisch gebackenem Brot

➤ 4 / Weinviertler Prosciutto genießen wir im Windmühlheurigen

➤ 5 / Gratis Froschkonzert gibt´s bei der Radlerrast Obermarkersdorf

➤ 6 / Am Hauptplatz Pulkau lockt das Rathaus, der TV-Star aus „Julia"

➤ 7 / Aus der Lorettogrotte Pulkauer Bründl quillt Heilwasser

➤ 8 / Historische Funde bestaunt man im Raritätenmuseum Röschitz

➤ 9 / Klassische Kellerjause kredenzt der Heurige Dunkl

➤ 10 / In der Vinothek W4 spielen wir eine Runde Uno

➤ 11 / Die Kellergasse Maulavern ist die schönste im Weinviertel

➤ 12 / Heurigenklassiker schlemmen wir beim Heuriger Platz-Schwayer

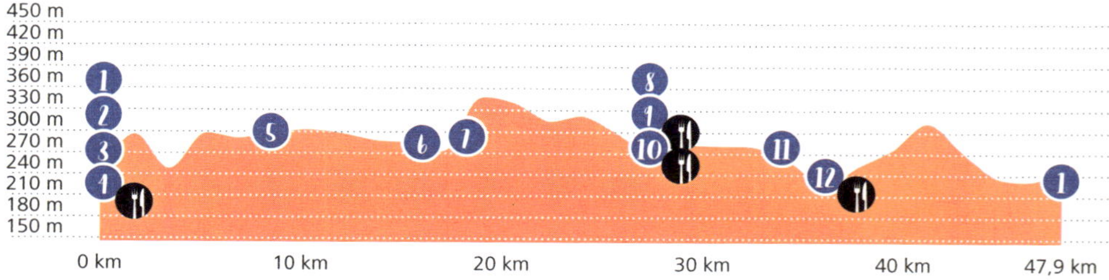

Weinbergrausch

Eine Runde durchs Retzer Land

Wir radeln auf asphaltierten Wegen und Dorfstraßen eine Genussrunde im Retzer Land. Wir durchstreifen die schönsten Kellergassen des Weinviertels, verkosten regionale Spezialitäten und besichtigen eine rare österreichische Windmühle.

48 Kilometer
330 Höhenmeter
3:30 Stunden
Rundtour

Mediterrane Piazza

Wir starten am 1 / Bahnhof Retz und radeln in der Bahnhofstraße bis zum Kreisverkehr, wo wir die erste Ausfahrt nehmen. Wir fahren 200 m auf der Landesstraße B 35, leider ohne Radweg, dann biegen wir links in die Schmiedgasse. In die zweite Gasse, die Znaimerstraße, links abgebogen, haben wir den 2 / Hauptplatz Retz vor uns, der uns auf eine italienische Piazza versetzt, was wir besonders dem Verderber- und dem Sgraffitohaus zu verdanken haben. Das Verderberhaus ist ein zinnenbekröntes Bürgerhaus mit einer im venezianischen Renaissancestil gestalteten Fassade. An der auch in der Renaissance gestalteten Fassade des Sgraffitohauses erkennen wir Szenen und Texte aus Bibel und griechischer Mythologie. Übrigens haben wir am Hauptplatz vor dem Stadtamt eine letzte Möglichkeit, E-Bikes mit Strom zu versorgen.

Charakter
Sportlich ●●●●○
Abkühlung ●○○○○
Schlemmen ●●●●●
Panorama ●●●●●

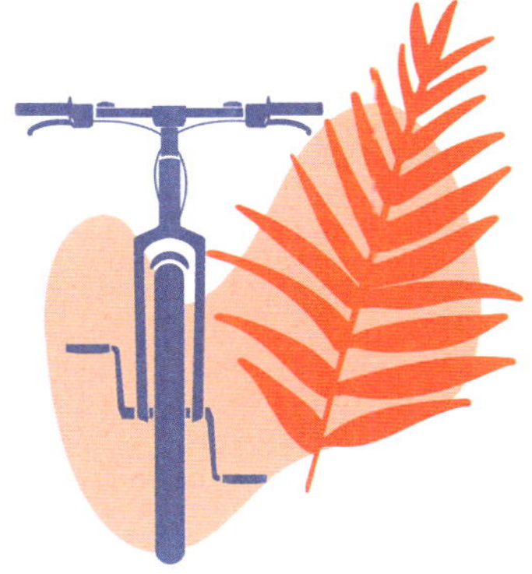

◀ links / Das Ranklkreuz oberhalb der schönsten Kellergasse Maulavern

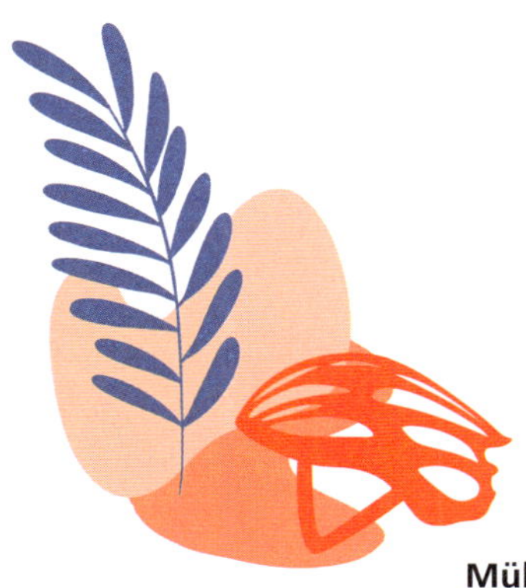

Mühle als Wahrzeichen

Zurück in der Znaimerstraße nehmen wir die zweite Gasse links und gelangen so in die sanft ansteigende Windmühlgasse, die uns an schon dörflich anmutenden Häusern vorbei aus der Stadt führt. Nun folgen wir den Weisern Weinviertel DAC Radroute. Bevor wir noch richtig in Schwung kommen, verlangt die nächste Sehenswürdigkeit nach einer Besichtigung. In den Weinbergen oberhalb von Retz thront die weiß getünchte 3 / Windmühle (Apr.–Okt. Sa, So, Fei 11–17 Uhr, Mo–Fr saisonal untersch., Kalvarienberg 1, 2070 Retz, www.retzer-land.at/retzer-windmuehle). Sie verbrachte nach Stilllegung 1924 fast ein Jahrhundert im Dornröschenschlaf, aus dem sie erst durch niederländische Windmühlenbauer erweckt wurde. Nach ihrer Restauration ist sie die letzte voll funktionierende Windmühle Österreichs. Wenn es hier nach frischem Brot duftet, dann liegt es daran, dass das hier gemahlene Mehl in der eigenen Backstube zu original „Windmühlenbrot" verarbeitet wird.

Mühlenheuriger

Neben der historischen Windmühle liegt der teilweise in einem modernen Glaskobel untergebrachte 4 / Windmühlheurige, bei dem eine köstliche Vielfalt an Spezialitäten vom Weinviertler Prosciutto bis zur Fitnessplatte angeboten werden (2. Apr.–10. Juli 2022, 29. Juli–23. Okt. 2022, Kalvarienberg 1, 2070 Retz, +43 664 73 86 68 75, www.windmuehle.at). Und Qualitätsweine aus dem Retzer Land, was nicht extra erwähnt werden muss, oder?

SPEZIALITÄTEN

Gleich dableiben! Was könnte besser zum Brot passen als Weinviertler Prosciutto? Den gibt´s im 4 / Windmühlheurigen neben der Mühle.

Echter Werbeprospekt

Entgegen dem Uhrzeigersinn radeln wir eine Runde durch die Werbeprospektlandschaft des Weinviertels. Wir radeln hügelauf,

---

➤ rechts oben / Die Windmühle Retz mahlt wieder Mehl! ➤ rechts Mitte / In Pulkau zeigt sich: Radtourismus wird im Weinviertel gefördert

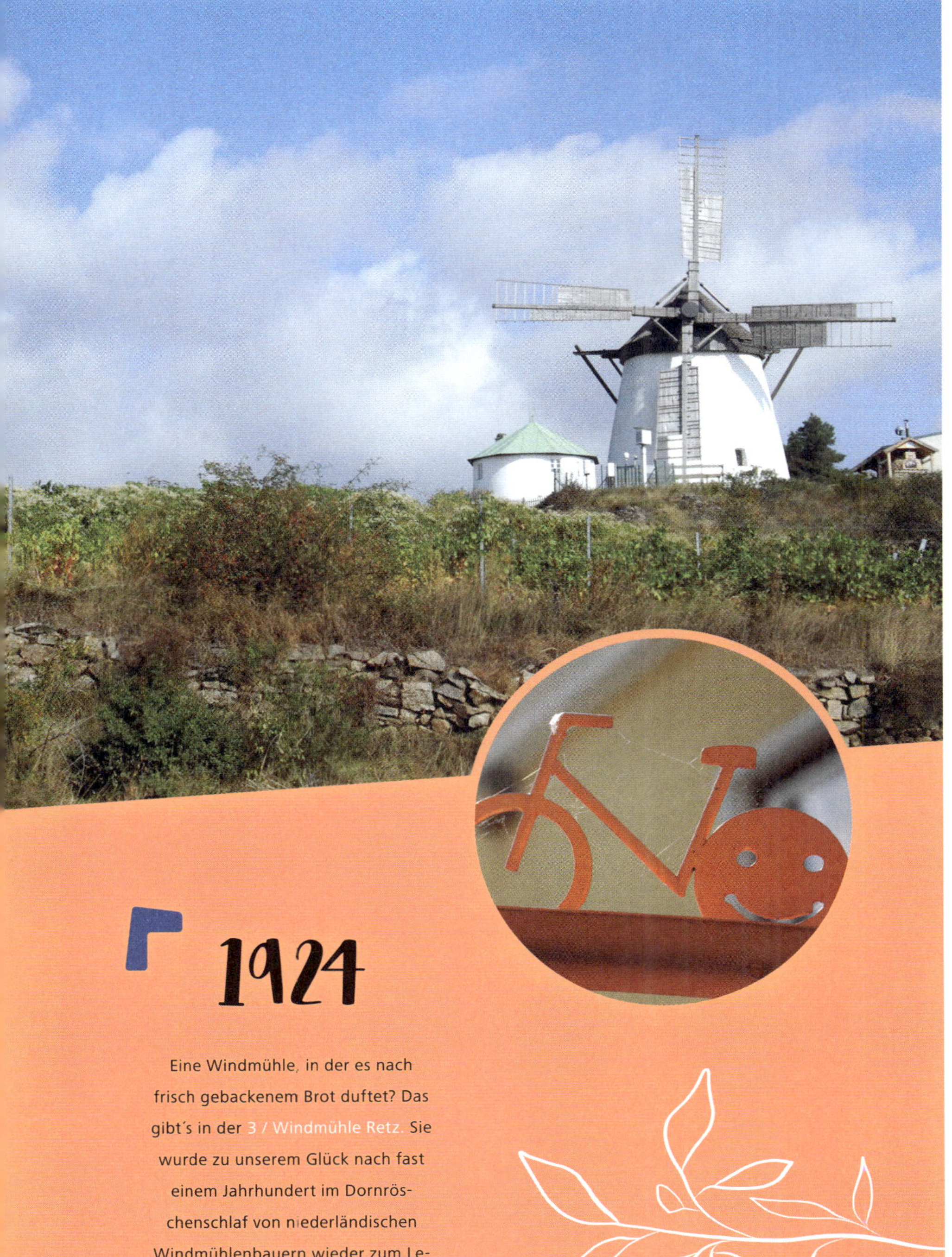

1924

Eine Windmühle, in der es nach frisch gebackenem Brot duftet? Das gibt's in der 3 / Windmühle Retz. Sie wurde zu unserem Glück nach fast einem Jahrhundert im Dornröschenschlaf von niederländischen Windmühlenbauern wieder zum Leben erweckt. Zwei neue Mühlsteine wurden gegossen und eingebaut.

Wunder-heilung

Gut versteckt im Wald nahe der Grenze zum Waldviertel liegt das **7 / Pulkauer Bründl.** Das Wasser soll heilen, trinken kann man es nicht.

hügelab durch Weingärten, Weingärten und Weingärten. An Marterln, Steinmauern und Weinkellern vorbei von einem malerischen Ort in den nächsten. Gäbe es Zypressen, wähnten wir uns in der Toskana. Einen tollen Pausenplatz bietet uns die an einem Biotop gelegene 5 / Radlerrast Obermarkersdorf. Sonnenanbeter rasten im Liegestuhl, Durstige füllen ihre Flaschen am Trinkwasserbrunnen und Genießer können Wein im Selbstbedienungsmodus gegen Münzeinwurf verkosten. Das Froschkonzert gibt´s gratis dazu.

In der Wein- und Kulturstadt Pulkau

Fernsehstar Pulkau

Am beschaulichen 6 / Hauptplatz Pulkau sticht das pittoreske Rathaus mit seiner Doppelgiebelfassade aus dem 18. Jahrhundert hervor. Es war einer der Drehorte der österreichischen TV-Serie „Julia – Eine ungewöhnliche Frau" mit Juliane Hörbiger. Wenige Pedalumdrehungen entfernt zu unserer Linken finden wir den Gerasser-Hof, das älteste, beinahe seit einem Jahrtausend bewohnte Haus im Ort.

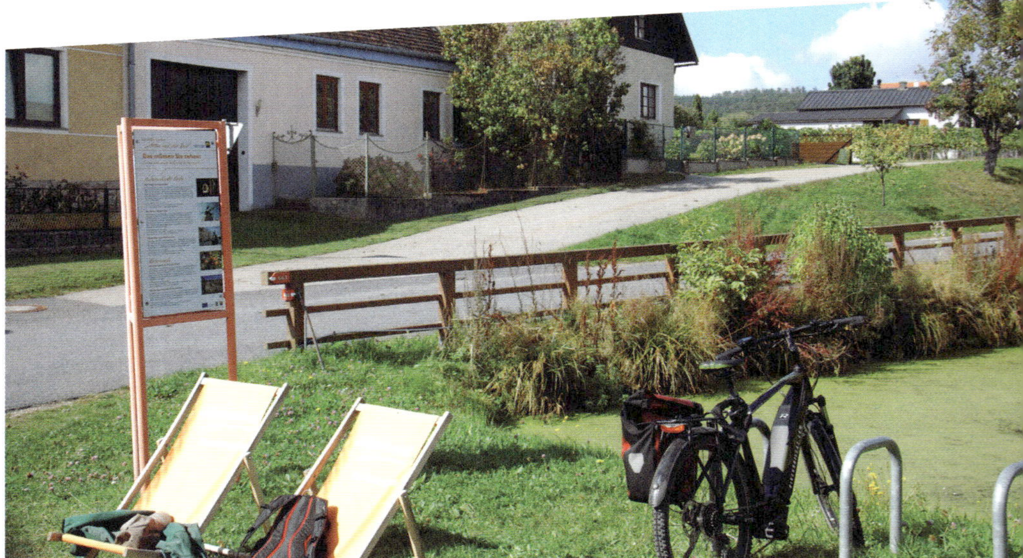

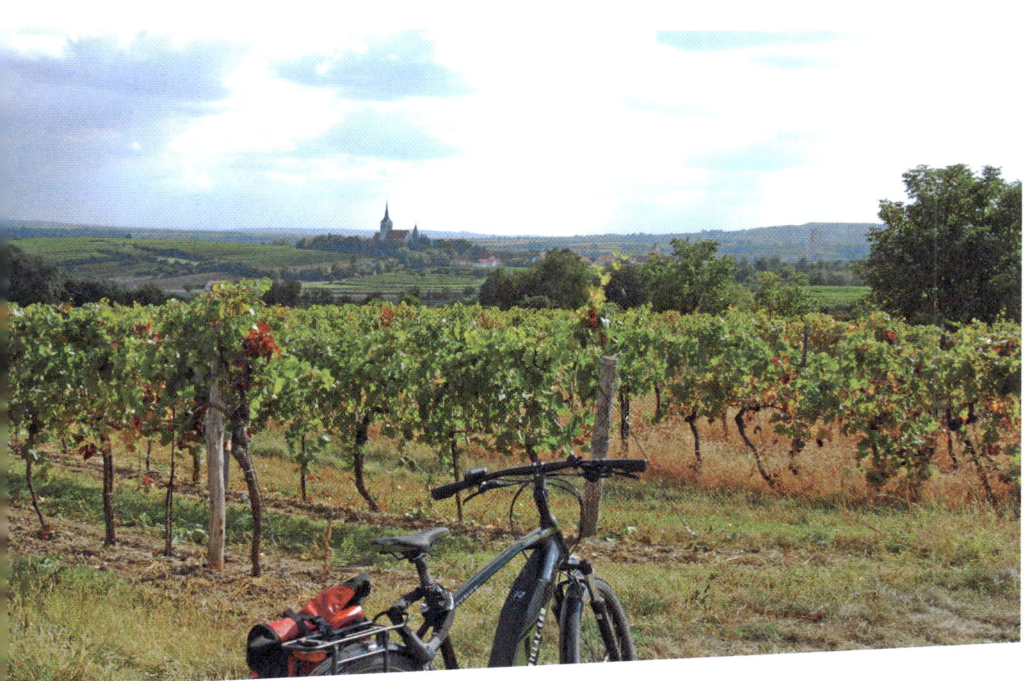

Heilquelle

Ein mystischer im Wald versteckter Ort ist das 7 / Pulkauer Bründl, eine Wallfahrtsstätte mit der denkmalgeschützten Kapelle Maria Bründl. Dem Quellwasser aus der Lorettogrotte wird heilende Wirkung zugesprochen. Vor 300 Jahren soll ein gelähmter Bub durch ein Bad in der Quelle geheilt worden sein.

Veltliner-Hochburg

Den Exkurs in den Wald der Grenzregion zum Waldviertel beenden wir für heute und entern via Rafing und Groß-Reipersdorf die Veltliner-Hochburg Röschitz. Unerwartete Abwechslung bietet uns das 8 / Raritätenmuseum Röschitz (Berggasse 11, 3743 Röschitz, www.röschitzmuseum.at). Hier sehen wir tausende Exponate aus dem hiesigen Dorfleben mit seinen handwerklichen Traditionen, Funde aus Zeiten der Monarchie, und im Freigelände das kleinste Weinbaumuseum Österreichs. Ein idealer Ort Kräfte zu tanken ist der 9 / Heurige Dunkl, der uns klassische Kellerjause und vegetarische Gerichte bietet. Der Gastgarten hat einen Kinderspielplatz und blickt auf die umgebenden Weingärten (1. April–1. Mai

SCHWARZ-GELB

Kurz nach der Ortseinfahrt auf der rechten Seite wartet das 8 / Raritätenmuseum Röschitz auf seine Entdeckung. Nicht nur Funde aus Zeiten der Monarchie gibt´s, sondern auch Stücke der Traditions-Handwerksberufe wie Tischler oder Wagner.

< links / Sonnige Radlerrast mit Liegestühlen und Froschkonzert in Obermarkersdorf ^ oben / Famoser Blick auf die 1000-jährige „Kathedrale im Weinviertel", die Pfarrkirche St. Michael in Pulkau

u. 2. Sept.–2. Okt. Fr–Sa ab 17, So Fei ab 16, 30. Jun.–10 Jul. u. 22. Aug.–28. Aug. ab 16 Uhr, Marktweg-Kellergasse, 3743 Röschitz, +43 664 218 83 31, www.dunkl-roeschitz.at).

Schönste Kellergasse

Damit wir mehr Zeit zum Genießen haben, folgen wir am Hauptplatz Röschitz der Wegweisung Abkürzung Weinviertel DAC. Zunächst bietet Restaurant und Vinothek 10 / W4 Wein Genuss Kultur (Mi, Do 11.30–22, Fr, Sa 11:30–0, So 11:30–16 Uhr, Im Ziegelstadl 1, 3743 Röschitz, +43 2984 214 86, www.w-4.at/gastronomie) modernes Ambiente und saisonal geprägte österreichische Küche. Auch hier gibt's einen Kinderspielplatz und zusätzlich Brett- und Kartenspiele von Abalone bis Uno. Die Abschneider-Route führt uns durch die 11 / Kellergasse Maulavern, eine der schönsten und längsten Kellergassen im Weinviertel. Am Gipfel der Kellergasse, wo heute das Ranklkreuz steht, war der Gerichtsplatz, wo der Lehen von den Lehensherren an die Weinbauern vergeben wurde. Wir rollen gemütlich hinab, damit wir die Einblicke in geöffnete Keller und Ausblicke über die Weinreben aufsaugen und genießen können.

GRÜN

Beim 12 / Heurigen Platz-Schwayer sitzen wir im Garten, der idyllisch inmitten der Weinberge liegt. Kredenzt werden auch vegane Speisen.

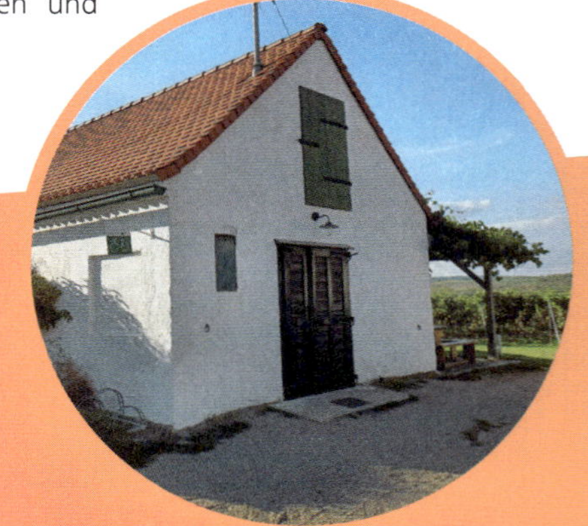

1200 m

Den tollsten Genusskilometer unserer Tour bietet uns die wunderschöne 11 / Kellergasse Maulavern, in der wir vom Ranklkreuz an dutzenden Weinkellern vorbei den Weinberg hinabrollen. Auf Infotafeln lernen wir über den Weinbau und den Ursprung der Redensart „Auf einen grünen Zweig kommen".

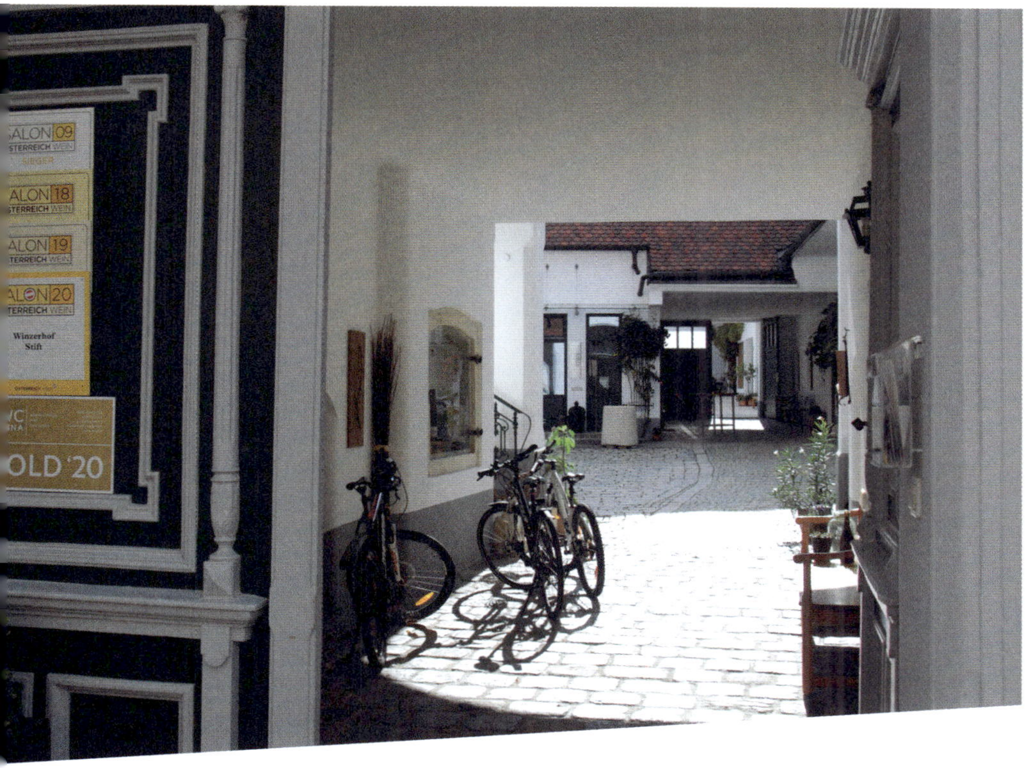

Letzte Rast

Etwa 300 m nach Ortsende Zellerndorf links in der ersten Kellergasse haben wir noch eine Rastmöglichkeit beim 12 / Heurigen Platz-Schwayer (geöffnet im Sommer, 2051 Zellerndorf, +43 2945 22 12, www.schwayer.at). Der urige Heurige hat einen Garten, der idyllisch inmitten der Weinberge liegt. Kredenzt werden typische Heurigenplatten, auch vegane Speisen werden angeboten. Wieder in Retz vermeiden wir die Hauptstraße und biegen nach der Bahnüberquerung vom Seeweg rechts in die Doktor-Gregor-Korner-Gasse. Über den Johann-Liebl-Weg erreichen wir den Ausgangspunkt, den 1 / Bahnhof Retz.

TOURENINFO / Die Strecke ist hügelig und verlangt eine gewisse Kondition. Einige Abschnitte verlaufen auf weniger befahrenen Freilandstraßen und auf Hauptstraßen im Ortsgebiet. Der Großteil der Strecke verläuft jedoch auf autofreien landwirtschaftlichen Wegen. Für geübte und größere Kinder ist die Route bewältigbar. E-Bike-Ladestation vor dem Stadtamt am 2 / Hauptplatz Retz.

< links / In der Kellergasse Maulavern, westlich des Orts Zellerndorf
^ oben / Hofeinblick in Röschitz

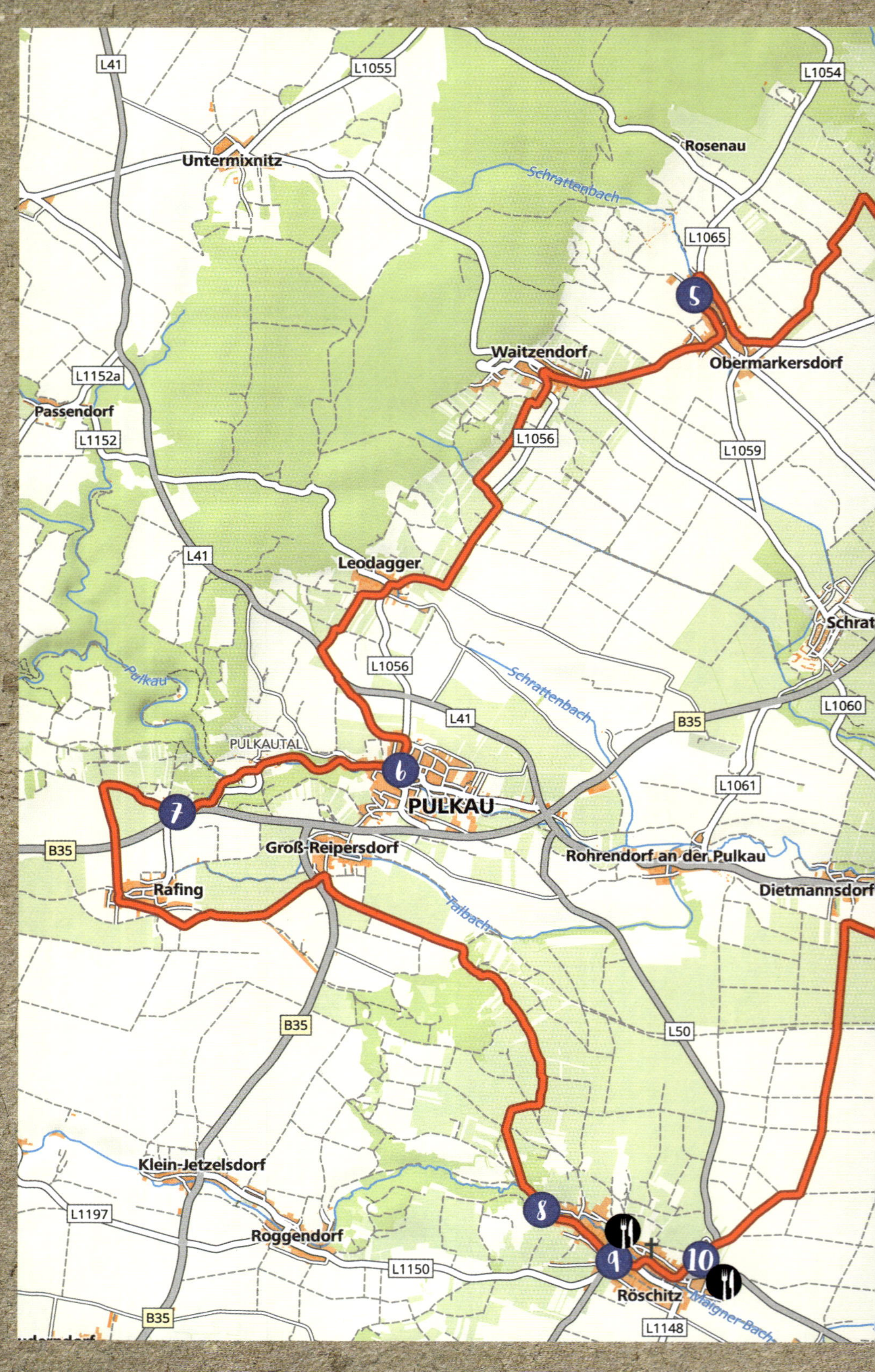
L41
L1055
L1054
Untermixnitz
Rosenau
Schrattenbach
L1065
5
Waitzendorf
Obermarkersdorf
L1152a
Passendorf
L1152
L1056
L1059
L41
Leodagger
Schrat
Pulkau
L1056
Schrattenbach
L41
B35
L1060
PULKAUTAL
6
PULKAU
L1061
7
B35
Groß-Reipersdorf
Rohrendorf an der Pulkau
Rafing
Dietmannsdorf
Talbach
B35
L50
Klein-Jetzelsdorf
8
L1197
Roggendorf
9
10
L1150
Röschitz
Maigner Bach
B35
L1148

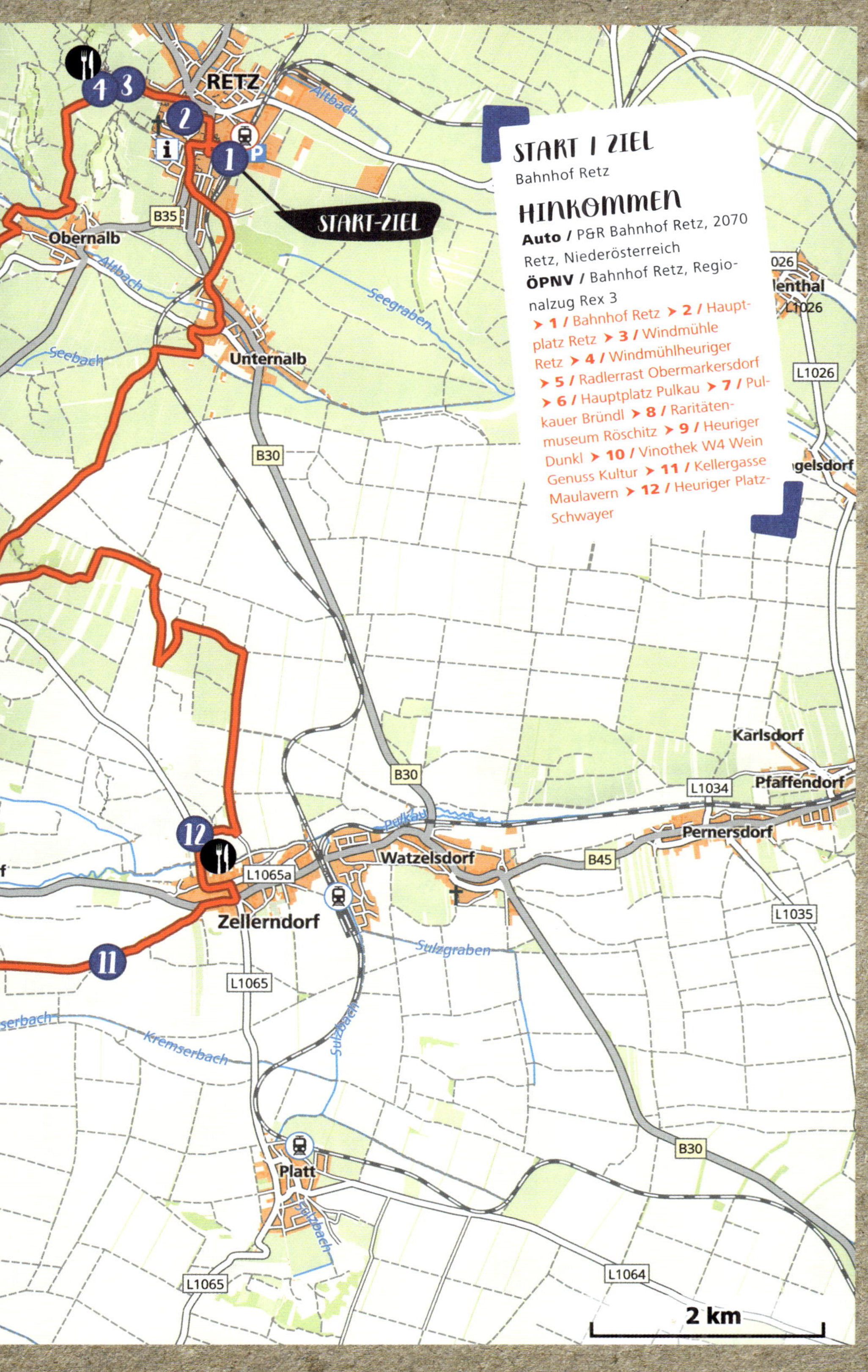
START I ZIEL
Bahnhof Retz
HINKOMMEN
Auto / P&R Bahnhof Retz, 2070 Retz, Niederösterreich
ÖPNV / Bahnhof Retz, Regionalzug Rex 3
➤ 1 / Bahnhof Retz ➤ 2 / Hauptplatz Retz ➤ 3 / Windmühle Retz ➤ 4 / Windmühlheuriger ➤ 5 / Radlerrast Obermarkersdorf ➤ 6 / Hauptplatz Pulkau ➤ 7 / Pulkauer Bründl ➤ 8 / Raritätenmuseum Röschitz ➤ 9 / Heuriger Dunkl ➤ 10 / Vinothek W4 Wein Genuss Kultur ➤ 11 / Kellergasse Maulavern ➤ 12 / Heuriger Platz-Schwayer
START-ZIEL
RETZ
Altbach
Obernalb
Unternalb
Seebach
Seegraben
B35
B30
B45
L1026
L1034
L1035
L1064
L1065
L1065a
Karlsdorf
Pfaffendorf
Pernersdorf
Watzelsdorf
Zellerndorf
Pulkau
Sulzgraben
Sulzbach
Kremserbach
Platt
2 km

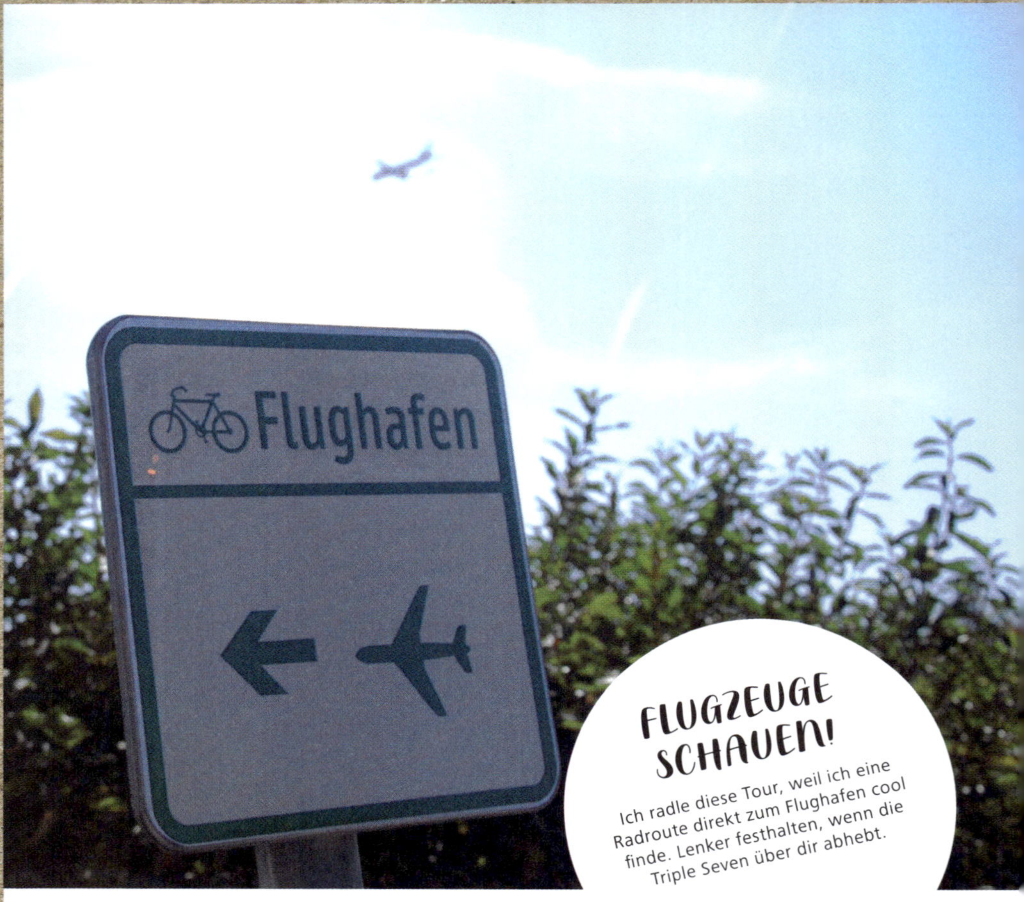

FLUGZEUGE SCHAUEN!

Ich radle diese Tour, weil ich eine Radroute direkt zum Flughafen cool finde. Lenker festhalten, wenn die Triple Seven über dir abhebt.

➤ 1 / Am Bahnhof Schwechat radeln wir los

➤ 2 / Im Kurpark Mannswörth spielen wir Frisbee-Golf

➤ 3 / Die Flughafenterrasse ist der beste Ort zum Plane-Spotting

➤ 4 / Das Museum der Photographie zeigt historische Kameras

➤ 5 / Den Austro Fiat zeigt man im Feuerwehrmuseum Fischamend

➤ 6 / Feine Haubenküche kredenzt der Haslauerhof

➤ 7 / Von der Fährstation Haslau setzen wir über die Donau

➤ 8 / Im Café am Schiff gibt´s die besten Nusskipferl

➤ 9 / Im Schloss Orth ist Kinosommer angesagt

➤ 10 / Im Radlertreff Hermi gibt´s Leberkässemmel und Aufstrichbrot

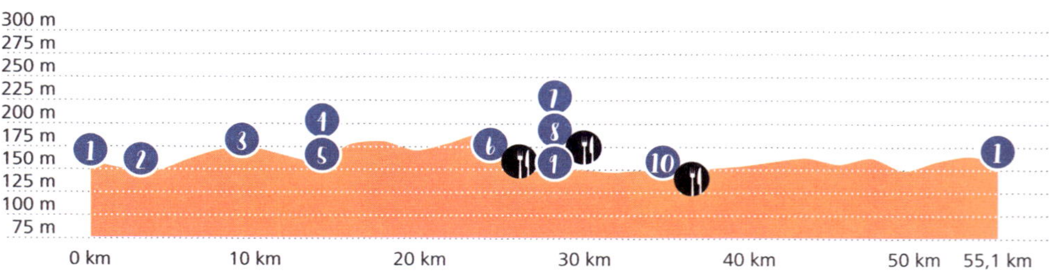

PLANE-SPOTTING

Durch den *Wiener Flughafen* zum *Schloss Orth*

Wir radeln im Grünen entlang der Schwechat zum Flughafen Wien, wo wir von der Besucherterrasse aus Flugzeuge beobachten. In Haslau queren wir mit der Fähre die Donau und geben uns im Schloss Orth das Nationalparkzentrum und eine Sommerkino-Session.

55 Kilometer
115 Höhenmeter
3:30 Stunden
Rundtour

Uferpromenade

Wir beginnen unsere Tour am 1 / Bahnhof Schwechat. Über den in rotem Asphalt gehaltenen Radweg entlang der Bahn fahren wir bis zur Uferpromenade der Schwechat, wo wir der Radwegbeschilderung Flughafen folgen. Die Promenade wirkt wie eine Frischluftschneise. Neben uns plätschert die Schwechat, wir passieren Wiesen und Grünlandflächen. Baumkronen und Hecken spenden uns Schatten und dass wir in Richtung Flughafen unterwegs sind, hören und sehen wir an den über uns startenden und landenden Flugzeugen.

CHARAKTER

Sportlich	●●●○○
Abkühlung	●●○○○
Schlemmen	●●●●○
Panorama	●●●○○

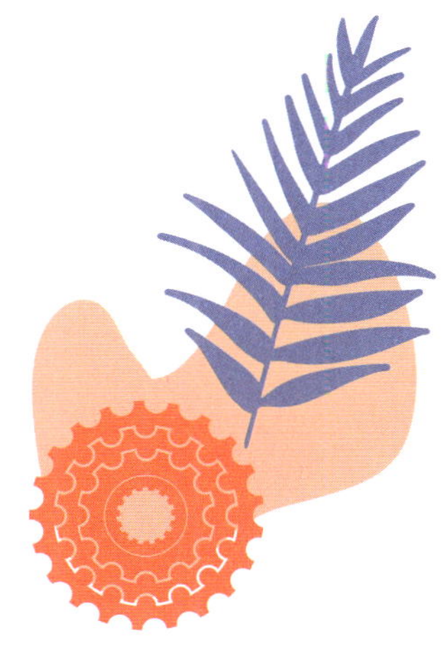

Frisbee-Golf

Die Uferzonen entlang der Schwechat sind als Natura-2000-Vogelschutzgebiet Donau-Auen klassifiziert und beheimaten Weißstörche. Es sollte uns

---

◂ links / Entlang der Schwechat: verschiedene Transportmodi auf dem Weg zum Flughafen

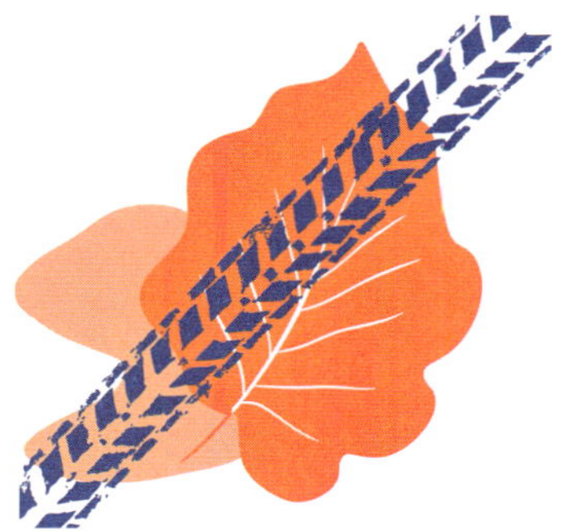

also nicht wundern, wenn in den Sommermonaten einige davon über uns hinweggleiten. Wenn plötzlich Frisbees über unsere Köpfe fliegen, wissen wir, dass wir im 2 / Kurpark Mannswörth angelangt sind. In diesem Erholungsgebiet gibt es einen 7-Loch Disc-Golf-Parcours mit zusätzlichen Übungskörben. Der Park eignet sich hervorragend für eine Rast. Er bietet einen überdachten Holzpavillon mit guten Anlehnbügeln zur Sicherung der Fahrräder.

Abflug

Unsere bisherige Begleiterin, die Schwechat, verlässt uns ein paar hundert Meter vor dem Flughafen, wo sie in einem Linksbogen in die Donau mündet. Unsere Umgebung ist nun von Lagerhallen diverser Logistikunternehmen dominiert. Wir fahren kurz auf einer wenig befahrenen Zufahrtsstraße, dennoch kann uns hier der eine oder andere LKW begegnen. Vor uns sehen wir schon den Tower des Flughafens. Am Flughafen führt uns die bekannte Beschilderung zum Besucherzentrum mit der 3 / Besucherterrasse (geöffnet ab 19. März 2022, Flughafen Wien, Terminal 3, E3, www.viennaairport.com/besucherterrasse). An den Radbügeln beim Parkhaus 3 können wir unsere Räder anketten. Von der Besucherterrasse überblickt man das Treiben am Flughafenvorfeld. Du kannst hier A380, Triple Seven und Co. beim Starten und Landen beobachten.

GUTE AUSSICHT!

Über 20 m hoch liegt die 3 / Besucherterrasse am Flughafen Wien. Genieße den besten Blick auf das Treiben am Flughafenvorfeld.

Museumsbesuche

Die Flughafen Radroute Fischamend führt uns weiter donauabwärts. In Fischamend wartet ein Museumsdoppelpack auf uns. Das 4 / Museum der Photographie (So 10–18 Uhr/nach tel. Voranm., Donauarmstraße 1, 2401 Fischamend, +43 699 192 553 78, www.museumderphotographie.at) zeigt Ausstellungen der klassischen

---

➤ rechts oben / Zwischen Fischamend und Haslau ➤ rechts Mitte / Feuerwehrmuseum Fischamend

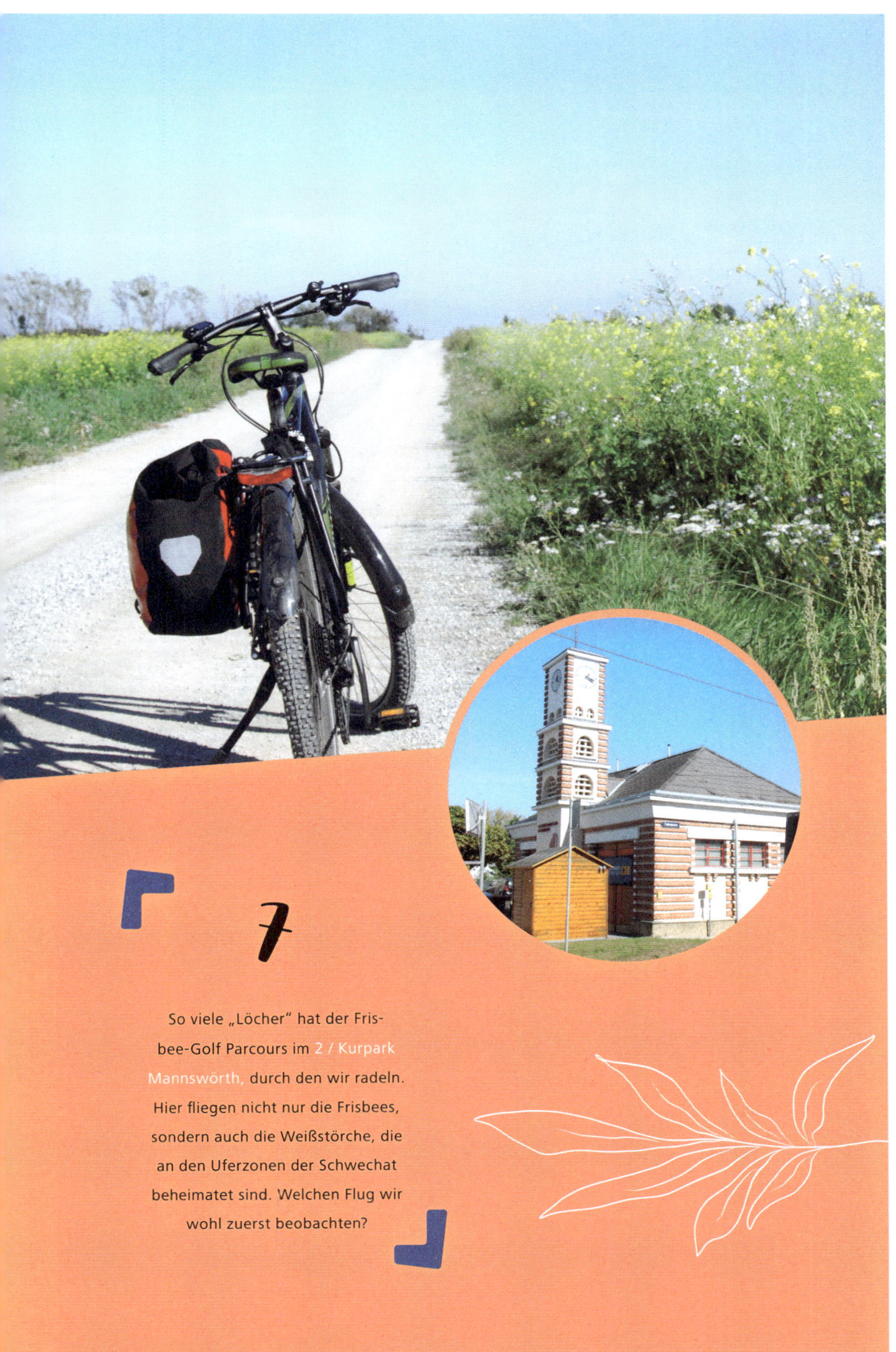

7

So viele „Löcher“ hat der Frisbee-Golf Parcours im 2 / Kurpark Mannswörth, durch den wir radeln. Hier fliegen nicht nur die Frisbees, sondern auch die Weißstörche, die an den Uferzonen der Schwechat beheimatet sind. Welchen Flug wir wohl zuerst beobachten?

TATÜTATA

Vor dem Bahnübergang links halte Ausschau nach dem Ziegelbau mit Türmchen. Darin befindet sich heute das 5 / Feuerwehrmuseum Fischamend.

MUSEUMS-DOPPELPACK ZUR FOTOGRAFIE UND FEUERWEHR

Fotografie und kleinere Sonderausstellungen. Die Geschichte der Fotografie, ihrer Technik und künstlerischen Anwendung werden an hand vieler Exponate dargestellt. Spannend, sicher nicht nur für „Digital Natives", sind historische Belichtungsmesser und Kameras sowie die Projektionsmaschinen aus der Welt des klassischen Kinos.

Freiwillige Feuerwehr

Nur die Länge einer Fußballstadionrunde vom Museum der Photographie entfernt liegt das von Robert Kramreiter in den 1930er Jahren entworfene Feuerwehrhaus, das seit 15 Jahren das 5 / Feuerwehrmuseum Fischamend beherbergt (jeden 1. Sa im Monat, Mai–Okt. 15–19 Uhr, Führungen mit Voranm., Klein-Neusiedler Straße 5, 2401 Fischamend, www.feuerwehr-fischamend.at/museum-home.html). Es zeigt Exponate aus 200 Jahren Feuerwehrgeschichte. Hauptattraktionen sind historische Feuerwehrfahrzeuge wie den Austro Fiat und den Opel Blitz, die für ihren großen Museumsauftritt generalüberholt wurden.

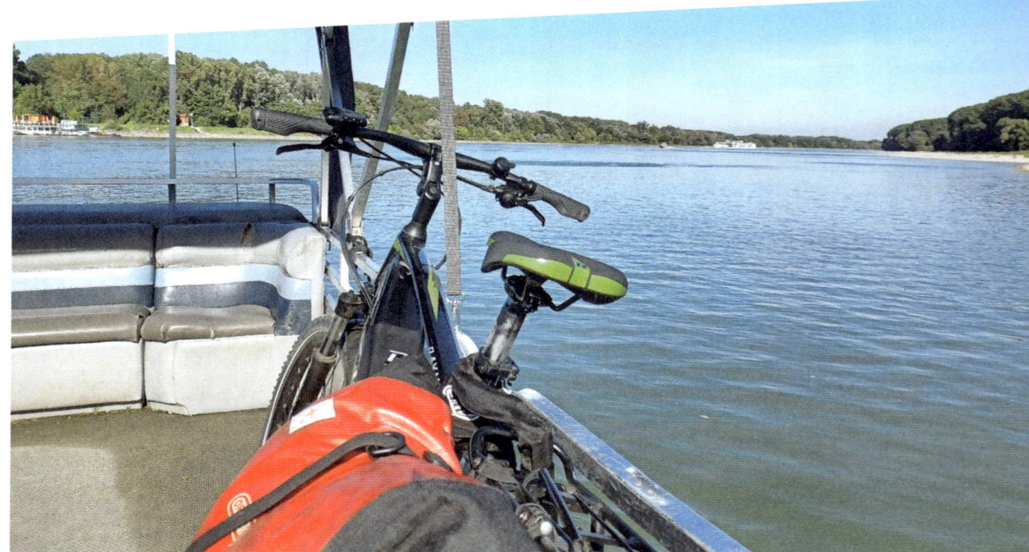

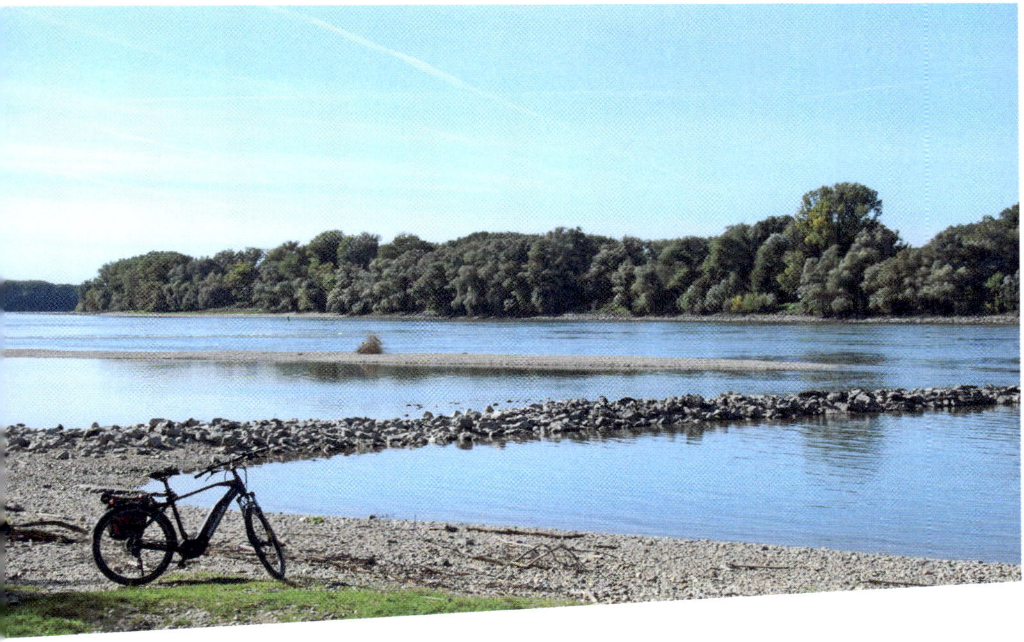

Haubenküche

Nach Ortsende von Fischamend prägen Gemüsefelder und Windräder das Landschaftsbild. In Haslau folgen wir der Beschilderung Zur Nationalparktour Donau Auen Zur Fähre nach Orth bzw. Donauradweg. Auf dem Weg zur Fähranlegestelle haben wir eine exquisite, Hauben-gekrönte Einkehrmöglichkeit im 6 / Landgasthof Haslauerhof (Do–So 11–0 Uhr, Hauptstraße 17, 2402 Haslau an der Donau, +43 2232 802 21, www.haslauerhof.at). Auf einer Anhöhe des steilabbrechenden Donauufers gelegen überblickt man den Nationalpark Donau Auen und das Marchfeld. Serviert werden überwiegend regionale und saisonale Köstlichkeiten.

Fährüberfahrt

Von der 7 / Fährstation Haslau (1. Apr.–31. Okt. 9–18 Uhr, Sonderfahrten nach Absprache, Anlegestelle Haslau, +43 664 421 00 58, www.faehre-orth.at) bringt uns ein Motorboot an das nördliche Donauufer in Orth. Es spritzt und schaukelt und in drei Minuten haben wir die hier frei fließende Donau überquert. Der Landungssteg führt uns direkt ins 8 / Café am Schiff (1. Apr.–31. Okt. 9–18 Uhr, Lindenweg 2, 2304 Orth an der Donau, www.faehre-orth.at/cafe). Man könnte hier Ewigkeiten am Sonnendeck verbringen und dem

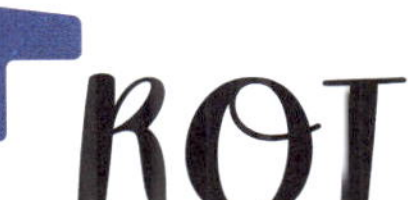

Mohnfelder gibt´s keine rund um das 8 / Café am Schiff am Orther Donauufer. Dafür beste selbstgemachte Mehlspeisen, wie etwa Mohnkipferln und einen 1A Panoramablick vom Sonnendeck auf das Donautreiben. Aufpassen, Sonnenbrandgefahr!

< links / Die Radfähre in Haslau bringt uns sicher über die Donau
^ oben / Rast am Donauufer bei Haslau

Geschehen auf der Donau zusehen – sofern man nicht anfällig für Seekrankheit ist. Denn der Wellengang ist schon merkbar, besonders wenn große Ausflugsschiffe vorbeifahren. Von der Boardküche bekommen wir kleine Imbisse wie Toasts und hausgemachte Mehlspeisen wie Nuss- oder Mohnkipferl.

Schlossbesuch

Dem Radweg ins Zentrum von Orth, Radroute 5, folgen wir bis wir linker Hand das 9 / Schloss Orth (26. März–30. Sept. 9–18, 1. Okt.–1. Nov. 9–17 Uhr, 2304 Orth a. d. Donau, +43 2212 35 55, http://www.orth.at/seiten/040_schloss/041_schloss/041_schloss.html) sehen. Das fast 1000 Jahre alte Schloss wurde ursprünglich als mittelalterliche Wasserburg errichtet und war später Jagdschloss von Kronprinz Rudolf. Seit einigen Jahren befindet sich hier das Besucherzentrum des Nationalparks Donau-Auen. Im Turnierhof finden kulturelle Veranstaltungen, wie etwa Sommerkino statt. Der Wegweisung Donauradweg Wien folgend gleiten wir fast 20 km über die asphaltierte, gerade und ebene Strecke durch die Auwald-Lichtung am Hubertusdamm. Beim 10 / Radlertreff Hermi (Radlertreffweg 1, 2301 Schö-

HERMI

Wenn wir über den Hubertusdamm zurück nach Wien rauschen, könnten wir sie fast übersehen. Die Imbissstube 10 / Radlertreff Hermi in Schönau.

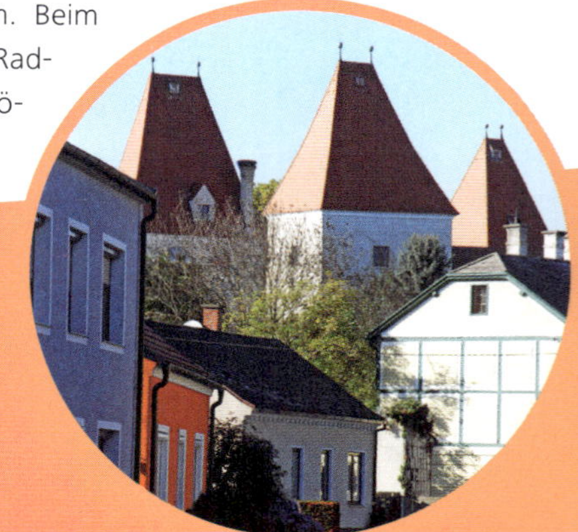

1000

Wenn man vom Donauufer ins Zentrum von Orth radelt, sieht man es von Weitem. Das fast ein Jahrtausend alte 9 / Schloss Orth. Die mittelalterliche Burg beherbergt das Nationalparkzentrum Donau. Der Turnierhof lockt im Sommer Gäste zu Kulturveranstaltungen wie dem Sommerkino.

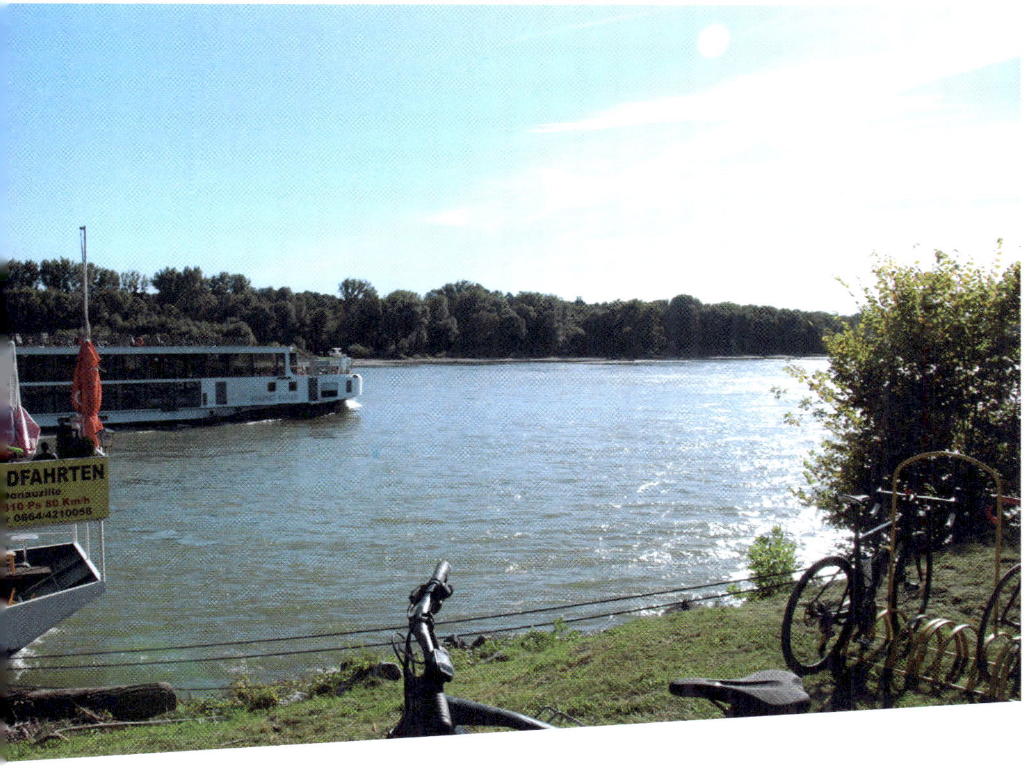

nau an der Donau, +43 2215 21 47) gibt es noch eine Labestelle mit einfachen Imbissen wie Leberkässemmel oder Aufstrichbrot.

Zurück ans Südufer

Über Lobgrundstraße, Walulisobrücke und Kraftwerk Freudenau erreichen wir wieder das Südufer der Donau. Über einen Radweg entlang Freudenauer Hafenstraße, Zinnergasse, Etrichstraße und Simmeringer Hauptstraße kommen wir nach Schwechat und über Klederinger Straße, Alanovaplatz, Hopfenstraße und Steggasse zur Uferpromenade. Ihr folgen wir bis zur Bahngasse, wo wir rechts in den Radweg abbiegen, der uns zum 1 / Bahnhof Schwechat bringt.

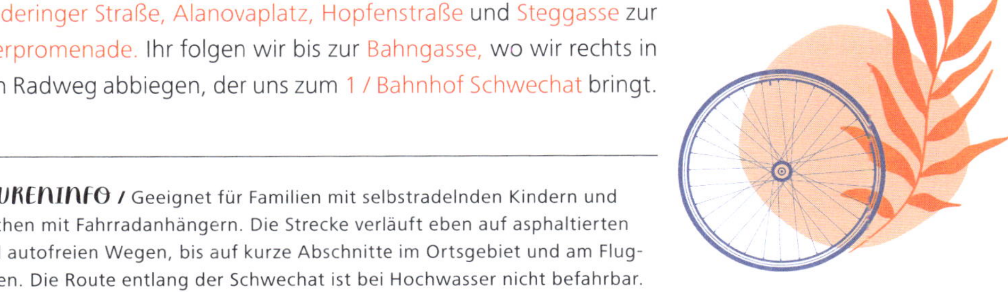

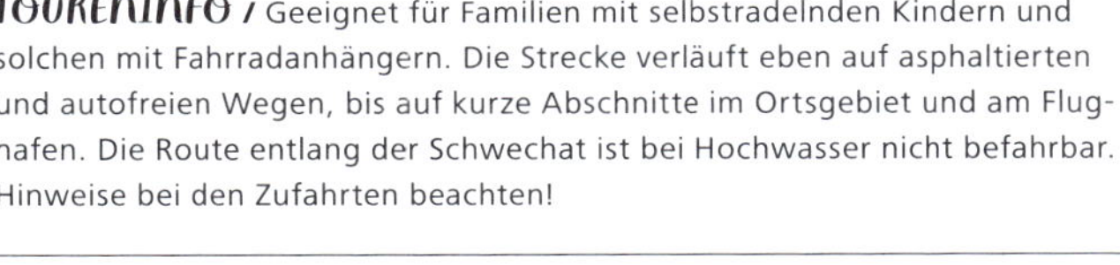

TOURENINFO / Geeignet für Familien mit selbstradelnden Kindern und solchen mit Fahrradanhängern. Die Strecke verläuft eben auf asphaltierten und autofreien Wegen, bis auf kurze Abschnitte im Ortsgebiet und am Flughafen. Die Route entlang der Schwechat ist bei Hochwasser nicht befahrbar. Hinweise bei den Zufahrten beachten!

< links / Wir nähern uns Schloss Orth an der Donau: Angebot vom Nationalparkhaus bis zum Sommerkino ^ oben / Donauufer bei Orth

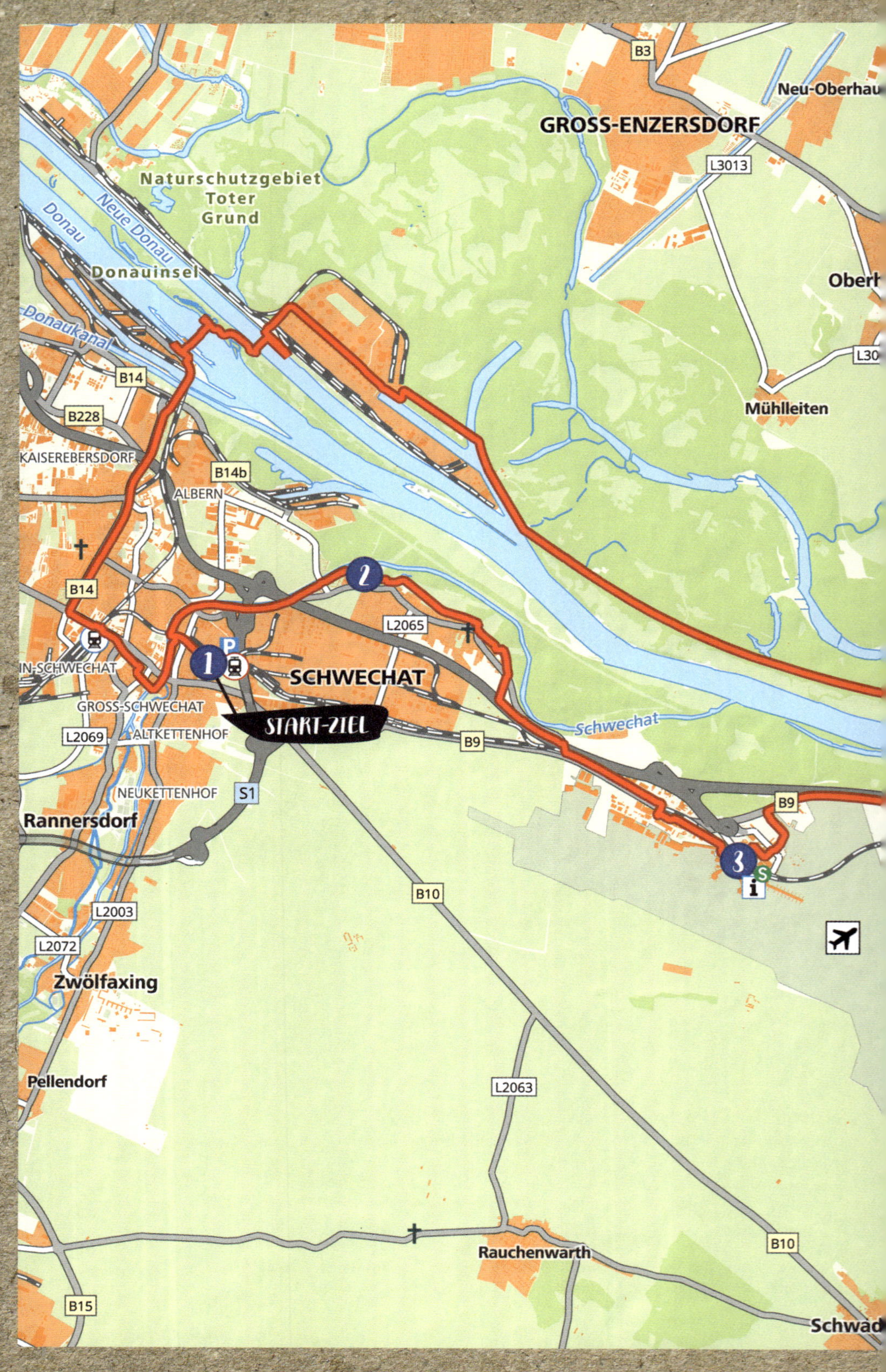
B3
Neu-Oberhau
GROSS-ENZERSDORF
L3013
Naturschutzgebiet
Toter
Grund
Donau
Neue Donau
Donauinsel
Oberh
Donaukanal
B14
L30
B228
Mühlleiten
KAISEREBERSDORF
B14b
ALBERN
B14
L2065
SCHWECHAT
GROSS-SCHWECHAT
START-ZIEL
Schwechat
L2069
ALTKETTENHOF
B9
NEUKETTENHOF
S1
B9
Rannersdorf
B10
L2003
L2072
Zwölfaxing
Pellendorf
L2063
Rauchenwarth
B10
B15
Schwad

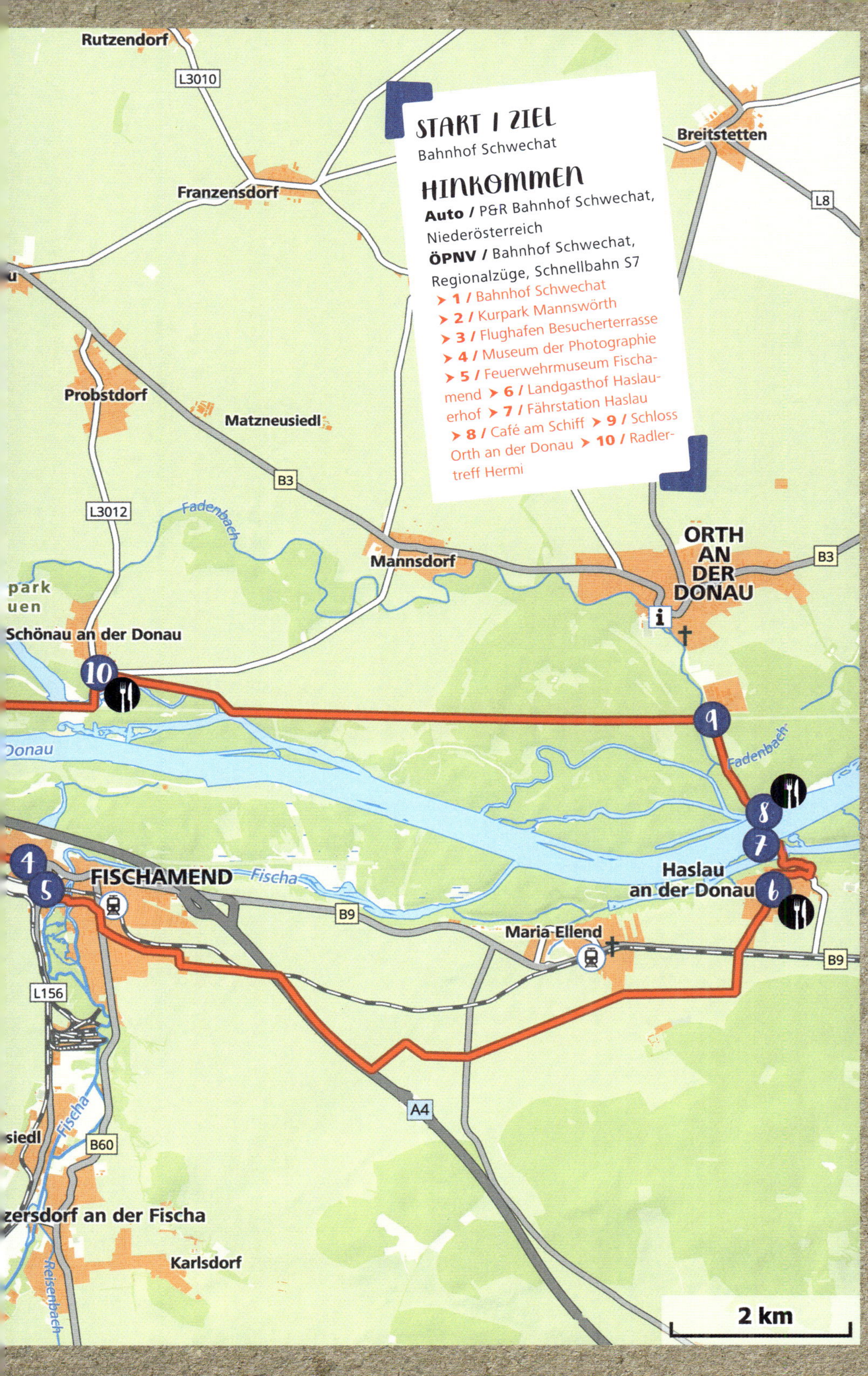

START / ZIEL
Bahnhof Schwechat
HINKOMMEN
Auto / P&R Bahnhof Schwechat, Niederösterreich
ÖPNV / Bahnhof Schwechat, Regionalzüge, Schnellbahn S7
➤ 1 / Bahnhof Schwechat
➤ 2 / Kurpark Mannswörth
➤ 3 / Flughafen Besucherterrasse
➤ 4 / Museum der Photographie
➤ 5 / Feuerwehrmuseum Fischamend ➤ 6 / Landgasthof Haslauerhof ➤ 7 / Fährstation Haslau
➤ 8 / Café am Schiff ➤ 9 / Schloss Orth an der Donau ➤ 10 / Radlertreff Hermi
Rutzendorf
L3010
Franzensdorf
Breitstetten
L8
Probstdorf
Matzneusiedl
B3
L3012
Fadenbach
Mannsdorf
ORTH AN DER DONAU
B3
Schönau an der Donau
Donau
Fadenbach
FISCHAMEND
Fischa
B9
Haslau an der Donau
Maria Ellend
B9
L156
A4
Fischa
B60
Karlsdorf
Reisenbach
2 km

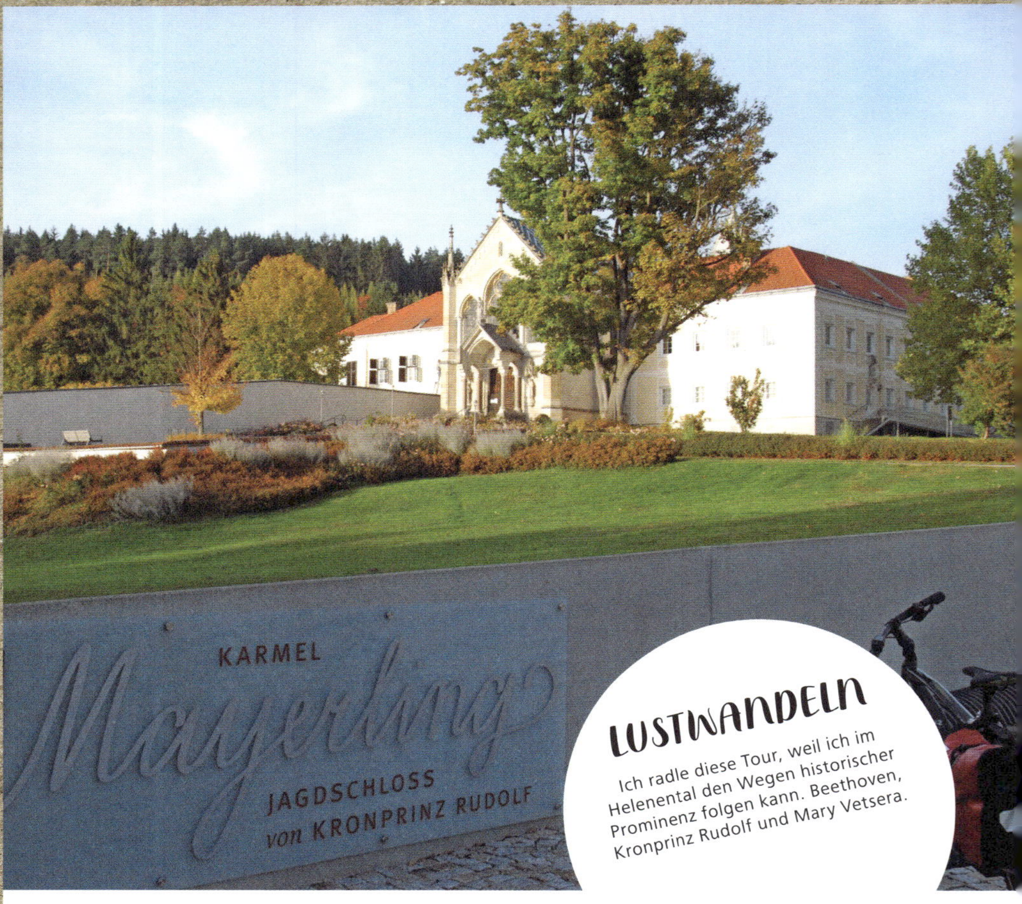

LUSTWANDELN

Ich radle diese Tour, weil ich im Helenental den Wegen historischer Prominenz folgen kann. Beethoven, Kronprinz Rudolf und Mary Vetsera.

➤ **1 /** Wir starten und enden am Bahnhof Baden

➤ **2 /** Im Beethovenhaus in Baden sehen wir den 4. Satz der Europahymne

➤ **3 /** Durch den Aquädukt radeln wir ins Helenental

➤ **4 /** Die Badener Adria liegt bei der Antonsbrücke

➤ **5 /** Helenenspieß schlemmen wir im Landgasthof Cholerakapelle

➤ **6 /** Im Waldgasthaus Augustinerhütte gibt´s Rindsrouladen

➤ **7 /** Bei einer Führung erkunden wir Stift Heiligenkreuz

➤ **8 /** Der Klostergasthof Heiligenkreuz serviert Forelle

➤ **9 /** Am Friedhof Mayerling besuchen wir Mary Vetseras Grab

➤ **10 /** Das Karmel Mayerling erzählt übers Leben von Kronprinz Rudolf

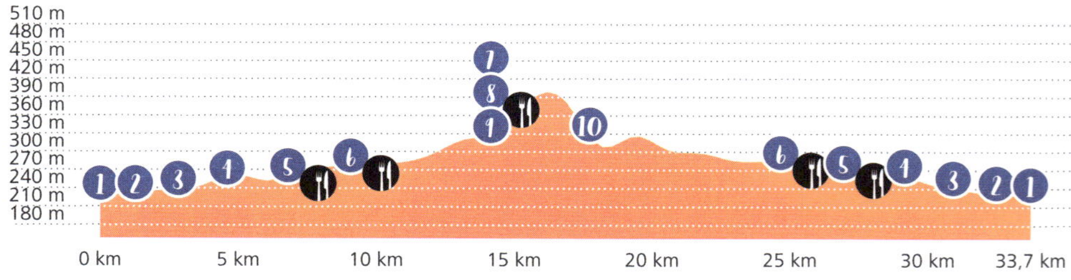

KAISERLICHE ROMANTIK

Durch das Helenental zu Mary Vetseras Grab und Kronprinz Rudolfs Jagdschloss

Wir radeln entlang der Schwechat durchs romantische Helenental zum Stift Heiligenkreuz. Nach einer Stärkung im Stiftsgasthof erforschen wir K&K Geschichte am Friedhof Heiligenkreuz und im ehemaligen Jagdschloss von Kronprinz Rudolf in Mayerling.

34 Kilometer
215 Höhenmeter
2 Stunden
Rundtour

Aufsatteln am Bahnhof Baden

Wir starten am 1 / Bahnhof Baden. Am Bahnhofsvorplatz, dem Conrad von Hötzendorf-Platz halten wir uns rechts und nehmen im Kreisverkehr die zweite Ausfahrt. Wir radeln rechts am Arthur Schnitzler Park vorbei und biegen die erste Möglichkeit rechts in den Straßenzug Hildegardgasse–Annagasse. Wir nehmen die dritte Gasse links, Am Fischertor. Deren Verlängerung, die Grabengasse und Breyerstraße, führt uns zum Josefsplatz. Ab hier folgen wir der Radroutenbeschilderung Helenental.

CHARAKTER

Sportlich	●●●○○
Abkühlung	●●●●●
Schlemmen	●●●●○
Panorama	●●●●○

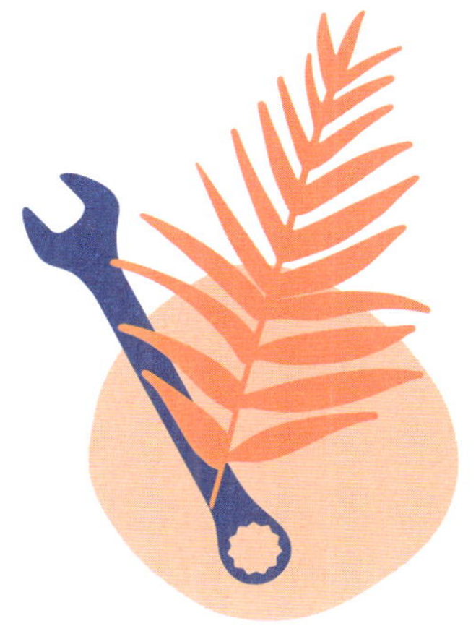

Haus der Europahymne

Nach 10 Minuten sind wir in der mondänen Fußgängerzone der ehemaligen kaiserlichen Sommerresidenzstadt, wo wir das 2 / Beethovenhaus besichtigen (Di–So, Fei 10–18 Uhr, Rathausgasse 10,

---

◄ links / Ort des Dramas um Kronprinz Rudolf und Mary Vetsera: ehemaliges Jagdschloss Mayerling

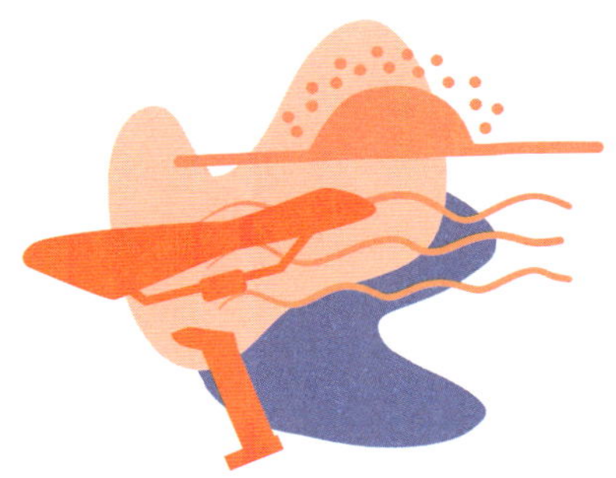

2500 Baden, +43 2252 86 800-630, www.beethovenhaus-baden.at). Ludwig van Beethoven verbrachte viele Sommer in Baden zum Kuraufenthalt und komponierte im damaligen Kupferschmiedhaus Teile der 9. Symphonie. Um diese dreht sich ein eigener Ausstellungsraum, in dem der vierte Satz zu „sehen" und zu „lesen" ist.

Mühlbach und Aquädukt

Ab dem Parkhaus Römertherme folgen wir der Wegweisung Helenentalradweg. Wir radeln den lieblichen Mühlbach entlang. Wir passieren den Doblhoffteich, fahren unter prächtigen Baumkronen, blicken auf Trauerweiden am Teichrand und auf blühende Rosenhecken. In der Schloßgasse unterqueren wir den monumentalen und denkmalgeschützten 3 / Aquädukt der I. Wiener Hochquellenwasserleitung, der seit 1872 frisches Trinkwasser aus den Wiener Alpen nach Wien transportiert.

Badener Adria

Über uns wachen die Burgruinen Rauhenstein und Rauheneck. Wir radeln die Schwechat entlang in das enger werdende Helenental. Die Route mäandert mehrfach von einem Ufer zum anderen. Von den Brücken über dem Fluss haben wir die besten Blicke auf die steil abfallenden Felswände und auf flache Uferzonen, die sich gut als Strand eignen. Tatsächlich befindet sich nahe der 4 / Antonsbrücke die „Badener Adria", an der du an heißen Sommertagen im kalten und klaren Wasser pritscheln kannst.

BADENER ADRIA

Auf der 4 / Antonsbrücke halte Ausschau nach der Badestelle, an der du dich an heißen Sommertagen mit kühlem Wasser erfrischen kannst.

Ausflugsgasthäuser

Das Helenental war schon zu Beethovens Zeiten eine beliebte Flanierroute. Den 5 / Landgasthof Cholerakapelle (tgl. 10–18 Uhr,

---

➤ rechts oben / Durch den Aquädukt der Wiener Hochquellenwasserleitung radeln wir ins Helenental ➤ rechts Mitte / Blick auf den romantischen Doblhoffteich in Baden

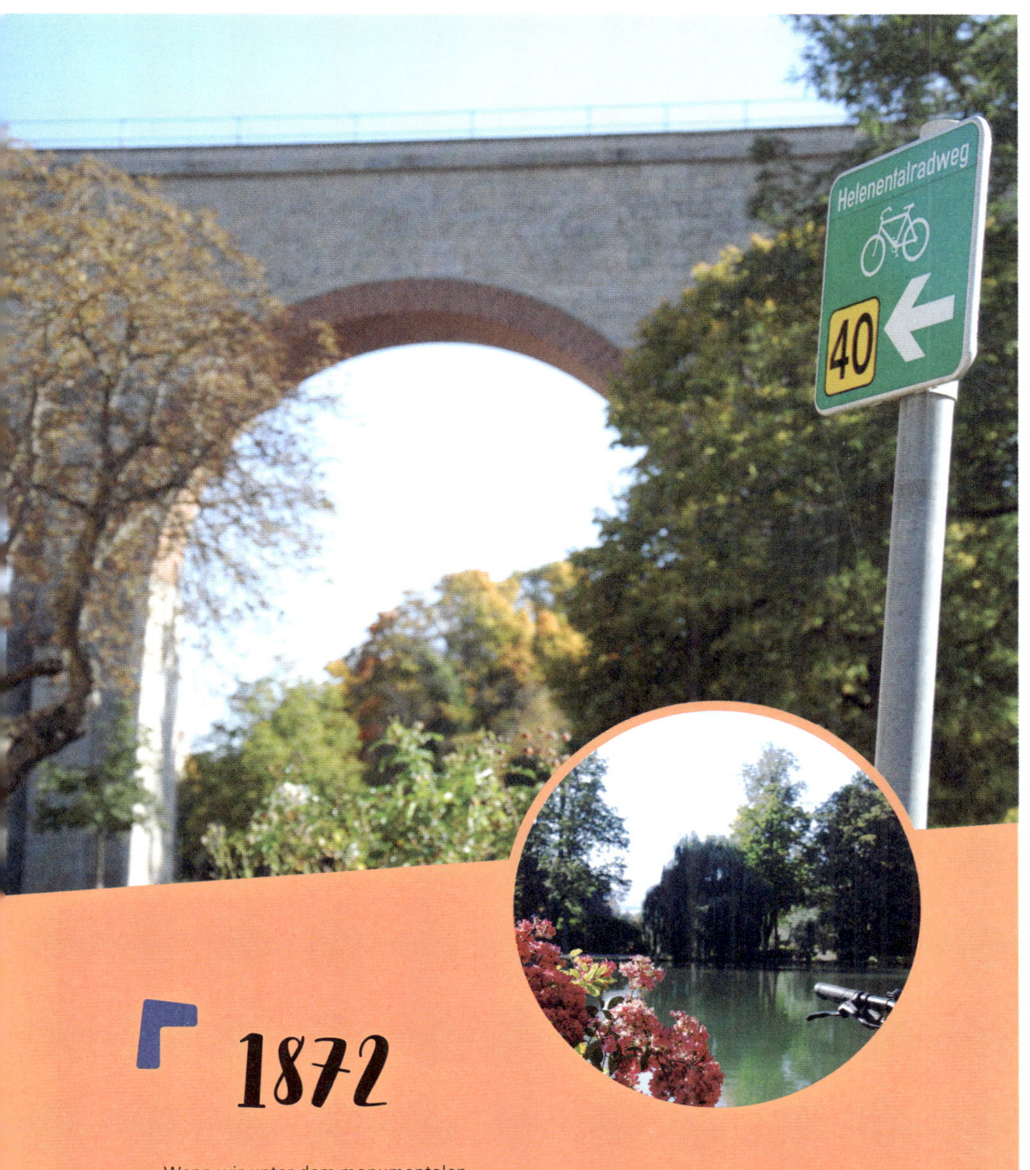

1872

Wenn wir unter dem monumentalen 3 / Aquädukt der I. Wiener Hochquellenwasserleitung durchradeln, sind wir bald bei der erfrischenden Schwechat. Schräg: Der Wiener Gemeinderat lehnte anno 1872 Überlassung von Wasser an die Badener ab.

Rindsrouladen

Ein bisserl im Wald versteckt auf einer Anhöhe an der Südseite des Helenentals liegt das 6 / Waldgasthaus Augustinerhütte.

Regionale Spezialitäten schlemmen

Helenental 40, 2500 Baden, +43 664 511 95 59, www.satran.at/cholerakapelle) gibt es immerhin seit Ende des 19.Jahrhunderts. Kredenzt bekommen wir hier frisch zubereitete Hausmannskost vom Helenenspieß bis zu gebackenen Zucchini. Wir können unter Kastanien und Linden im Garten sitzen oder im rustikalen Speisezimmer. Nur eine Flusswindung danach, auf einer Anhöhe auf der südlichen Uferseite, wartet das 6 / Waldgasthaus Augustinerhütte auf uns (Mo–Mi, Sa 7–19 Uhr, Augustinerhütte 34, 2500 Raisenmarkt/Baden, www.augustinerhuette.at). Auf der Sonnenterrasse gibt´s Hausmannskost wie Bärlauchtascherl oder Rindsroulade.

Radwegende?

In Sattelbach endet der Helenentalradweg abrupt an der Einmündung zur Landesstraße B 210. Eine Hinweistafel erklärt, dass auf der Landesstraße weiter geradelt werden muss. Das ist allerdings nur die halbe Wahrheit. Denn, nachdem wir rechts in die Landesstraße B 210 eingebogen sind und sie nach 100 m links in die Ortshauptstraße von Sattelbach wieder verlassen haben, finden wir

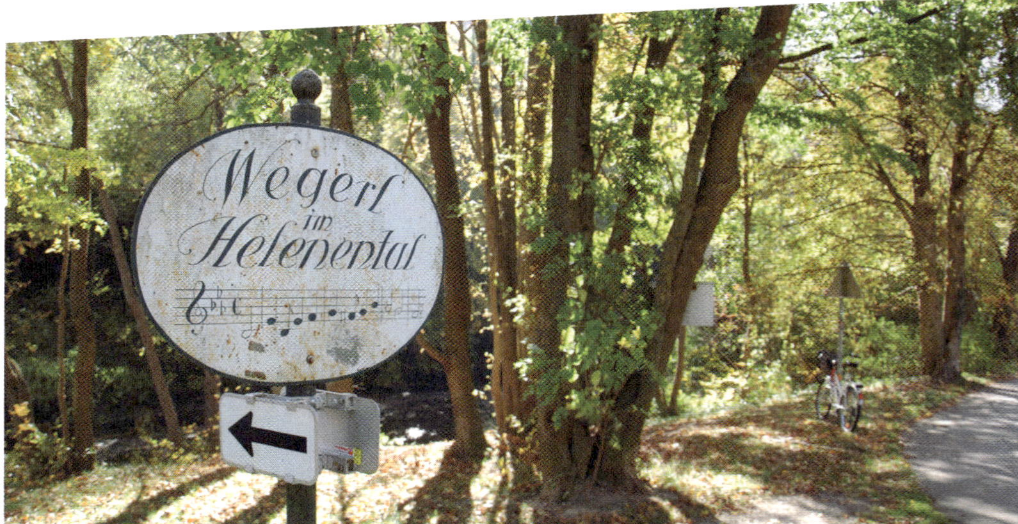

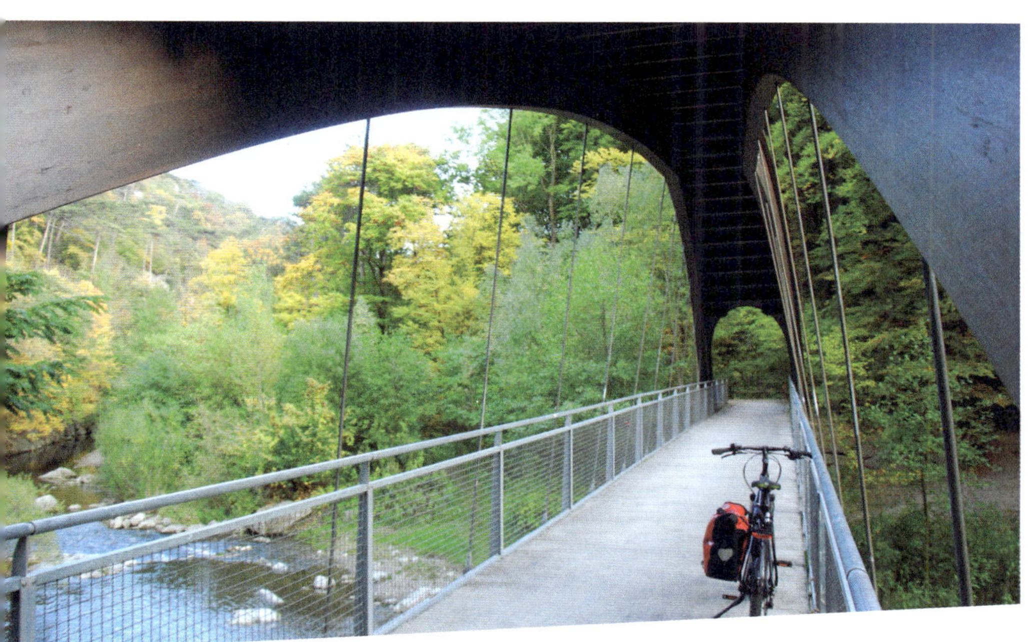

erfreulicherweise doch einen Radweg vor. Etwa 50 m nach der Abzweigung, auf der Höhe eines Marterls, beginnt auf der linken Seite ein nicht kundgemachter Geh- und Radweg. Ab Ortsende beginnt eine als Stiftsradweg beschilderte Route, der wir bis Heiligenkreuz folgen.

Stift Heiligenkreuz

Ab Sattelbach weitet sich das Tal und wir radeln an Pferdekoppeln und grasenden Kühen vorbei. Bald erreichen wir die Zisterzienserabtei 7 / Stift Heiligenkreuz (Mo–Sa 9–11:30, 14–17:15, So, Fei 14–17:15 Uhr, Markgraf-Leopold-Platz 1, 2532 Heiligenkreuz im Wienerwald), die seit 1000 Jahren eine spirituelle Kraftquelle im Wienerwald darstellt und bei einer Führung erkundet werden kann. Nicht nur für das seelische Wohl, sondern auch für das Leibliche wird hier gesorgt. Auf der Terrasse des 8 / Klostergasthofs Heiligenkreuz haben wir einen einmaligen Blick auf die Klosterkirche und können uns an Forelle aus dem klostereigenen Becken delektieren (Mo–Fr 10–22, Sa, So, Fei 9–22 Uhr, Markgraf-Leopold-Platz 4, 2532 Heiligenkreuz im Wienerwald, +43 2258 87 03-138, www.klostergasthof-heiligenkreuz.at).

SILBER

Imposant und farbenfroh auf dem Platz vor dem Badener Tor der Zisterzienserabtei 7 / Stift Heiligenkreuz leuchtet das Epiphaniedenkmal mit Sonnenreflexionsuhr. Es steht für Religions- und Gewissensfreiheit und stammt von Philippe Lejeune.

< links / Der Helenentalradweg: Erfrischung an heißen Tagen und Herzerwärmung im Herbst ^ oben / Über die Henriettenbrücke im Helenental

Friedhofsbesuch

Welches Drama sich im Jänner 1889 im Jagdschloss des Kronprinzen Rudolf in Mayerling abspielte, ist landläufig bekannt. Während Rudolf in der Kapuzinergruft in Wien begraben wurde, ist seine Geliebte Mary Freiin von Vetsera am Friedhof Heiligenkreuz zur letzten Ruhe gebettet. Wenn wir 9 / Vetseras Grab einen andächtigen Besuch abstatten wollen, müssen wir auf der Hauptstraße Landesstraße B 11 600 m in Richtung Gaaden radeln. Dort zweigt links ein beschilderter Weg zum Friedhof ab.

Verwandlung

Über einige Serpentinen der Landesstraße B 11 Richtung Alland erreichen wir die weniger befahrene Landesstraße L 4001, in die wir links einbiegen. Wir rollen zum 10 / Karmel Mayerling hinab (Sommer Di–So, staatl. Fei 10–17:30 Uhr, Winter abweichend, Mayerling 3, 2534 Alland, www.karmel-mayerling.org). Kaiser Franz Josef I. stiftete nach der Tragödie im früheren Jagdschloss Rudolfs ein Karmelitinnenkloster. Im modernen Besucherzentrum sind Originalexponate aus der damaligen Zeit ausgestellt. Sogar der Tatort von damals kann im Zuge einer Führung besichtigt werden.

METAMORPHOSE

Geschichte-Fans, ihr müsst unbedingt das 10 / Karmel Mayerling besuchen! Das frühere Jagdschloss Rudolfs beherbergt ein tolles Museum.

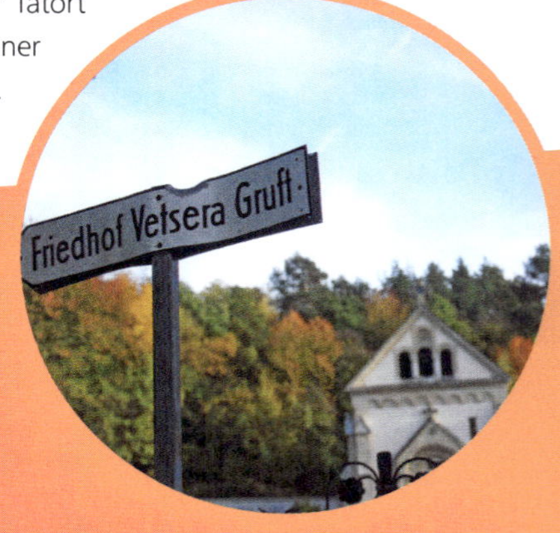

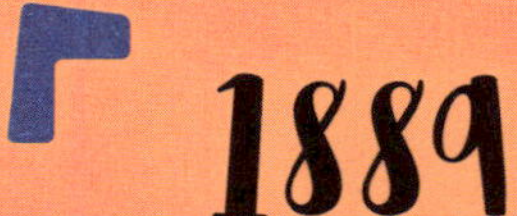

Welches Drama sich in jenem Jänner im Jagdschloss von Kronprinz Rudolf in Mayerling abspielte, ist landläufig bekannt. Wollen wir 9 / Mary Freiin von Vetseras Grab besuchen, radeln wir vom Stift die Hauptstraße ein Stück Richtung Gaaden und zweigen links zum Ortsfriedhof Heiligenkreuz ab.

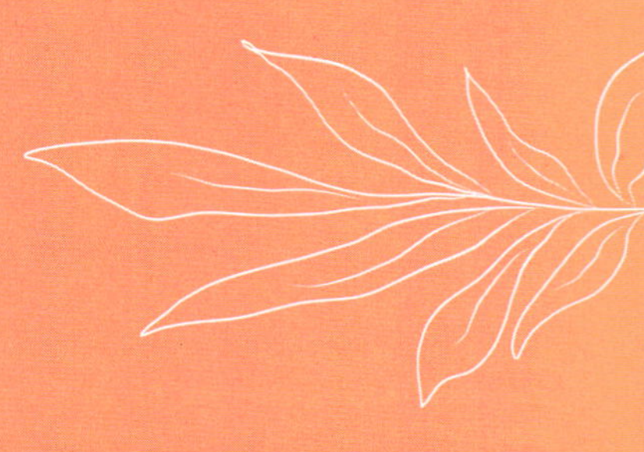

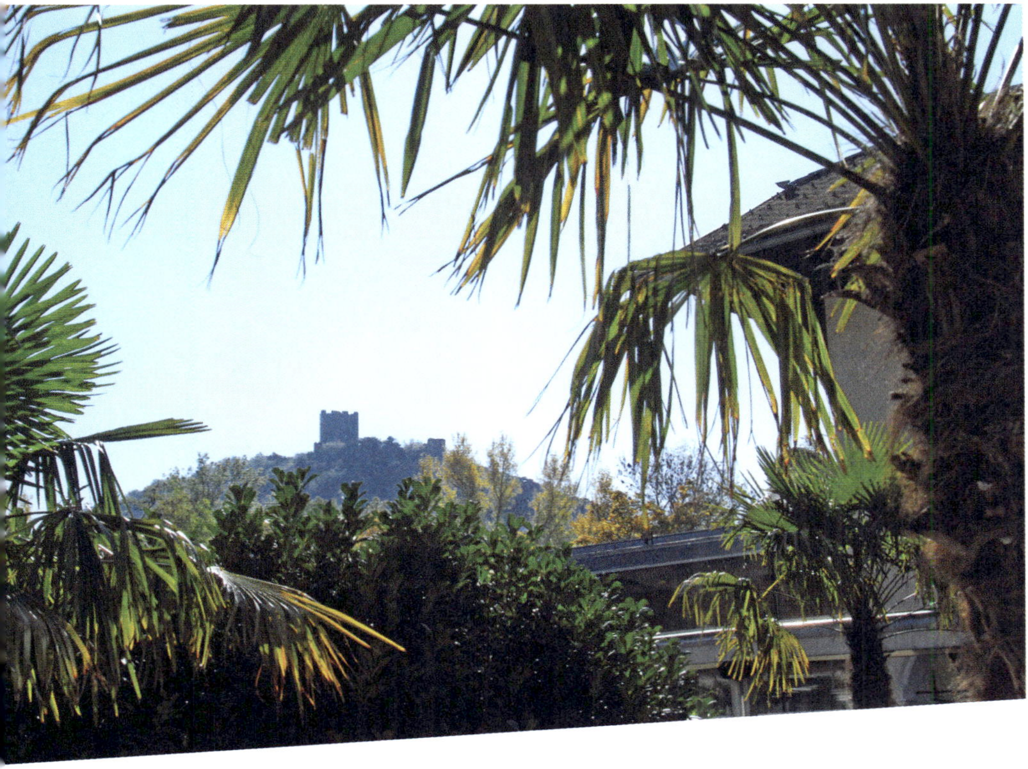

Zirkelschluss

Wir radeln in Mayerling 100 m auf der B210 Richtung Alland und biegen in die erste Gasse links. Nachdem wir die Schwechat überquert haben, geht es links auf den Helenentalradweg, der über Güterwege und ab halber Strecke nach Sattelbach auf einem getrennten Radweg entlang der B210 verläuft. Nach Sattelbach kennen wir den Weg bis Baden. Dort geht es vom Josefsplatz über die Breyerstraße und Grabengasse zum Am Fischertor, wo wir rechts in die Annagasse biegen. Über die Hildegardgasse kommen wir zum Conrad von Hötzendorf-Platz, wo wir uns links halten und beim Kreisverkehr auf den Radweg auffahren, der uns zum 1 / Bahnhof Baden bringt.

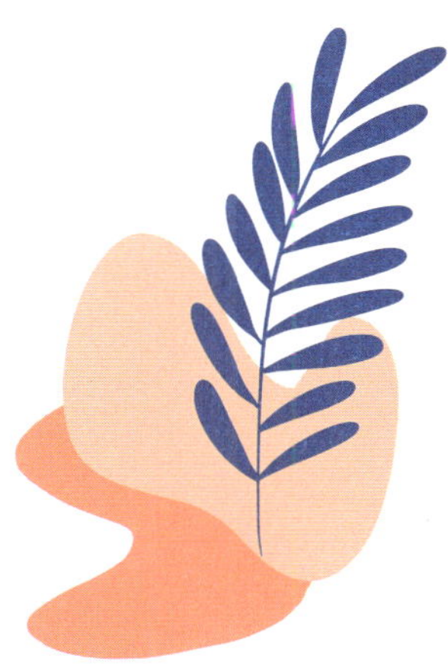

TOURENINFO / Helenental- und Stiftsradweg sind autofrei und bis auf zwei sehr kurze Anstiege eben. Im Ortsgebiet von Sattelbach muss 150 m auf der Hauptstraße gefahren werden. Der Abschnitt zwischen Heiligenkreuz und Mayerling verläuft ansteigend auf Landesstraßen. Alternative: unbefestigte Mountainbikestrecke (Via Sacra).

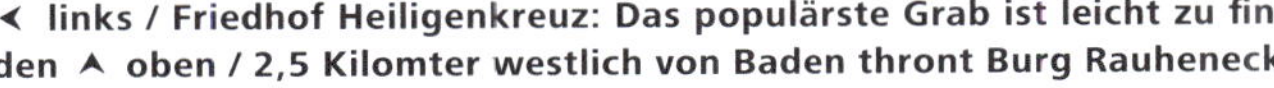

< links / Friedhof Heiligenkreuz: Das populärste Grab ist leicht zu finden ^ oben / 2,5 Kilomter westlich von Baden thront Burg Rauheneck

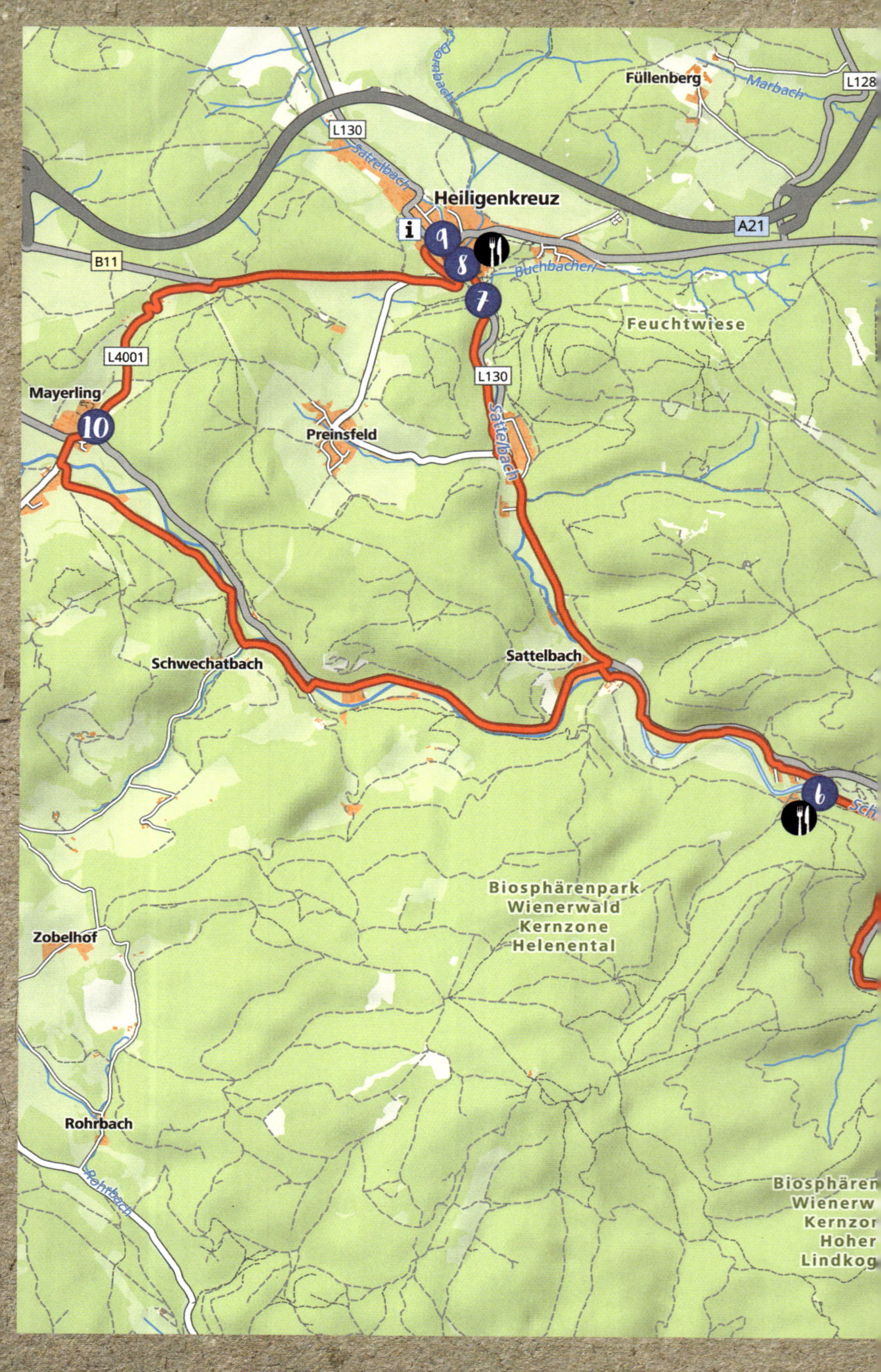

Füllenberg
Marbach
L128
Dornbach
L130
Sattelbach
Heiligenkreuz
A21
B11
Buchbacherl
Feuchtwiese
L4001
L130
Mayerling
Preinsfeld
Sattelbach
Schwechatbach
Sattelbach
Biosphärenpark
Wienerwald
Kernzone
Helenental
Zobelhof
Rohrbach
Rohrbach

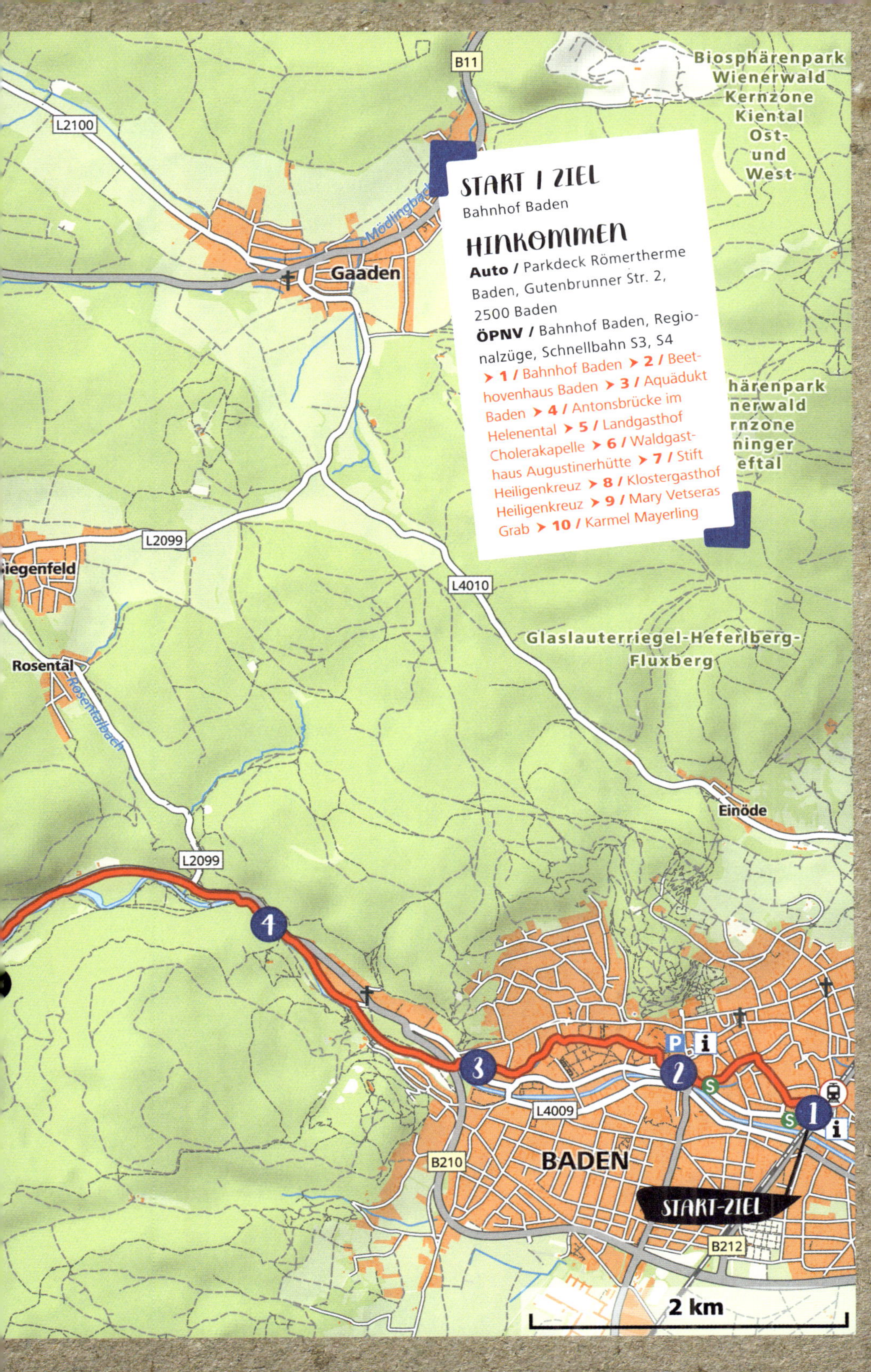

START / ZIEL
Bahnhof Baden
HINKOMMEN
Auto / Parkdeck Römertherme Baden, Gutenbrunner Str. 2, 2500 Baden
ÖPNV / Bahnhof Baden, Regionalzüge, Schnellbahn S3, S4
➤ 1 / Bahnhof Baden ➤ 2 / Beethovenhaus Baden ➤ 3 / Aquädukt Baden ➤ 4 / Antonsbrücke im Helenental ➤ 5 / Landgasthof Cholerakapelle ➤ 6 / Waldgasthaus Augustinerhütte ➤ 7 / Stift Heiligenkreuz ➤ 8 / Klostergasthof Heiligenkreuz ➤ 9 / Mary Vetseras Grab ➤ 10 / Karmel Mayerling
Biosphärenpark Wienerwald Kernzone Kiental Ost- und West
Glaslauterriegel-Heferlberg-Fluxberg
B11
L2100
Mödlingbach
Gaaden
L2099
Siegenfeld
Rosental
Rosentalbach
L4010
Einöde
L4009
B210
BADEN
START-ZIEL
B212
2 km

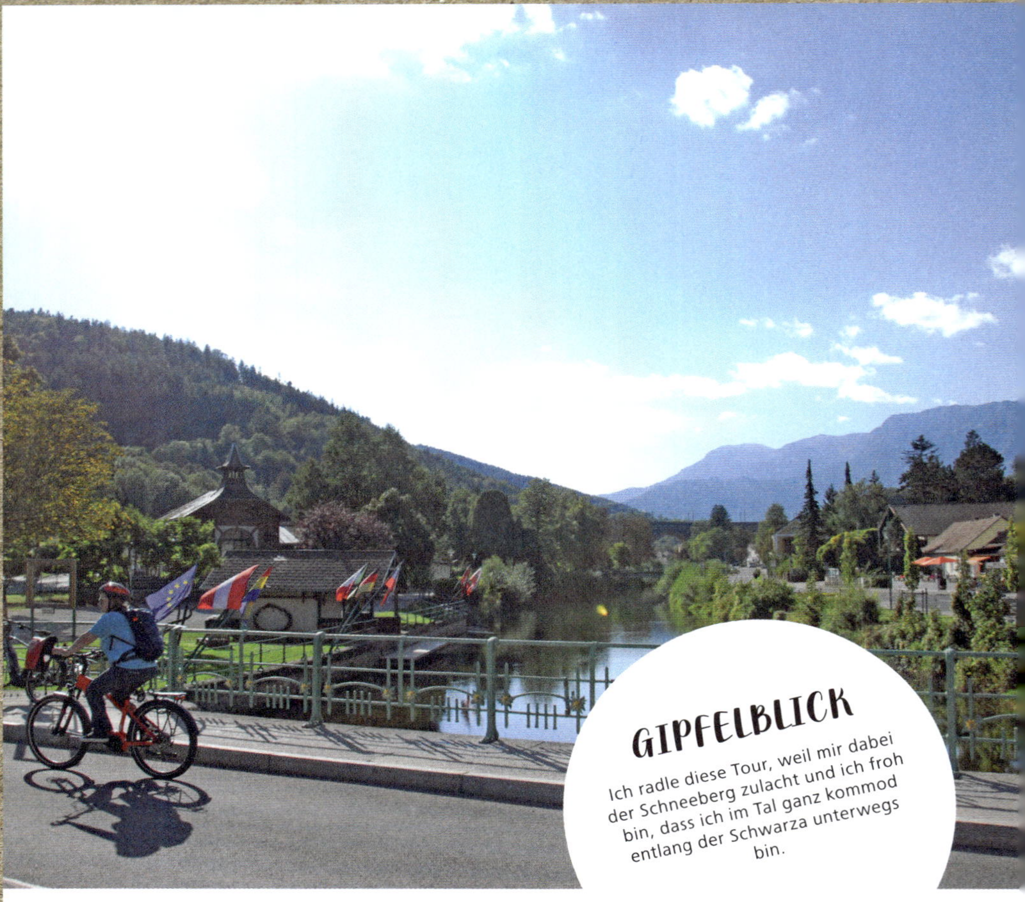

GIPFELBLICK

Ich radle diese Tour, weil mir dabei der Schneeberg zulacht und ich froh bin, dass ich im Tal ganz kommod entlang der Schwarza unterwegs bin.

➤ **1 /** Am Bahnhof Lanzenkirchen radeln wir los

➤ **2 /** Gelegenheit für eine Pause haben wir am Rastplatz Schwarzau

➤ **3 /** Im Gasthaus Artner in Neunkirchen gibt´s riesige Portionen

➤ **4 /** Hirtenspieß kredenzt man uns im Alten Brauhaus

➤ **5 /** Im Markus´ Craft Beer, Coffee & Wine verkosten wir edle Tropfen

➤ **6 /** Die freigelegte Ruine Dunkelstein erforschen wir am Peterberg

➤ **7 /** Zuckerspiegel heben in der Café Konditorei Alber in Payerbach

➤ **8 /** Unter dem Viadukt der Semmeringbahn radeln wir nach Reichenau

➤ **9 /** Das Theater Reichenau gibt Klassiker von Horváth bis Schnitzler

➤ **10 /** Das PC-Parkcafé liegt idyllisch im Kurpark Reichenau

➤ **11 /** Von Freuds Bankerl vor Schloss Reichenau erfreut das 1A Bergpanorama

➤ **12 /** Abgesattelt wird am Bahnhof Payerbach-Reichenau

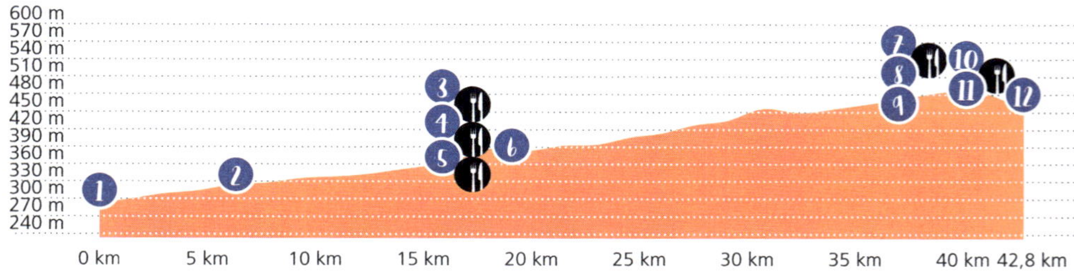

SOMMERFRISCHE

Durchs Schwarzatal zum Schloss Reichenau an der Rax

Vom still am Fuße des Rosaliengebirges gelegenen Lanzenkirchen radeln wir einen weitgehend autofreien Weg im Schwarzatal bis in den Sommerfrischeort Reichenau an der Rax. Unterwegs erkunden wir die Altstadt von Neunkirchen und die Ruine Dunkelstein.

43 Kilometer
200 Höhenmeter
3 Stunden
Streckentour

Los geht's zum Schneebergblick

Wenn man am 1 / Bahnhof Lanzenkirchen aus dem Zug steigt, fühlt man sich wie in eine andere Welt versetzt. In der kleinen Gemeinde am Fuße des Rosaliengebirges herrscht, außer dem Vogelgezwitscher, eine für Städter ungewohnte Stille. Wir bemerken Eltern, die ihre Kinder mit dem Rad in die nahegelegene Schule bringen, und radeln auch los. Wir folgen der eindeutigen und durchgängigen Wegweisung Schwarzatal Radroute, später mit der Richtungsbezeichnung Reichenau. Über einen asphaltierten Güterweg fahren wir an Futterwiesen, Sonnenblumen- und Maisfeldern vorbei. Haben wir vom Bahnhof aus auf die Hohe Wand gesehen, so nimmt kurz danach das Schneebergmassiv unseren Blick gefangen. Bis in die Sommermonate wird der höchs-

CHARAKTER

Sportlich ●●●○○
Abkühlung ●●●●○
Schlemmen ●●●●○
Panorama ●●●●●

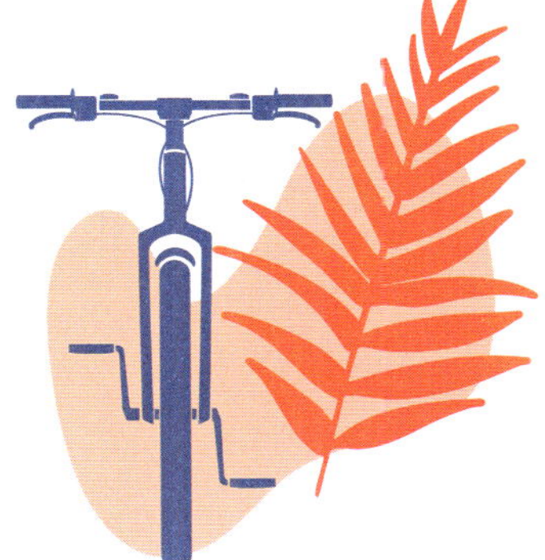

◄ links / Das beste Panorama in den Wiener Alpen: Brücke über die Schwarza in Payerbach mit Semmeringbahn-Viadukt im Hintergrund

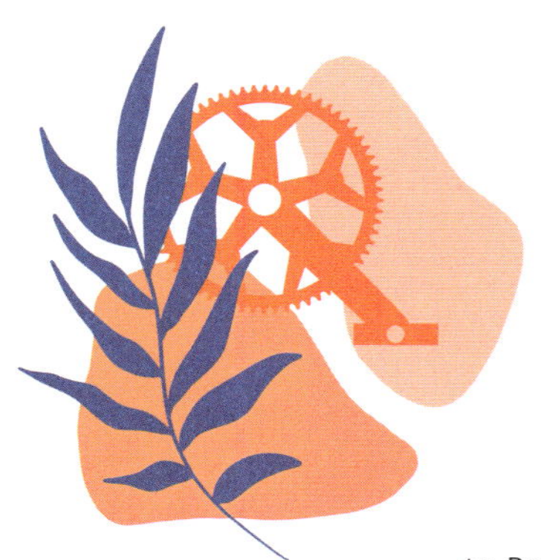

te Berg Niederösterreichs seinem Namen gerecht und von einer Schneekuppe geziert. In Schwarzau am Steinfeld finden wir in der Uferstraße neben dem Sportplatz einen überdachten 2 / Rastplatz auf einer Wiese. Ein guter Platz für eine erste Jause.

Mittagspause

In Neunkirchen gibt es eine Vielzahl an gastronomischen Angeboten. Im gemütlichen 3 / Gasthaus Artner bekommen wir Hausmannskost wie geröstete Eierschwammerl oder Pariser Schnitzel in großzügigen Portionen (Mi–So 9–22 Uhr, Mühlfeldgasse 19, 2620 Neunkirchen, +43 2635 610 91, www.gasthaus-artner.m3er.at). Kurz danach erreichen wir den schmucken Hauptplatz der Kleinstadt mit dem 4 / Alten Brauhaus (Di–Fr 9–22, Sa–So 9–14 Uhr, Hauptplatz 14, 2620 Neunkirchen, +43 2635 622 25, www.altes-brauhaus-neunkirchen.at). Hier kredenzt man uns gutbürgerliche Küche in heimeligem Ambiente. Die Speisekarte reicht von Hirtenspieß über Tafelspitz zu hausgemachten Mehlspeisen. Vom Schanigarten blicken wir auf das sgraffitoverzierte Rathaus und die Klosterkirche. In einer Passage hinter mehr als 200 Jahre alten Bürgerhäusern liegt das 5 / Markus´ Craft Beer, Coffee & Wine, in dem wir edle Tropfen aus überwiegend heimischen Manufakturen verkosten können (Di–Fr 10–18:30, Sa 10–13 Uhr, Hauptplatz 11/12 Top 7, 2620 Neunkirchen, +43 676 943 61 10, www.craftbeer-coffee-wine.at). In dem begrünten und schattigen Gässchen kommt man sich mitten in Niederösterreich nach Andalusien oder in die Toskana versetzt vor.

GASSERLWERK

Gut versteckt in einer Passage hinter Bürgerhäusern liegt der Genießer-Geheimtipp, die Vinothek 5 / Markus´ Craft Beer, Coffee & Wine.

Frieden

Durch den Stadtpark verlassen wir Neunkirchen und kommen bald zum Naturdenkmal Peterwald von Dunkelstein in Ternitz.

➤ rechts oben / Der pittoreske Hauptplatz von Neunkirchen mit Dreifaltigkeitssäule ➤ rechts Mitte / Erster Schneebergblick in der Nähe von Lanzenkirchen

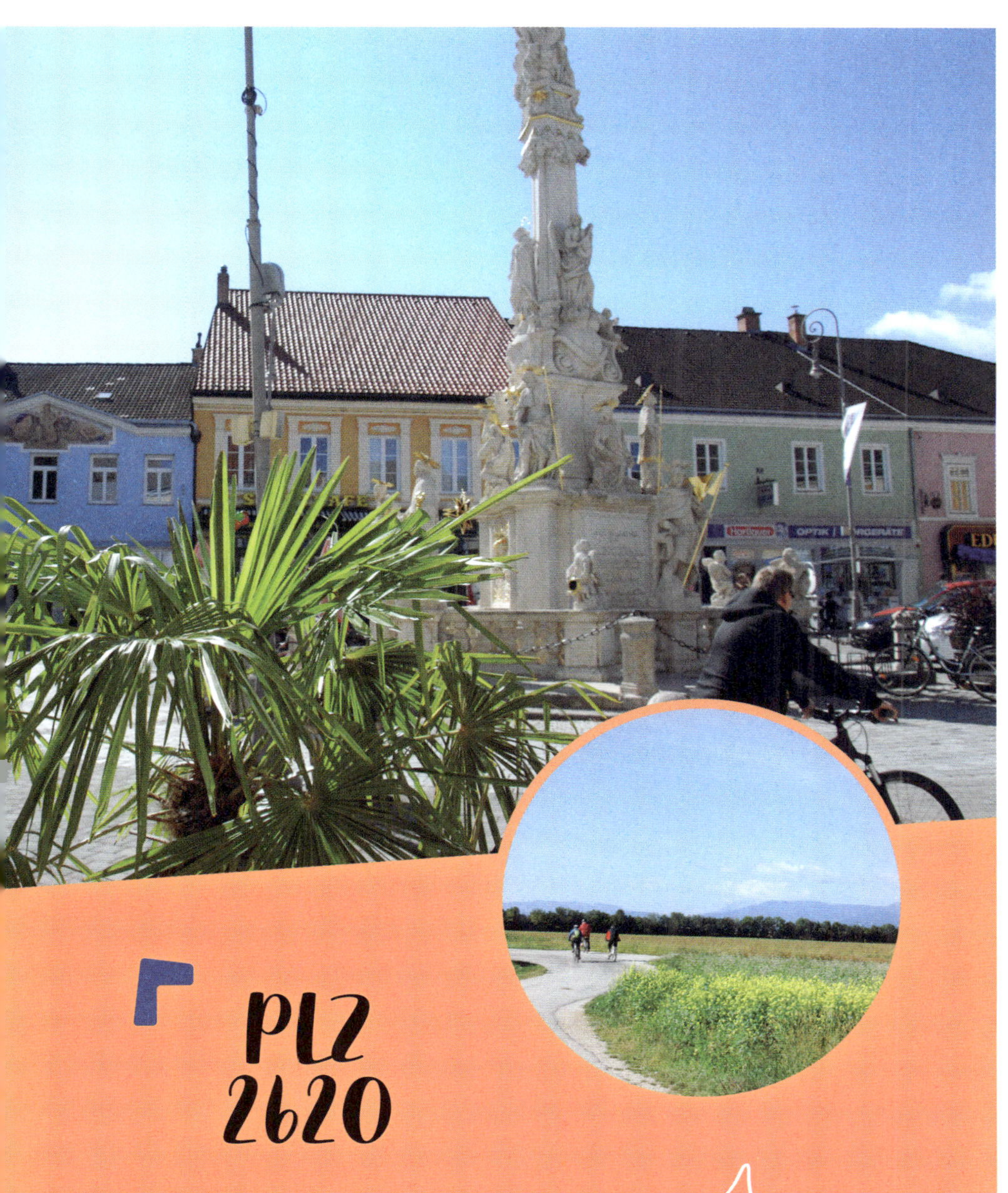

PLZ 2620

Gleich das erste Haus rechter Hand am zauberhaften Hauptplatz Neunkirchen ist das 4 / Alte Brauhaus. Eine Rast lohnt sich nicht nur kulinarisch. Vom Schanigarten überblicken wir das lebendige Treiben im Ortszentrum zwischen sgraffito verziertem Rathaus und der Klosterkirche.

Archäologie

Um die Reste der **6 / Ruine Dunkelstein** zu erkunden, müssen wir einen kurzen Anstieg auf den Hügel zur Peter-und-Paul-Kirche machen.

Wir radeln an der Südseite des aus einem Vierteljahrtausend alten Schwarzkiefern bestehenden Waldes vorbei und erblicken die nebenan auf einer Anhöhe gelegene 6 / Ruine Dunkelstein. Sie war ursprünglich eine im 12. Jahrhundert erbaute Burg, an deren Stelle heute die barocke St.-Peter-und-Paul-Kirche steht. Burgreste wurden in den letzten Jahrzehnten von Archäologen der Universität Wien freigelegt und mit erklärenden Schautafeln versehen. Neben der Kirche ist das von der Familie Habsburg-Lothringen 2017 gestiftete Denkmal „Flamme des Friedens" zu sehen.

In die Kurorte zwischen den Wiener Hausbergen

Bergpanorama

Ab Ternitz verläuft die Route entlang des Schwarza-Damms und ab Gloggnitz radeln wir abwechselnd links und rechts der Bahntrasse. Durch ein traumhaftes Bergpanorama mit saftigen Almwiesen und Kuhweiden kommen wir nach Payerbach, einem traditionellen Erholungsgebiet zwischen Rax, Semmering und Schneeberg. In der Schulgasse radeln wir an zahlreichen Sommerfrischevillen aus dem 19. Jahrhundert vorbei. Bei der Überquerung der Brücke

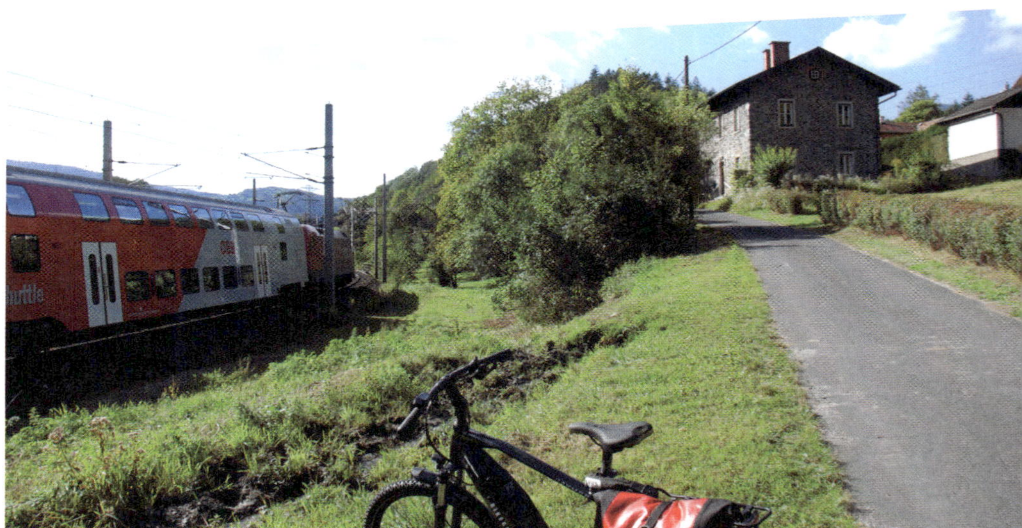

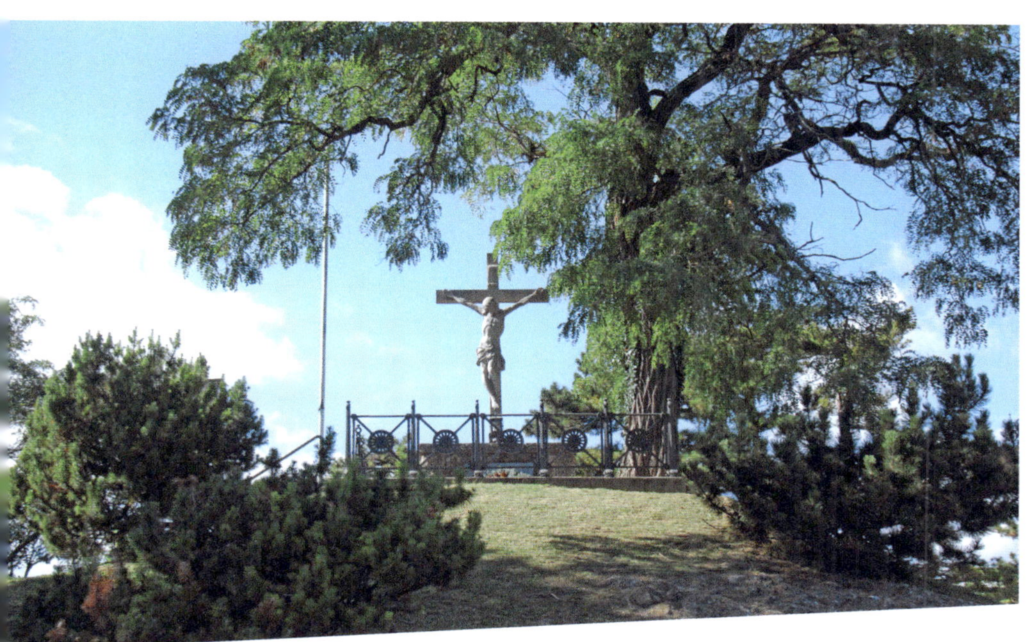

am Ortsplatz haben wir einen formidablen Blick auf das über die Schwarza führende Viadukt der Semmeringbahn, unter dem wir bald durchfahren. Aber zuerst können wir in der 7 / Café Konditorei Alber unseren Blutzuckerspiegel mit einer Unmenge an Torten und Mehlspeisen aus der eigenen Backstube anheben (Mo, Mi–Sa 8–18, So, Fei 9–18 Uhr, Ortsplatz 1, 2650 Payerbach, +43 2666 526 50, www.zwieback.at). Aus diesem Haus stammt der prämierte Original Reichenauer Biskuitzwieback, mit dem die ehemalige kaiserliche Villa Wartholz in Reichenau beliefert wurde und der von Otto von Habsburg ausdrücklich gelobt wurde.

Weltkulturerbe

Wir radeln in der Doktor-Eduard-Coumont-Straße an einer weiteren prächtigen Villenzeile vorbei und unterqueren dann das 8 / Viadukt der Semmeringbahn. Letztere wurde vom Ingenieur und Bahnpionier Carl Ritter von Ghega geplant und ermöglicht seit fast 170 Jahren einen durchgehenden Bahnverkehr von Wien bis an die Adria. Über die Fischer Promenade, ein schattig gelegener Rad- und Wanderweg, der uns im Sommer Abkühlung verschafft, erreichen wir Reichenau an der Rax.

GOLD

Das perfekte Bild bekommst du in Payerbach. Vorne die Europaflagge mit den güldenen Sternen, im Mittelgrund das 8 / Viadukt der Semmeringbahn von Bahnpionier Carl Ritter von Ghega und im Hintergrund das Bergpanorama Schneeberg-Rax.

< links / Bei Gloggnitz geht es entlang der legendären Semmeringbahn
^ oben / Auf dem Peterberg in Ternitz steht heute die St.-Peter-und-Paul-Kirche an Stelle von Burg Dunkelstein

Nobelkurort

Reichenau wurde nach Erschließung durch die Bahn zu einem Promi-Hotspot des 19. Jahrhunderts. Der Wiener Adel und ein großbürgerliches Publikum von Kaiser Franz Josef I. und seiner Gemahlin Kaiserin Elisabeth bis zu Sigmund Freud, Theodor Herzl und Arthur Schnitzler verbrachten hier ihre Sommerfrische. Letzterer schrieb hier im Sommer 1900 den „Leutnant Gustl". Für Kulturinteressierte sind die Festspiele im 9 / Theater Reichenau (Hauptstraße 28, 2651 Reichenau/Rax, www.festspiele-reichenau.com) genau das Richtige. Seit 30 Jahren stehen während fünf Sommerwochen überwiegend Klassiker von Autoren wie Schnitzler, Werfel und Horváth auf dem Spielplan.

KULTURERBE

Geschafft! Setzen wir uns vor 11 / Schloss Reichenau auf Freuds oder Herzls Bankerl und genießen den Blick auf das Schloss und die Berge.

Freuds Bankerl

Im Kurpark an einem Teich nahe dem Pavillon liegt das 10 / PC-Parkcafé (Mo–Do 7:30–23, Fr, Sa 7:30–0, So 7:30–22 Uhr, Friedrich-Zach-Gasse 5, 2651 Reichenau an der Rax, +43 2666 992 05, www.facebook.com/PC.ParkCafe). Die Örtlichkeit wirkt, als wäre die Zeit im Fin-de-siècle stehengeblieben und man würde sich nicht wundern, wenn plötzlich der Kaiser mit Familie vorbeiflanierte. Von wegen K&K. Es gibt hier eine sehr

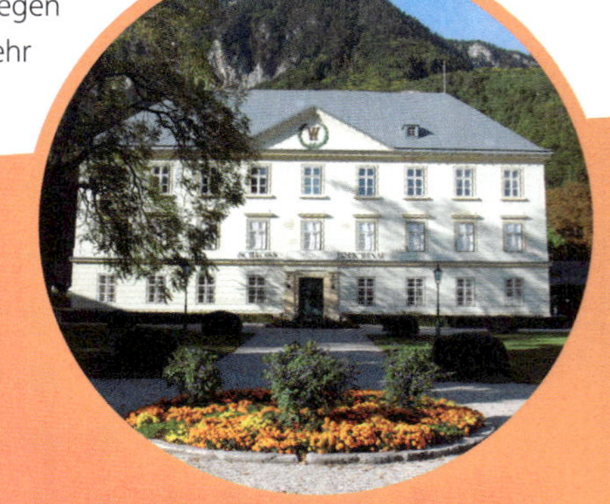

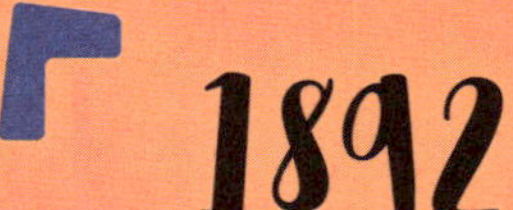

Seit er Ende des 19. Jahrhunderts vom Landschaftsgärtner Franz Erban angelegt wurde, war der Kurpark Reichenau ein Treffpunkt der Sommergesellschaft. Neben der Lenau-Insel liegt ganz beschaulich das 10 / PC-Parkcafé. Eine Mélange und ein Eis genehmigen wir uns. Oder doch lieber einen Burger?

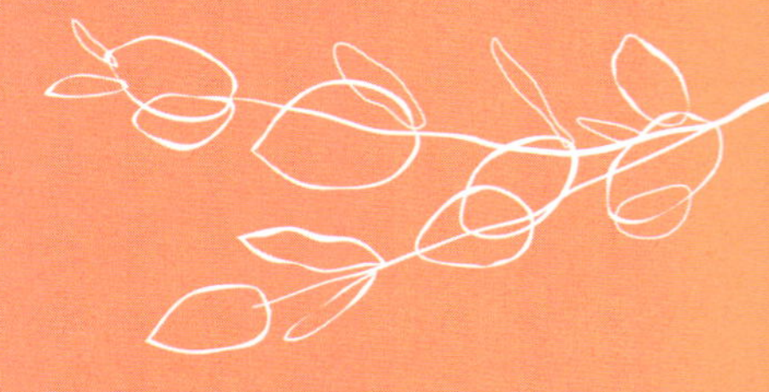

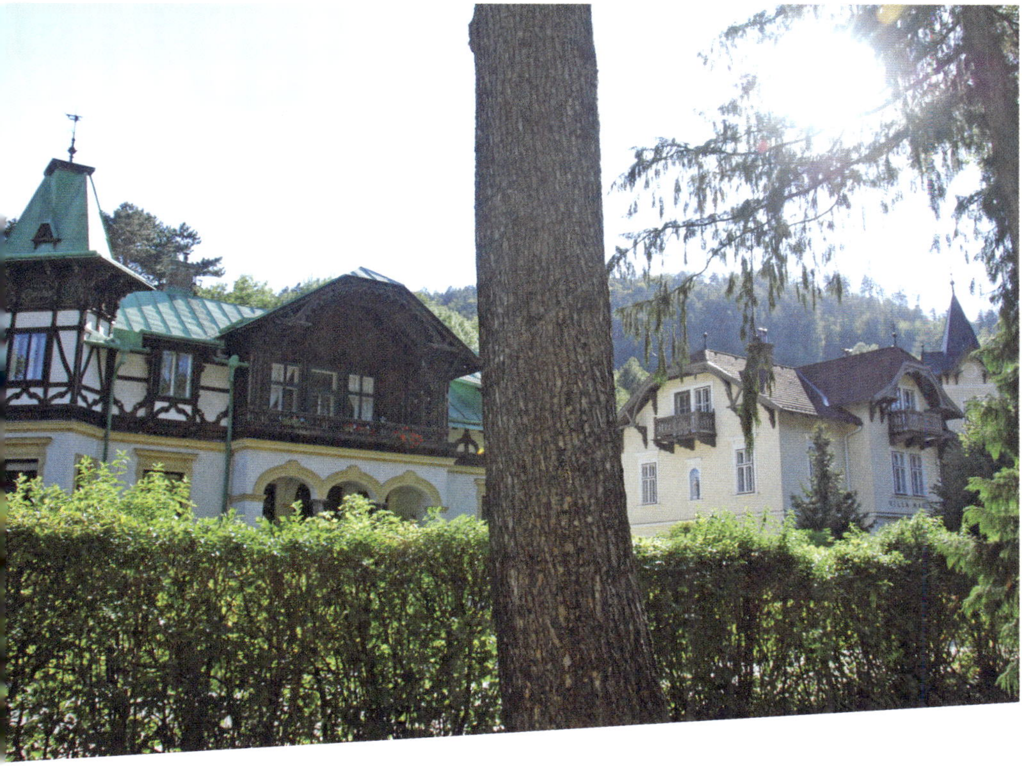

gute Gulaschsuppe. Dazu auch Deftiges wie verschiedene Burger-Variationen. Über die Barbara Promenade erreichen wir 11 / Schloss Reichenau (im Sommer bei Ausstellungen 10–16:30 Uhr, sonst nach Vereinbarung, Schlossplatz 9, 2651 Reichenau an der Rax, www.reichenau.at). Das Schloss ist mehr als 800 Jahre alt und wird heute für Kulturveranstaltungen genutzt. Die Dauerausstellung „Kulturerbe Reichenau" informiert über die Geschichte des Orts. Übrigens kannst du vor dem Schloss auf Freuds Bankerl einen 1A Panoramablick auf die Bergwelt genießen. Um unser Ziel, den 12 / Bahnhof Payerbach-Reichenau, zu erreichen, radeln wir unsere Route bis Payerbach zurück und zweigen bei der Schulgasse in den Bahnhofweg.

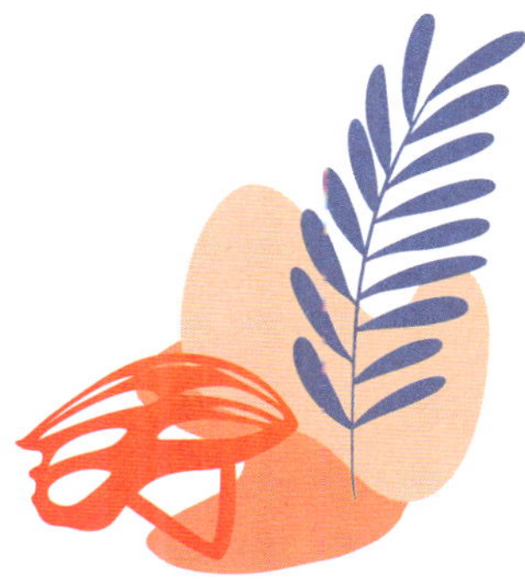

TOURENINFO / Die Strecke verläuft überwiegend auf autofreien oder verkehrsarmen Straßen. Entlang kurzer Abschnitte im Ortsgebiet muss auf Hauptstraßen gefahren werden. Die Route ist durchgehend befestigt und hat keine nennenswerten Anstiege. Für Familien mit selbstradelnden Kindern und für Anhänger geeignet.

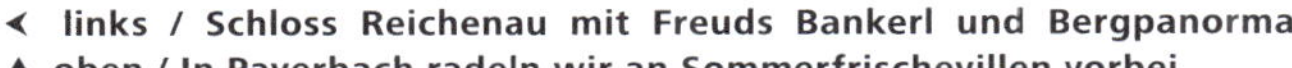

< links / Schloss Reichenau mit Freuds Bankerl und Bergpanorma
^ oben / In Payerbach radeln wir an Sommerfrischevillen vorbei

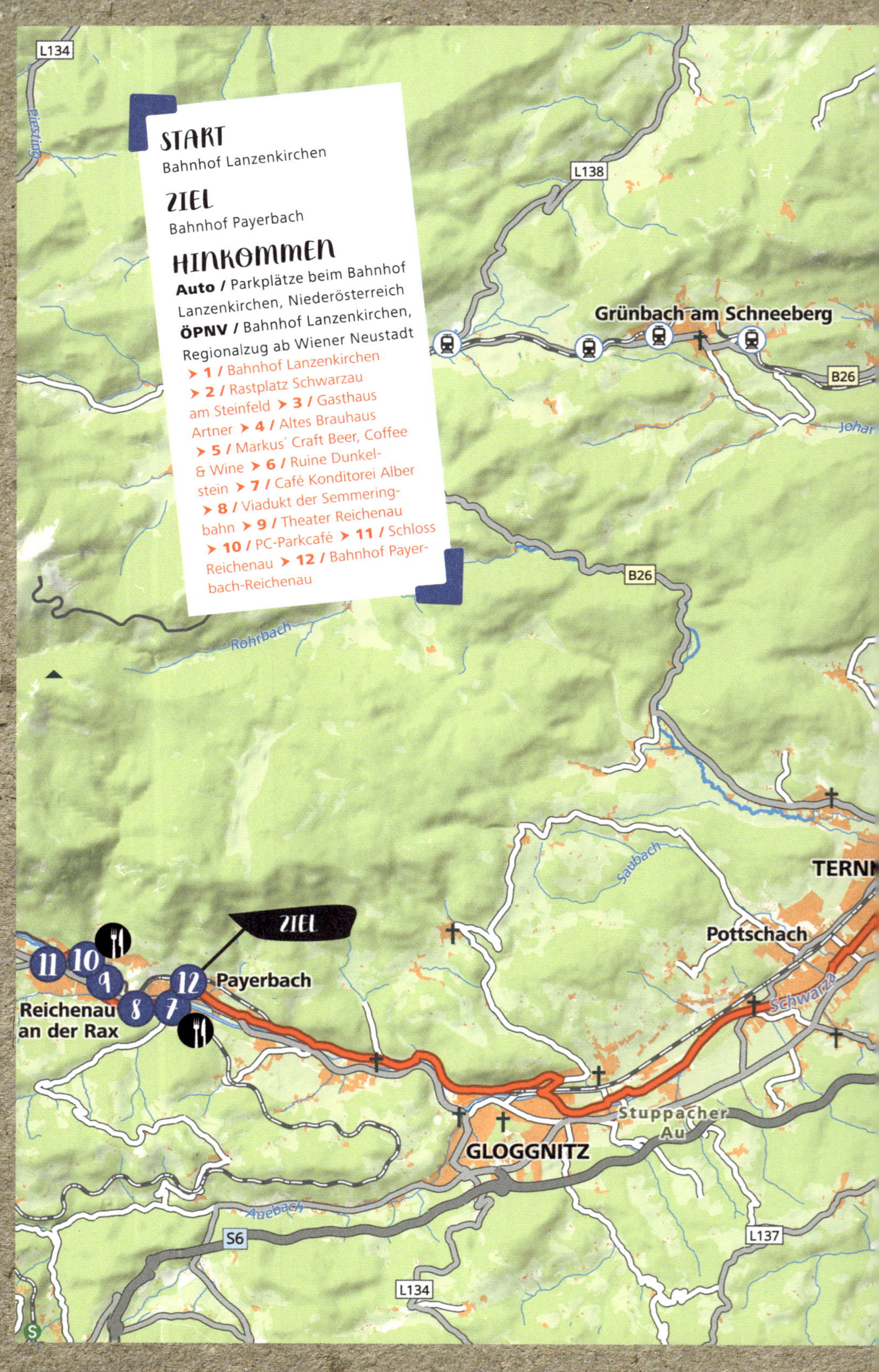

START
Bahnhof Lanzenkirchen
ZIEL
Bahnhof Payerbach
HINKOMMEN
Auto / Parkplätze beim Bahnhof Lanzenkirchen, Niederösterreich
ÖPNV / Bahnhof Lanzenkirchen, Regionalzug ab Wiener Neustadt
➤ 1 / Bahnhof Lanzenkirchen ➤ 2 / Rastplatz Schwarzau am Steinfeld ➤ 3 / Gasthaus Artner ➤ 4 / Altes Brauhaus ➤ 5 / Markus´ Craft Beer, Coffee & Wine ➤ 6 / Ruine Dunkelstein ➤ 7 / Café Konditorei Alber ➤ 8 / Viadukt der Semmeringbahn ➤ 9 / Theater Reichenau ➤ 10 / PC-Parkcafé ➤ 11 / Schloss Reichenau ➤ 12 / Bahnhof Payerbach-Reichenau
L134
L138
Grünbach am Schneeberg
B26
B26
Rohrbach
Saubach
TERN
Pottschach
ZIEL
Payerbach
Reichenau an der Rax
Schwarza
Stuppacher Au
GLOGGNITZ
Auebach
S6
L137
L134

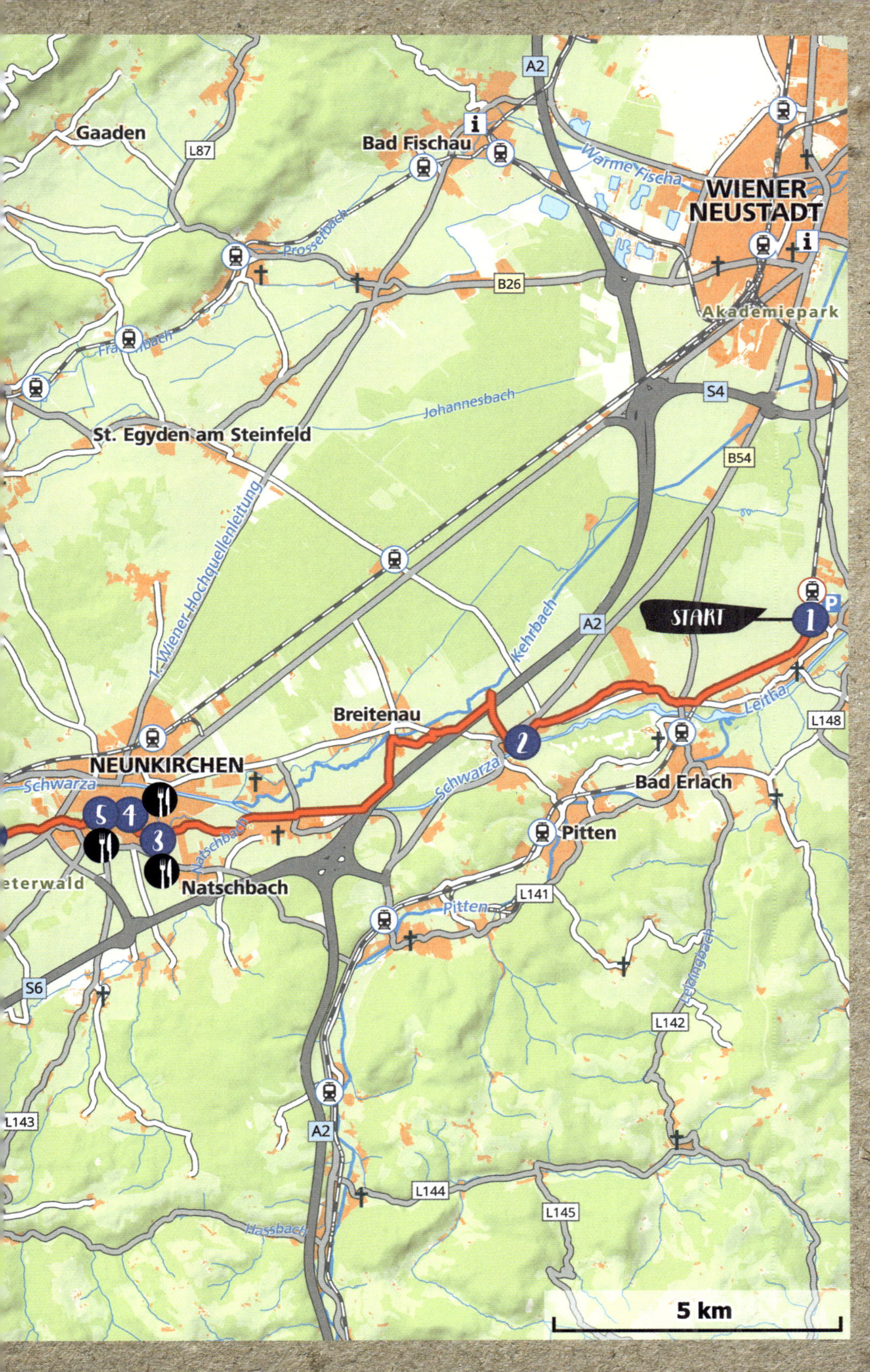

Gaaden
L87
Bad Fischau
A2
Warme Fischa
WIENER NEUSTADT
Prossetbach
B26
Akademiepark
S4
Johannesbach
St. Egyden am Steinfeld
B54
1. Wiener Hochquellenleitung
START
Kehrbach
A2
Breitenau
Leitha
L148
NEUNKIRCHEN
Schwarza
Schwarza
Bad Erlach
Natschbach
Pitten
eterwald
Natschbach
L141
Pitten
S6
Leiding bach
L142
A2
L143
L144
L145
Hassbach
5 km

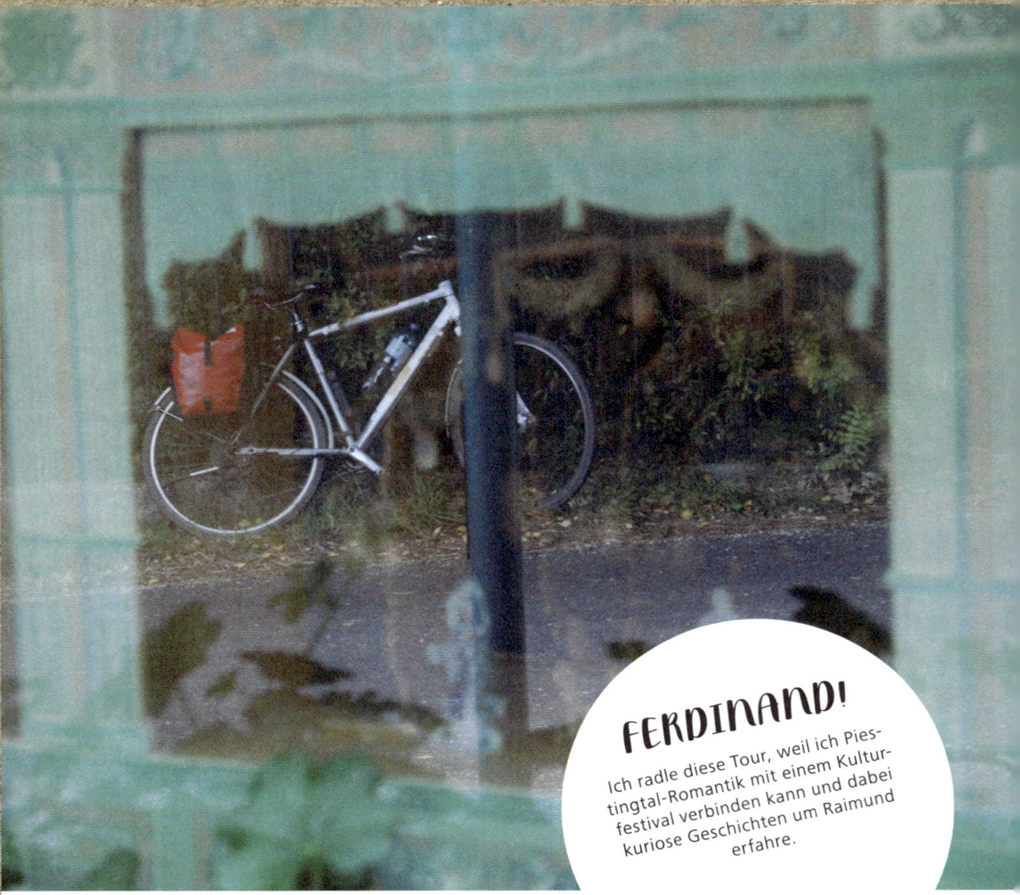

FERDINAND!

Ich radle diese Tour, weil ich Piestingtal-Romantik mit einem Kulturfestival verbinden kann und dabei kuriose Geschichten um Raimund erfahre.

➤ **1 /** Am Bahnhof Sollenau schwingen wir uns auf die Räder

➤ **2 /** Die blumige Rast Steinabrückl ist der schönste Jausenplatz

➤ **3 /** An Steinstränden der Piesting kühlen wir uns ab

➤ **4 /** Am ehemaligen Friedhof Waldegg genießt man Waldeinsamkeit

➤ **5 /** Wird die Rosthornbüste im Wald entdeckt?

➤ **6 /** Im Poststüberl Zwinz gibt´s den besten Grillteller

➤ **7 /** Die Kohlhofmühl kocht raffiniert und auch vegan

➤ **8 /** Kurioses um Ferdinand Raimund erzählt ein Biedermeier-Pavillon

➤ **9 /** Am Bergfriedhof Gutenstein liegt Ferdinand Raimunds Grab

➤ **10 /** Kulturgenuss für jeden Geschmack bieten die Raimundspiele Gutenstein

➤ **11 /** Das Waldbauernmuseum in Gutenstein ist ein echter Geheimtipp

➤ **12 /** Am Bahnhof Gutenstein geht´s wieder retour

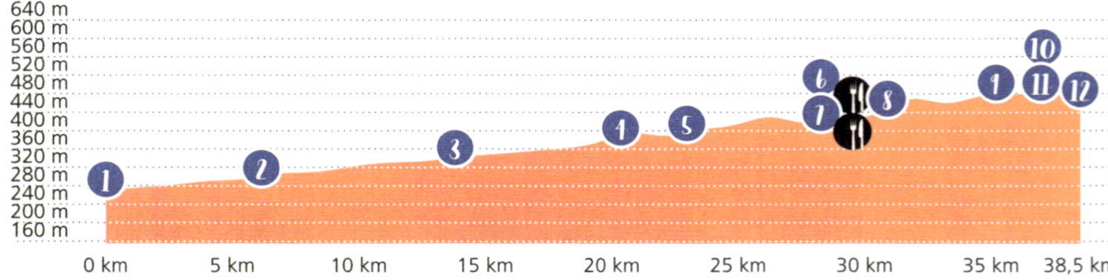

Raimundspiele

Von Sollenau durch das Piestingtal nach Gutenstein

TOUR, DIE DU SO NIE GEMACHT HÄTTEST

Wir radeln auf asphaltierten und autofreien Wegen durch das romantische Piestingtal. Dabei bleiben wir Volksdichterlegende Ferdinand Raimunds Leben und Wirken bis zu dessen letzter Ruhestätte am Bergfriedhof Gutenstein auf den Fersen.

39 Kilometer
265 Höhenmeter
2:15 Stunden
Streckentour

Aufsatteln am Bahnhof Sollenau

Wir starten vor dem 1 / Bahnhof Sollenau und radeln in der Rechten Bahnzeile in Richtung Süden. Die Radroutenbeschilderung Piestingtal, teilweise mit dem Zusatz 43 und der Richtungsangabe Gutenstein, ist Nahe der Perfektion, sodass keine weiteren Navigationshinweise erforderlich sind. Die Piesting sichten wir schon nach ein paar hundert Metern, aber zunächst radeln wir noch durch die „Einfamilienhausen" von Sollenau und Felixdorf. Erst ab Heidemühle und Steinabrückl pirschen wir uns näher an den Fluss heran.

Charakter

Sportlich ●●●○○
Abkühlung ●●●●○
Schlemmen ●●●●○
Panorama ●●●●●

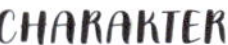

Verschönerte Rast

Eine erste attraktive Rastmöglichkeit bietet uns die 2 / Radlerrast Steinabrückl-Heideansiedlung. Gegenüber Wassergasse 9 ist dem hiesigen Verschönerungsverein ein Kleinod gelungen. Der Rastplatz,

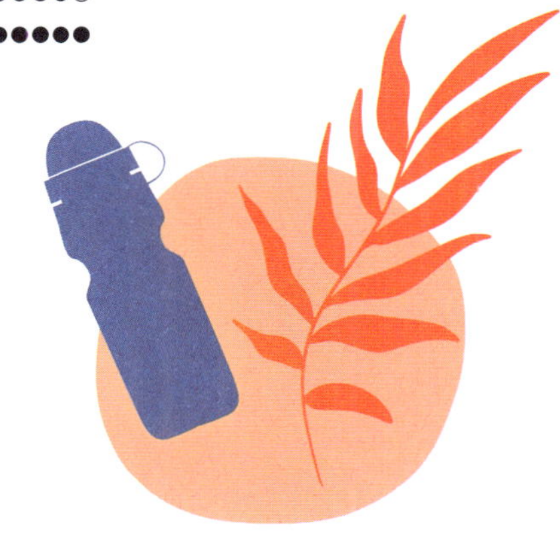

< links / Ein Biedermeier-Infopavillon bei der Raimundvilla in Pernitz

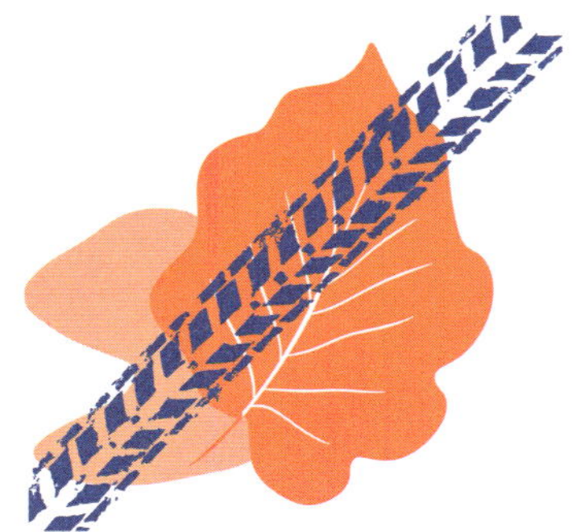

neben einer kleinen Kapelle gelegen, ist unter hohen Blätter- und Nadelbäumen angelegt und mit Blumen- und Gemüsebeeten geschmückt. Praktisch ist der Trinkwasserbrunnen, bei dem wir unsere Wasservorräte auffüllen können. In Wöllersdorf entern wir die Gutensteiner Alpen und erhaschen einen Blick auf die Hohe Wand. Die Ortsdurchfahrt durch die enge Kirchengasse ist idyllisch und erste „Landgefühle" kommen auf, als es kurz danach am Wegrand auf saftigen Wiesen gackert und wiehert.

TOUR, DIE DU SO NIE GEMACHT HÄTTEST

Fußbad und Steilstufen

In Markt Piesting radeln wir auf der Promenade zum ersten Mal direkt am Fluss. Die Böschung ist flach und bietet die Möglichkeit, sich an heißen Sommertagen mit kaltem Gebirgswasser zu erfrischen. Nahe der Piestingbrücke Harzwerkstraße führen gegenüber unserer Uferseite ein paar Steinstufen zum Wasser und zwischen Markt Piesting und Oberpiesting gibt es flache 3 / Steinstrände, die zum abkühlenden Fußbad einladen. Unser überwiegend ebener Kurs inkludiert wenige steile, Gott sei Dank aber sehr kurze Zacken im Höhenprofil. Mit einem davon werden wir bei der Auffahrt zur Pfarrkirche Waldegg konfrontiert. Ein versicherndes und jubilierendes „Geschafft!" hat jemand am Scheitelpunkt dieses Anstiegs auf den Asphalt gesprayt.

STILLE RAST

Am stillsten Platz unserer Tour, am 4 / ehemaligen Friedhof Waldegg, wird den Unternehmerbrüder August und Matheus von Rosthorn gedacht.

Eisenzeit

Erholung tut gut und die bekommen wir bei einer Pause am 4 / ehemaligen Friedhof Waldegg bei der Pfarrkirche Waldegg Sankt Jakob der Ältere. Am naturbelassenen Gelände genießen wir das Flattern der Schmetterlinge und Zwitschern der Vögel. Es kann hier schon mal vorkommen, dass sich eine Gottesanbeterin auf deine Schulter setzt. Bemerkenswert ist

---

➤ rechts oben / Blumiger Rastplatz mit Trinkwasserbrunnen in Steinabrückl ➤ rechts Mitte / Vom Rastplatz am ehemaligen Friedhof Waldegg rollen wir steil hinunter

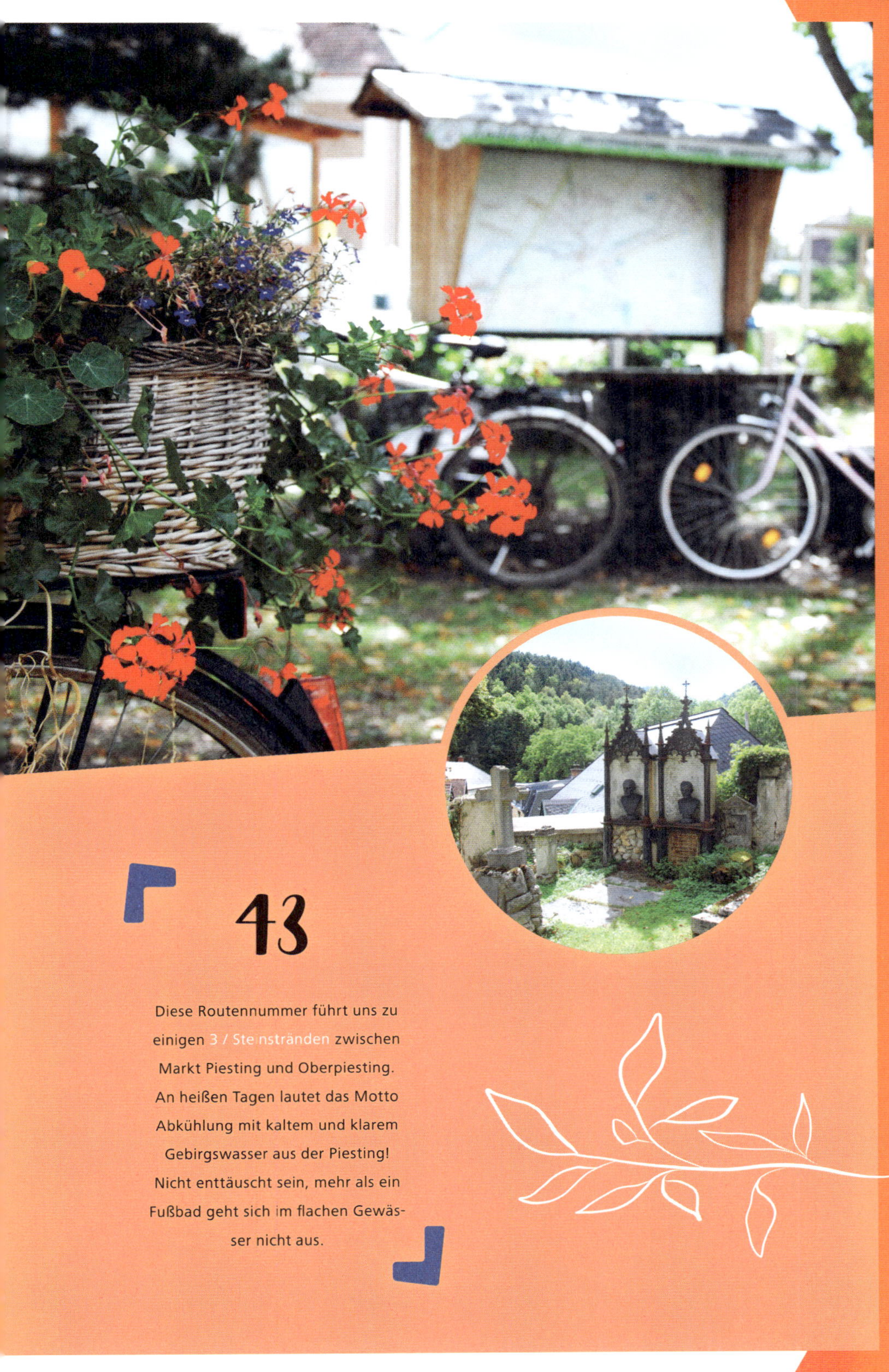

43

Diese Routennummer führt uns zu einigen 3 / Steinstränden zwischen Markt Piesting und Oberpiesting. An heißen Tagen lautet das Motto Abkühlung mit kaltem und klarem Gebirgswasser aus der Piesting! Nicht enttäuscht sein, mehr als ein Fußbad geht sich im flachen Gewässer nicht aus.

Grillteller

Wer wirklich hungrig ist, der muss ins **6 / Poststüberl Zwinz** einkehren. Es warten gutbürgerliche Küche und großzügige Portionen.

das Doppelgrabmal mit den Büsten der Unternehmerbrüder August und Matheus von Rosthorn. August führte in der ersten Hälfte des 19. Jahrhunderts unter anderen die Blech- und Drahtfabrik im Nachbarort Oed. In den Geschichtsbüchern verewigt haben sie sich durch die erste Eisenbahnschienenproduktion in Österreich, im unterkärntnerischen Prävali (heute Prevalje in Slowenien).

Tour, die du so nie gemacht hättest

Über der Piesting

Zwischen Waldegg und Reichental erblicken wir ein paar Meter über unserem Weg eine einzelne 5 / Rosthornbüste. Welcher der beiden Brüder dargestellt ist, verrät uns die aufgestellte Tafel aber nicht. Zwischen Reichental und Pernitz ist das touristische Attribut „wildromantisch" zutreffend. Eine Holzbrücke entlang der steil abfallenden Felswand und oberhalb der Piesting ermöglicht uns, dem Flusslauf so nahe wie möglich zu kommen. Die Rampe auf die Brücke ist nicht befahrbar, also müssen wir unsere Fahrräder ein paar Meter schieben.

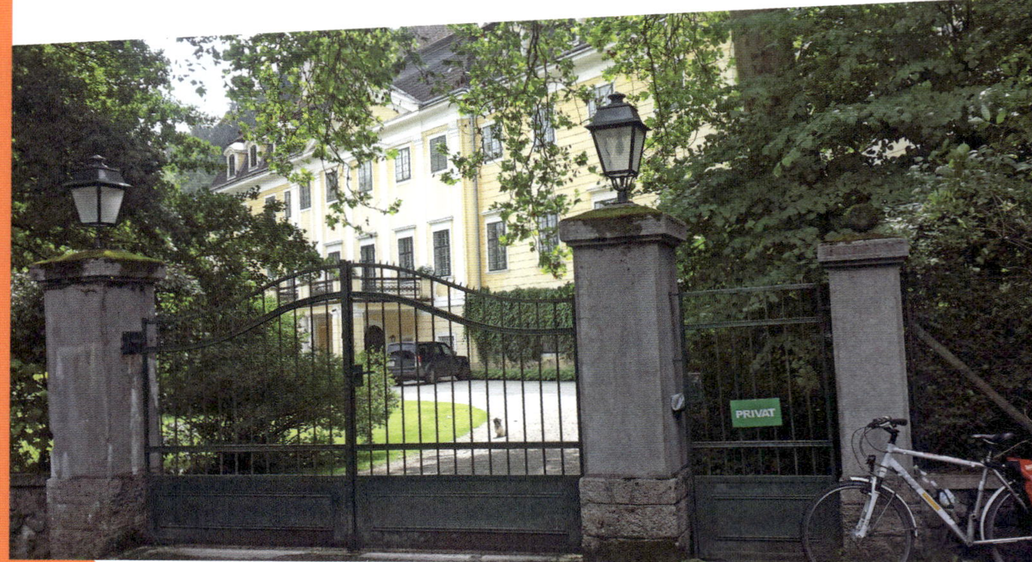

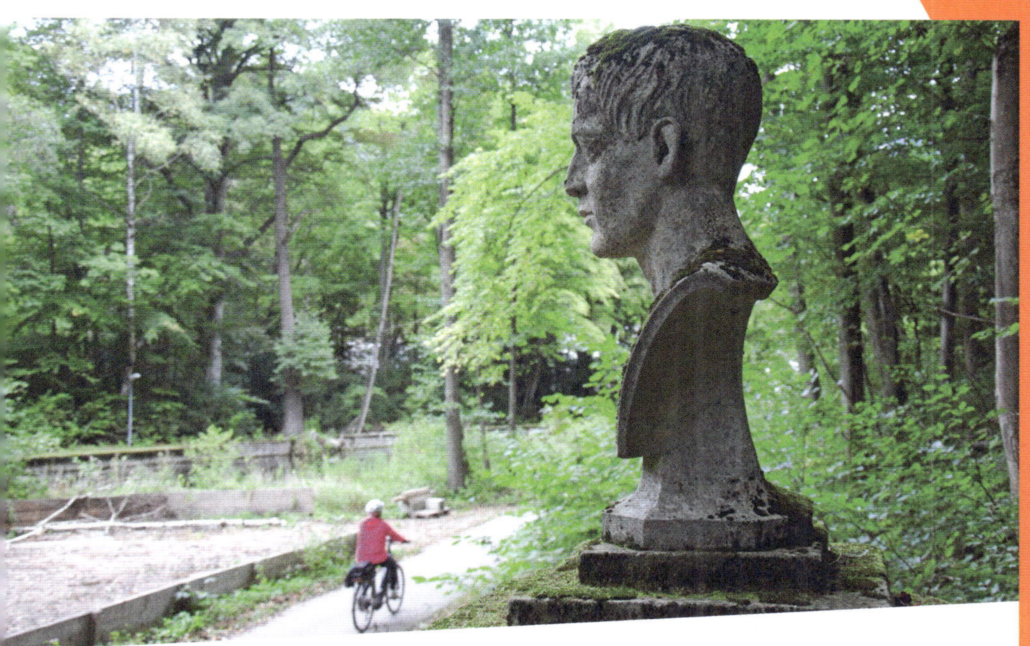

Pernitzer Kulinarik

In Pernitz weitet sich die Landschaft und das gastronomische Angebot. Wir kehren ins 6 / Poststüberl Zwinz ein (Mo 10–15, Mi–Sa 10–0, So 10–21 Uhr, Hauptstraße 98, 2763 Pernitz, +43 2632 740 87, https://poststueberlzwinz.eatbu.com). Der Wiener Kellner reißt Witze und serviert gutbürgerliche österreichische Küche. Der Grillteller ist formidabel, die Portionsgröße reicht für zwei Personen oder für zwei Mahlzeiten. Ein Geheimtipp, weil abseits der Route gelegen, ist das 7 / Wirtshaus in der Kohlhofmühl (Mi, Do, So 11–20, Fr, Sa 11–22 Uhr, Hauptstraße 2, 2763 Neusiedl/Waidmannsfeld bei Pernitz, +43 676 486 84 48, www.kohlhofmuehl.at). Die Küche ist traditionell, aber moderner, raffinierter und inkludiert vegane Speisen. Die Bandbreite reicht von Gurkengazpacho mit Feta über gebratene Entenkeule mit Chilipolenta bis zum Zwiebelrostbraten mit Bratkartoffeln. Im Schanigarten sitzen wir gemütlich und ruhig am Rande des Campinggeländes.

GELB-GRÜN

Ganz in den Schönbrunner Farben präsentiert sich der Genießer-Geheimtipp, das 7 / Wirtshaus in der Kohlhofmühl. Irgendwann vor 500 Jahren hat sie Graf Hoyos gehört. Heute serviert sie Speisen von Chilipolenta bis Zwiebelrostbraten.

Raimundvilla

Der landschaftlich schönste Teil liegt zwischen Pernitz und Gutenstein. Wir radeln durch Wald, Weide und an urigen Weilern vorbei. Bauernhöfe bieten frische Eier an. Es wundert nicht, dass sich Fer-

links / Privatangelegenheit: Schloss Hoyos in Gutenstein oben / Büste einer der beiden Rosthorn Brüder am Piestingtalradweg

TOUR, DIE DU SO NIE GEMACHT HÄTTEST

dinand Raimund hier niederließ. Auf die prächtige „Raimundvilla" erhaschen wir durch die dichte Hecke nur spärliche Blicke. Sie ist in Privatbesitz und kann nicht besichtigt werden. Dafür erfahren wir am nahen 8 / Biedermeier-Pavillon über Werke und Leben Raimunds. Auch über sein tragisches Ende. Er tötete sich aus Angst vor einer vermeintlichen Tollwutinfektion durch einen Schuss in den Mund.

Höhepunkte

In Gutenstein wird´s mondän. Wir radeln an einer Märchenschloss-Villa in Vorderbruck vorbei und kurz darauf am Schönbrunner Gelb strahlenden Schloss Hoyos. Wenn wir beim Schloss gerade weiterfahren, erreichen wir in wenigen Minuten den höchsten Punkt unserer Tour, den 9 / Bergfriedhof Gutenstein (Längapiesting 37, 2770 Längapiesting) mit dem gut besuchten Grab von Ferdinand Raimund. Seine Stücke werden bei den jährlich an einigen Tagen im Juli und August stattfindenden 10 / Raimundspielen (Theaterzelt, 2770 Gutenstein, www.raimundspiele.at) aufgeführt. Das Rahmenprogramm bilden Literatur- und Musikevents mit österreichischen Kulturikonen wie etwa Ernst Molden oder Erika

BIEDERMEIERKLASSIKER

Nicht verpassen solltest du die im Sommer veranstalteten 10 / Raimundspiele mit Klassikern vom Alpenkönig bis zum Verschwender.

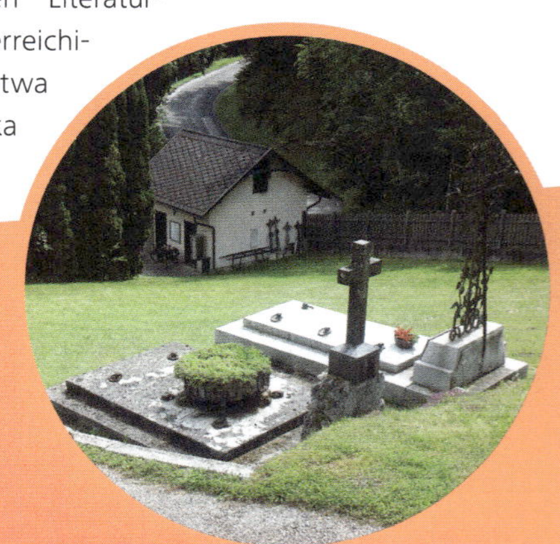

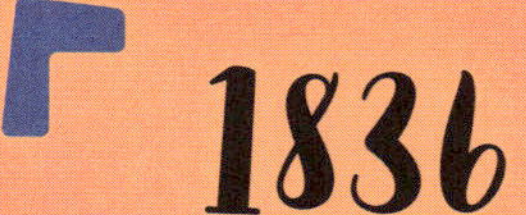

Der physische Höhepunkt unserer Tour ist der etwas oberhalb des Ortes gelegene 9 / Bergfriedhof Gutenstein mit dem gut besuchten Grab von Ferdinand Raimund. Der beliebte Dramatiker und Hypochonder erschoss sich, weil er befürchtete, durch einen Hundebiss mit Tollwut infiziert worden zu sein.

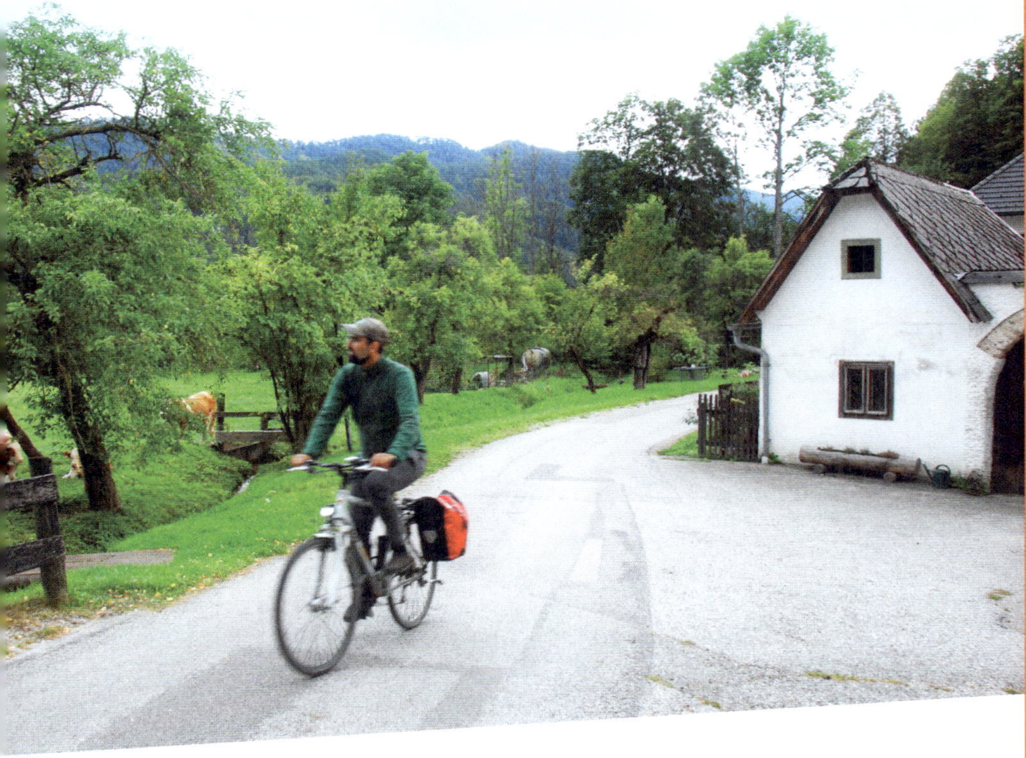

Pluhar. Eine ganzjährige Attraktion und immer noch ein Geheimtipp ist das 11 / Waldbauernmuseum (1. Mai–Mitte Okt. So, Fei 10–12, 14–17, Sa 14–17, Juli–Aug. Mo–Fr 14–17 Uhr, Markt 31, 2770 Gutenstein, www.waldbauernmuseum.at) in der Alten Hofmühle, in dem wir auf eine Zeitreise mitgenommen werden und anhand vieler Ausstellungsstücke wie Werkzeuge über die Nebengewerbe der hiesigen Waldbauern erfahren. Um zu unserem Endpunkt zu gelangen, radeln wir entlang der beschriebenen Route ein Stück zurück und zweigen in der Bahngasse ab. In 100 m erreichen wir den 12 / Bahnhof Gutenstein.

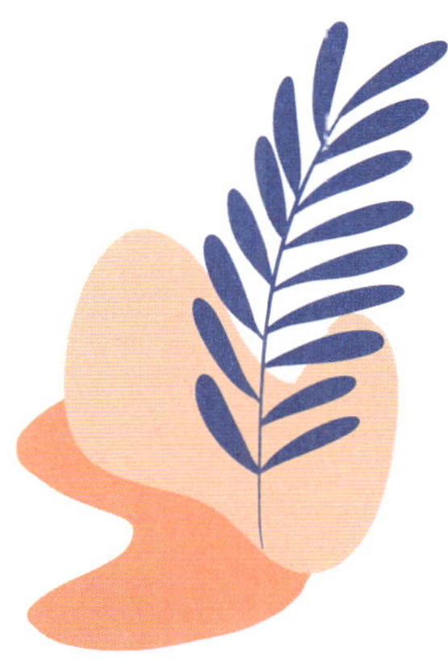

TOURENINFO / Die Strecke verläuft auf autofreien Wegen, in verkehrsberuhigten Straßen und auf getrennten Radwegen. Der ganze Weg ist befestigt. Bis auf zwei kurze steile Passagen ebene Strecke. Gut geeignet für Familien mit selbstradelnden Kindern. Wegen einer Schiebestrecke über eine Holzrampe ungeeignet für Anhänger.

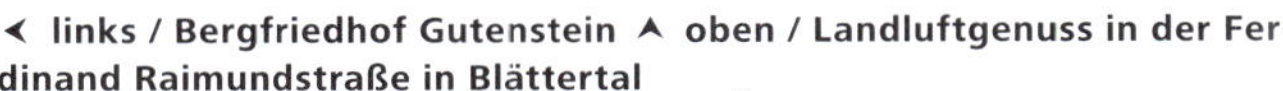

< links / Bergfriedhof Gutenstein ^ oben / Landluftgenuss in der Ferdinand Raimundstraße in Blättertal

GRÄFIN MIRA

Durch die Myrafälle und um den Hausstein

10 Kilometer:
7,4 km An- u. Abfahrt,
2,3 km zu Fuß
210 Höhenmeter
2:15 Stunden
Rundtour

Von Pernitz erreichen wir die Myrafälle in Muggendorf mit dem Fahrrad in etwa 20 Minuten. Eine beliebte und familienfreundliche Wanderung führt uns über Brücken, Stege und Stufen durch die spektakuläre Schlucht mit ihren Wasserfällen. Wir umrunden in 1:30 Stunden auch noch den Hausstein, das Wahrzeichen von Muggendorf. Stärken können wir uns im Gasthof Karner mit regionalen Spezialitäten.

Anfahrt mit dem Rad

Am Biedermeierradweg in Richtung Gutenstein überqueren wir 250 m nach dem Bahnhof Pernitz-Muggendorf die Hauptstraße und radeln an der Kreuzung Hauptstraße und Sebastianstraße, nahe des Abzweigs zum 7 / Wirtshaus Kohlhofmühl, rechts in die Sebastianstraße. Wir folgen der Radwegbeschilderung Muggendorf. Nach einem kurzen Abschnitt im Ortsgebiet auf der Muggendorfer Straße radeln wir ab Ortsende Pernitz links auf einem getrennten Radweg, der mit Piestingtal beschildert ist. Nach kurzer Fahrt in Muggendorf erreichen wir die 13 / Myrafälle. Sie sind schon sehr lange ein beliebtes Ausflugsziel. Vor mehr als 200 Jahren besuchten sie Kaiser Franz II. und seine Frau Kaiserin Maria Theresia, woran eine Gedenktafel erinnert. Der Name der Wasserfälle ist auf die Legende um die zur Gräfin gewordene Bauerntochter Marie, genannt „Mirl", zurückzuführen. Das Wasser, das aus der Myraluke strömt, sollen ihre Tränen sein, die sie vergießt, weil sie aufgrund ihrer Eitelkeit durch ein Himmelsereignis in den Fels gesperrt wurde.

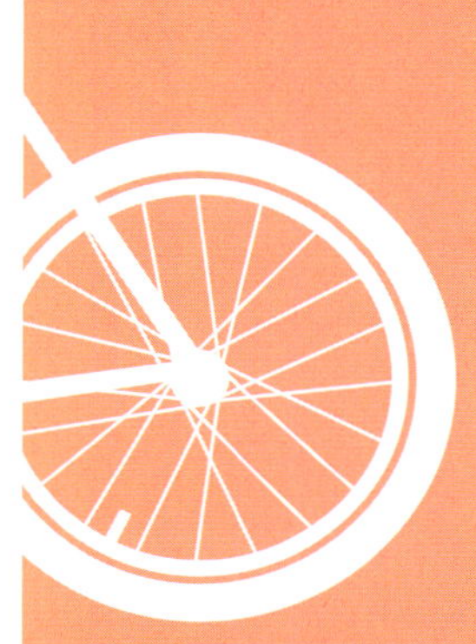

Durch die Klamm wandern

Wir steigen über mehr als zwanzig Brücken und unzählige Stege und Stiegen durch die Klamm. Von den Brücken beobachten wir, wie die Myra über die vielen Felsstufen rauschend hinabstürzt. Der Trubel kann an Wochenenden recht groß werden und man sollte nichts dagegen haben, gelegentlich auf Fotos anderer Personen aufzutauchen.

18 1/2

Haussteinrunde

Viele Menschen steigen nur durch den Hauptteil der Klamm auf und ab. Wir schließen jedoch eine gemütliche Umrundung des Haussteins, dem Wahrzeichen von Muggendorf, an. Dazu zweigen wir bei der Themenstation Alte Straße nach links ab. Eine Einkehrmöglichkeit haben wir bald beim 14 / Gasthof Karnerwirt (Thal 1, 2763 Muggendorf, +43 2632 743 07, www.karnerwirt.at). Der 2021 neu übernommene Gasthof kredenzt regionale und saisonale Produkte. Tipp für die „Süßen" unter euch: Buchteln mit Vanillesauce.

Stiller Stauweiher

Am Weg entlang des oberen Stauweihers vollenden wir die Haussteinrunde. Die spiegelglatte Oberfläche des Weihers stellt einen wohltuenden Kontrapunkt zu den wilden Myrafällen dar, in deren Richtung wir uns nun wieder begeben. Am letzten Abschnitt unserer Route nehmen wir einen parallel zur Klamm verlaufenden Weg, der uns zum am Myrateich gelegenen 15 / Gasthaus Myra Stub'n bringt (Di–So, Teichweg 35, 2763 Muggendorf, +43 676 39 66 735, www.myrastubn.at). Der Küchenchef empfiehlt die Forellen. Eine E-Bike-Ladestation befindet sich nebenan beim Eingangsbereich der Myrafälle. Zurück auf den Biedermeierradweg radeln wir über den gleichen Weg, den wir gekommen sind.

TOURENINFO / Radstrecke: Kurzer, fast ebener Weg von Pernitz nach Muggendorf. Wegführung abseits der Hauptstraße. Für Kinder geeignet. Wanderstrecke: Leichte Familienwanderung über Stufen und Brücken entlang der Myrafälle. Trittsicherheit erforderlich. Achtung bei Nässe. Begehen im Winter auf eigene Gefahr.

---

^ oben / Die Myrafälle, eine bei Alt und Jung beliebte Klamm

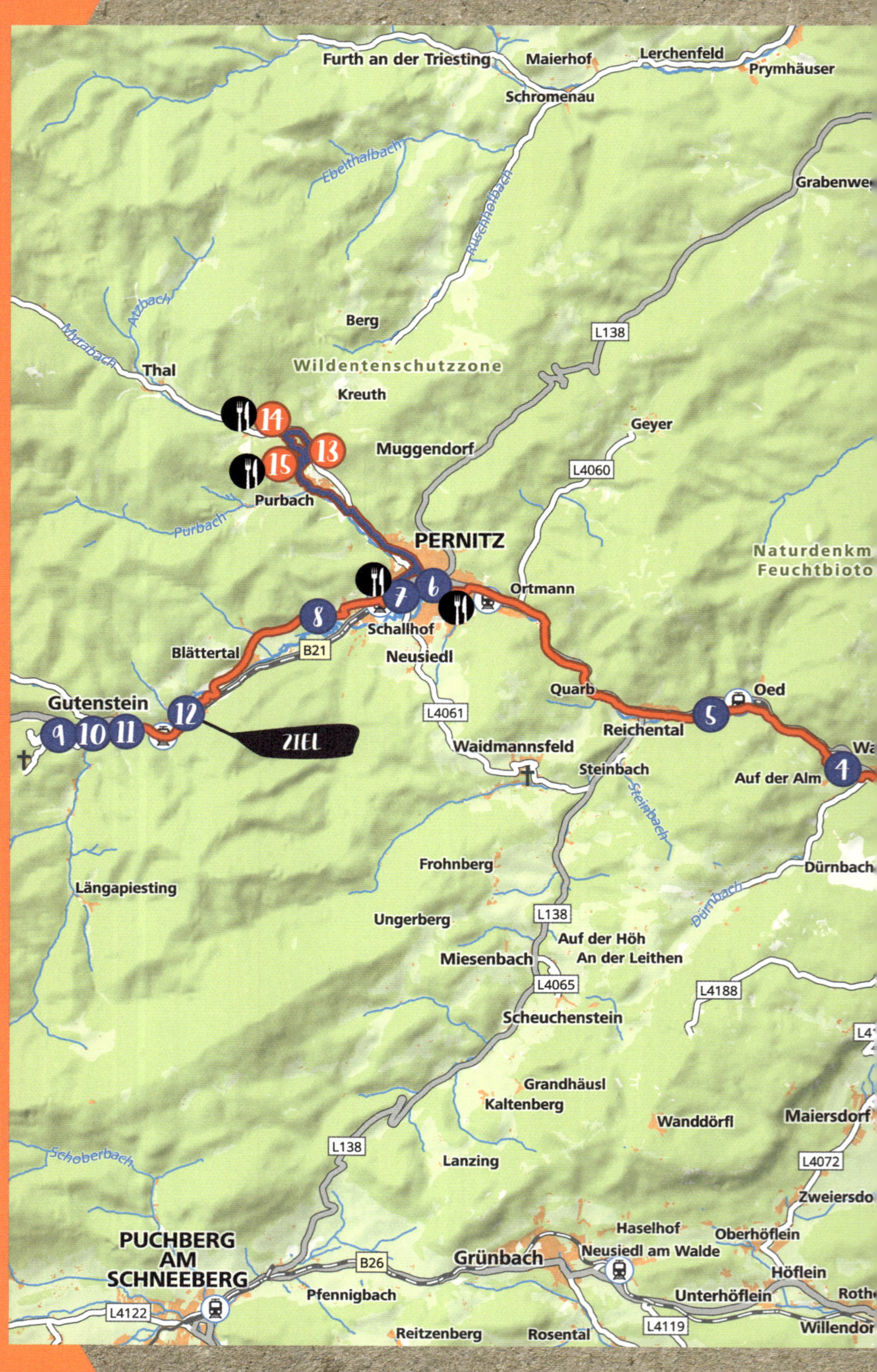

Furth an der Triesting
Maierhof
Lerchenfeld
Prymhäuser
Schromenau
Ebelthalbach
Ruschhofbach
Grabenwe
Atzbach
Myrabach
Berg
L138
Thal
Wildentenschutzzone
Kreuth
Geyer
Muggendorf
L4060
Purbach
Purbach
PERNITZ
Naturdenkm
Feuchtbioto
Ortmann
Schallhof
Blättertal
B21
Neusiedl
Quarb
Oed
Gutenstein
L4061
Reichental
ZIEL
Waidmannsfeld
Steinbach
Auf der Alm
Steinbach
Frohnberg
Dürnbach
Längapiesting
Dürnbach
L138
Ungerberg
Auf der Höh
Miesenbach
An der Leithen
L4065
L4188
Scheuchenstein
Grandhäusl
Kaltenberg
Wanddörfl
Maiersdorf
Schoberbach
L138
Lanzing
L4072
Zweiersdo
Haselhof
Oberhöflein
PUCHBERG
AM
SCHNEEBERG
Neusiedl am Walde
Grünbach
B26
Höflein
Pfennigbach
Unterhöflein
L4122
L4119
Reitzenberg
Rosental
Willendor

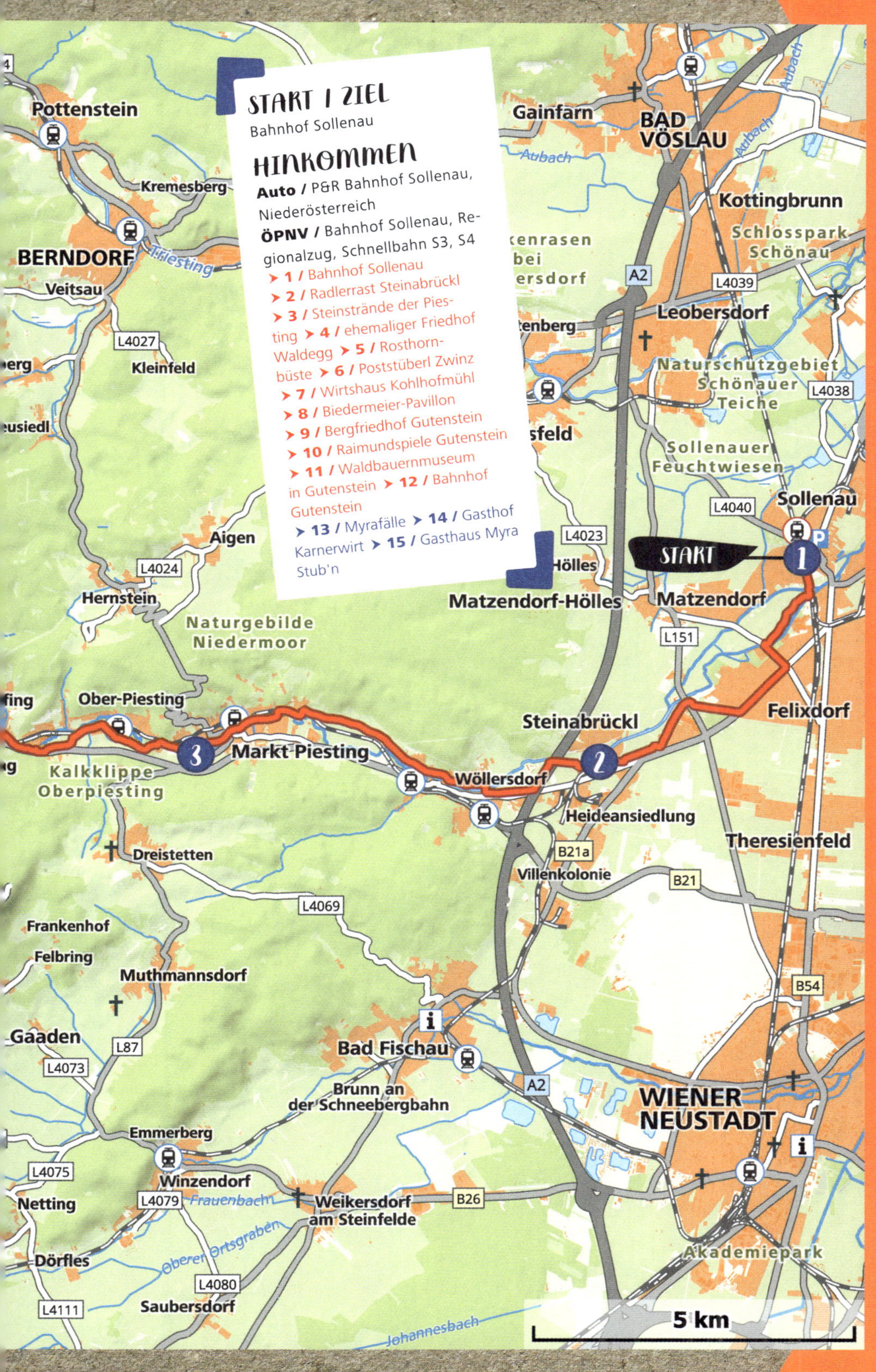

START / ZIEL
Bahnhof Sollenau
HINKOMMEN
Auto / P&R Bahnhof Sollenau, Niederösterreich
ÖPNV / Bahnhof Sollenau, Regionalzug, Schnellbahn S3, S4
➤ 1 / Bahnhof Sollenau ➤ 2 / Radlerrast Steinabrückl ➤ 3 / Steinstrände der Piesting ➤ 4 / ehemaliger Friedhof Waldegg ➤ 5 / Rosthorn-büste ➤ 6 / Poststüberl Zwinz ➤ 7 / Wirtshaus Kohlhofmühl ➤ 8 / Biedermeier-Pavillon ➤ 9 / Bergfriedhof Gutenstein ➤ 10 / Raimundspiele Gutenstein ➤ 11 / Waldbauernmuseum in Gutenstein ➤ 12 / Bahnhof Gutenstein
➤ 13 / Myrafälle ➤ 14 / Gasthof Karnerwirt ➤ 15 / Gasthaus Myra Stub'n
START
Pottenstein
Kremesberg
BERNDORF
Triesting
Veitsau
L4027
Kleinfeld
Gainfarn
Aubach
BAD VÖSLAU
Kottingbrunn
Schlosspark Schönau
A2
L4039
Leobersdorf
Naturschutzgebiet Schönauer Teiche
L4038
Sollenauer Feuchtwiesen
L4040
Sollenau
L4023
Hölles
Matzendorf-Hölles
Matzendorf
L151
Aigen
L4024
Hernstein
Naturgebilde Niedermoor
Ober-Piesting
Markt Piesting
Kalkklippe Oberpiesting
Steinabrückl
Felixdorf
Wöllersdorf
Heideansiedlung
Theresienfeld
B21a
Villenkolonie
B21
Dreistetten
L4069
Frankenhof
Felbring
Muthmannsdorf
B54
Gaaden
L87
L4073
Bad Fischau
Brunn an der Schneebergbahn
WIENER NEUSTADT
Emmerberg
L4075
Winzendorf
Netting
L4079
Frauenbach
Weikersdorf am Steinfelde
B26
Oberer Ortsgraben
Dörfles
L4080
Akademiepark
L4111
Saubersdorf
Johannesbach
5 km

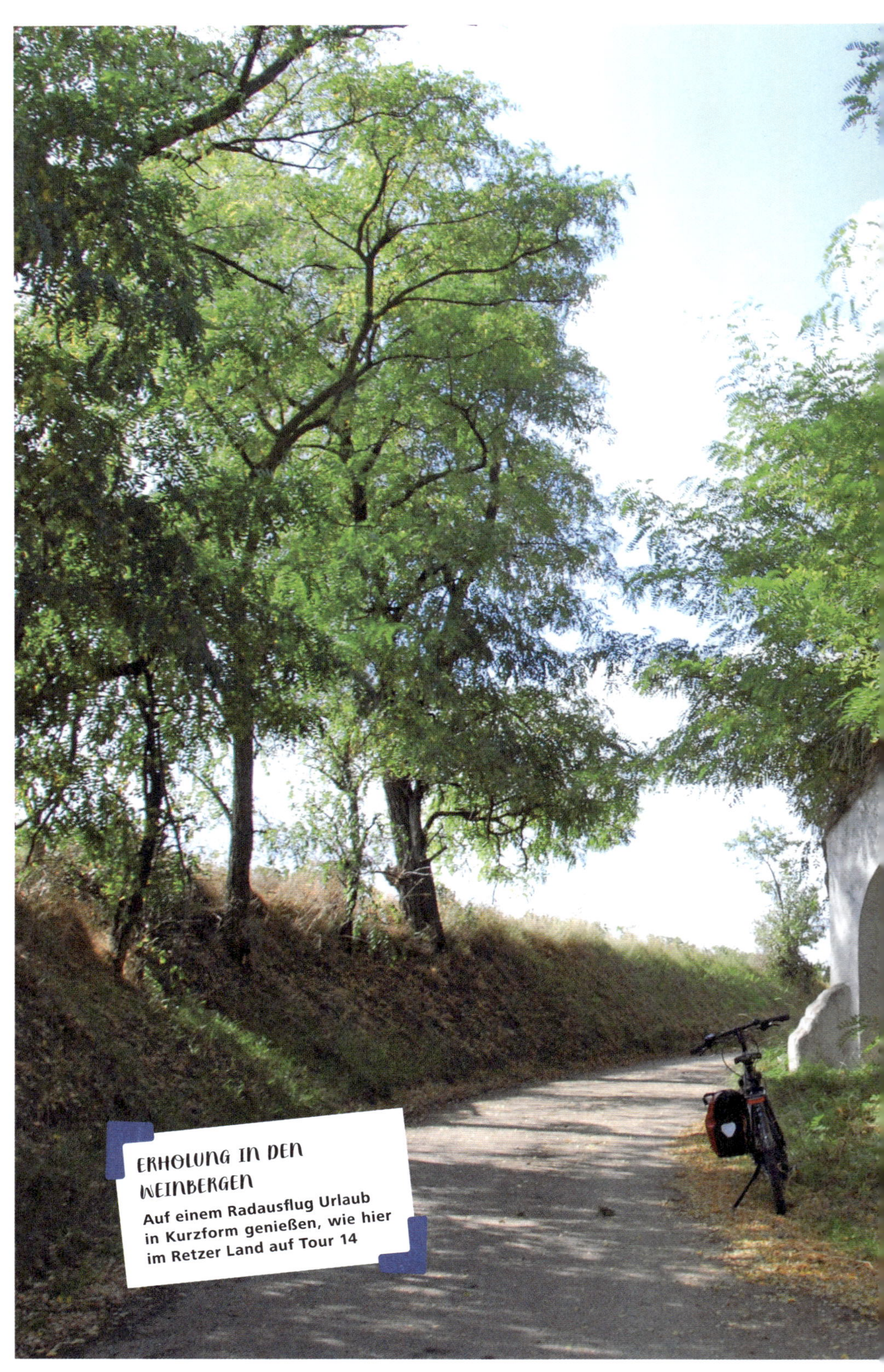

ERHOLUNG IN DEN WEINBERGEN

Auf einem Radausflug Urlaub in Kurzform genießen, wie hier im Retzer Land auf Tour 14

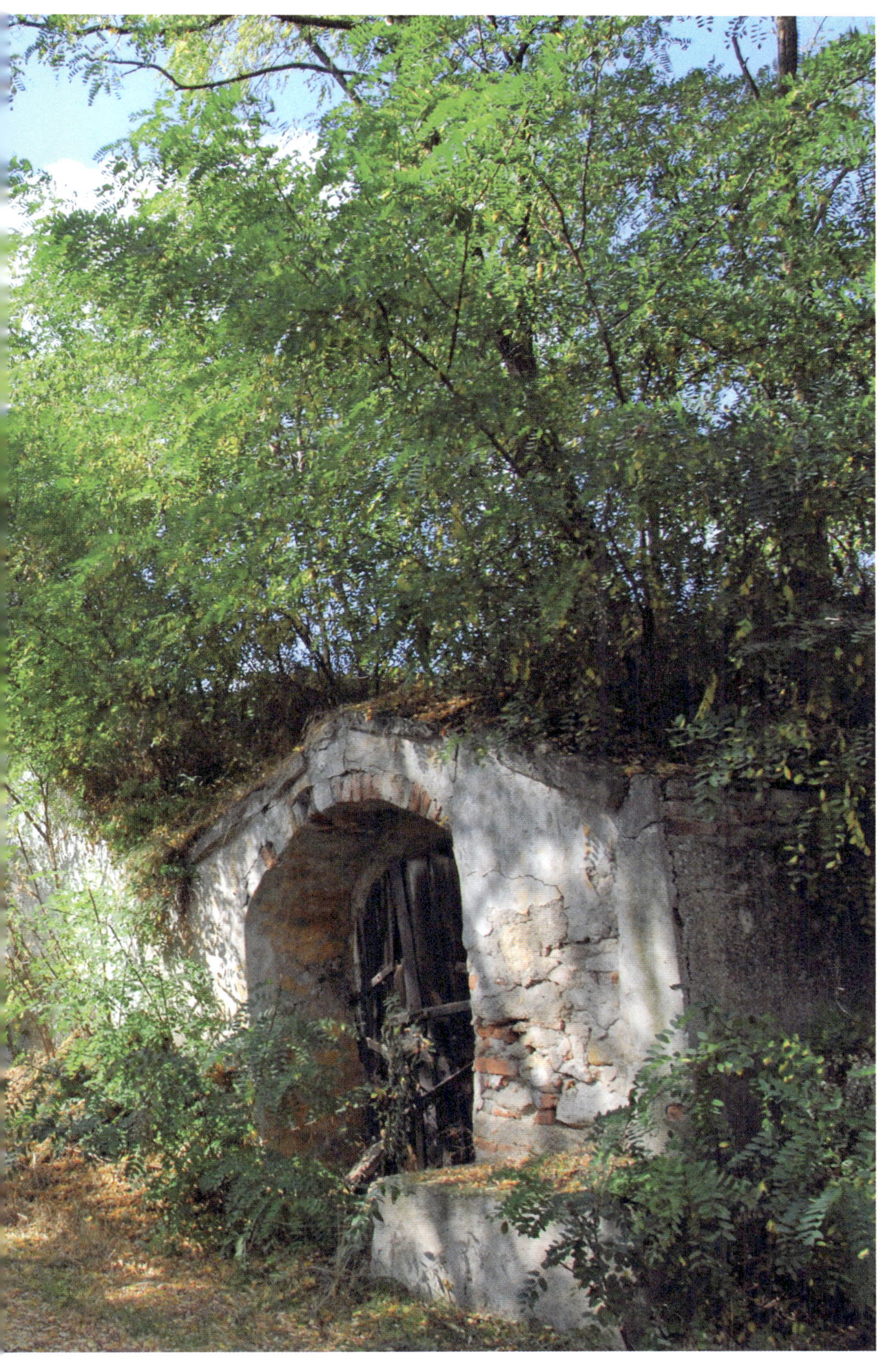

WOCHENEND-BIKEAWAYS

MINI-URLAUBS-TOUREN MIT ÜBERNACHTUNG

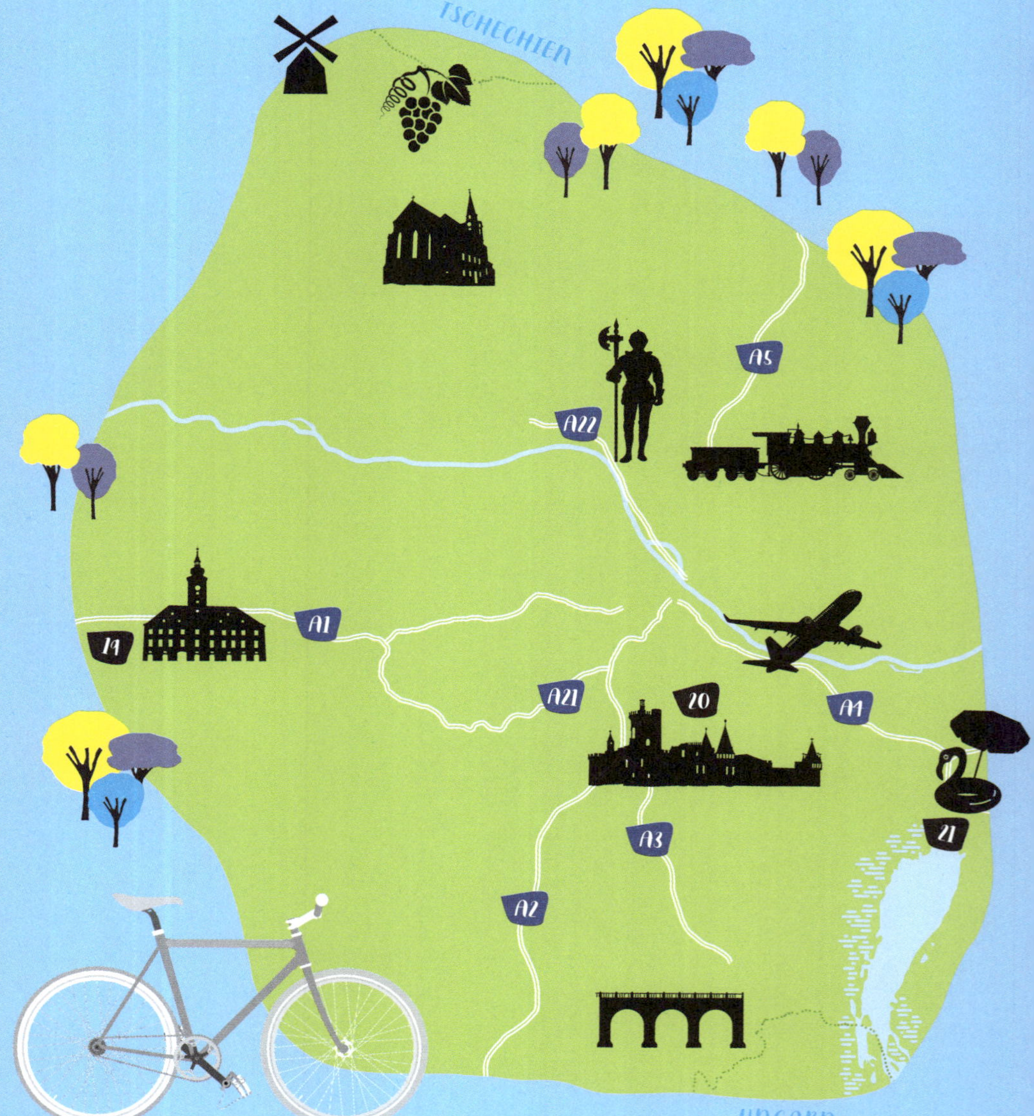

19 | THEATERSOMMER

Eine Mostviertelrunde zwischen Amstetten und Stadt Haag

➤ **2 Tage / 5:30 + 3:30 Stunden // Seite 181**

20 | SCHLÖSSERTOUR

Zu den Schlössern in Kottingbrunn und Laxenburg

➤ **2 Tage / 2:30 + 2 Stunden // Seite 195**

TOUR, DIE DU SO NIE GEMACHT HÄTTEST

21 | SEEBLICKE

Eine panoramareiche Runde um den Neusiedlersee

➤ **2 Tage / 3:30 + 2:30 Stunden // Seite 209**

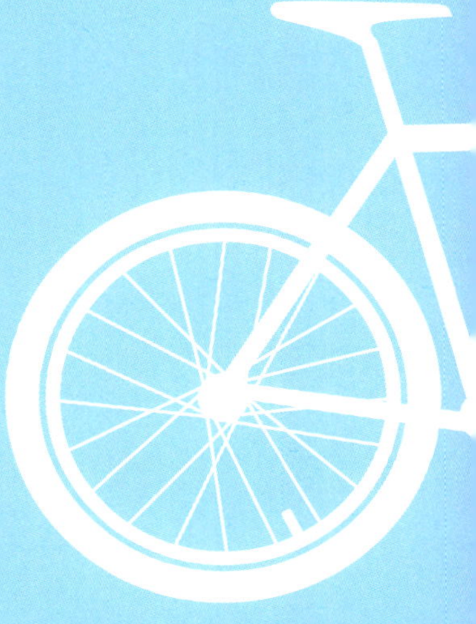

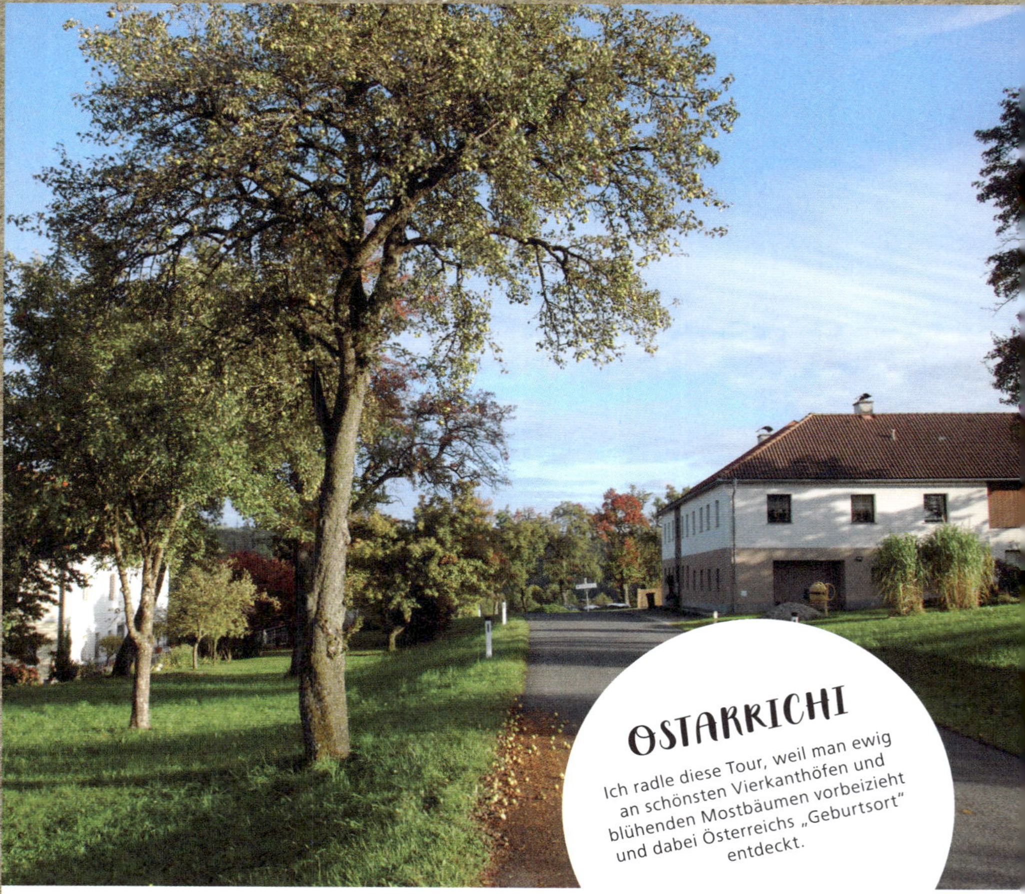

OSTARRICHI

Ich radle diese Tour, weil man ewig an schönsten Vierkanthöfen und blühenden Mostbäumen vorbeizieht und dabei Österreichs „Geburtsort" entdeckt.

➤ **1 /** Am Bahnhof Amstetten steigen wir auf die Räder und später ab

➤ **2 /** Im Relax Resort Kothmühle rasten wir luxuriös

➤ **3 /** Wie es mit Österreich begann, erfahren wir im Ostarrichimuseum

➤ **4 /** Im Stift Seitenstetten gibt´s ein uraltes Erdäpfelsalatrezept

➤ **5 /** Der Mostviertlerwirt Ott serviert Bodenständiges

➤ **6 /** In Hader´s Wirtshaus gibt´s Risotto und Strom fürs Fahrrad

➤ **7 /** Eine Attraktion für alle ist der Tierpark Haag

➤ **8 /** Der Gasthof Mitter bietet Mostviertel-Kulinarik in Haubenqualität

➤ **9 /** Beim Theatersommers Haag sehen wir Stars und Klassiker

➤ **10 /** Das Beste an der Pfarrkirche St. Valentin ist die Glasmalerei

➤ **11 /** Der Donautreff Binder verköstigt mit Schnitzel und Co

➤ **12 /** Im MostBirnHaus verkosten wir Chutneys, Marmeladen und Most

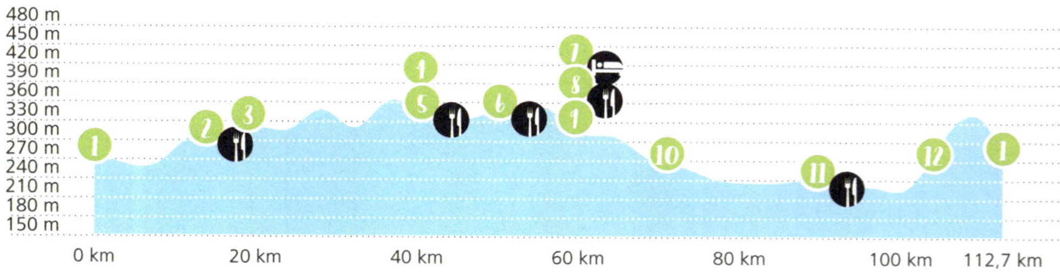

THEATERSOMMER

Eine Mostviertelrunde zwischen Amstetten und Stadt Haag

Wir radeln durch das hügelige Mostviertel mit seinen burgengleichen Vierkanthöfen und Obstbaumalleen, lernen Österreich-Geschichte in Neuhofen an der Ybbs und geben uns einen Klassiker im Theatersommer der Stadt Haag.

Tag 1 + Tag 2
58 + 55 Kilometer
320 + 255 Höhenmeter
5:30 + 3:30 Stunden
Rundtour

CHARAKTER
Sportlich ●●●●●
Abkühlung ●●○○○
Schlemmen ●●●●●
Panorama ●●●●●

TAG 1: Auf die Räder, fertig, los!

Wir starten am 1 / Bahnhof Amstetten. Beim Ausgang fahren wir den Graben 200 m nach links und vor dem Kreisverkehr biegen wir links in die Gschirmbachpassage. Ab hier folgen wir der Radroutenbeschilderung Most-Radroute. Die Wegweisung ist durch eine rote Linie bzw. eine rote Birne erkennbar. Das erste angeführte Ziel lautet Euratsfeld. Später werden Neuhofen an der Ybbs und Haag als Ziele angegeben. Die Route ist beschildert, allerdings sind Wegweiser an einzelnen Stellen verdeckt oder unklar. Die erste Stelle befindet sich noch in Amstetten. Am Radweg entlang der Stadionstraße fahrend müssen wir nach der Theater Johann Pölzl-Halle links in die Stadthallenstraße einbiegen. Dieser Wegweiser ist aus unserer Fahrtrichtung nicht erkennbar. Wir überqueren die Ybbs und entdecken

< links / Typische Szenerie: Apfelbäume und ein Vierkanthof

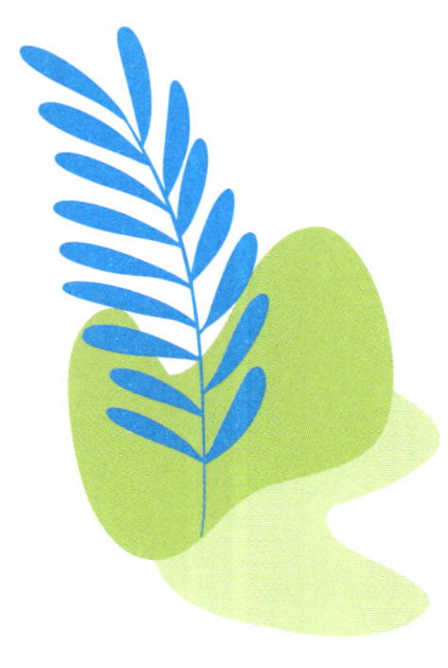

am renaturierten Flusslauf vielleicht das eine oder andere Exemplar von Flussuferläufer oder Eisvogel.

Oben leuchtet die Sonne und unten ...

Wir radeln entlang wenig befahrener Zufahrtsstraßen an einzelnen freistehenden Häusern und Höfen vorbei. Die Route folgt zunächst der Ybbs. In der weiten Ebene, die hier kaum als Ybbstal wahrnehmbar ist, radeln wir an Mais und Sonnenblumenfeldern vorbei. Für farbliche Abwechslung sorgen ab dem Frühsommer blauviolett leuchtende Büschelschön-Felder. Und Dank der Topinambur-Felder bleibt auch bis in den Herbst, nachdem die Sonnenblumenfelder abgeerntet wurden, das sonnig leuchtende Gelb vorherrschend.

Anstieg ins Bilderbuchland

Aus der Ebene steigt der Weg in Richtung Euratsfeld an. Auf einem Radweg entlang der Hauptstraße fahren wir in den Ort. Nach einem kurzen Stück auf der Hauptstraße zweigen wir in eine Seitenstraße ab, wo im Ortsteil Grießenberg ein Wegweiser hinter üppigem Pflanzenwuchs versteckt ist. Wir müssen nach dem Haus Grießenberg 7 nach links abbiegen. Nun sind wir ins Bilderbuch-Voralpenland eingetaucht. Die Landschaft ist von Äpfel- und Mostbirnbäumen geprägt und im 10-Minuten-Takt radeln wir an mächtigen Vierkanthöfen vorbei. Im Frühling erfreut uns die Mostbaum-Blütenpracht und im Spätsommer klauben wir heruntergefallene Äpfel und Birnen vom Boden auf. Vor den Höfen gackern Hühner und Schafe blöken einen Willkommensgruß. Die Höfe strahlen in Farbpaletten von Schönbrunner Gelb bis zu knalligem Lila und auf mancher Wand sind Landleben-Sgraffito gestaltet. Die Strecke ist hügelig und Muskel-

TAFEL VERSTECKT!

Um in die Bilderbuchlandschaft mit Äpfel- und Mostbirnbäumen zu gelangen, nach dem Haus Grießenberg 7 scharf nach links abbiegen!

➤ **rechts oben / Auch den Kühen auf der Weide gefällt das Mostviertel**
➤ **rechts Mitte / Mostobstbäume prägen die Landschaft**

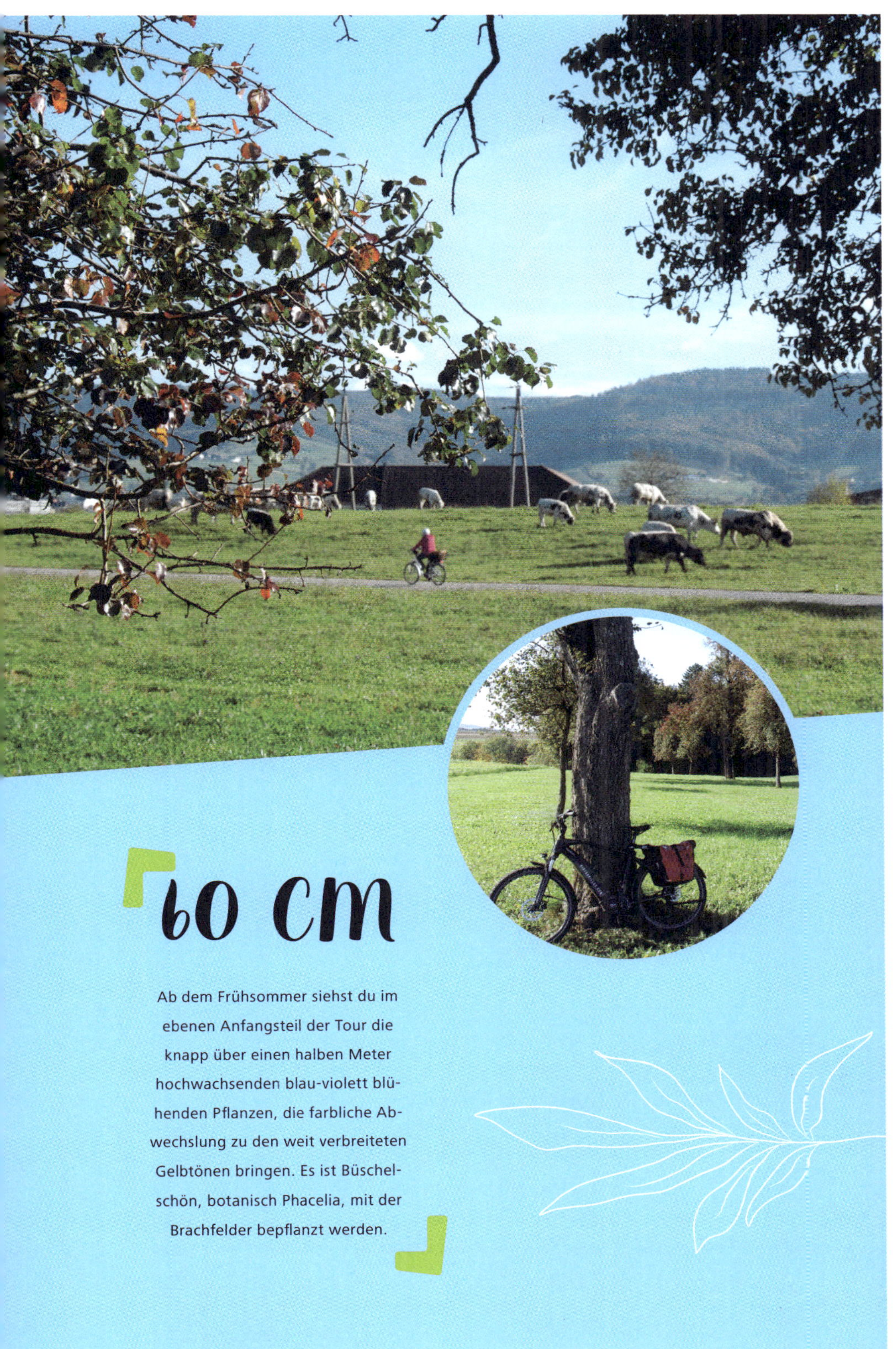

60 cm

Ab dem Frühsommer siehst du im ebenen Anfangsteil der Tour die knapp über einen halben Meter hochwachsenden blau-violett blühenden Pflanzen, die farbliche Abwechslung zu den weit verbreiteten Gelbtönen bringen. Es ist Büschelschön, botanisch Phacelia, mit der Brachfelder bepflanzt werden.

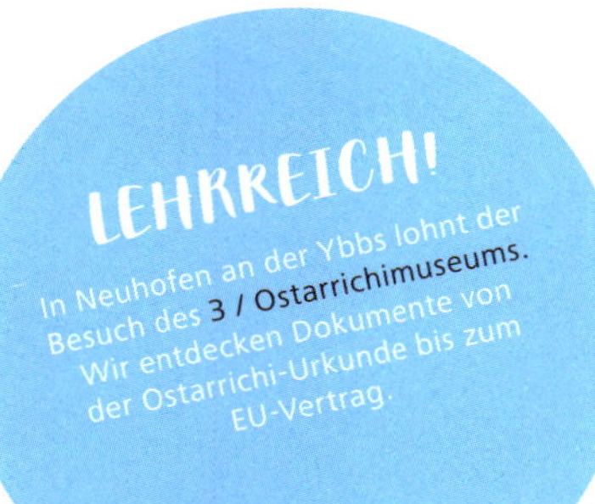

kraft ist gefragt. Alle, die mehr genießen und sich weniger anstrengen möchten, sollten die Nutzung eines E-Bikes überlegen.

Luxusresort

MOSTVIERTLER SPEZIALITÄTEN

Kurz vor dem Ort Neuhofen an der Ybbs kommen wir zu einer luxuriösen Rastmöglichkeit im 2 / Relax Resort Kothmühle (Mo–Sa 11:30–22, So, Fei 13–22 Uhr, Kothmühle 1, 3364 Neuhofen an der Ybbs, +43 7475 521 12-777, www.kothmuehle.at). Das Restaurant steht allen offen, auch Nicht-Hotelgästen. Geboten werden uns Mostviertler Spezialitäten und internationale Spitzenküche. Wir können aus täglich aktualisierten mehrgängigen Menüs und Gerichten à la carte, auch vegetarischen und veganen, auswählen. Die Lokalität ist mit dem Mostbaron-Titel ausgezeichnet, der u.a. für den Gourmet-Birnenmost verliehen wird. Er kann im Restaurant verkostet oder zum Mitnehmen an der Rezeption erworben werden. Für Gäste steht außerdem eine E-Bike-Ladestation zur Verfügung.

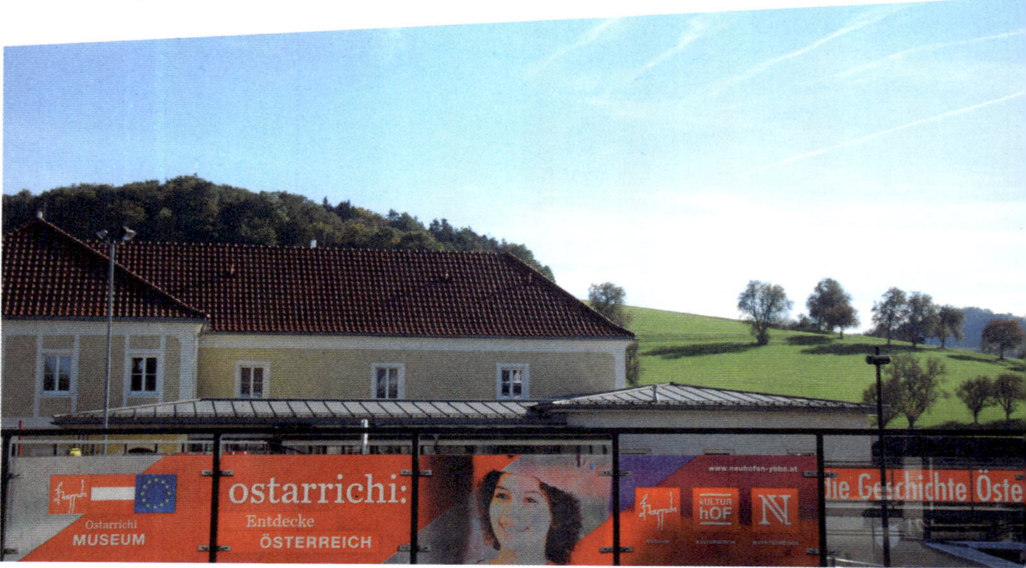

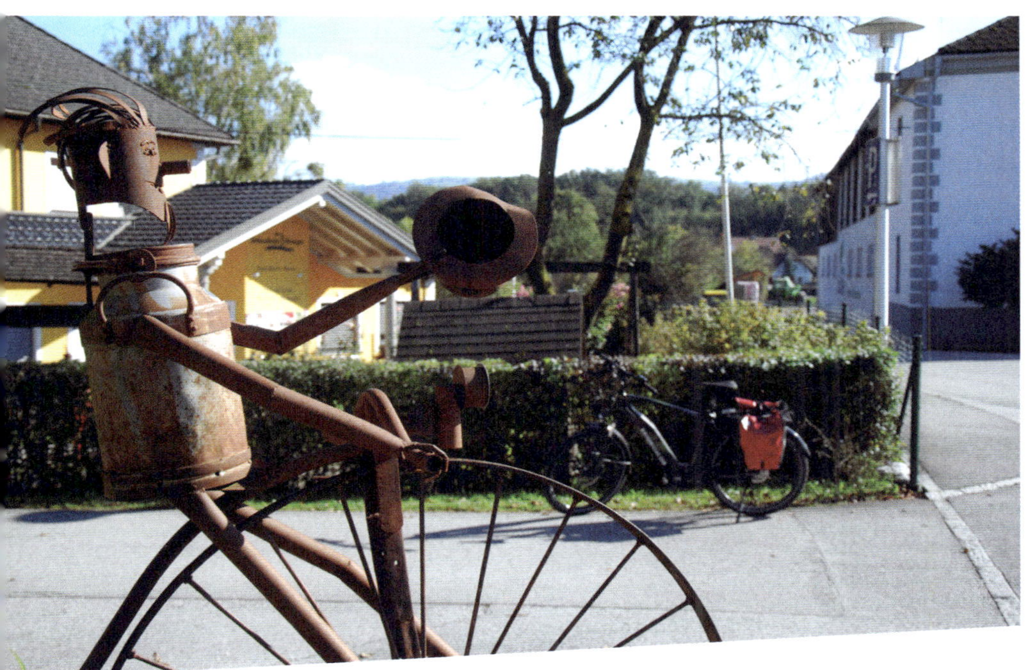

Ostarrichi

Nur 3 km vom feinen Erholungsresort entfernt kommen wir in den für Österreich geschichtsträchtigen Ort Neuhofen an der Ybbs. Das dortige 3 / Ostarrichimuseum (Mo, Do–Fr 9–12, Di, Sa–So, Fei 9–12, 13–17 Uhr, Millenniumsplatz 1, 3364 Neuhofen an der Ybbs, +43 7475 52700-40, www.museum-ostarrichi.at) sollten wir uns auf keinen Fall entgehen lassen. Ausgestellt ist eine Kopie des Dokuments, in dem der Name Österreich am 1. November 996 zum ersten Mal als „Ostarrichi" erwähnt wurde. Dabei handelt es sich um eine Urkunde, in der eine Schenkung von Land um die Region Neuhofen an der Ybbs von Kaiser Otto III. an Bischof Gottschalk von Freising beglaubigt ist. Die Ausstellung erklärt die Geschichte Österreichs von der oben erwähnten Urkunde bis zum Beitritt Österreichs zur Europäischen Union. Wir können auch mittels berührungssensitiver Monitore mitmachen. Am Europa-Spieltisch kann die EU als Puzzle nachgebaut werden.

GOLD

Barocke Kirche und barocker Hofgarten des 4 / Benediktinerstifts Seitenstetten locken mit Kunstschätzen und botanischer Pracht. In Führungen erfahrt ihr über Jahrhunderte Kloster- und Erdäpfelgeschichte. Tipp: E-Bike-Ladestation nutzen!

Blühende Gärten

Nachdem wir abermals die Ybbs überquert haben, kommen wir bald zum 4 / Benediktinerstift Seitenstetten mit Historischem Hof-

< links / Mit dem Rad oder der Bahn ins Ostarrichimuseum ^ oben / Neuhofen an der Ybbs: Ob´s mit einem Hochrad leichter geht?

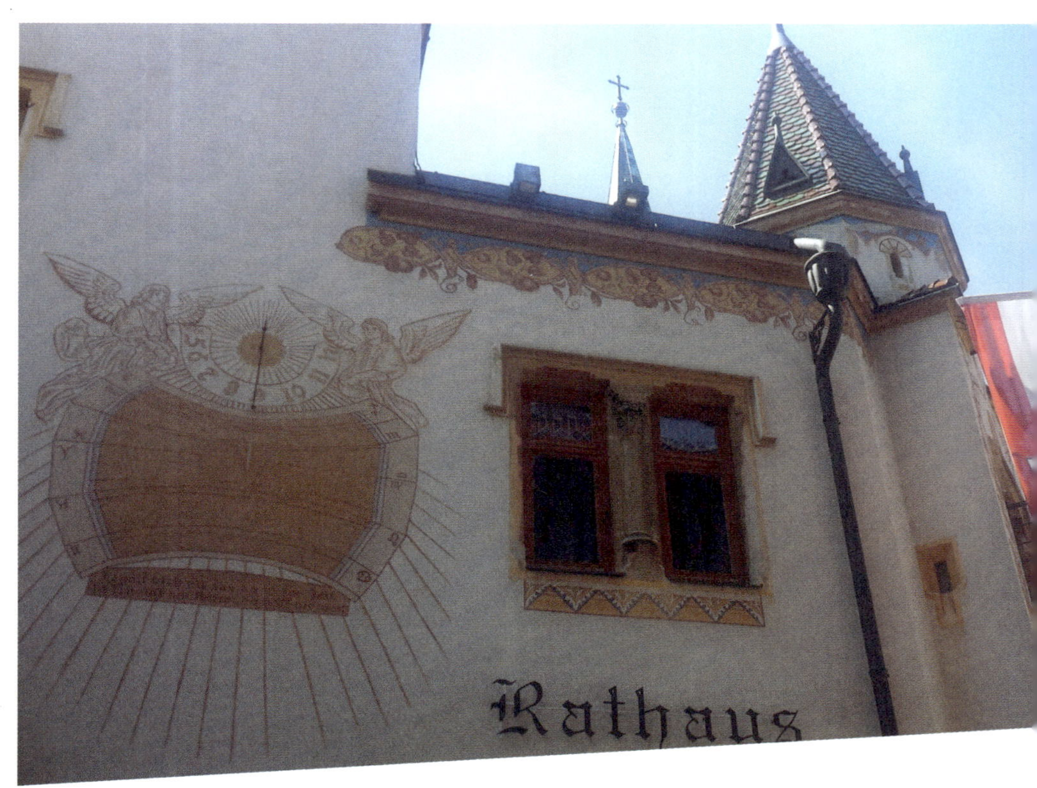

garten (1. Mai–31. Okt. Besichtigung ohne Führung Di–So 9–17 Uhr, Am Klosterberg 1, 3353 Seitenstetten, www.stift-seitenstetten.at). Die Stiftskirche, die Stiftsgalerie sowie der sehenswerte Hofgarten mit Magnolienwiese, Kräutergarten und Obsthain können besichtigt werden. Was kaum jemand weiß: Im Klostergarten des Stifts Seitenstetten wurden vor 400 Jahren die ersten Erdäpfel in Österreich angebaut. Die Stiftsbibliothek besitzt ein Buch, welches eines der ersten Rezepte für Erdäpfelsalat enthält.

LÖWIG

Kurz bevor wir in das Ortszentrum kommen, brüllt der 7 / Tierpark Haag nach einem Besuch. Siebzig Arten und hunderte Tiere warten auf uns.

Jause

Einkehren können wir um's Eck beim 5 / Mostviertlerwirt Ott (Mi, Do, Fr, So 11–14, Sa 11–19 Uhr, Marktplatz 4, 3353 Seitenstetten, +43 7477 423 04, www.mostviertlerwirt-ott.at). Solanum Tuberosum gibt es hier etwa in Form von Erdäpfelsuppe. Außerdem im Angebot sind Beef- und Veggie-Burger und veganes Kürbisragout. Vom Gastgarten hat man einen schönen

---

⋀ oben / Rathaus der Stadt Haag mit Sonnenuhr ➤ rechts / Knödel und Erdäpfel – die deftige Variante der mostviertler Küche

Stiftsblick. Alternativ bietet sich wenig später eine Einkehr in Holzschachen in 6 / Hader's Wirtshaus – Das 3 Mäderl Wirtshaus (Di–So, Fei 10–0 Uhr, Rohrbach 9, 3351 Weistrach, +43 7477 491 10, www.wirtshauskultur.at/gastronomie/a-haders-wirtshaus) an. Wir können im von Grün umgebenen Schanigarten Fisch oder Risotto speisen. Gemüse und Kräuter stammen aus dem eigenen Garten. Der Wirt fand im Gault Millau eine positive Erwähnung. Unsere Fahrräder können an der E-Bike-Ladestation Strom tanken. 300 m nach Hader's Wirtshaus ist die Beschilderung uneindeutig. Wir müssen rechts am Wegweiser vorbei und geradeaus weiterfahren.

Ankunft im Übernachtungsort

Von Weistrach brauchen wir noch gut eine Stunde in die Stadt Haag, die als Übernachtungsort zu empfehlen ist. Bevor wir in das Ortszentrum gelangen, ruft uns der 7 / Tierpark Haag (Einlass Apr.–Sept. 8:30–17:30, Aufenthalt bis 19:30, Okt., Feb., März 9–16, Aufenthalt bis 17:30, Nov.–Jän. 9–15, Aufenthalt bis 16:30 Uhr, Salaberg 34, 3350 Stadt Haag, www.tierparkstadthaag.at). Er ist eine Ganzjahresattraktion für Alt und Jung. Hunderte Tiere können im ehemaligen Park des Schlosses Salaberg bestaunt werden: Von Fischen über Beuteltiere bis zu Löwen oder Pumas ist alles dabei.

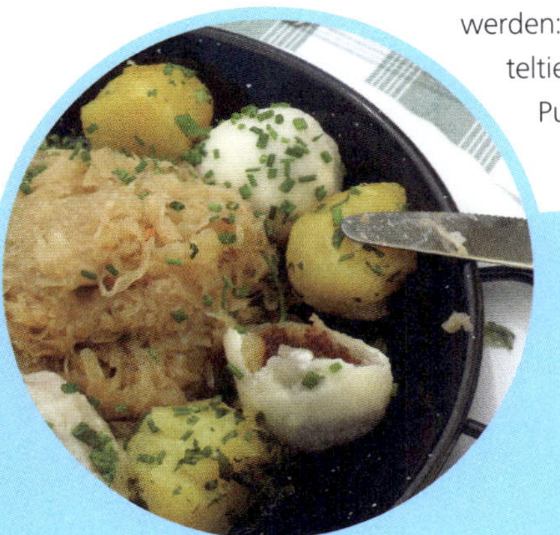

3

Nicht verpassen: in Holzschachen in 6 / Hader's Wirtshaus – Das 3 Mäderl Wirtshaus eine Pause machen! Alte Gemüsesorten und Kräuter werden frisch aus dem eigenen Garten geholt. Der Gault Millau hat's positiv vermerkt. Für die elektrischen Fahrräder gibt es eine Stromtankstelle.

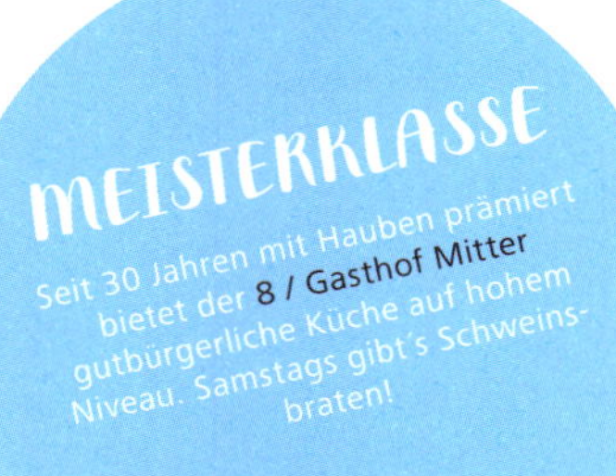

GAULT-MILLAU-HAUBEN

Abendessen

Eine absolute Empfehlung ist der in einem über 500 Jahre alten Haus beheimatete 8 / Gasthof Mitter, der seit 30 Jahren mit Gault-Millau-Hauben prämiert wird (Mo, Di, Fr–So, angepasste Öffnungstage während des Theatersommers, Linzer Straße 11, 3350 Haag, +43 7434 424 26-0, www.mitter-haag.at). Hier genießen wir gut bürgerliche Küche auf hohem Niveau in sehr gemütlicher Atmosphäre mit äußerst freundlichen Gastgebern. Das Herbstmenü beinhaltet u.a. karamellisierte Mostkrautfleckerl und Schweinsmedaillons auf Apfelmostsauce. Die Spezialität des Hauses, den Schweinsbraten, bekommst du nur Samstagmittag. Übernachten können wir in einem der 10 Gästezimmer. Nur wenige Meter entfernt liegt der Gasthof Stöffelbauer (Linzer Straße 17, 3350 Haag, +43 7434 42310, www.stefflwirt.at), in dem es auch Gästezimmer gibt. In beiden Gasthöfen gibt es Garagen, in denen die Fahrräder aufbewahrt werden können.

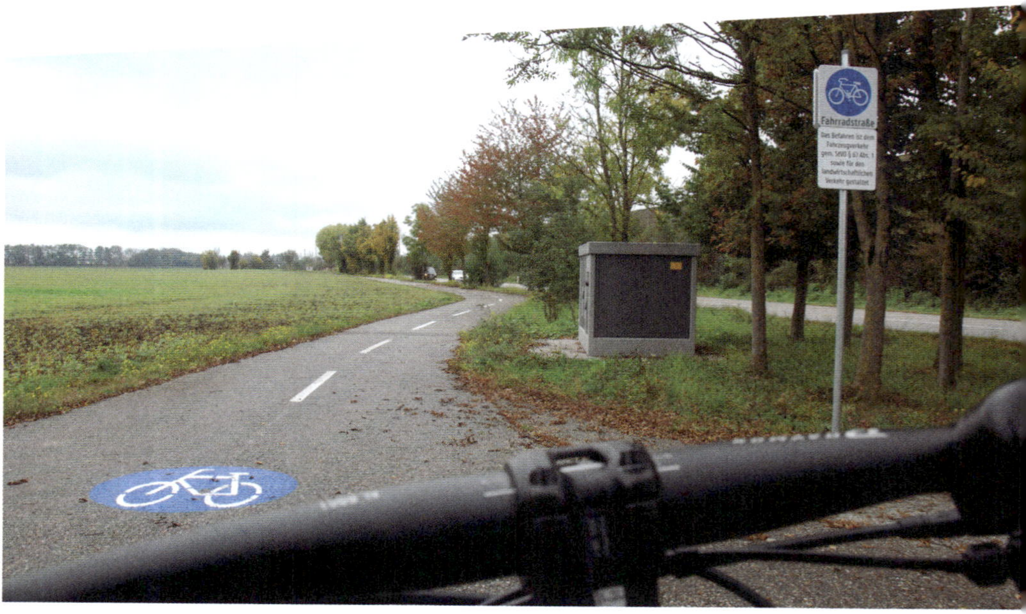

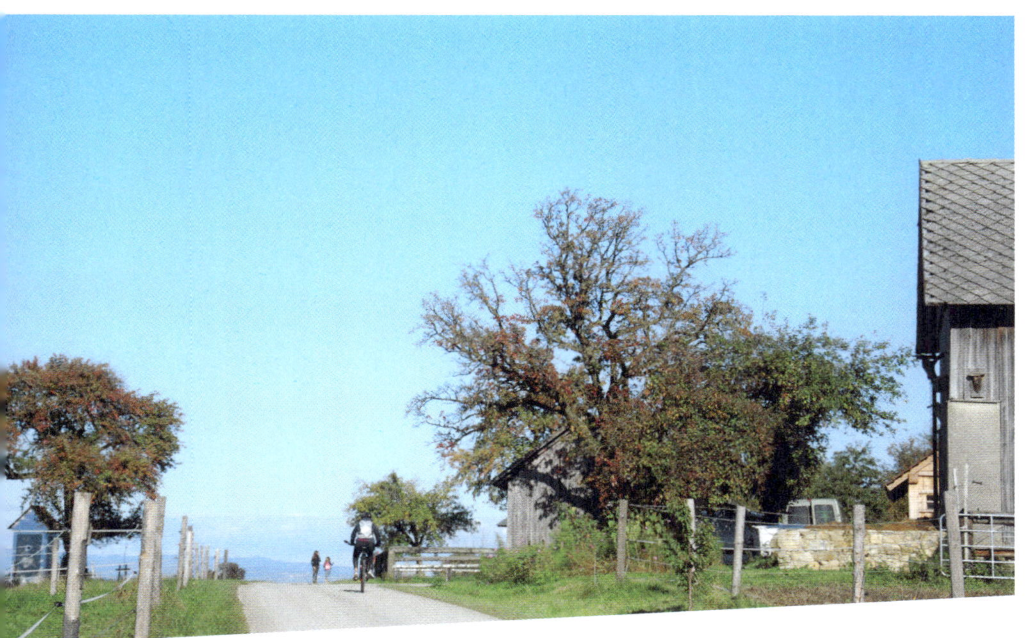

TAG 2: Höhepunkt am Hauptplatz Haag

Gut gestärkt geben wir uns im Rahmen des 9 / Theatersommers Haag (29. Juni–6. Aug. 2022, Hauptplatz 7, 3350 Stadt Haag, www.theatersommer.at) österreichische und internationale Klassiker. Bisher gab es u.a. Goldonis „Diener Zweier Herren", Felix Mitterers „Jägerstätter" oder Nestroys „Zerrissener". Auf der Bühne stehen Publikumslieblinge wie Gregor Bloéb, Wolfram Berger, Nicole Beutler, Ulrike Beimpold, Sigrid Hauser und Intendant Christian Dolezal. 2022 steht „Wie es euch gefällt – nach William Shakespeare" auf dem Programm. Tipp: Ein Sommerkleid oder ein Sakko lassen sich leicht mit dem Fahrrad transportieren und passen zusammengerollt gut in eine Packtasche.

2000

Seit mehr als 20 Jahren begeistert der 9 / Theatersommer Haag mit österreichischen und internationalen Klassikern. Die Bühne steht am Hauptplatz direkt neben Kirche und Pfarrhof. 2022 ist „Wie es euch gefällt – nach William Shakespeare" geplant.

Glasmalerei

In St. Valentin haben wir schon über die Hälfte unserer Tour geschafft. Ein Halt bei der 10 / Pfarrkirche St. Valentin lohnt sich in jedem Fall. Bemerkenswert ist die spätgotische Hallenkirche mit Langchor und dem vorgestellten Westturm. An einem Eckstrebepfeiler des Langhauses sehen wir eine römische Grabstele. Am schönsten sind aber die bei Sonnenschein leuchtenden Glasmalereien im Chor und im Langhaus.

◄ links / Auf einem eigenen Weg radelt man nach St. Valentin ▲ oben / Das hügelige Mostviertel hat viele „Gipfel"

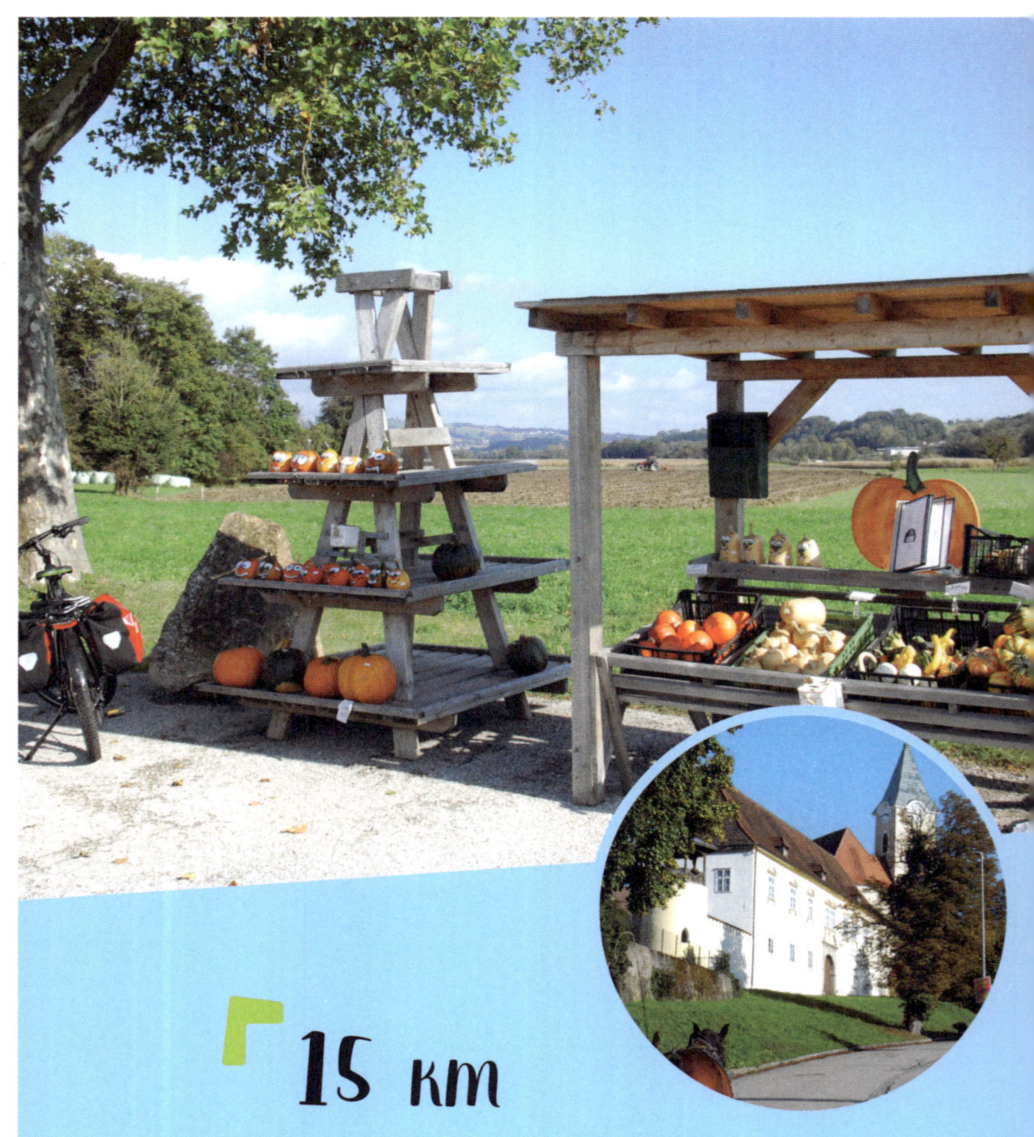

15 km

Sind wir von Erla bis Wallsee so richtig dahingerollt und haben endlich die Freuden der Ebene genossen, dann halten wir in Wallsee beim Jachthafen Ausschau nach dem 11 / Donautreff Binder. Dorthin locken uns Schnitzelgerichte, auch vegetarische, wie das hausgemachte Veggie-Cordon.

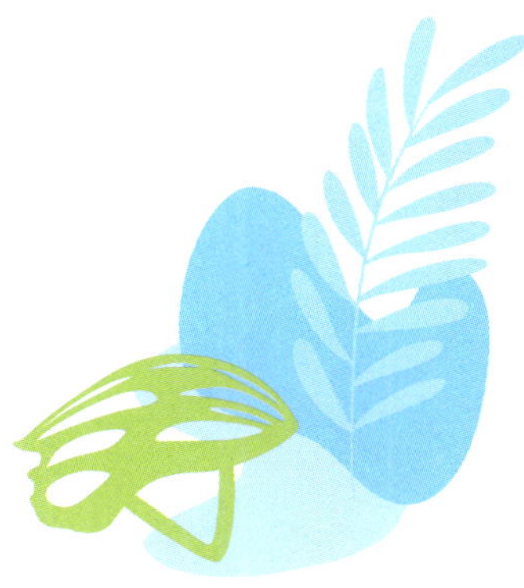

Freuden der Ebene

Ab Erla rollen wir 25 km eben dahin. Zwischen Au und Wallsee radeln wir am Dammweg neben der Donau. Zwischen Au und Ardagger Markt verläuft die Mostroute am Donauradweg. Die Radinfrastruktur zwischen Wallsee und Ardagger ist hervorragend, wir radeln durchgängig getrennt vom Autoverkehr an Feldern und Wiesen entlang. Wollen wir nochmals Kraft tanken, so machen wir das am besten im 11 / Donautreff Binder (Di–So ab 9 Uhr, 3313 Wallsee, +43 664 392 16 39, www.donautreff-binder.at) mit Blick auf den Jachthafen und Schloss Wallsee. Spezialität sind Schnitzelgerichte, auch vegetarische wie das hausgemachte Veggie Cordon.

Leben der Birne

Ein saftiger Anstieg führt auf einem Radweg entlang der Landesstraße von Ardagger Markt nach Ardagger Stift. Im 12 / MostBirnHaus Erlebnis- und Genusszentrum (ab April geöffnet, Stift 14, 3321 Ardagger Stift, www.mostbirnhaus.at) können wir Mostviertler Spezialitäten wie Most, Chutneys und Marmeladen verkosten sowie das Leben der Birne, von der Blüte bis zum fertigen Produkt, kennenlernen. Vor dem Eingang gibt's die letzte E-Bike-Ladestation auf unserer Tour und in etwas weniger als einer Stunde erreichen wir unseren Ausgangspunkt, den 1 / Bahnhof Amstetten.

SAFTVERKOSTUNG

Nach dem saftigen Anstieg nach Ardagger Stift haben wir Stärkung verdient. Genießen wir eine Birnensaftverkostung im 12 / MostBirnHaus!

TOURENINFO / Die Route weist zahlreiche Anstiege auf, ist durchgängig asphaltiert und überwiegend auf autofreien Güterwegen angelegt. Wegen mehreren Abschnitten auf stärker befahrenen Straßen inner- und außerorts ohne Radwege sowie ungeschützter Kreuzungen weniger für Kinder geeignet. E-Bike-Ladestationen bei 4 / Benediktinerstifts Seitenstetten, 2 / Relax Resort Kothmühle, 6 / Hader's Wirtshaus – Das 3 Mäderl Wirtshaus und 12 / MostBirnHaus Erlebnis- und Genusszentrum.

< links oben / Herbstlicher Selbstbedienungsladen in der Nähe von Ardagger < links Mitte / Mit Pferdestärken zum Stift Ardagger

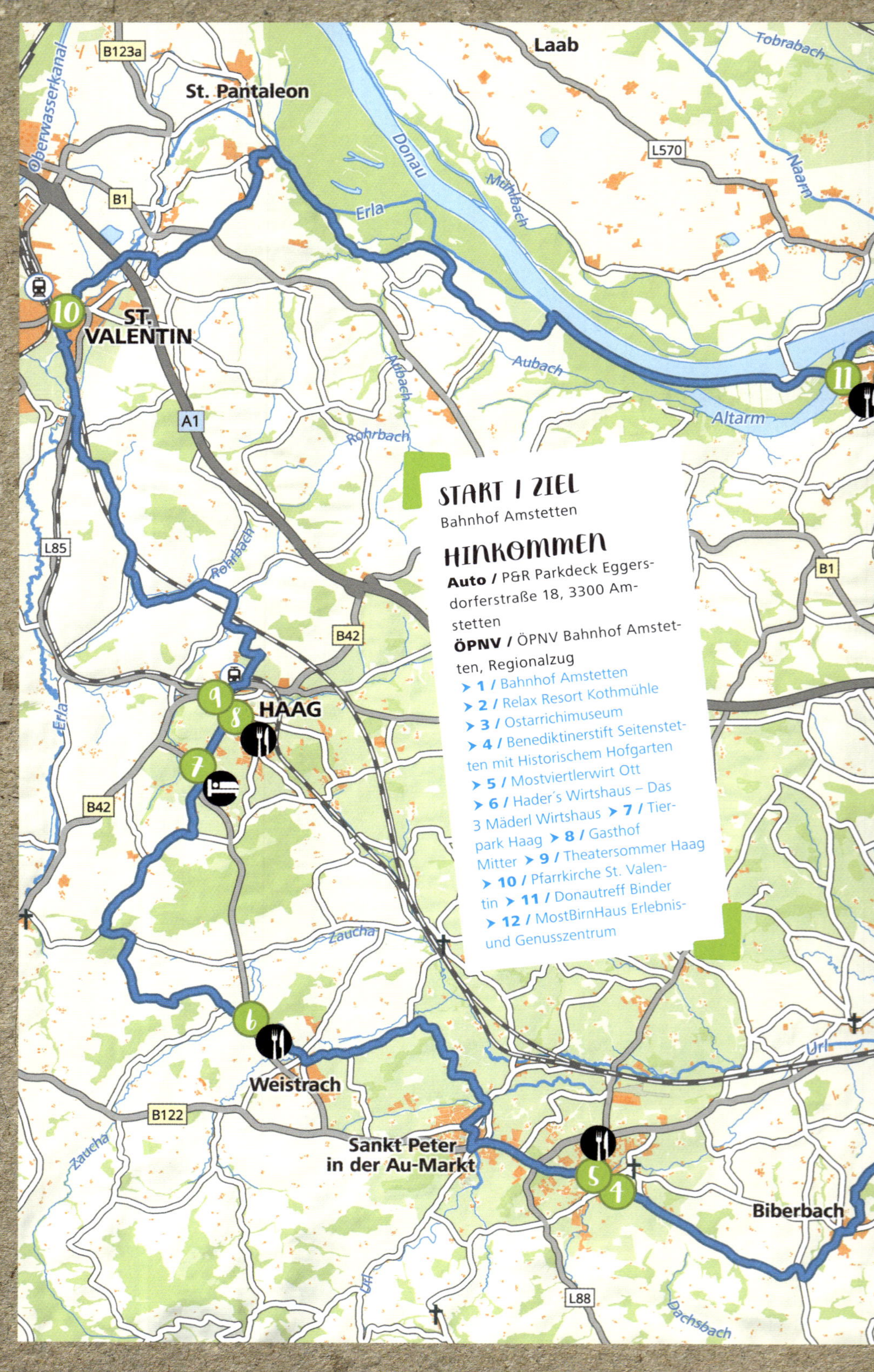
START / ZIEL
Bahnhof Amstetten
HINKOMMEN
Auto / P&R Parkdeck Eggersdorferstraße 18, 3300 Amstetten
ÖPNV / ÖPNV Bahnhof Amstetten, Regionalzug
➤ 1 / Bahnhof Amstetten
➤ 2 / Relax Resort Kothmühle
➤ 3 / Ostarrichimuseum
➤ 4 / Benediktinerstift Seitenstetten mit Historischem Hofgarten
➤ 5 / Mostviertlerwirt Ott
➤ 6 / Hader´s Wirtshaus – Das 3 Mäderl Wirtshaus
➤ 7 / Tierpark Haag
➤ 8 / Gasthof Mitter
➤ 9 / Theatersommer Haag
➤ 10 / Pfarrkirche St. Valentin
➤ 11 / Donautreff Binder
➤ 12 / MostBirnHaus Erlebnis- und Genusszentrum
Laab
St. Pantaleon
ST. VALENTIN
HAAG
Weistrach
Sankt Peter in der Au-Markt
Biberbach
Donau
Erla
Mühlbach
Aubach
Altarm
Rohrbach
Oberwasserkanal
Tobrabach
Naarn
Zaucha
Url
Dachsbach
B123a
B1
A1
L85
B42
L570
B122
L88

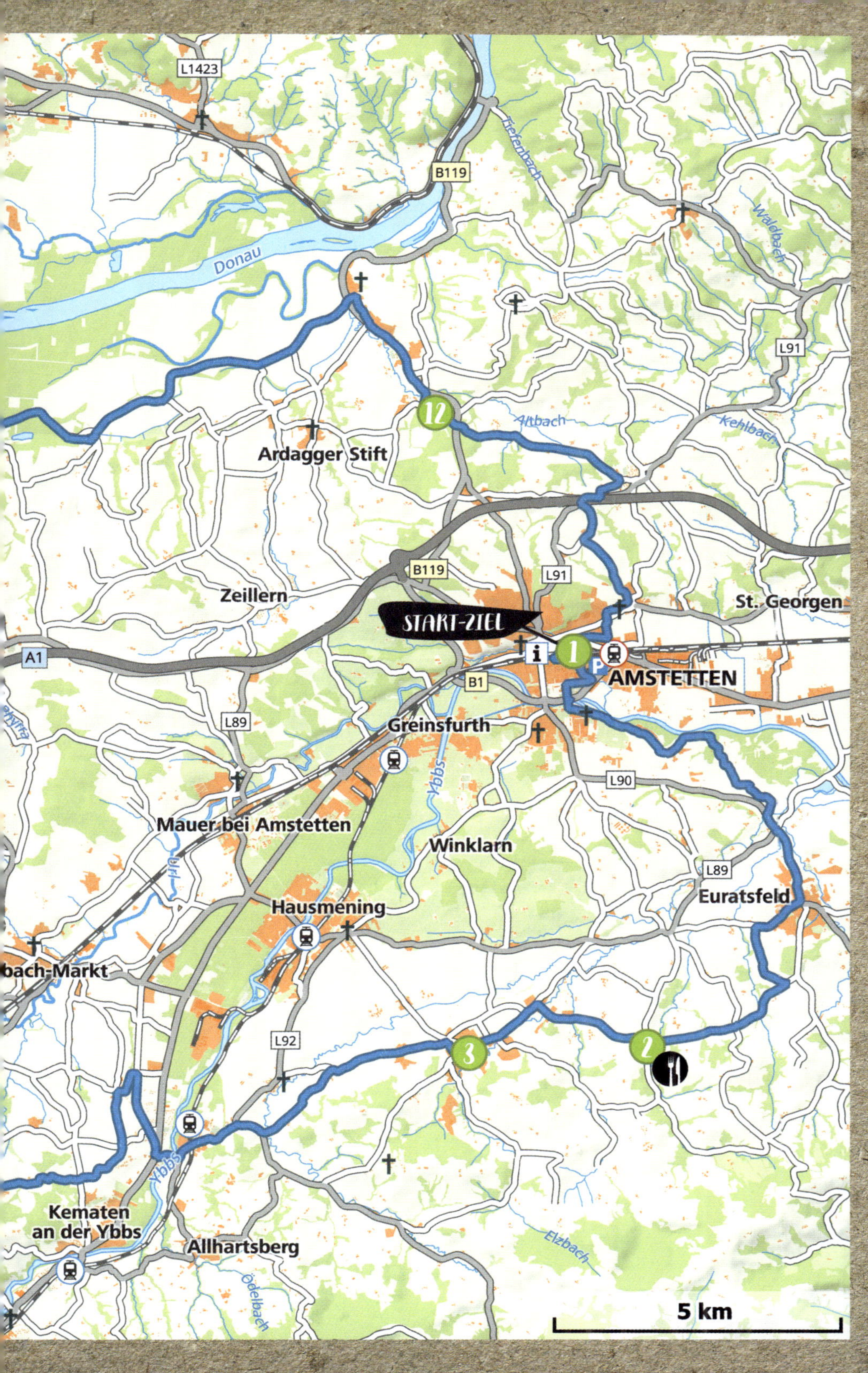
L1423
B119
Tiefenbach
Waldbach
Donau
L91
12
Altbach
Kehlbach
Ardagger Stift
B119
L91
Zeillern
START-ZIEL
St. Georgen
A1
1
P
AMSTETTEN
B1
L89
Greinsfurth
Ybbs
L90
Mauer bei Amstetten
Url
Winklarn
L89
Euratsfeld
Hausmening
bach-Markt
L92
3
2
Ybbs
Kematen
an der Ybbs
Allhartsberg
Elzbach
Ödelbach
5 km

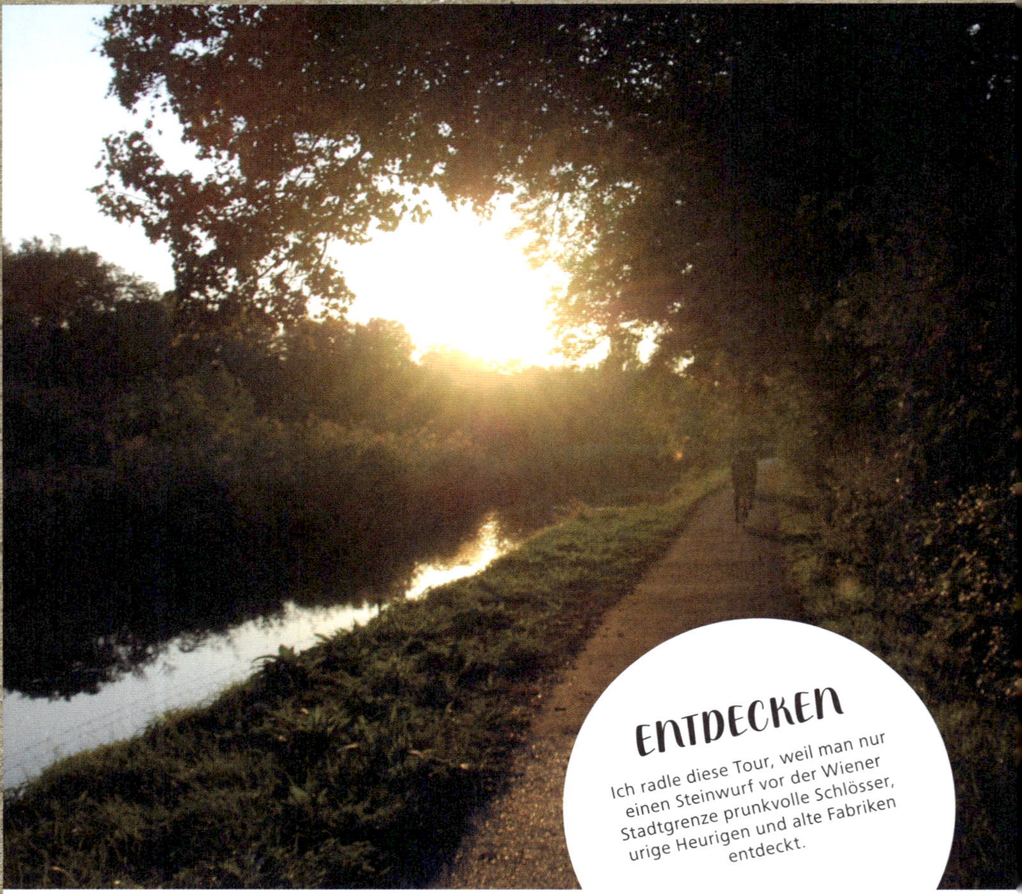

ENTDECKEN

Ich radle diese Tour, weil man nur einen Steinwurf vor der Wiener Stadtgrenze prunkvolle Schlösser, urige Heurigen und alte Fabriken entdeckt.

- **1 /** Am Bahnhof Himberg radeln wir los
- **2 /** Am Rastplatz bei Himberg pausieren wir im Schatten einer Kastanie
- **3 /** Das Weingut Artner in Trumau bietet eigene Weine und Grammelknödel
- **4 /** Einen spektakulären Römerfund zeigt die Bettfedernfabrik in Oberwaltersdorf
- **5 /** Eine Neptunstatue steht vor Winzerhäusern in Tattendorf
- **6 /** Das urige Gasthaus Steinmann serviert Schmankerl aus der Heimat
- **7 /** Köstliche Fische kredenzt die Falstaff-prämierte Mühlsteinstube
- **8 /** Das Wasserschloss Kottingbrunn strahlt in barocker Pracht
- **9 /** Im Tratschcafé in Kottingbrunn verweilt man gemütlich bei Kaffee und Kuchen
- **10 /** Die beste Erfrischung gibt´s im Thermalbad Vöslau
- **11 /** Der Radlheurige reicht uns Radlmeister Traubensaft
- **12 /** Im Schlosspark Laxenburg wandeln wir auf kaiserlichen Pfaden

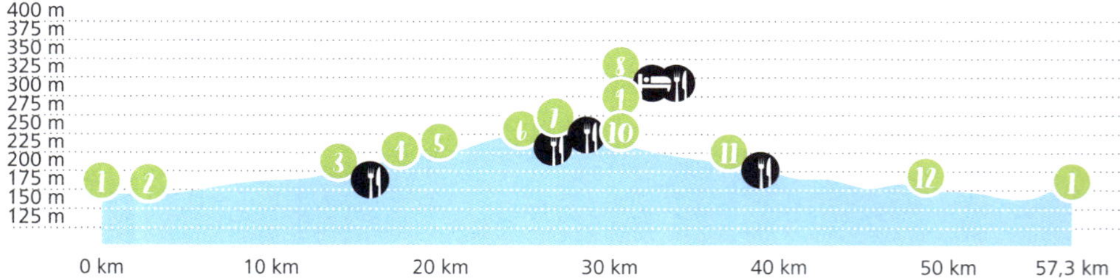

SCHLÖSSERTOUR

Zu den Schlössern in Kottingbrunn und Laxenburg

Wir radeln von Himberg durch die Triestingauen nach Schönau. Der Wiener Neustädter Kanal führt uns zu Römerfunden im Schloss Kottingbrunn und zu beliebten Weinorten. Wir krönen die Tour mit einem Besuch im Schlosspark Laxenburg.

Tag 1 + Tag 2
29 + 28 Kilometer
85 + 10 Höhenmeter
2:30 + 2 Stunden
Rundtour

TAG 1: Losrollen

Wir starten unsere Tour am 1 / Bahnhof Himberg. Wir radeln die Bahnstraße in Richtung Ortszentrum und anschließend am Hauptplatz nach rechts. Beim zweiten Haus auf der linken Seite, Hauptplatz 9, fahren wir durch eine Hausdurchfahrt in die Neubachgasse. In dieser fahren wir geradeaus bis zur T-Kreuzung mit der Rudolf-Wieser-Gasse. In dieser fahren wir links und stoßen kurz danach direkt an den Damm des Neubachs, Im Wädchen. Wir fahren auf den Radweg und auf diesem nach links. Ab hier folgen wir der Wegweisung Triestingau 9a, der wir bis Schönau an der Triesting folgen.

CHARAKTER
Sportlich ●●●○○
Abkühlung ●●●●○
Schlemmen ●●●●○
Panorama ●●●●○

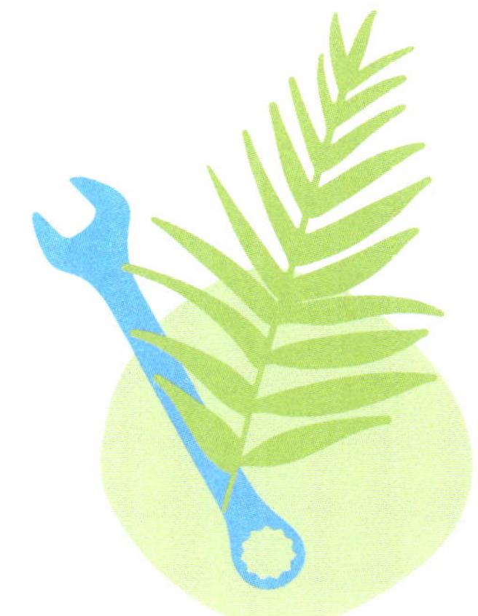

Anningerblick

Bald radeln wir in einer schattenspendenden Allee, die uns durch Sonnenblumen- und Rapsfelder in Richtung Süden führt. Wir rollen eben durchs

◀ links / Abendstimmung am Wiener Neustädter Kanal bei Leobersdorf

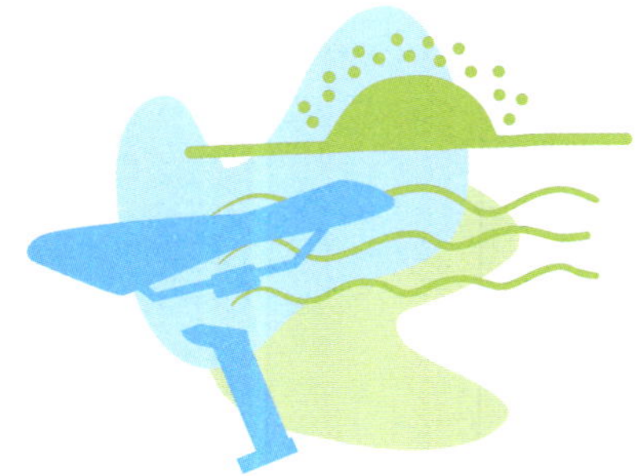

Wiener Becken und im Westen lachen uns die sonnenbeschienenen Weinberge der Thermenregion entgegen sowie die Gipfel der Wiener Hausberge, z. B. der Vierjochkogel, eine der vier Erhebungen des Anninger.

Rast unter der Kastanie

Ein bei einem Wegkreuz gelegener 2 / Rastplatz bietet uns zwischen Himberg und Münchendorf ein schattiges Bankerl unter einer Kastanie, wo wir eine erste Pause einlegen können. Als delikate Einführung in die Weingegend überzeugt das 3 / Weingut Artner (ausg'steckt im Sommer u. Herbst, Gartengasse 4, 2521 Trumau, +43 664 455 58 87, www.weinartner.at). Im rustikalen Stadl oder im Garten können wir eigene Weine kosten oder die aus regionalen Zutaten gezauberten Spezialität des Hauses, die Grammelknödel mit Kraut genießen.

Römerfunde im Industriedenkmal

In Oberwaltersdorf begegnen wir zwei gut erhaltenen Industriedenkmälern. Zunächst in Fahrtrichtung rechts der Triesting der alten Baumwollspinnereifabrik, in der sich heute exklusive Lofts befinden. Und etwa 2 km danach links der Triesting der ehemaligen 4 / Bettfedernfabrik – Kultur und Eventzentrum (Heimatmuseum Mi 16–18 Uhr, Kulturstraße 1, 2522 Oberwaltersdorf, www.bettfedernfabrik.at). Der Bau mit seinem hohen Ziegelrauchfang wird heute für Veranstaltungen genutzt. Er enthält auch das hiesige Heimatmuseum, dessen Existenz einer kleinen Gruppe von Heimatforschern zu verdanken ist. Glanzlicht der Sammlung ist ein römisches Weinfass, das zu den ältesten in Österreich zählt. Offenbar genossen schon die Römer den vergorenen Traubensaft dieser Gegend. Kleine Überraschung: Nicht alle historischen Fabri-

MITTWOCHNACHMITTAG

Schade, dass das Heimatmuseum im 4 / Kulturzentrum Bettfedernfabrik so kurz geöffnet ist. Hier ist eines der ältesten römischen Weinfässer zu sehen!

➤ rechts oben / Ehemalige Baumwollspinnereifabrik ➤ rechts Mitte / Weinlese in Trumau

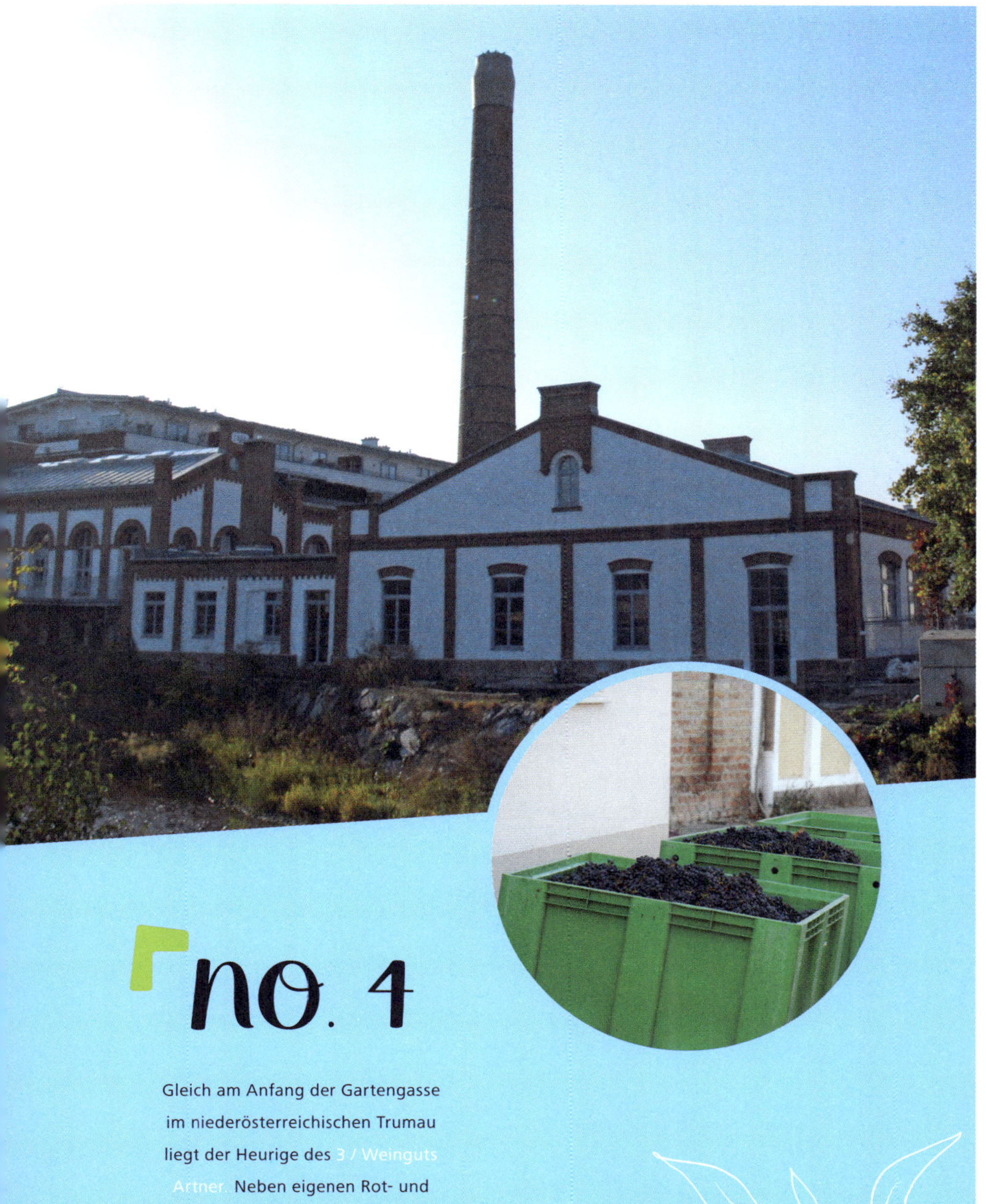

NO. 4

Gleich am Anfang der Gartengasse im niederösterreichischen Trumau liegt der Heurige des 3 / Weinguts Artner. Neben eigenen Rot- und Weißweinen wird energiereiche Heurigenkost geboten. Warum nicht die Spezialität des Hauses, Grammelknödel mit Kraut, probieren?

ORTSWECHSEL

Seit 20 Jahren ist die 5 / Neptunstatue in Tattendorf. Vorher war der Wassergott im Wiener Dianabad beheimatet. Kühlen kann er. Trinkwasser spenden nicht.

ken in der Region dienen heute als Museum oder zu Wohnzwecken: Drei Ortschaften weiter auf unserer Tour, in Günselsdorf, wird die frühere Baumwollspinnereifabrik aus 1846 als Kabelfabrik genutzt.

Vom Wassergott zum urigen Wirt

Wenn uns heiß ist, bringt uns die neben einzelnen Winzerhöfen gelegene wasserspendende 5 / Neptunstatue Tattendorf Abkühlung. Sie schmückte bis vor einem halben Jahrhundert das Dianabad in Wien und seit 20 Jahren den Raiffeisenplatz in Tattendorf. Falls wir unsere Wasservorräte nachfüllen möchten, finden wir am anderen Ende dieses langgestreckten Platzes einen Trinkbrunnen. Durch üppige Aulandschaft, in der man im Sommer gut beschattet vorwärts kommt, radeln wir entlang der Triesting zwischen Tattendorf und Schönau. Wenn du urige, wie aus der Zeit gefallene Stuben magst, dann gibt es im 6 / Gasthaus Steinmann (Di–So, Fei 11–13, 18–19 Uhr, Kirchengasse 3, 2525 Schönau an der Triesting, +43 2256 639 03) eine tolle Einkehrmöglichkeit. Geboten werden typisch österreichische Küche und regionale Spezialitäten.

TRINKFLASCHE AUFFÜLLEN UNTER DEN AUGEN DES WASSERGOTTES

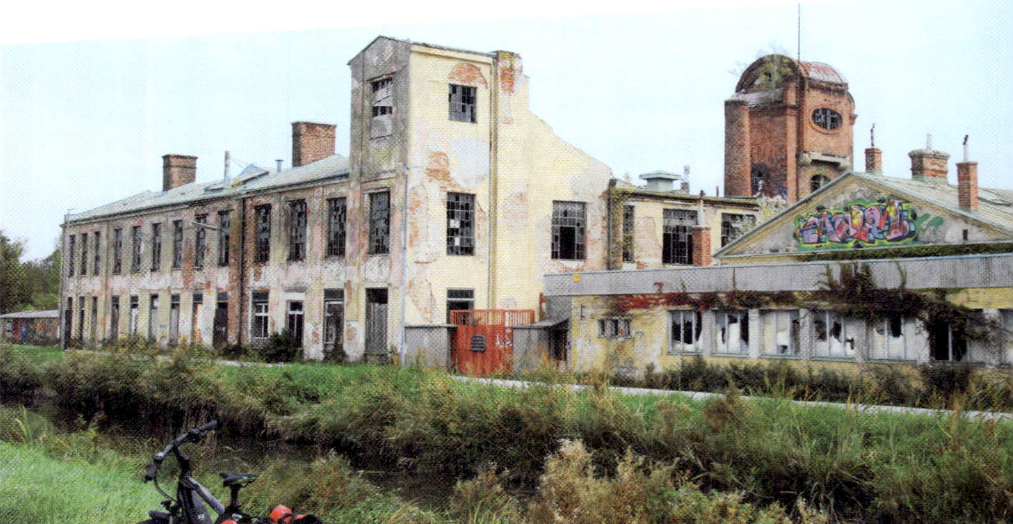

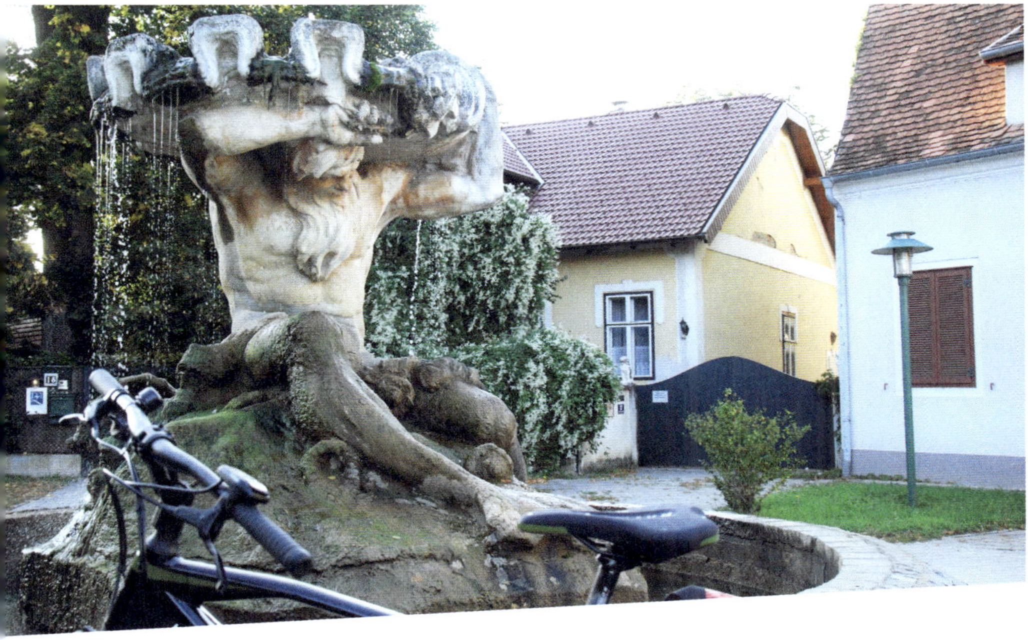

Fischspezialitäten

In Schönau an der Triesting erreichen wir den Wiener Neustädter Kanal. Ab hier folgen wir der Wegweisung Thermenradweg in Richtung Wien. Nur einen Steinwurf westlich des Kanals liegt das 7 / Restaurant Mühlsteinstube (Do 17–22:30, Fr–Sa 11:30–22:30, So 11:30–21 Uhr, Dornau 3, 2544 Leobersdorf, +43 664 860 15 37, www.muehlsteinstube.at). In dem kleinen, im Falstaff gewürdigten Familienbetrieb bekommen wir köstliche Fischspezialitäten wie Wels, Forelle oder Saibling. Die Fische werden vom benachbarten Gut Dornau bezogen und am Plattengrill oder im Ofen zubereitet. Das meiste Gemüse stammt aus Eigenanbau. Denjenigen, die keinen Fisch essen, wird Tafelspitz angeboten. Die gleiche Abzweigung (Triestingtalradweg), die wir zur Mühlsteinstube nehmen, führt uns auch zum Hotel Leobersdorfer Hof (Umlauffgasse 2, 2544 Leobersdorf, www.hotel-leobersdorferhof.at), in dem wir übernachten können. Für Spätradler ideal: Der 24-Std.-Check-in. Oder wir bleiben im Tennis Golf Hotel Höllrigl (Hauptstraße 29, 2542 Kottingbrunn, +43 02252 77616, www.hoellrigl.at), das ein Bett&Bike-Zertifikat vom ADFC trägt und u.a. E-Bikes verleiht und Radreparaturen organisiert. Dorthin nehmen wir die gleiche Abzweigung, die uns zum Wasserschloss führt.

SIL-BER

Frische Fische bringen Glanz auf den Teller und in die Augen von Fischfans. Im 7 / Restaurant Mühlsteinstube können wir das selbst erleben. Die Fische werden vom benachbarten Gut Dornau bezogen und am Plattengrill oder im Ofen zubereitet.

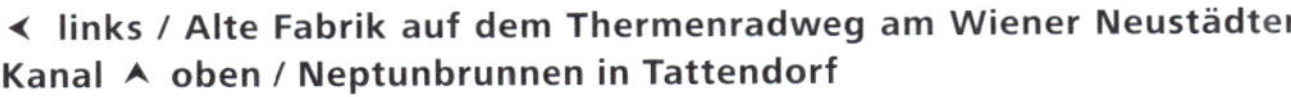

◄ links / Alte Fabrik auf dem Thermenradweg am Wiener Neustädter Kanal ▲ oben / Neptunbrunnen in Tattendorf

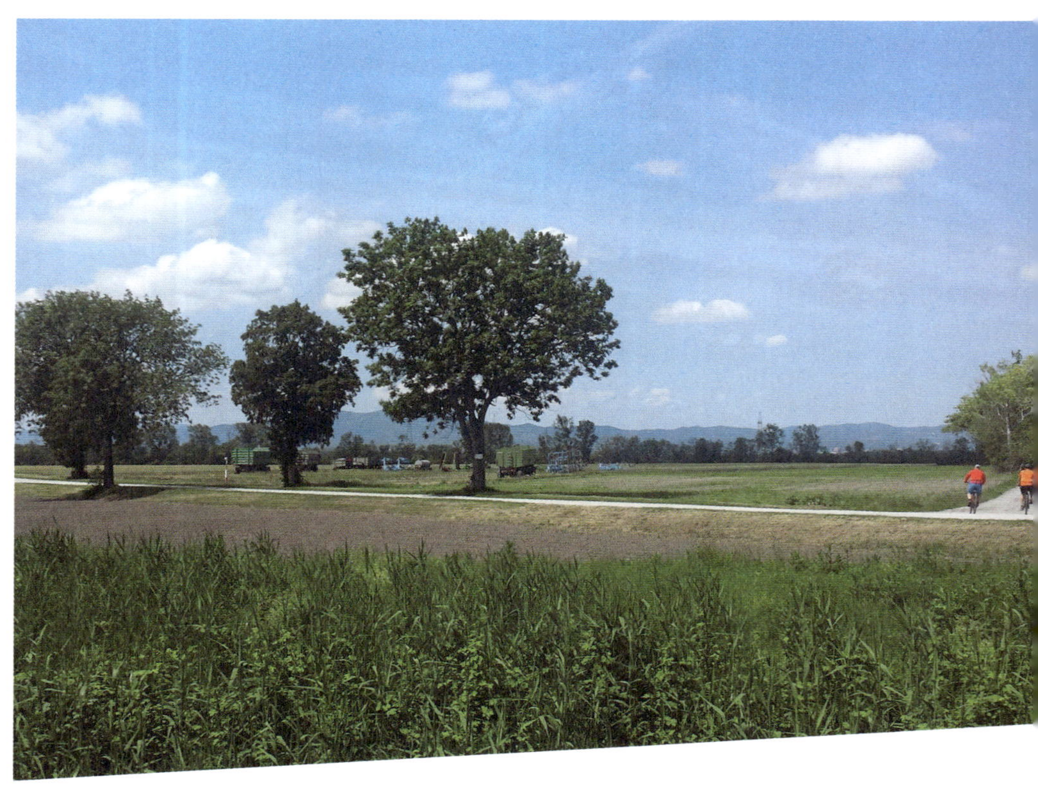

TAG 2: Ehemaliger Verkehrsweg

Am asphaltierten Dammweg des Wiener Neustädter Kanals radeln wir Richtung Kottingbrunn. Das idyllische Naherholungsgebiet am Kanal ist einladend für viele, weswegen es an schönen Tagen ganz heftig vor Menschen wuselt. Der Kanal wurde vor mehr als 200 Jahren als Transportweg zwischen Wiener Neustadt und Wien angelegt und schon nach 80 Jahren wegen übermächtiger Konkurrenz durch die Eisenbahn stillgelegt wurde. Auf den Schiffen wurden Holz, Kohle und Ziegel befördert. Die Bewältigung der Gesamtstrecke von mehr als 30 km dauerte mehr als einen Tag. Wir sind heute mit unserem Drahtesel deutlich schneller unterwegs, selbst wenn wir es sehr gemütlich angehen lassen.

KAFFEEKONZERT

Besonders cool sind die Konzerte an lauen Sommerabenden im 9 / Tratschcafé, das in einer gemütlichen Ecke am Schlossgelände liegt.

Wasserschloss

Ein erster Höhepunkt entlang des Thermenradwegs ist das 8 / Wasserschloss Kottingbrunn mit Museum (jeden 2. Sa von 14–17 Uhr,

⮝ oben / Der Triestingauradweg: beliebt, aber nicht überlaufen
➤ rechts / Das barocke Wasserschloss Kottingbrunn

Schloß 4, 2542 Kottingbrunn, www.museumkottingbrunn.at), das ursprünglich eine mittelalterliche Burg war und später zu einem barocken Landschloss umgebaut wurde. Seit 30 Jahren ist das Schloss in Gemeindebesitz und beherbergt Schlosskapelle und das Schlossmuseum. Das Museum erzählt die Ortsgeschichte von der Römerzeit bis heute. Im Zuge von Bauarbeiten am alten Sportplatz wurde vor 15 Jahren ein römisches Landgut, eine „Villa rustica", freigelegt. Diese ließ keinen Komfort vermissen und enthielt Fußbodenheizung, verglaste Fenster und Warmwasserbadeanlage. Zur Ausstellung dieser Funde wurde das Museum um ein Römerzimmer erweitert. Weil er nicht ganz ins Museum gepasst hätte, wurde der aufgefundene Römerbrunnen aus dem 2. Jahrhundert am Schlossgelände originalgetreu wiederaufgebaut. Tipp: Vor dem Wasserschloss Kottingbrunn steht uns eine E-Bike-Ladestation zur Verfügung.

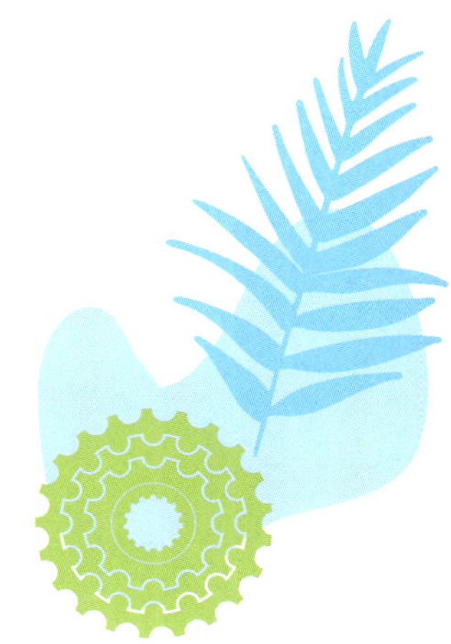

Kaffeetratsch am Schlossgelände

In einer gemütlichen Ecke am Schlossgelände lädt das 9 / Tratschcafé (Hunde willkommen, Kinderspielbereich, Mi–So 8–18 Uhr, Schloss 9, 2542 Kottingbrunn, +43 2252 743 839, www.tratschcafe.at) zum Verweilen bei Kaffee und Kuchen. Regionale Produkte wie Öle, Chutneys und Marmeladen können im eigenen Laden

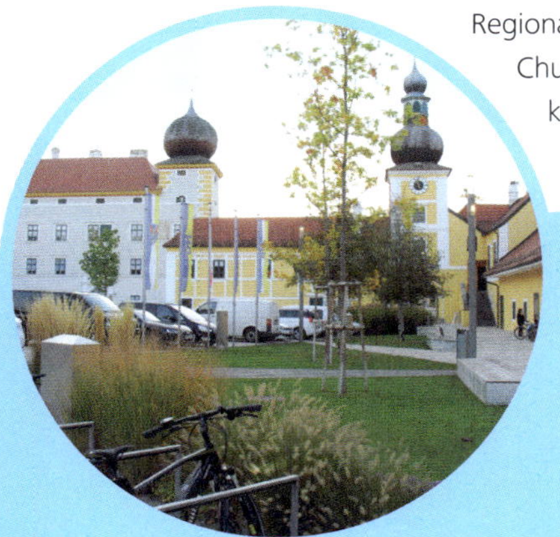

2 JH.

Die Römer haben gewusst, wo es schön ist und es sich gut leben lässt. So kamen sie auch ins Gebiet des heutigen Kottingbrunn. Im Museum des 8 / Wasserschlosses Kottingbrunn sehen wir einiges davon, nur nicht den Römerbrunnen, der wurde nach seiner Auffindung am Schlossgelände aufgebaut.

VÖSLAUER

„Es war sehr schön, es hat mich sehr gefreut." Das hat wohl schon Kaiser Franz Joseph I. über seinen Besuch im 10 / Thermalbad Vöslau gesagt.

verkostet und erworben werden. Im Sommer werden Konzerte aller möglichen Stile von Austropop bis Irish Folk veranstaltet.

IM THERMALWASSER PLANSCHEN

Wie der Kaiser im Thermalbad

Gleich im nächsten Ort macht die Thermenregion ihrem Namen mit dem 10 / Thermalbad Vöslau alle Ehre (23. Apr–25. Sept. 2022, ab 8 Uhr, Maital 2, 2540 Bad Vöslau, www.thermalbad-voeslau.at). Das Bad ist 3,5 km vom Kanal entfernt, aber gerade in der Sommerhitze gibt es weit und breit keine bessere Erfrischungsmöglichkeit, als einige Schwimmlängen im Waldbecken inmitten der duftenden Föhren hinzulegen. Das Bad rühmt sich dafür, dass Ende des 19. Jahrhunderts erstmals Frauen in Österreich schwimmen lernen konnten. Hohen Besuch gab es damals auch. Kaiser Franz Joseph I. besuchte 1880 das Thermalbad und hat sich anerkennend dazu geäußert. Ob er selbst auch eine Runde geschwommen ist, ist nicht überliefert. So traumhaft das Radfahren am Thermenradweg Eurovelo 9 entlang der Weinorte Gumpoldskirchen, Pfaffstätten oder Baden auch ist, für eine europäische Hauptrad-

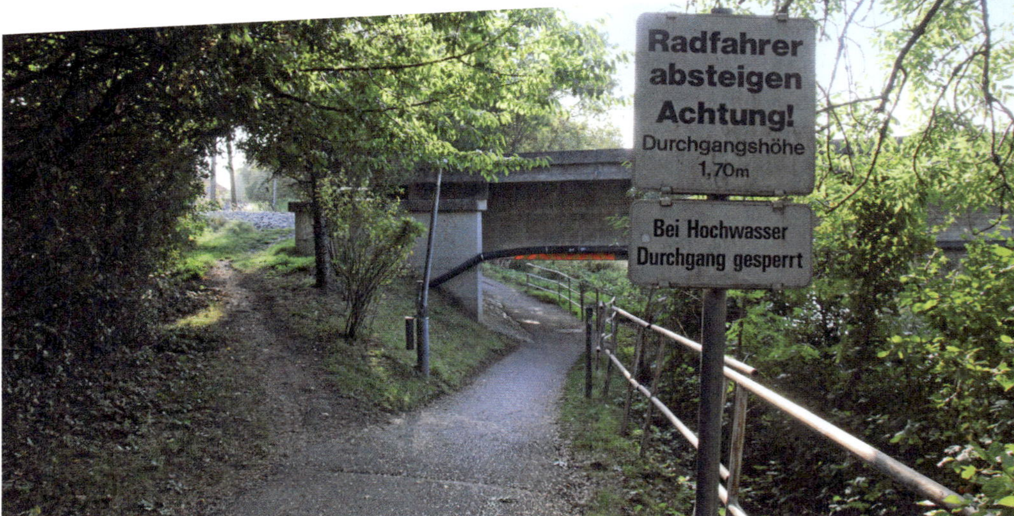

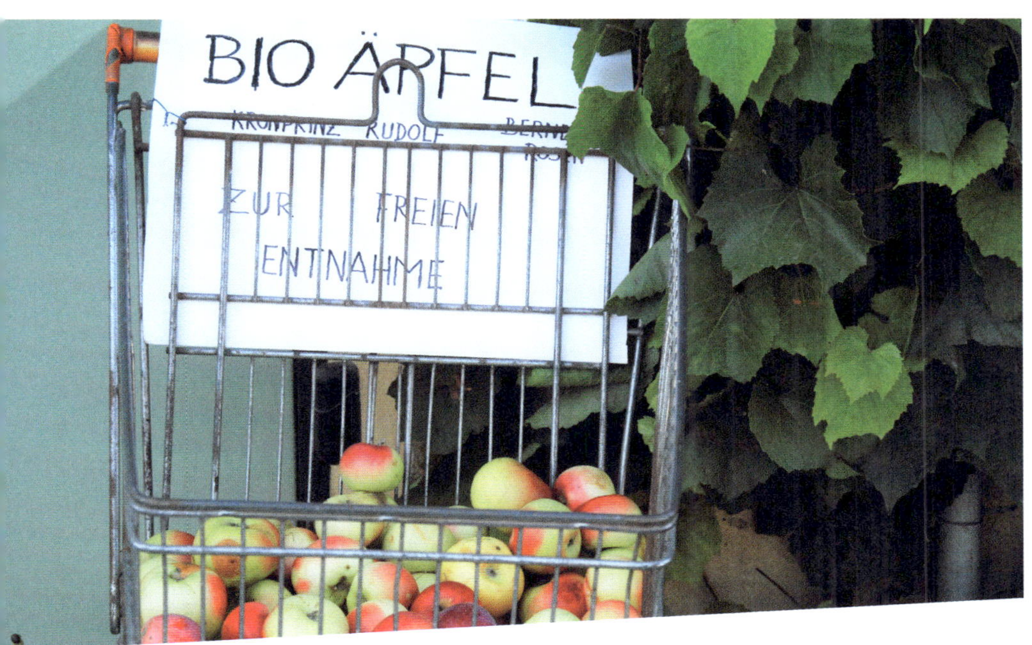

route ist das halbe Dutzend Schiebestrecken durch Brückenunterführungen oder über Stufen entlang der Route mühsam und ungewollt abenteuerlich. Besonders, wenn man mit Anhänger oder E-Bikes unterwegs ist.

Radlmeister

Der 11 / Radlheurige (Wiener Neustädter Kanal, Billrothgasse 23, 2511 Pfaffstätten, +43 676 305 39 19, www.radlheuriger.at) direkt am Kanal winkt uns mit seiner über dem Radweg hängenden Aussteckfahne gerade zu sich. Dort kredenzt man uns typische Heurigenkost wie Aufstrichbrote, Brettljause oder Saure Presswurst. Außerdem gibt es Ofenkartoffel, Pizza Eck oder Toast. Als Getränk wird Radlmeister, ein naturbelassener Traubensaft, angeboten. Vom Garten blicken wir in die Weinberge von Pfaffstätten.

Disneyschloss im Landschaftsgarten

Der Thermenradweg führt bald am Industriezentrum NÖ Süd vorbei. Am Ortsrand von Laxenburg verlassen wir ihn, um der Wegweisung Weg der Ziegelbarone in Richtung Achau zu folgen. Wollen wir einen lohnenswerten Abstecher zum Schlosspark Laxenburg machen, radeln wir bei der Ortstafel Laxenburg rechts

1803

Vor mehr als 200 Jahren wurde der erste Abschnitt des Wiener Neustädter Kanals eröffnet. Damals reine Transportfunktion, heute Freizeitoase, an dem auch der 11 / Radlheurige liegt. Der Traubensaft „Radlmeister" erfrischt vorzüglich.

< links / Eine der Schiebestrecken am Thermenradweg ^ oben / Äpfel auf den Bäumen, im Most und wie hier zur freien Entnahme

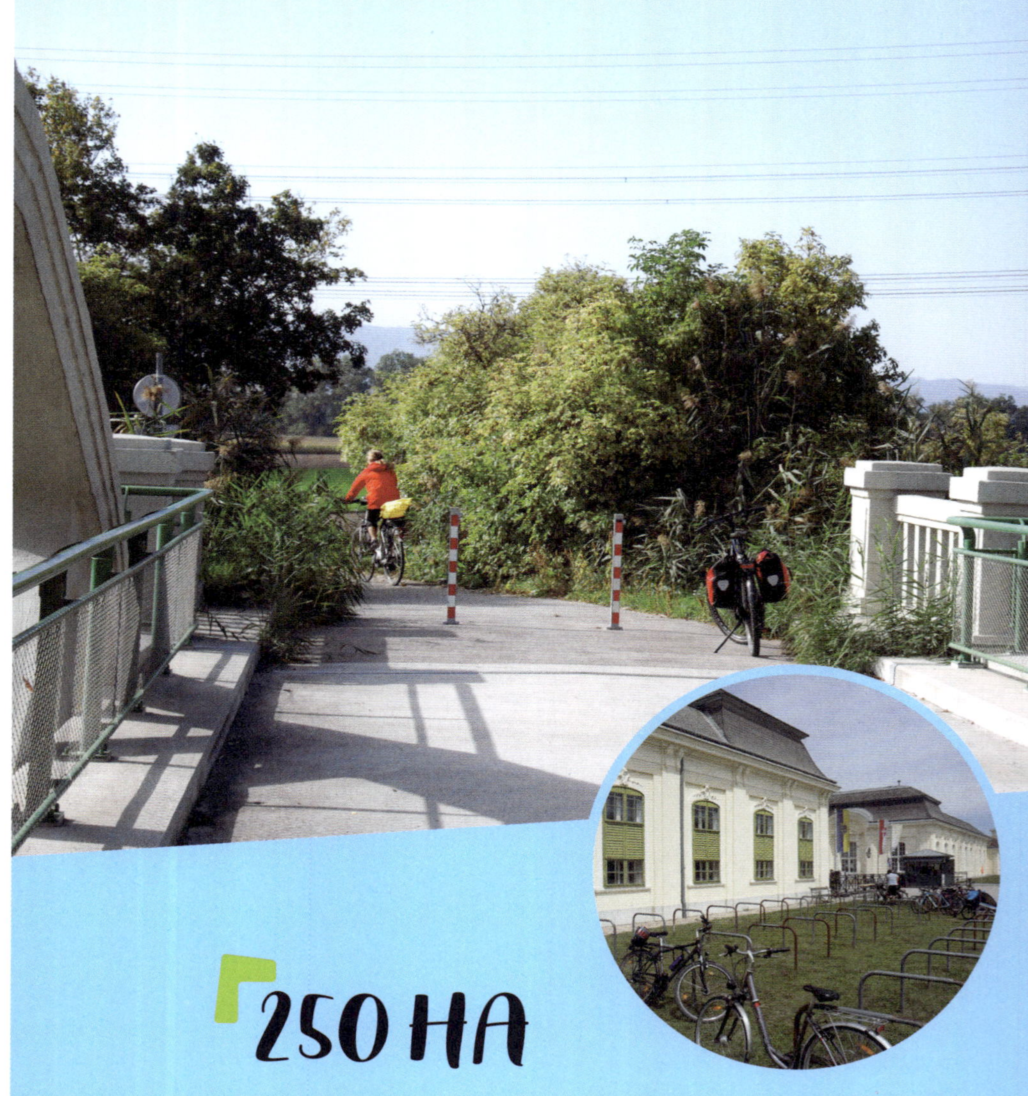

250 HA

Der größte Landschaftsgarten Österreichs, der 12 / Schlosspark Laxenburg, wurde 2020 mit dem „Goldenen Igel" ausgezeichnet, da er die Kernkriterien von „Natur im Garten" so vorbildlich umsetzt. Dazu gehören u.a. der Verzicht auf chemisch-synthetischen Dünger und Pestizide.

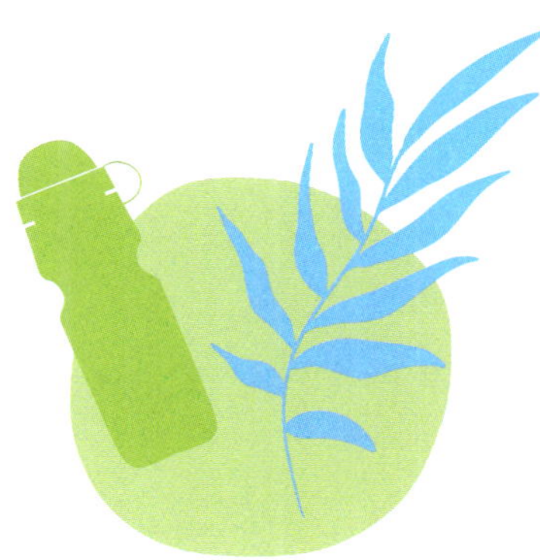

in die Neudorfer Straße in den Ort. Der 12 / Schlosspark Laxenburg (Schlosspark tägl., saisonal versch. geöffnet, Franzensburg, Fähre u. Bootsverleih ab 9. April 2022, www.schloss-laxenburg.at) ist der größte Landschaftsgarten in Österreich. Im 14. Jh. von den Habsburgern erworben und als Jagdgebiet genutzt, wurde er nach einem Intermezzo als Barockgarten unter Maria Theresia im 19. Jh. in einen Landschaftsgarten verwandelt. Die romantischen Bauwerke, besonders die auf einer Insel im Schlossteich angelegte Franzensburg, versprühen ein Disneyland-Flair, das nicht nur für Kinder reizvoll ist. Vom Boot aus bekommst du die besten Blicke auf die Burg und beim Flanieren über verschlungene Wege durch Gehölz, Wiesen und Brücken fühlt man sich ein bisschen wie Kaiserin Sisi oder Kaiser Franz Joseph, die hier ihre Flitterwochen verbrachten.

HISTORISMUS

Die Franzensburg im Schlosspark wurde im 19. Jh. als „mittelalterliche" Burg angelegt und ist ein Meilenstein in Richtung Historismus.

Zurück nach Himberg

An einer Feldwegkreuzung vor dem bebauten Ortsrand von Himberg biegt der Weg der Ziegelbarone nach links. Wir verlassen diese Route und fahren den Feldweg, der uns am Ende zwischen Einfamilienhäusern durchführt, geradeaus weiter. Nach einem Block in der Arbeiterstraße biegen wir an der T-Kreuzung links in die Anningergasse und anschließend rechts in die Dammgasse. In dieser radeln wir noch ca. 300 m bis zu einer kleinen Brücke über den Neubach. Nach Überquerung der Brücke fahren wir den zu Beginn beschriebenen Weg zurück zu unserem Ausgangspunkt, dem 1 / Bahnhof Himberg.

TOURENINFO / Die Route ist eben und durchgängig befestigt. Sie verläuft überwiegend in verkehrsberuhigten Gassen und auf autofreien Wegen. Am Thermenradweg gibt es mehrere Schiebestrecken und verbesserungswürdige Kreuzungen. Insgesamt gut für selbstradelnde Kinder geeignet. Badesachen einstecken! E-Bike-Ladestation vor dem 8 / Wasserschloss Kottingbrunn.

◂ links oben / Radbrücke über die Triesting ◂ links Mitte / Der Schlosspark Laxenburg wird gerne mit dem Rad angesteuert

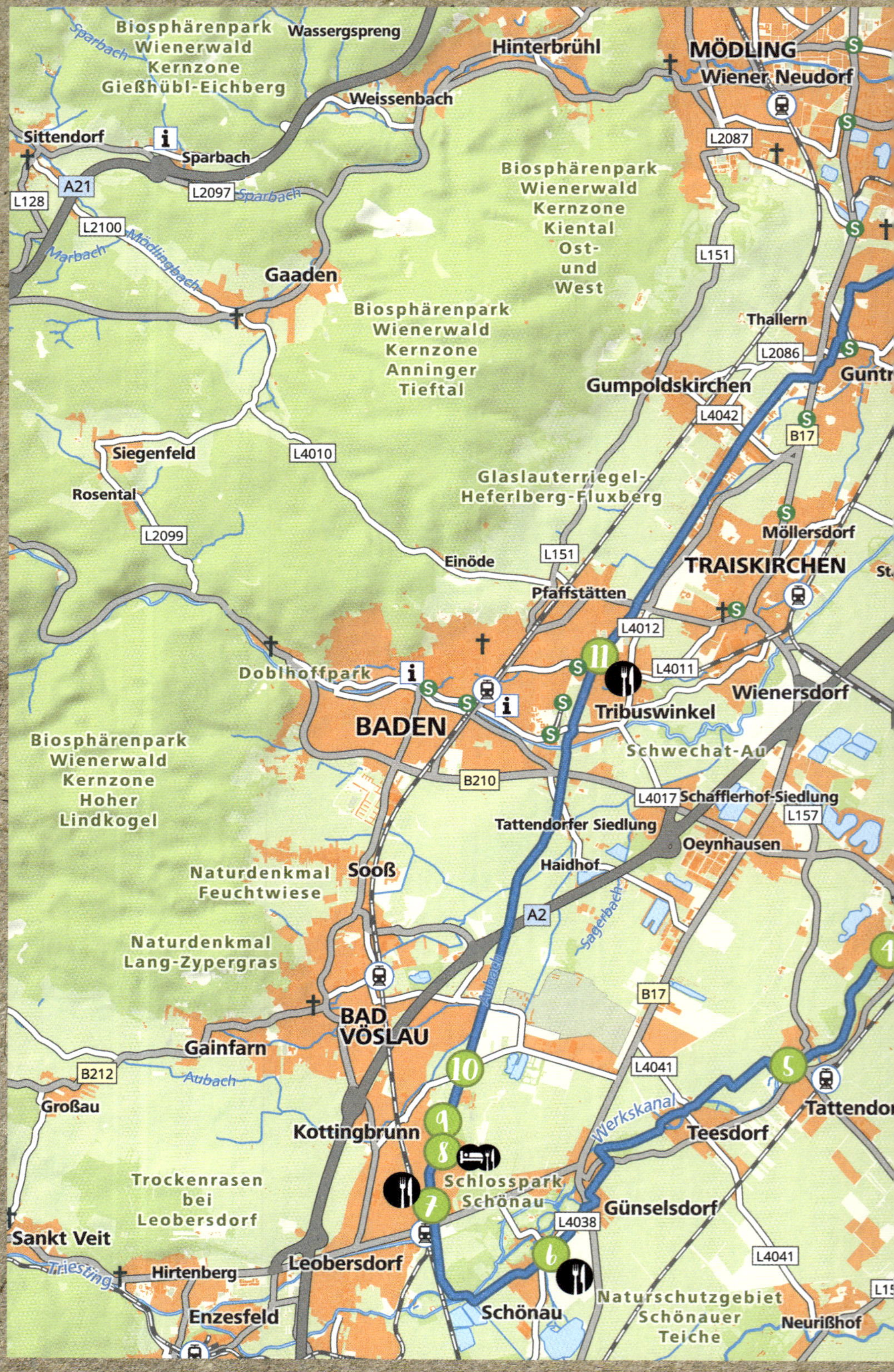
Biosphärenpark Wienerwald Kernzone Gießhübl-Eichberg
Wassergspreng
Hinterbrühl
MÖDLING
Wiener Neudorf
Weissenbach
Sittendorf
Sparbach
A21
L2097
L128
L2100
L2087
Biosphärenpark Wienerwald Kernzone Kiental Ost- und West
Gaaden
L151
Biosphärenpark Wienerwald Kernzone Anninger Tieftal
Thallern
L2086
Gumpoldskirchen
L4042
B17
Siegenfeld
L4010
Rosental
L2099
Glaslauterriegel-Heferlberg-Fluxberg
Möllersdorf
Einöde
L151
TRAISKIRCHEN
Pfaffstätten
L4012
Doblhoffpark
L4011
Tribuswinkel
Wienersdorf
BADEN
Biosphärenpark Wienerwald Kernzone Hoher Lindkogel
Schwechat-Au
B210
L4017
Schafflerhof-Siedlung
L157
Tattendorfer Siedlung
Oeynhausen
Haidhof
Naturdenkmal Feuchtwiese
Sooß
A2
Naturdenkmal Lang-Zypergras
B17
BAD VÖSLAU
Gainfarn
B212
Aubach
L4041
Großau
Tattendorf
Werkskanal
Kottingbrunn
Teesdorf
Trockenrasen bei Leobersdorf
Schlosspark Schönau
Günselsdorf
L4038
Sankt Veit
Hirtenberg
Leobersdorf
L4041
Triesting
Schönau
Naturschutzgebiet Schönauer Teiche
Neurißhof
Enzesfeld

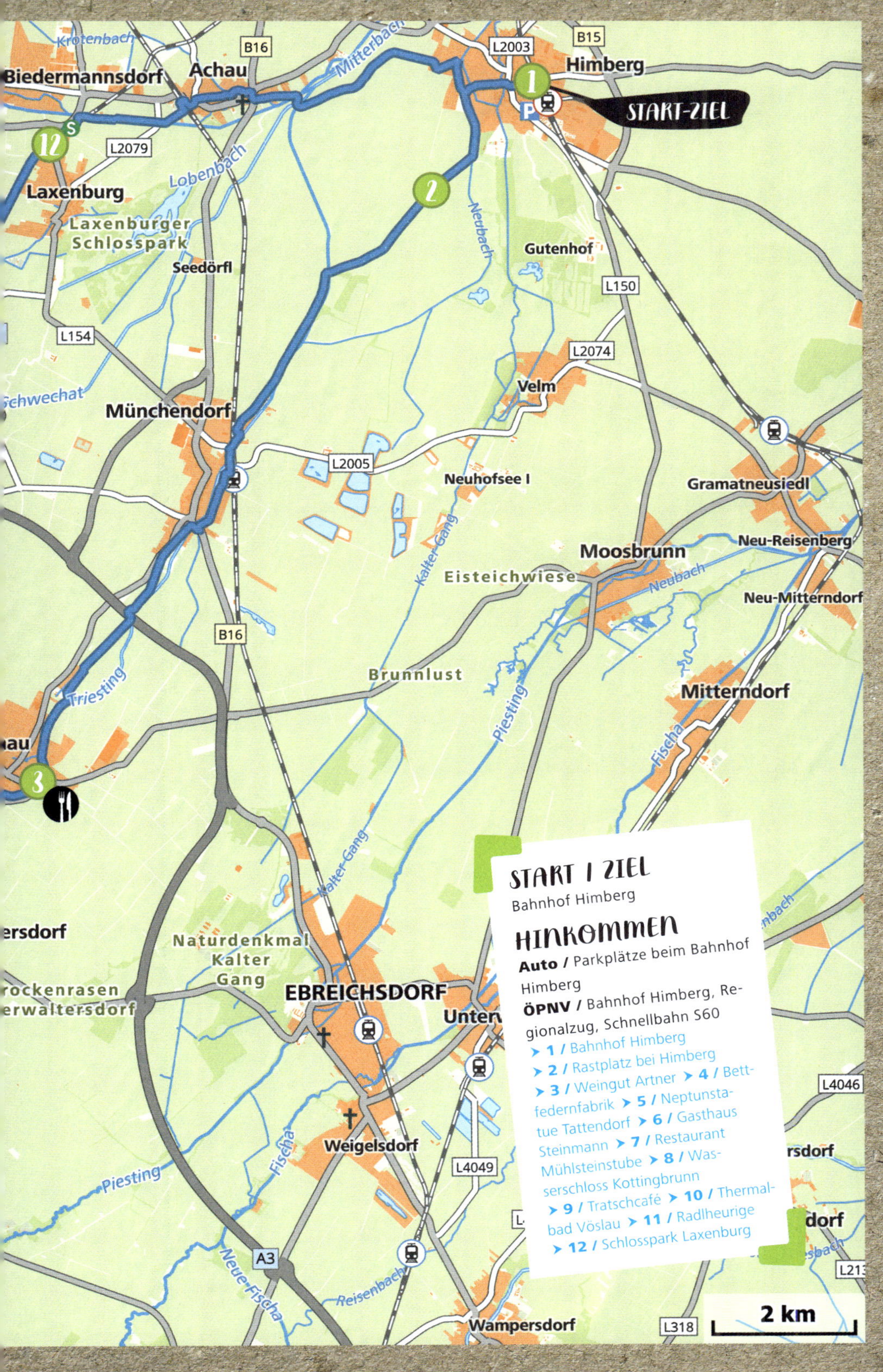
START-ZIEL
Himberg
Biedermannsdorf
Achau
Laxenburg
Laxenburger Schlosspark
Seedörfl
Gutenhof
Velm
Münchendorf
Neuhofsee I
Gramatneusiedl
Moosbrunn
Neu-Reisenberg
Eisteichwiese
Neu-Mitterndorf
Brunnlust
Mitterndorf
Naturdenkmal Kalter Gang
EBREICHSDORF
Weigelsdorf
Wampersdorf
Krotenbach
Mitterbach
Lobenbach
Nettbach
Schwechat
Kalter Gang
Neubach
Triesting
Piesting
Fischa
Neue Fischa
Reisenbach
B16
B15
L2003
L2079
L150
L154
L2074
L2005
L4046
L4049
L318
A3
2 km
START / ZIEL
Bahnhof Himberg
HINKOMMEN
Auto / Parkplätze beim Bahnhof Himberg
ÖPNV / Bahnhof Himberg, Regionalzug, Schnellbahn S60
➤ 1 / Bahnhof Himberg
➤ 2 / Rastplatz bei Himberg
➤ 3 / Weingut Artner ➤ 4 / Bettfedernfabrik ➤ 5 / Neptunstatue Tattendorf ➤ 6 / Gasthaus Steinmann ➤ 7 / Restaurant Mühlsteinstube ➤ 8 / Wasserschloss Kottingbrunn
➤ 9 / Tratschcafé ➤ 10 / Thermalbad Vöslau ➤ 11 / Radlheurige
➤ 12 / Schlosspark Laxenburg

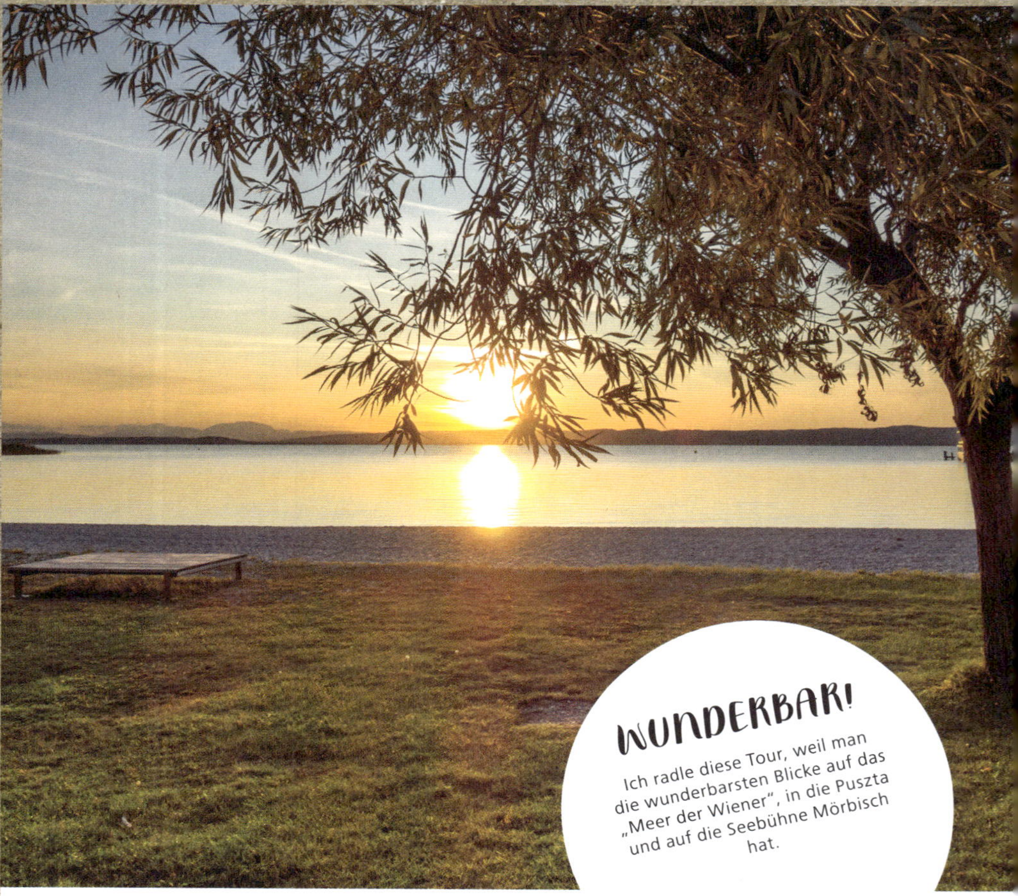

WUNDERBAR!

Ich radle diese Tour, weil man die wunderbarsten Blicke auf das „Meer der Wiener", in die Puszta und auf die Seebühne Mörbisch hat.

> **1 /** Beim Bahnhof Neusiedl am See starten und enden wir

> **2 /** Seeblicke vom Weinberg genießen wir am Joiser Weinlehrpfad

> **3 /** Gut Kirschenessen heißt es bei Kirsch-Führungen in Breitenbrunn

> **4 /** In der schönsten Kellergasse am See liegt der Heurige Strommer

> **5 /** Offene Weinkeller lautet das Motto der Ruster Weinschätze

> **6 /** Das Wia z'Haus-Zum Alten Stadttor kredenzt Heimat-Spezialitäten

> **7 /** Bei den Seefestspielen Mörbisch blicken wir hinter die Kulissen

> **8 /** Die Aussichtswarte Illmitz bietet perfekten Nationalparkblick

> **9 /** Flandern-Feeling im Burgenland erweckt die Windmühle Podersdorf

> **10 /** Am Strandbad Podersdorf springen wir in den See

> **11 /** In Jupp's Bierstüberl gibt's Köstliches vom Mangalitza-Schwein

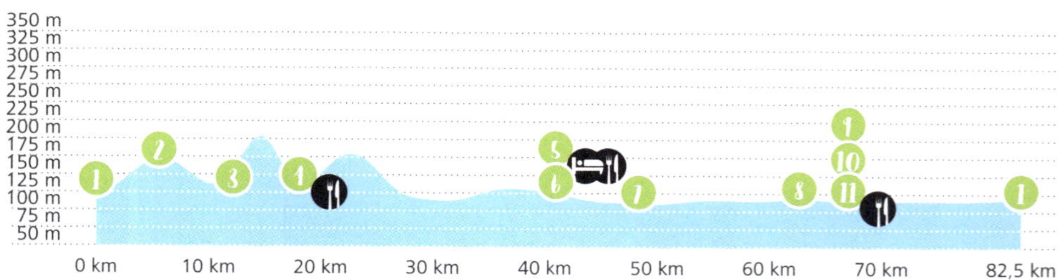

SEEBLICKE

Eine panoramareiche Runde um den Neusiedlersee

TOUR, DIE DU SO NIE GEMACHT HÄTTEST

Am Fuße des Leithagebirges radeln wir durch Kellergassen, Kirschbaumalleen und Weingärten. In Mörbisch blicken wir hinter die Festspielkulissen und in Podersdorf besichtigen wir die gut erhaltene Windmühle und genießen den Sonnenuntergang am Strand.

Tag 1 + Tag 2
41 + 41 Kilometer
235 + 10 Höhenmeter
3:30 + 2:30 Stunden
Rundtour

CHARAKTER

Sportlich ●●●○○
Abkühlung ●●●●○
Schlemmen ●●●●○
Panorama ●●●●●

TAG 1: Radaufschwung in Neusiedl am See

Wenn wir uns am 1 / Bahnhof Neusiedl am See auf die Räder schwingen, folgen wir der Wegweisung Neusiedler See Radweg B10 in Richtung Jois. Wir radeln zunächst noch auf ebenen landwirtschaftlichen Wegen entlang von Mais und Getreidefeldern, doch bald sind wir inmitten der sanften Hänge des Leithagebirges auf der Westseite des größten Steppensees Europas. Eine Infotafel heißt uns im UNESCO Welterbe Fertő-Neusiedlersee willkommen und wir passieren die ersten Weingärten. Ab Jois folgen wir der Beschilderung Kirschblütenradweg B12 in Richtung Winden. Der Radweg steigt nun in die Weinberge an, bis wir auf halber Höhe zwischen See und Leithagebirge oberhalb der Ortschaften Jois und Winden entlangfahren.

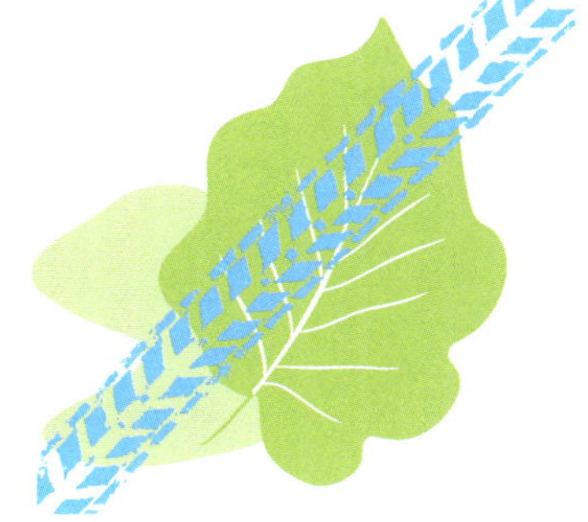

‹ links / Seeblick bei Podersdorf

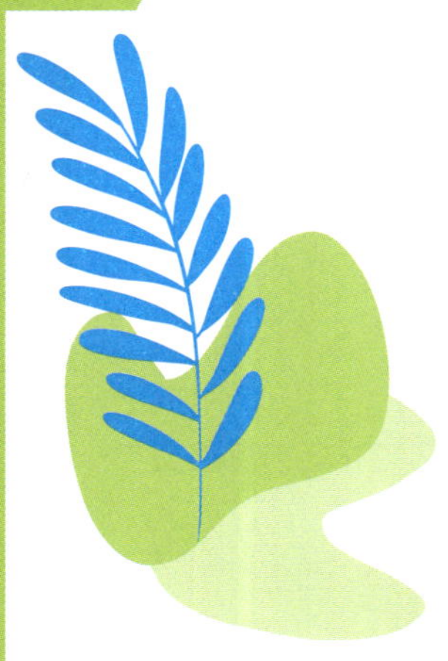

TOUR, DIE DU SO NIE GEMACHT HÄTTEST

Rosarotes Panorama

Zur Zeit der Kirschblüte im April macht die Radroute ihrem Namen alle Ehre und wir sehen die Welt auch ohne rosarote Brille in rosa, wenn wir durch die Kirschbaumalleen radeln. Ab Juni können wir uns an den ersten reifen Früchten erfreuen und die eine oder andere Kirsche am Wegrand vernaschen. Verläuft der Neusiedlerseeradweg meist weiter entfernt vom Ufer und oft ohne Seeblicke, so haben wir am Kirschblütenradweg unzählige davon. Bei klarer Sicht sehen wir weit in die ungarische Puszta. An 2 / Station 7 des Joiser Weinlehrpfades genießen wir von einem idyllischen und schattigen Bankerl erste Reihe fußfrei ein besonders schönes Panorama. Am Weinlehrpfad lernen wir über die hiesigen Weinsorten wie Blaufränkisch oder Zweigelt und von traditionellen und aktuellen Methoden, um hungrige Stare vom Weintraubendiebstahl abzuhalten. Früher erledigten dies die „Hiatern" mit ihren Flinten, heute u. a. Schussapparate und „Stalfliega", also Kleinflugzeuge mit Tiefflügen über den Weingärten. Also nicht wundern. Es ist alles gut, wenn's knallt oder Flieger à la Hitchcocks „North by Northwest" über unseren Köpfen brummen.

GUT KIRSCHEN ESSEN!

Feinspitze aufgepasst! In der Kellergasse in Breitenbrunn kann bei 3 / Kirsch-Erlebnisführungen ganzjährig alles von der Kirsche verkostet werden.

Kirschkulinarik

In Breitenbrunn können wir uns nicht nur zur Zeit der Kirschblüte bei 3 / Kirsch-Erlebnisführungen (Termine ganzjährig auf Anfrage, Kellerring 1, 7091 Breitenbrunn, 1. Keller rechte Seite in der historischen Kellergasse Breitenbrunn, +43 664 506 14 59, www.genussquelle.at/kirschtouren/kirschen-erlebnisfuehrung) mit dem Anbau und vor allem den kulinarischen Qualitäten von Kirschen befassen. Kirschensaft, Kirschenstrudel und Verkostung von Leithaberger Edelkirschprodukten sind bei der Führung inkludiert.

➤ rechts oben / Geniale Seeblicke vom Joiser Weinlehrpfad am Kirschblütenradweg ➤ rechts Mitte / Schwer zu verfehlen ist die Radlerrast mit Fahrradskulptur in Breitenbrunn

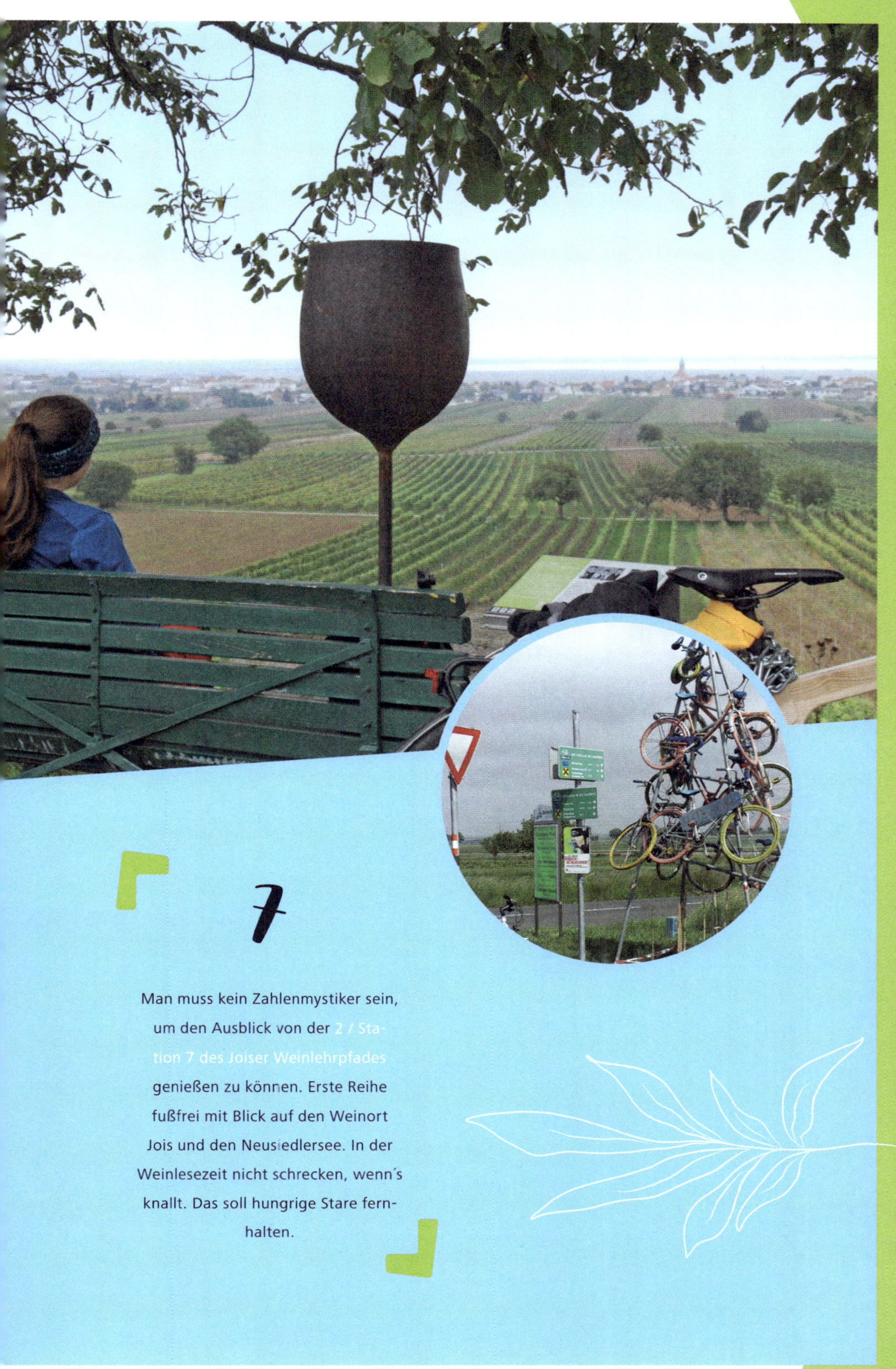

7

Man muss kein Zahlenmystiker sein, um den Ausblick von der 2 / Station 7 des Joiser Weinlehrpfades genießen zu können. Erste Reihe fußfrei mit Blick auf den Weinort Jois und den Neusiedlersee. In der Weinlesezeit nicht schrecken, wenn´s knallt. Das soll hungrige Stare fernhalten.

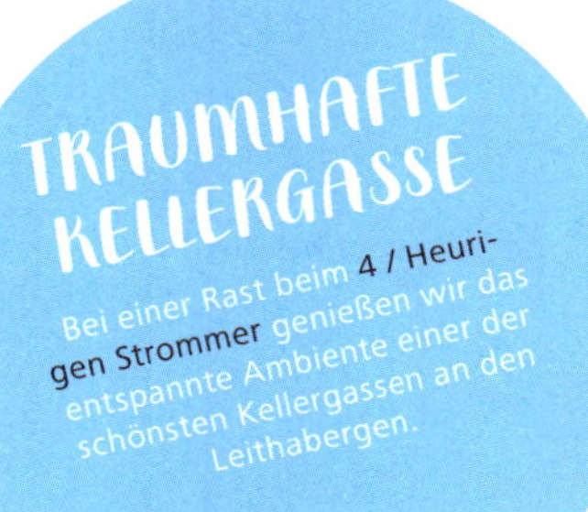

TOUR, DIE DU SO NIE GEMACHT HÄTTEST

Kellergassenklassiker

Unser Weg führt uns anschließend durch die historische Kellergasse in Purbach, der wohl schönsten Kellergasse an den Leithabergen. Hier können wir verweilen, das Ambiente genießen und uns verköstigen. Das machen wir am besten beim 4 / Heurigen Strommer (ab Mai Do, Fr, Sa, 16–21 Uhr, Kellergasse 20k, 7083 Purbach am Neusiedlersee, +43 664 400 93 22, www.strommer.wine), der sich in einem 150 Jahre alten Kellergewölbe befindet und bei dem es neben typischen kalten Heurigenjausen auch warme Gerichte wie Schweinsbraten oder Bohnenstrudel gibt. Alle Produkte kommen aus Österreich, viele aus der Region. Dazu kann man Weine vom eigenen Gut verkosten, wie etwa den Falstaff-prämierten St. Laurent Exklusiv oder einen erfrischenden Sweet Pinot Blanc.

Storchennest und Übernachtung

Nach Donnerskirchen lassen wir uns bergab rollen und stoßen an der Hauptstraße im Ortsteil Seehof wieder auf den Neusiedler See Radweg, dem wir nun in Richtung Oggau folgen. Zunächst radeln

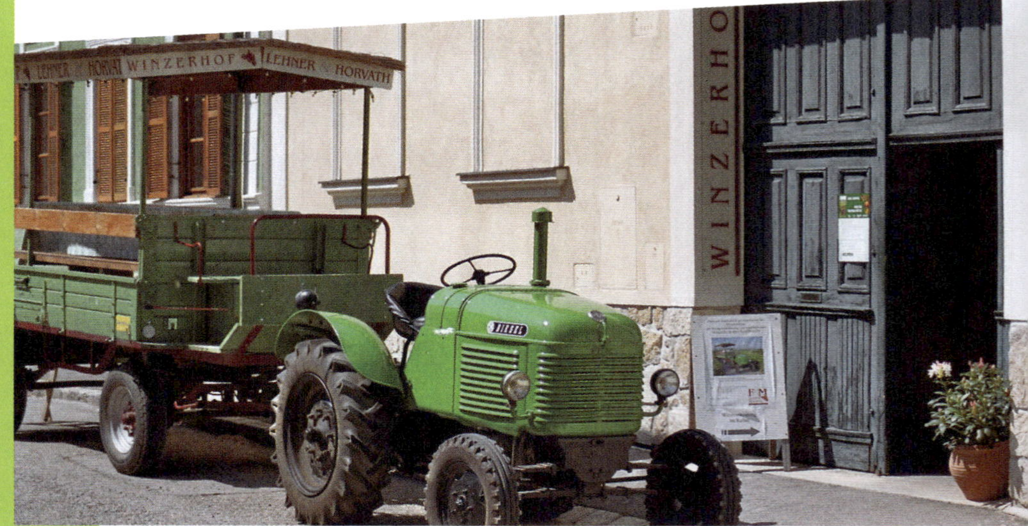

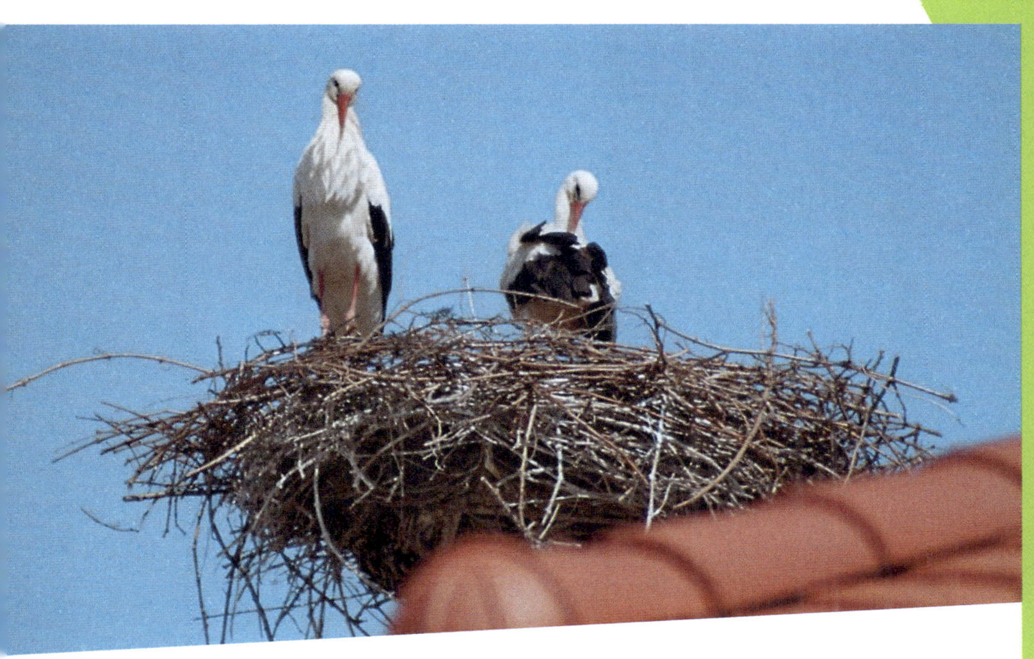

wir durch Oggau am Neusiedler See, der ältesten Rotweingemeinde Österreichs und bald danach erreichen wir Rust mit seiner malerischen historischen Altstadt, in der sich etliche pittoreske Häuser und Höfe aneinanderreihen und wo wir, wenn wir Glück haben, im Frühjahr und Sommer von Störchen mit freundlichem Geklapper begrüßt werden. Auf unserem Weg kurz vor der Altstadt liegt die Pension Kral bike&wine (Ödenburgerstraße 25, 7071 Rust, +43 2685 23933, www.pensionkral.at). Die als Bett&Bike zertifizierte Unterkunft bietet Lunchpakete zum Mitnehmen und eine E-Bike-Ladestation. Wenn wir nach dem Alten Stadttor nach links abbiegen, kommen wir zum Bett&Bike zertifizierten Hotel Katamaran (Am Hafen 1, 7071 Rust, +43 2685 24680, www.hotel-katamaran.at), das uns E-Bike-Verleih und E-Bike-Ladestation bietet.

ROT

Im Wirtshaus 6 / Wia z'Haus Zum Alten Stadttor speisen wir wirklich wie zu Hause, wenn man die ehemalige K&K Küche als Heimatreferenz heranzieht. Gefüllte Paprika, klassisches Reisfleisch und andere bodenständige Gerichte bekommt man hier kredenzt.

TAG 2: Weinfest

Ein kultureller Höhepunkt in Rust sind die jährlich an einem Wochenende im April stattfindenden 5 / Ruster Weinschätze (Eintrittskorken beim Tourismusverband Rust im Rathaus, Conradplatz 1, 7071 Rust, und in den einzelnen Weinbaubetrieben, www.dieruster weinbauern.at.), bei denen die Ruster Winzer ihre Kellertüren öffnen, um ihre Weine zu verkosten. Die Weinsinnigkeit wird durch

< links / Bei den Ruster Weinschätzen werden die Kellertüren geöffnet
^ oben / Nicht zu überhören und zu übersehen: die Störche in Rust

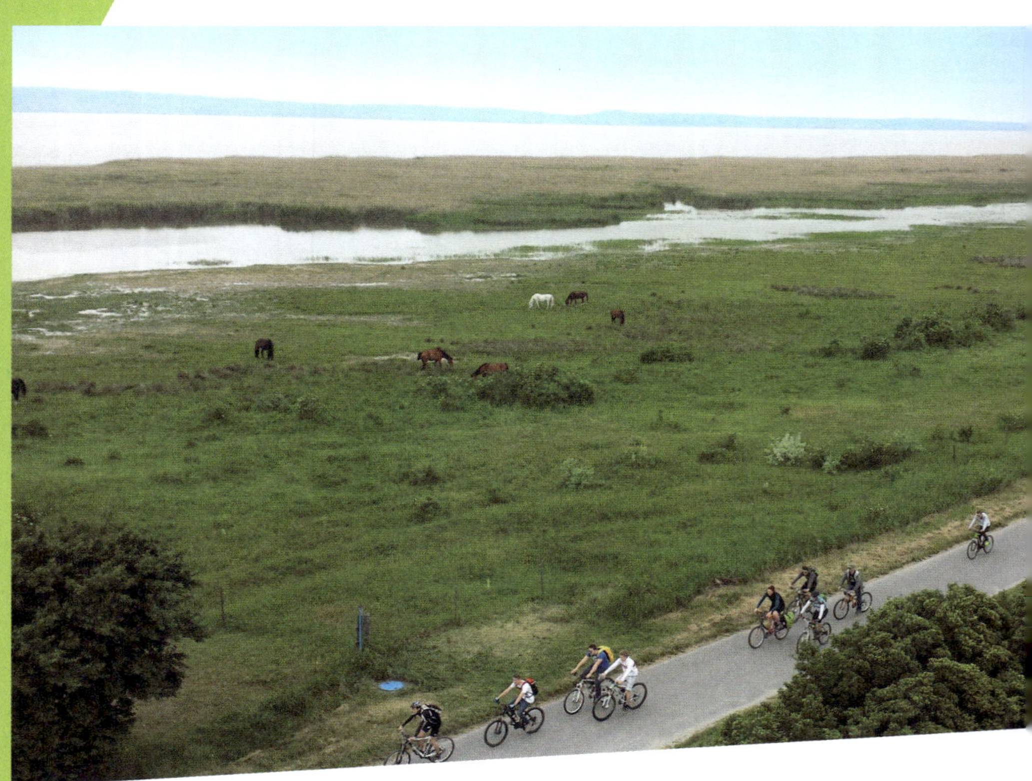

die Goldene Weinwoche im Sommer und das Weinfest Herbstzeilos im November vervollständigt. Neben den Klassikern wie dem Ruster Ausbruch und dem Blaufränkisch Mariental gibt es immer Neues zu entdecken.

Übernachtung in Rust

ZIEHBRUNNEN

Sie sind ein typisches Puszta-Klischee und ein erfreulicher Anblick in der Steppe nur wenige Radminuten vom Hafen Illmitz entfernt.

Haben wir Gusto auf heimische Spezialitäten, empfiehlt sich ein Einkehrschwung im 6 / Wia z`Haus Zum Alten Stadttor, in dem wir vorzügliches Kalbsreisfleisch oder köstliche Blunzen mit Erdäpfelpuffer bekommen (Mo–Sa 11–22, So 11–21 Uhr, Zum Alten Stadttor 1, 7071 Rust, +43 2685 606 60 http://www.zum-alten-stadttor.at). Mittwoch ist Schnitzeltag, Freitag gibt's Fischgerichte und Sonntags ofenfrischen Schweinsbraten. Tipp: Rust eignet sich aufgrund seines umfangreichen Unterkunftsangebots verschiedenster Kategorien hervorragend für eine Übernachtung.

⮝ oben / Nicht nur Vögel beobachten kann man von der Aussichtswarte in Illmitz ➤ rechts / Botanische Neusiedlersee-Minatur in Mörbisch

Wunderbarer Königshof

Nach kurzer Fahrt erreichen wir Mörbisch am See. Der Ort ist vor allem für die 7 / Seefestspiele Mörbisch (14 Juli–15 Aug 2022, Führungen an Vorstellungsabenden, Juli 18, 18.30, 19, August 17.30, 18 Uhr, Festspielgelände 1, Mörbisch am See, 7072, 18.30 Uhr, www.seefestspiele-moerbisch.at) bekannt. Im Sommer 2022 wird unter Intendanz von Alfons Haider „The King and I" aufgeführt. Ein Stück, das manchen sicher noch als Film und TV-Serie „Anna und der König von Siam" mit Yul Brynner in Erinnerung ist. An den Aufführungsabenden können wir bei Bühnenführungen Einblicke in die aktuelle Produktion und hinter die Kulissen erlangen.

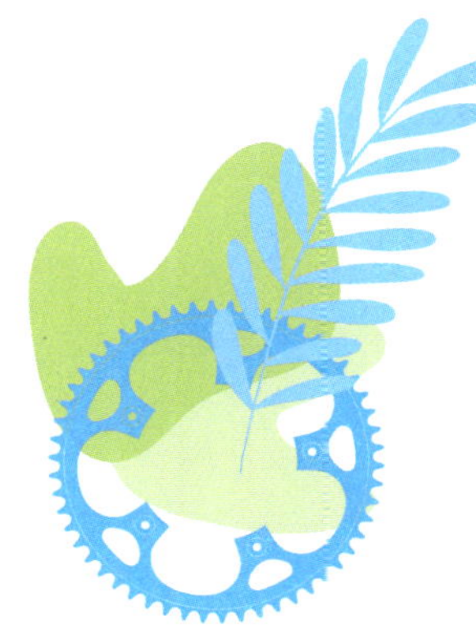

Fährüberfahrt von Mörbisch nach Illmitz

Mit dem Schiff überqueren wir den größten Steppensee Europas von Mörbisch nach Illmitz. Mehrere Gesellschaften bieten die Fährüberfahrten ab Mörbisch an. Die Fahrpläne können den jeweiligen Anbietern entnommen werden: Schiffahrt Gangl (www.schiff fahrt-gangl.at), Radfähre Schiffahrt Weiss (www.schifffahrt-weiss.com/radfaehre) und Fähre Drescher (www.drescher-touristik.at/drescher-line/fahrplan).

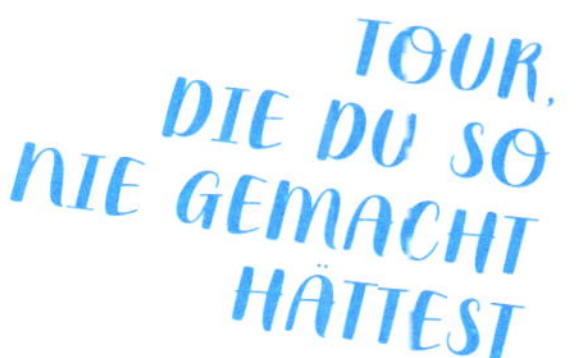

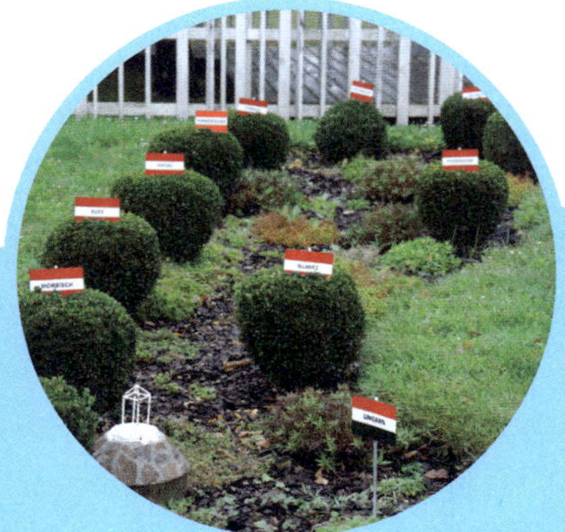

1957

Über 60 Jahre gibt es die 7 / Seefestspiele Mörbisch schon. Begonnen hat alles mit dem „Zigeunerbaron" von Johann Strauß. Operetten und Musicals werden dargeboten. An Vorstellungabenden gibt es die Möglichkeit, bei Führungen hinter die Kulissen zu blicken.

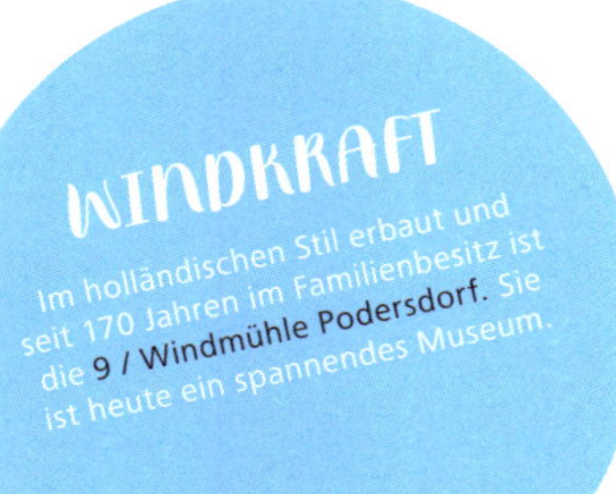

TOUR, DIE DU SO NIE GEMACHT HÄTTEST

Steppenrinder und Ziehbrunnen

An der Ostseite des Neusiedlersees ist von Weinbergen keine Spur mehr. Wir sind in das Vogelparadies Seewinkel vorgedrungen und radeln vom Hafen von Illmitz, dem niedrigsten österreichischen Ort, ein gutes Stück ins Hinterland, um außerhalb der Schutzzone des Nationalparks Neusiedlersee Seewinkel weiterzufahren. Einer der letzten Ziehbrunnen der Region und weidende ungarische Steppenrinder ließen vermuten, dass wir uns bereits in Ungarn befänden. Eine Annahme die nicht unberechtigt ist, gehört doch das Burgenland als ehemaliger überwiegend deutschsprachiger Teil Westungarns erst seit 100 Jahren zu Österreich, was 2021 ausreichend bedacht und gefeiert wurde.

Bird Watching in der Hölle

Die Gegend ist nicht nur ein Paradies für Radtouristen, sondern auch für Vogelbeobachter. Das Bird Watching hat sich in den letzten Jahren auch hierzulande zu einem beliebten Hobby entwickelt, das auch außerhalb der Bade- und Radhauptsaison Gäste in die

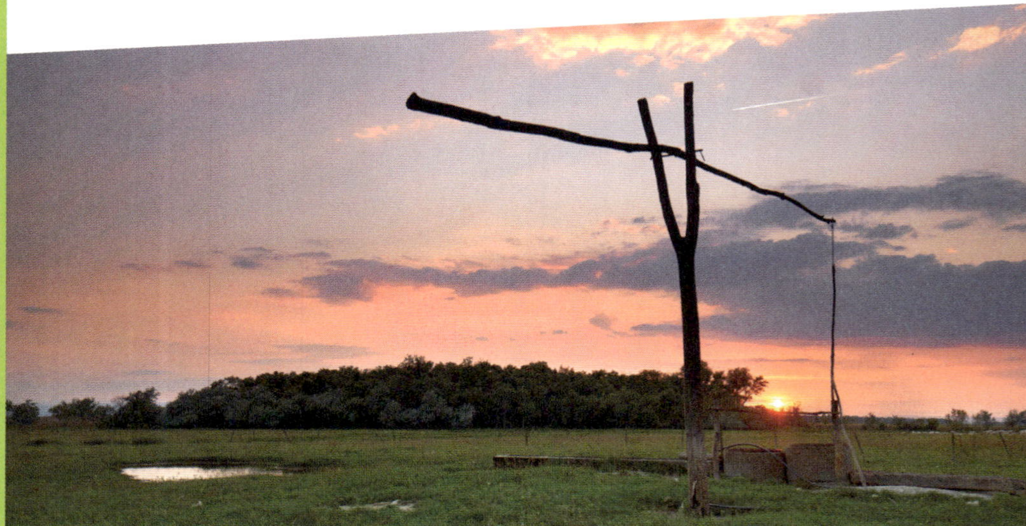

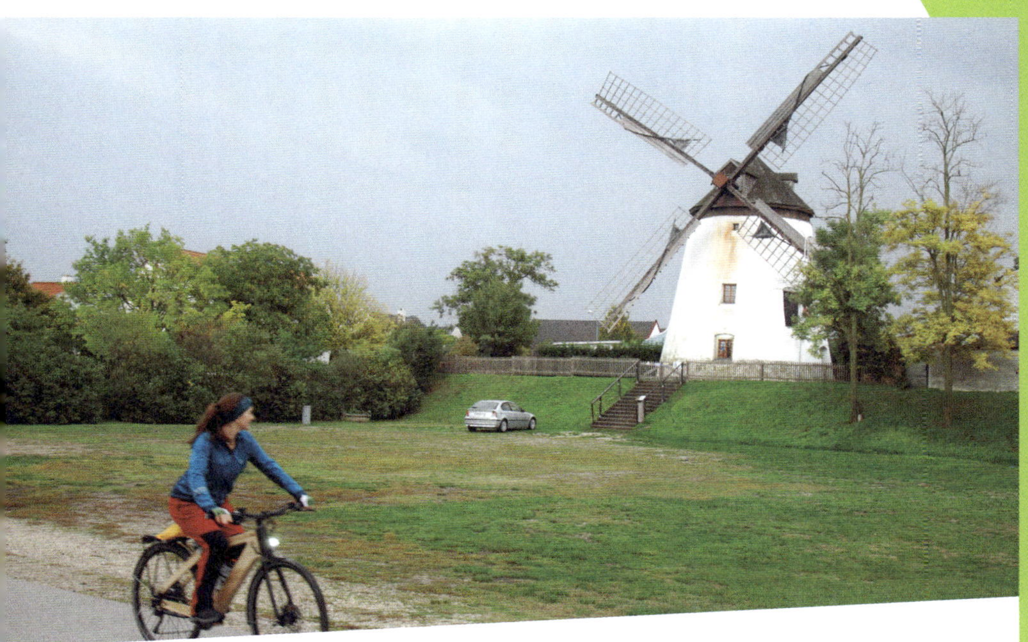

Gegend bringt. Vom Graureiher bis zur Graugans und vom Kiebitz bis zur Nachtigall sind hunderte Vogelarten entweder heimisch oder kommen jährlich als Zugvögel auf Besuch. Von einer 8 / Aussichtswarte im Illmitzer Ortsteil Hölle haben wir einen guten Überblick über das Naturschutzgebiet. Ob wir dabei seltene Vögel sichten, hängt wohl von der Tageszeit ab. Es ist kein Geheimnis, dass Frühaufsteher in diesem Fall einen Vorteil haben.

Windmühle Podersdorf

Nachdem wir entlang des Nationalparks entspannt durch die „Hölle" geradelt sind, kommen wir bald in den Badeort Podersdorf, der als einziger direkt am See liegt. Bevor wir uns dem Strandvergnügen hingeben, sollten wir uns unbedingt einer hiesigen Rarität zuwenden – der 9 / Windmühle Podersdorf, der letzten im Burgenland (April–Nov. Mo–Sa 18 Uhr od. nach Vereinbarung, Hauptstraße 10, 7141 Podersdorf am See, www.diewindmuehle.at). Die 1849 nach holländischer Art erbaute und noch immer in Familienbesitz befindliche Windmühle hat hohen kulturhistorischen Wert, findet man doch die nächstliegende voll funktionsfähige Windmühle erst in Retz im Weinviertel (s. Tour 14).

27 °C

Abkühlen kann man sich in dem an extremen Hochsommertagen lauwarmen See kaum mehr. Aber immerhin gehört auch Stand-Up Paddling, Surfen oder Beachvolleyballspielen zum Angebot des 10 / Strandbads Podersdorf am See.

< links / Ein paar Ziehbrunnen gibt es noch am Ostufer des Neusiedlersees ^ oben / Die Windmühle in Podersdorf funktioniert und kann besichtigt werden

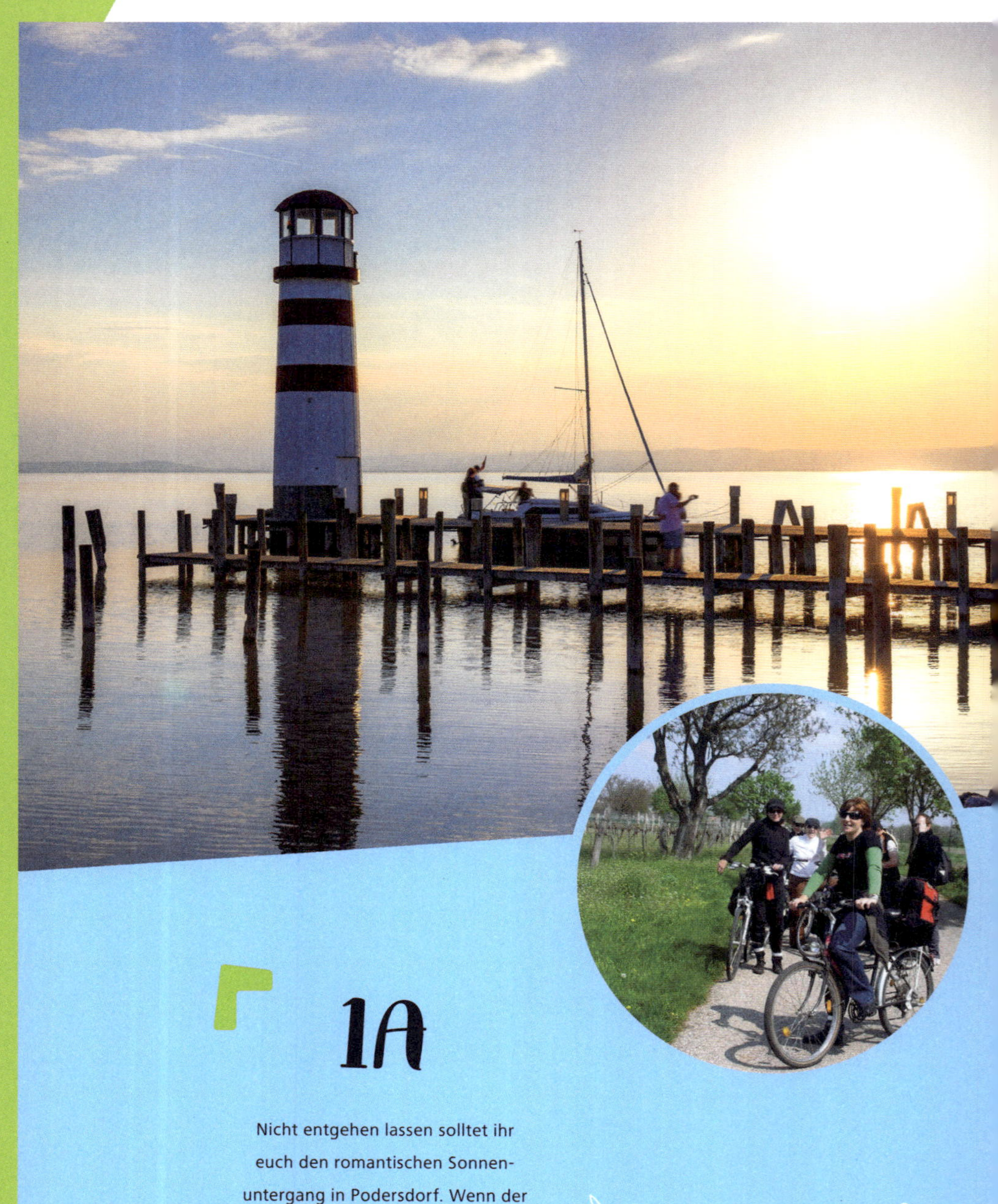

1A

Nicht entgehen lassen solltet ihr euch den romantischen Sonnenuntergang in Podersdorf. Wenn der dunkelrot gefärbte Fixstern langsam hinter dem Leithagebirge versinkt, dann ist die Hochzeit für Insta-Poser gekommen. Der Leuchtturm Podersdorf wird dann ins rechte, letzte Sonnenlicht gerückt.

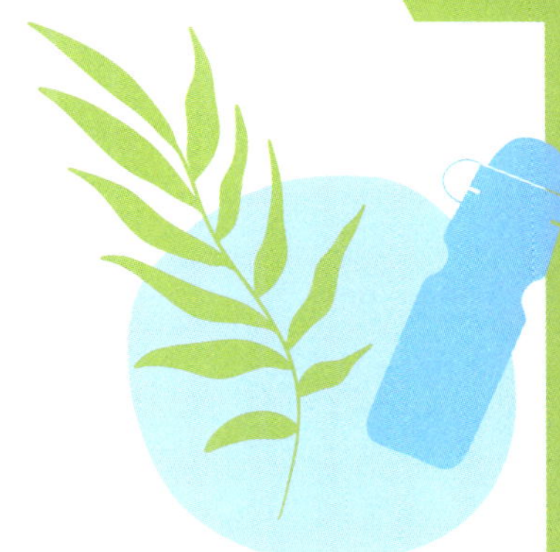

Strandleben und Sonnenuntergang

Auch wenn der nur anderthalb Meter tiefe Neusiedlersee im Hochsommer mit seinen bis zu 27°C kaum mehr Abkühlung bringt, kann man sich am bunten Strandtreiben im 10 / Strandbad Podersdorf am See erfreuen (ab 1. März 2022, 8–23 Uhr, Hauptstraße 4–8, 7141 Podersdorf am See, www.podobeach.at). Vom Liegestuhl aus kann man Menschen beim Surfen oder Stand-up-Paddling zusehen oder es selbst versuchen. Für Kinder gibt es einen Abenteuerspielplatz und wenn wir sportlich motiviert sind, spielen wir eine Partie auf einem der sechs Beachvolleyballplätze. Eins möchte ich euch aber nicht verheimlichen: Hier bekommt ihr die besten Sonnenuntergänge. Für Fotografen und Insta-Poser: Der Leuchtturm Podersdorf ist ein sehr beliebtes Fotomotiv. Am Pier kann es deswegen schon mal eng werden. Wer in Podersdorf einen gemütlichen Wirt sucht, der wird in 11 / Jupp's Bierstüberl auf seine Rechnung kommen (Di–Sa 9–21, So 9–14 Uhr, Hauptstraße 14, 7141 Podersdorf am See, +43 2177 22 74, www.jupps-bierstüberl.at). In der urigen Stube oder im Schanigarten werden uns Bierspezialitäten sowie bodenständige regionale Küche kredenzt. Das Haus hat eine eigene Mangalitzazucht und so steht etwa köstliches Mangalitza-Beuschel mit Knödel auf der Speisekarte. Von Podersdorf ist es nur mehr eine gemütliche Dreiviertelstunde bis zum 1 / Bahnhof Neusiedl am See. Es ist eine angenehme Fahrt über einen gut befahrbaren Feldweg, entlang von Feldern und Mini-Wäldchen weit abseits der Hauptstraße und außerhalb des Schutzgürtels um den See.

MANGALITZA-BEUSCHEL

Kein Sterneheuriger, sondern uriger Wirt. Das ist 11 / Jupp's Bierstüberl. Spezialität: So ziemlich alles vom Mangalitzaschwein aus eigener Zucht.

TOUR, DIE DU SO NIE GEMACHT HÄTTEST

TOURENINFO / Nur am Kirschblütenradweg einige Anstiege. Die asphaltierte Route führt bis auf kurze Strecken im Ortsgebiet über autofreie Wege oder getrennte Radwege. Der Neusiedlerseeradweg bekam vom ADFC 5 Sterne. Gut geeignet für selbstradelnde Kinder und für Anhänger. Badesachen einstecken!

◂ links oben / Beliebtes Fotomotiv Leuchtturm in Podersdorf ◂ links Mitte / Radfahren mit Freunden am Neusiedlerseeradweg

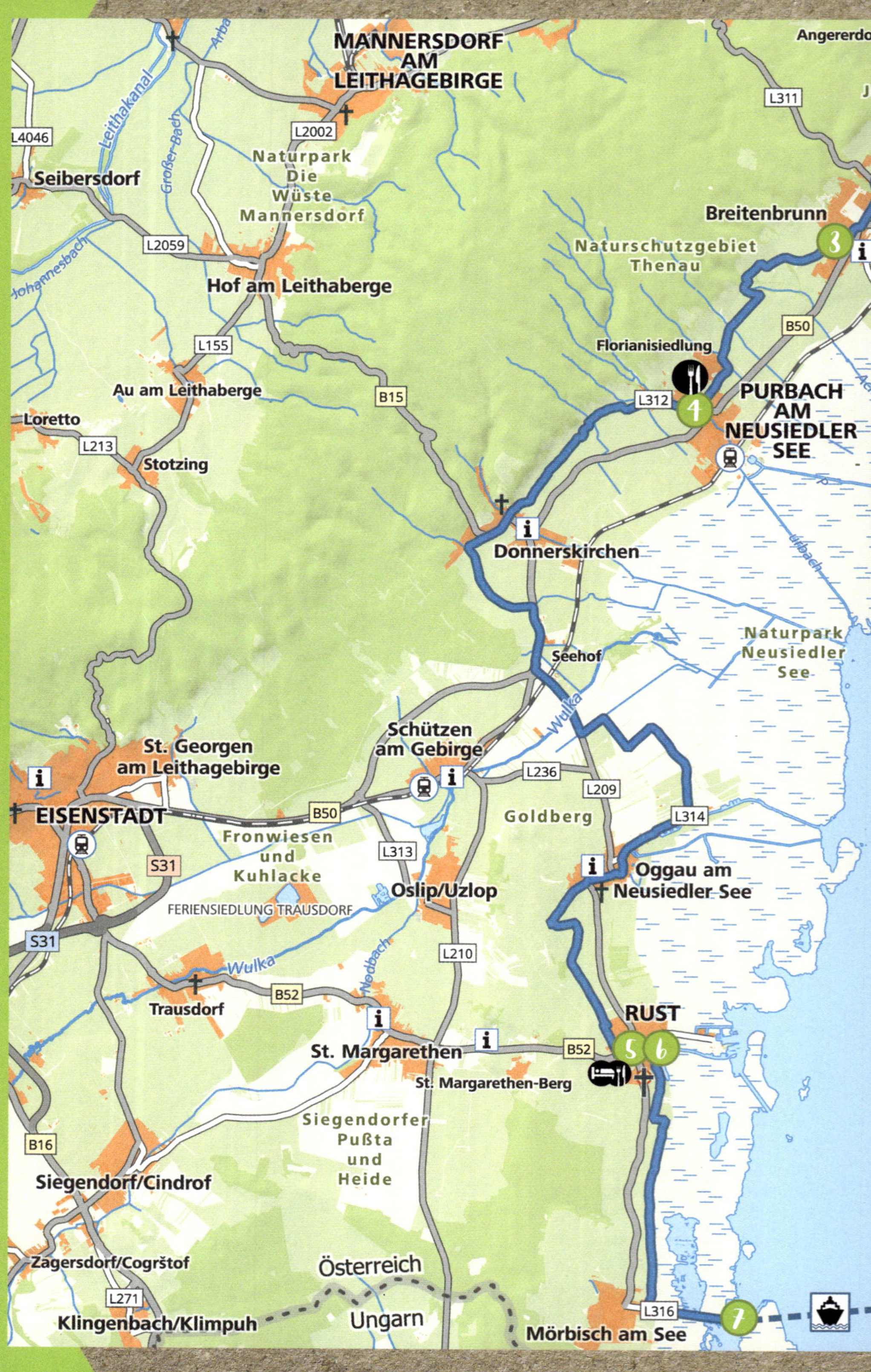
MANNERSDORF AM LEITHAGEBIRGE
Angererdo
L311
L4046
Leithakanal
Arbach
Großer Bach
L2002
Naturpark Die Wüste Mannersdorf
Seibersdorf
Breitenbrunn
Johannesbach
L2059
Naturschutzgebiet Thenau
Hof am Leithaberge
B50
Florianisiedlung
L155
Au am Leithaberge
B15
L312
PURBACH AM NEUSIEDLER SEE
Loretto
L213
Stotzing
Donnerskirchen
Naturpark Neusiedler See
Seehof
Wulka
Schützen am Gebirge
St. Georgen am Leithagebirge
L236
L209
Goldberg
EISENSTADT
B50
L314
Fronwiesen und Kuhlacke
L313
S31
Oggau am Neusiedler See
Oslip/Uzlop
FERIENSIEDLUNG TRAUSDORF
S31
L210
Wulka
Nodbach
B52
Trausdorf
RUST
St. Margarethen
B52
St. Margarethen-Berg
Siegendorfer Pußta und Heide
B16
Siegendorf/Cindrof
Zagersdorf/Cogrštof
Österreich
L271
L316
Klingenbach/Klimpuh
Ungarn
Mörbisch am See

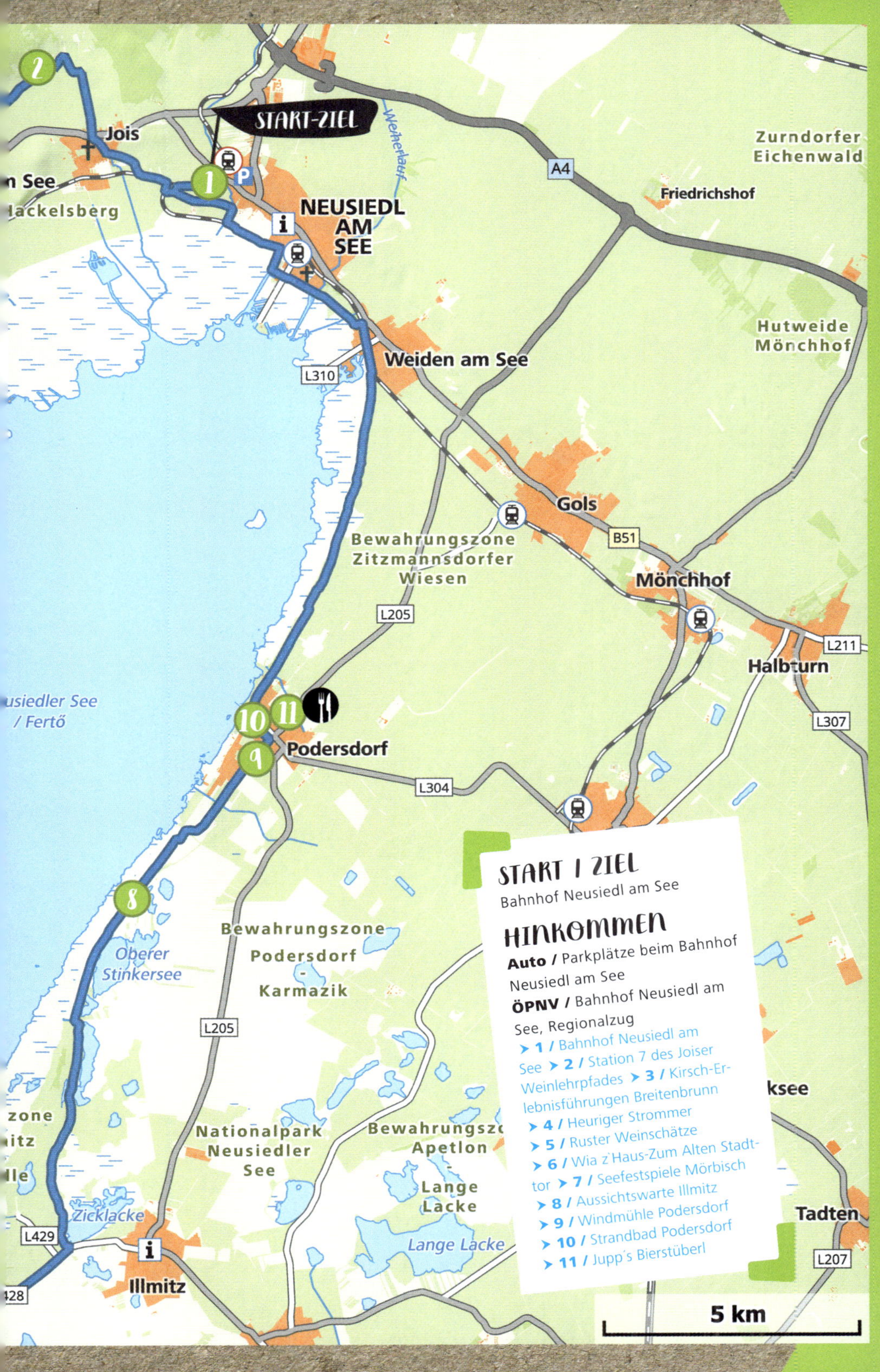
START-ZIEL
Jois
NEUSIEDL AM SEE
Weiden am See
Zurndorfer Eichenwald
Friedrichshof
Hutweide Mönchhof
Gols
Mönchhof
Halbturn
Bewahrungszone Zitzmannsdorfer Wiesen
Podersdorf
Oberer Stinkersee
Bewahrungszone Podersdorf - Karmazik
Nationalpark Neusiedler See
Bewahrungszone Apetlon - Lange Lacke
Lange Lacke
Zicklacke
Illmitz
Tadten
A4
L310
B51
L205
L211
L307
L304
L429
L207
5 km
START / ZIEL
Bahnhof Neusiedl am See
HINKOMMEN
Auto / Parkplätze beim Bahnhof Neusiedl am See
ÖPNV / Bahnhof Neusiedl am See, Regionalzug
1 / Bahnhof Neusiedl am See
2 / Station 7 des Joiser Weinlehrpfades
3 / Kirsch-Erlebnisführungen Breitenbrunn
4 / Heuriger Strommer
5 / Ruster Weinschätze
6 / Wia z'Haus-Zum Alten Stadttor
7 / Seefestspiele Mörbisch
8 / Aussichtswarte Illmitz
9 / Windmühle Podersdorf
10 / Strandbad Podersdorf
11 / Jupp's Bierstüberl

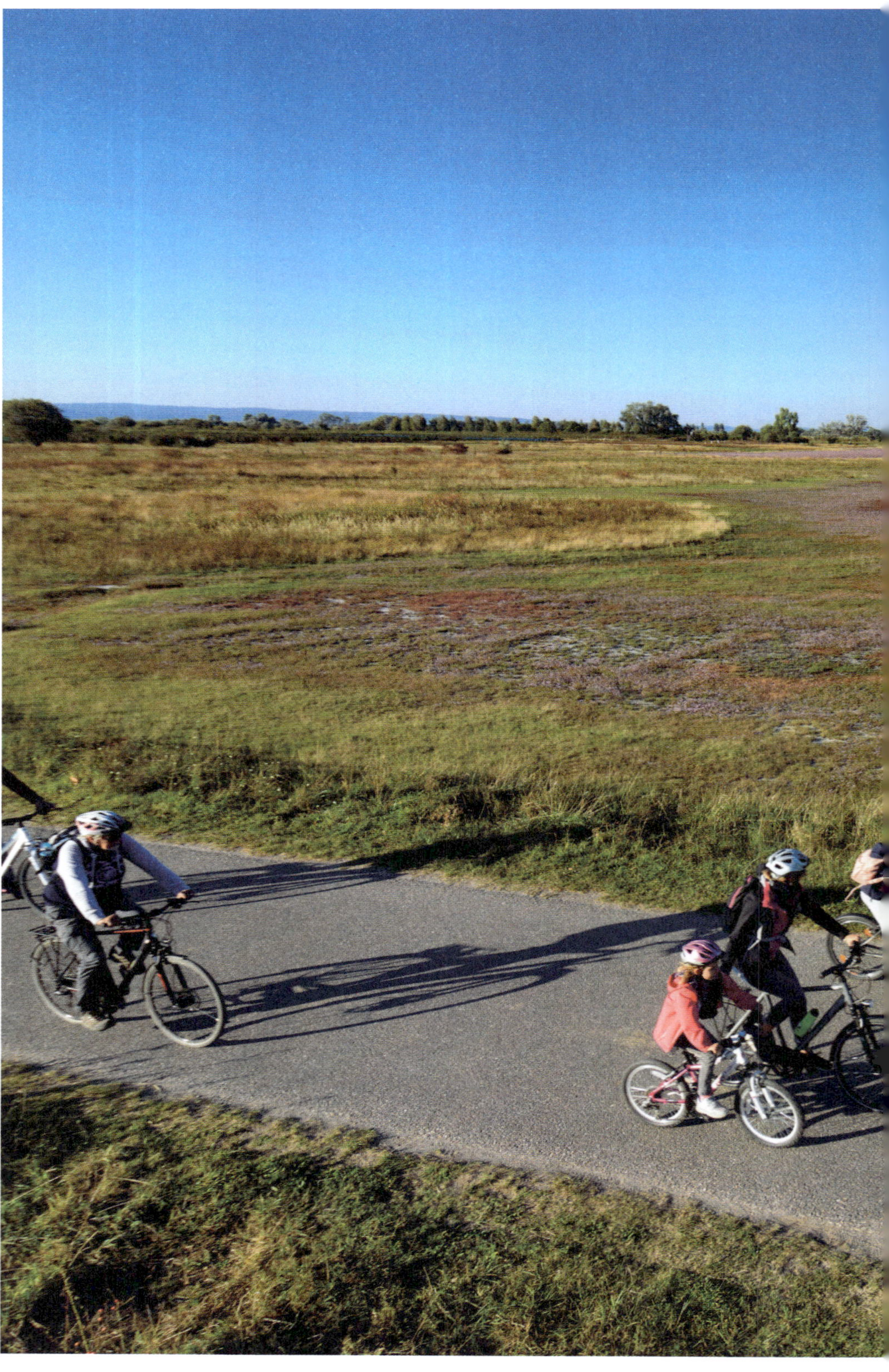

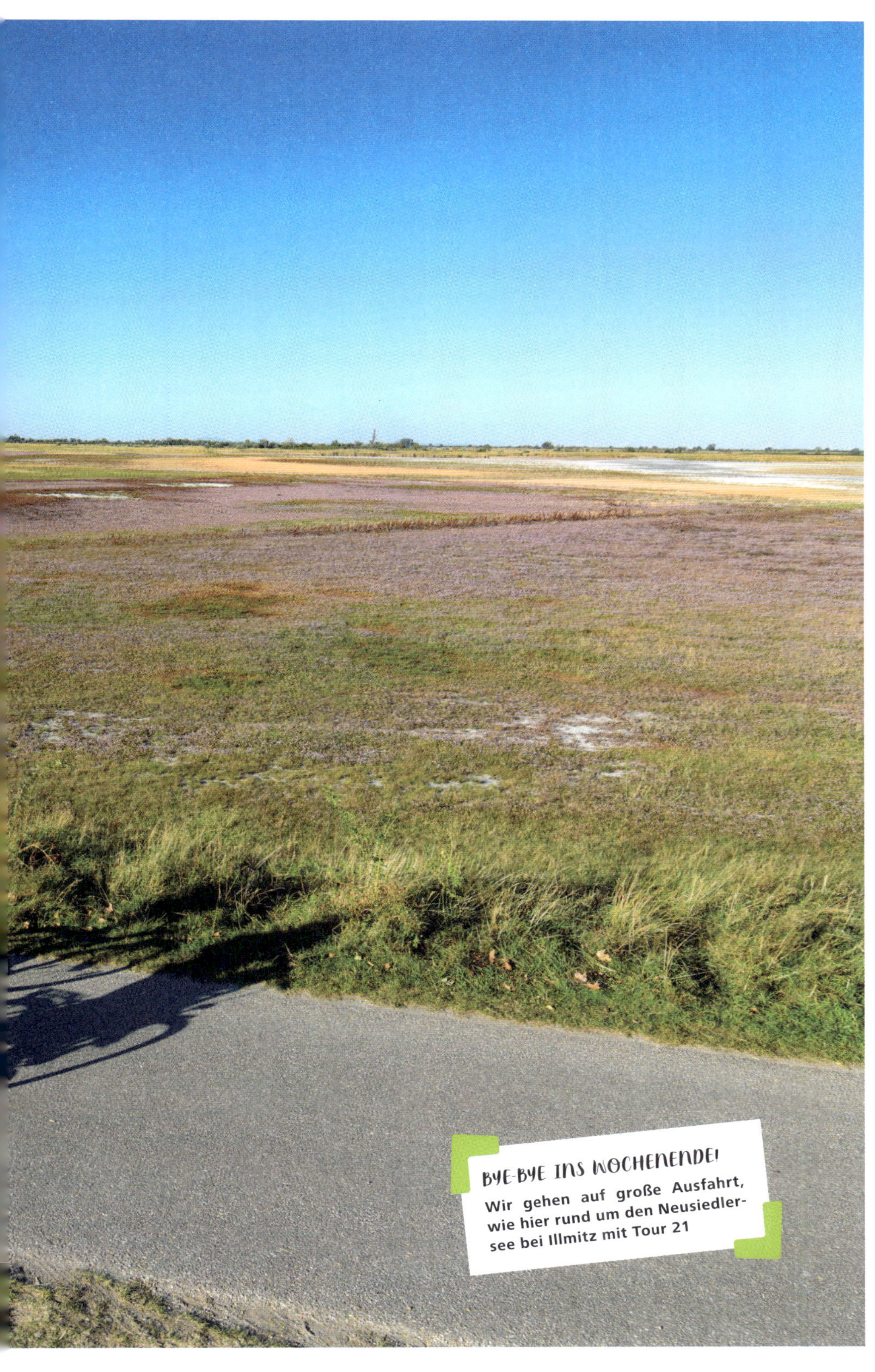
BYE-BYE INS WOCHENENDE!
Wir gehen auf große Ausfahrt, wie hier rund um den Neusiedler-see bei Illmitz mit Tour 21

AUFGESATTELT!

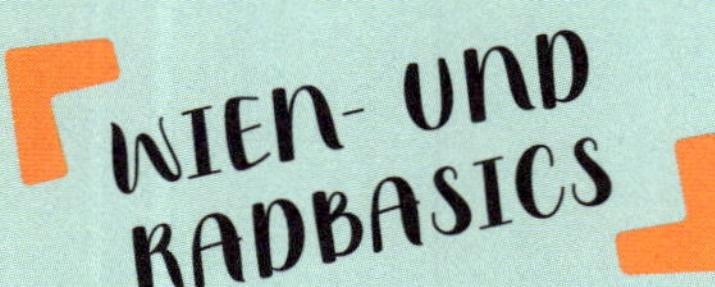

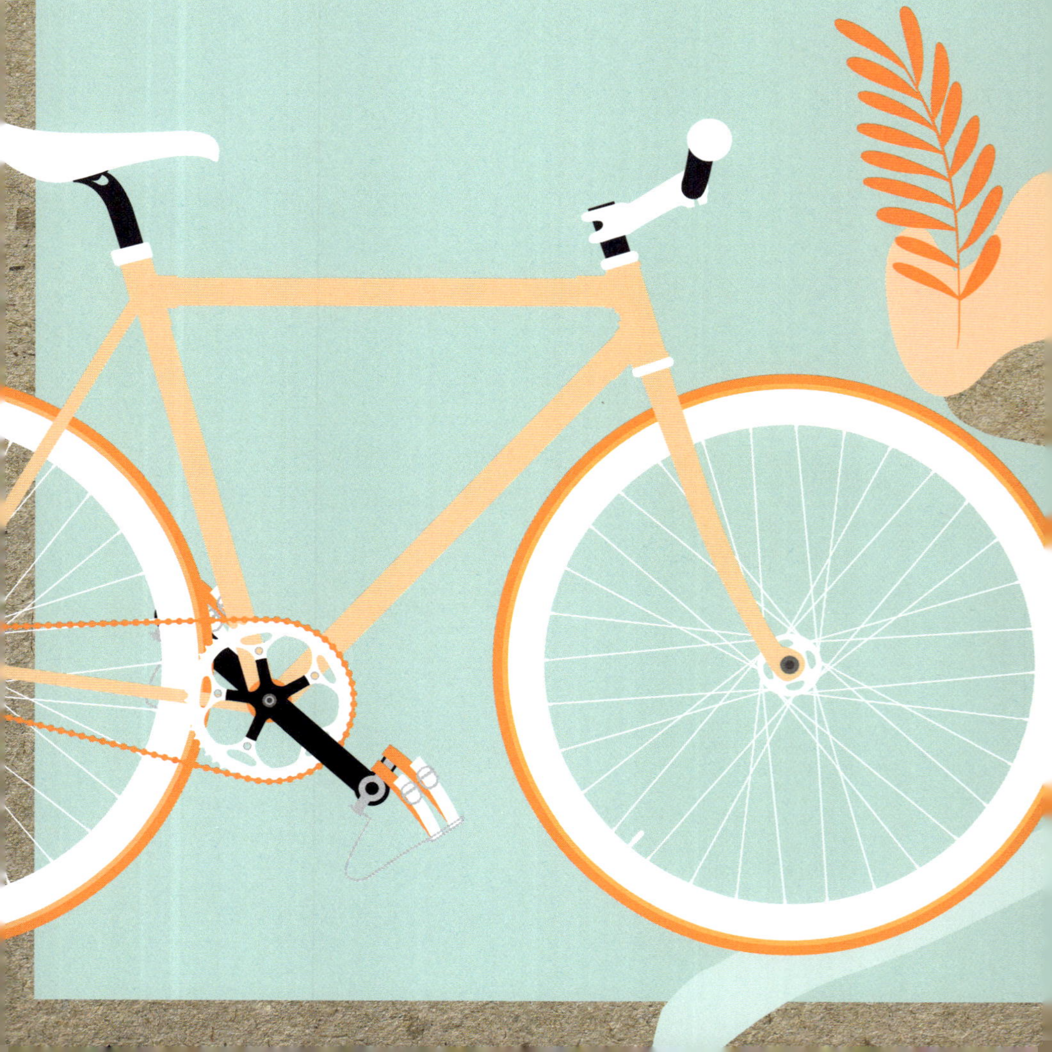

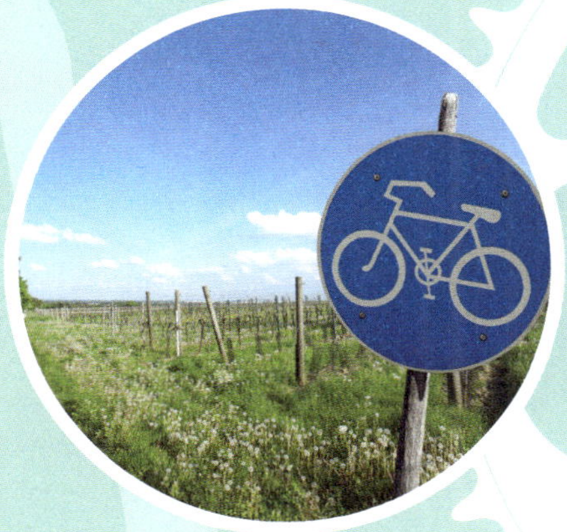

RADVERGNÜGEN

in und um Wien

Radfahren in und um Wien ist beliebter denn je. Klimakrise und Covid-Pandemie haben dem langjährigen positiven Trend einen zusätzlichen Boost gegeben. Bemerkenswert: Die Menschen sind schon zwei Pedaldrehungen weiter als ihre Politikerinnen und Politiker und die von ihnen verantwortete Radinfrastruktur.

RADBOOM

Kinder in Bakfiets-Lastenrädern, Business-Ladies und -Gentlemen auf Stadtfahrrädern, Omas und Opas auf Hollandrädern und Essens- und Paketlieferanten auf (Transport-)Fahrrädern gehören mittlerweile zum Alltag. Und in der Freizeit geht's für viele statt auf City-Trip nach Barcelona oder London auf einen Rad-Weekender ins Weinviertel oder in die Wiener Alpen. Die Wiener Freizeitparadiese wie Donaukanalweg, Wienflussweg, Prater oder Donauinsel können problemlos mit Kindern befahren werden. Viele touristische Radrouten in Niederösterreich und dem Burgenland bieten eine sehr gute Qualität.

SCHWARZE LÖCHER

Wenn in Wien neue Radwege gebaut werden, haben sie oft eine gute Qualität, wie etwa am Getreidemarkt, an der Linken Wienzeile oder Am Tabor, wo in den letzten Jahren Sicherheitslücken im Radnetz geschlossen wurden. Wermutstropfen ist, dass der Ausbau nur im Schneckentempo voranschleicht. In Wien fordert deswegen die überparteiliche Initiative „Platz für Wien" seit 2020 mit vielen Aktionen und mit mehr als 57.000 Unterschriften im Rücken u.a. den schnelleren Ausbau kindergerechter Radinfrastruktur.

Alles rund ums Fahrradfahren in und um Wien: zur Fahrradkultur und was dich erwartet

Schließlich fehlen noch etwa 300 km Radwege, um die „schwarzen Löcher“ im Radnetz zu stopfen.

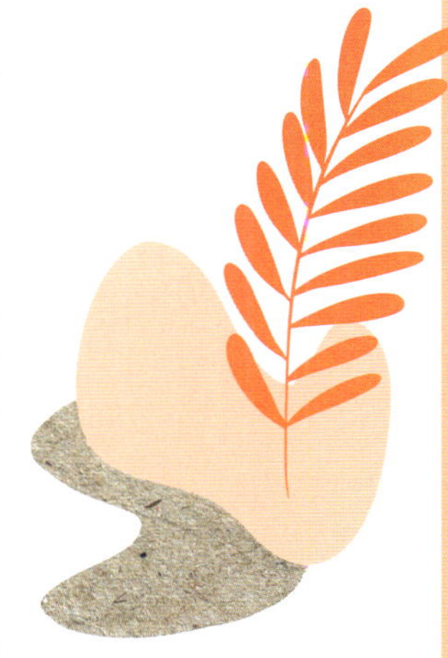

Fahrradstrassen und Radbügel

An vielen touristischen Radrouten in der Umgebung Wiens sind wesentliche Elemente guter Verkehrsinfrastruktur, wie z. B. effektive Verkehrsfilter oder getrennte Radwege, schon umgesetzt. Verkehrsberuhigte Gassen könnten rasch zu Fahrradstraßen aufgewertet werden, sodass entspannt nebeneinander geradelt werden kann. Fahrradstraßen waren auf den 21 Touren in diesem Band nur zwei Mal anzutreffen (Wien Leopoldstdt, Tour 6; St. Valentin, Tour 19). Auffällig ist der Mangel an guten Anlehn-Radbügeln bei Wirtshäusern und anderen touristischen Hotspots. Hier zu investieren lohnt sich für Klimaschutz und Radtourismus auf jeden Fall!

Öffis und Leihräder

In Wiens U-Bahnen ist die Radmitnahme Montag bis Freitag (werkt.) 9–15 Uhr und ab 18.30 Uhr erlaubt, ansonsten ganztägig. In Schnellbahnen und Regionalzügen dürfen Fahrräder ohne zeitliche Einschränkung mitgenommen werden. In Fernzügen gilt: Radmitnahme nur mit Reservierung.Das Wiener Leihradsystem „Citybike“ wird laut Rathaus bis Herbst 2022 auf 185 fixe und 50 digitale Stationen mit 3000 „WienMobil-Rädern“ ausgebaut (www.wienerlinien.at/wienmobil-app). Transporträder können z. B. beim „Lastenradkollektiv“ für eine freiwillige Spende ausgeliehen werden.

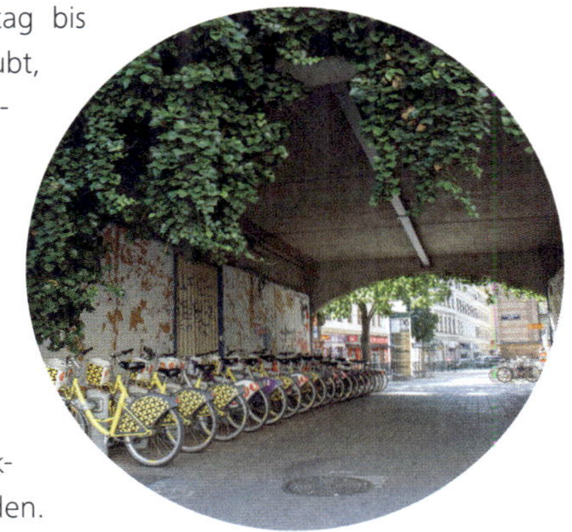

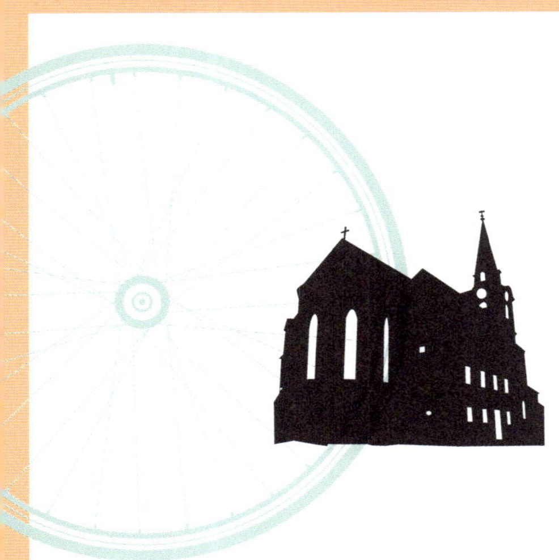

Das „Grätzlrad" bietet auch Leih-Transporträder und ist ein gratis Service der Stadt Wien. Einen Überblick über viele Leihradanbieter und E-Bike-Ladestationen findet ihr unter www.wien.info/de/lifestyle-szene/sport/radfahren/fahrrad-verleih-345670. Wo ihr mit der Wiener Pumpe Luft in eure Reifen bekommt, erfährt ihr hier: www.fahrradwien.at/tipps-und-regeln/wiener-pumpe. Und in Niederösterreich bietet Nextbike an 205 Verleihstationen 930 Leihräder an.

Regeln fürs Radeln

Das Radfahren auf Gehsteigen in Längsrichtung ist verboten außer mit fahrradähnlichem Kinderspielzeug. Größere Kinder müssen also auch dann auf Hauptstraßen auf der Fahrbahn fahren, wenn es keine Radwege gibt. Scheinwerfer müssen bei Tageslicht und guter Sicht nicht mitgeführt werden. Für Kinder unter 12 Jahren gilt Radhelmpflicht. Radwege müssen auf Radwegen ohne Benützungspflicht (eckige Schilder) nicht benutzt werden, ebenso wenig wenn sie blockiert oder unbenutzbar sind. Das Radeln mit geöffnetem Regenschirm ist verboten, telefonieren nur mit Freisprecheinrichtung erlaubt. Was viele nicht wissen: In Wohnstraßen (eckiges, blaues Schild mit spielenden Kindern) ist das Radfahren immer in beide Richtungen erlaubt (www.radlobby.at).

Fahrdauer

Da wir es gemütlich angehen lassen wollen, basiert die bei den Touren angegebene Fahrdauer auf einer Geschwindigkeit von 15 km/h. Bei Touren mit starken oder besonders vielen Steigungen wurde eine etwas langsamere Geschwindigkeit angenommen.

FACTS WIEN & UMGEBUNG

160 KM
unzusammenhängende Radwege gibt es in Wien. Bei 560 km Hauptstraßen sind noch einige „schwarze Löcher" zu stopfen.

9 %
Radverkehrsanteil in Wien. Amsterdam hat mehr als dreimal so viel.

1,9 MIO
Einwohner hat Wien

1
Anzahl ADFC-zertifizierter 5-Sterne-Radrouten in Wien, Niederösterreich und Burgenland (Wir besuchen sie in Tour 21.)

10
Anzahl Top-Radrouten in Niederösterreich. Wir besuchen fünf davon.

3,5 EURO
steckt Wien pro Kopf in den Radverkehr. Amsterdam investiert fast zehnmal so viel.

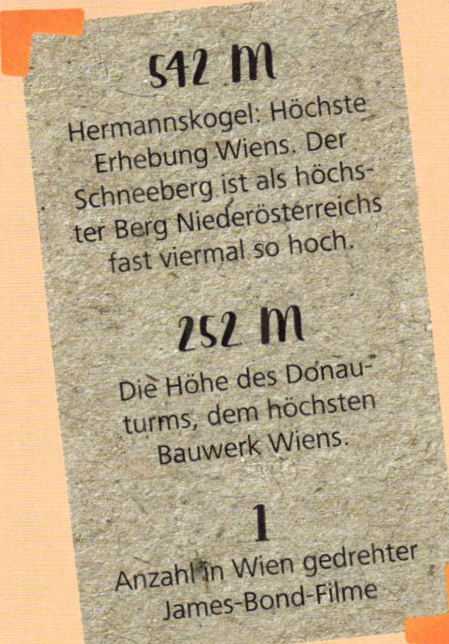

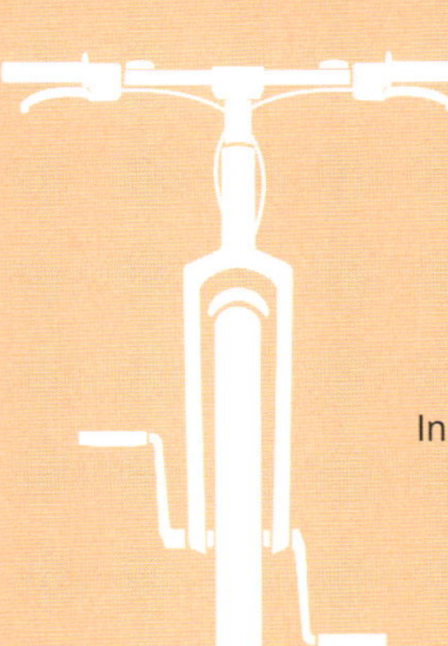

119
Regentage. So trocken ist Wien. In Amsterdam regnet es über 60 Tage mehr pro Jahr.

RAUSZEIT-HIGHLIGHTS

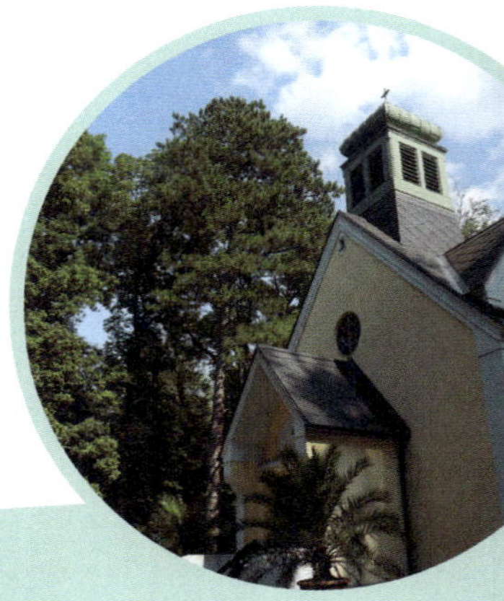

FÜR KINDER

Kleine Piraten
Überschüssige Energie auf dem Balancierseil oder dem Kletterturm abbauen geht am Piratenspielplatz.
Tour 3 // Seite 26

Hüpfen
Nach dem Radeln sind die Kinder noch immer nicht müde? Dann rauf aufs Trampolin in der Alten Hafenschenke.
Tour 10 // Seite 88

Ritterburg
Rüstungen und das mittelalterliche Waffenarsenal von echten Rittern aus der Nähe betrachten? Das machen wir auf der Burg Kreuzenstein.
Tour 11 // Seite 98

Dampfrösser
Dampflokomotiven und Kohlenkräne. Kleine und große Lokführer werfen im Eisenbahnmuseum Straßhof einen Blick in die Vergangenheit.
Tour 13 // Seite 120

FÜR E-BIKER

Steil
Steil geht´s die Eiserne Hand hinauf auf den Kahlenberg. Beim Waldfriedhof Kahlenberg atmen wir durch und haben eine himmlische Aussicht über Wien.
Tour 5 // Seite 44

Weinviertel
Durch die Weinberge hinauf zum Gipfel, wo das Ranklkreuz steht. Und dann durch die schöne Kellergasse Maulavern rollen lassen.
Tour 14 // Seite 130

Geschichte
Hügelauf an Mostbirnbäumen vorbei nach Neuhofen an der Ybbs. Hier begann Österreich. Das Ostarrichimuseum erzählt davon.
Tour 19 // Seite 185

Weitblick
Hinaufradeln ins Leithagebirge und vom schönsten Aussichtspunkt weit in die ungarische Puszta blicken – erste Reihe fußfrei von Station 7 des Joiser Weinlehrpfades.
Tour 21 // Seite 210

Top für jede Lust und Laune:
Kleine und große Abenteuer,
die besten Einkehrtipps und
entspanntesten Pausenplätze

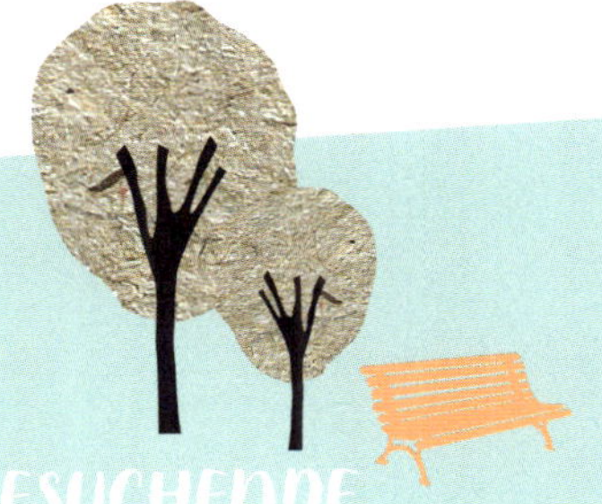

FÜR SCHLEMMER

Böhmenküche

Etwas warten muss man können. Im Gasthaus Am Nordpol 3 wird frisch gekocht – nämlich beste Böhmische Küche.

Tour 6 // Seite 53

Orient

Um uns das heftige Treiben am Naschmarkt. Wie auf einem orientalischen Basar stärken wir uns bei Neni am Naschmarkt mit Falafel und Co.

Tour 7 // Seite 58

Kuriositätenkabinett

Schlemmen im Seitenblicke-Wirtshaus. Alle waren sie im Marchfelderhof – vom Papst bis zum Schah von Persien. Und jetzt auch wir.

Tour 13 // Seite 121

30 Jahre Haube

Vornehmer Gastgarten, 500 Jahre altes Haus, gehobene bürgerliche Küche mit Mostviertel-Einschlag und freundliche Gastgeber. Das ist der Gasthof Mitter.

Tour 19 // Seite 188

FÜR RUHESUCHENDE

Stiller Ort

Palmen am Eingang vermitteln mediterranes Flair. Abseits vom Trubel der Prater Hauptallee liegt die Wallfahrtskirche Maria Grün.

Tour 1 // Seite 10

Wunderheilung

Das Quellwasser aus der Lorettogrotte soll einen gelähmten Buben geheilt haben. Das Pulkauer Bründl liegt versteckt im Wald.

Tour 14 // Seite 129

Gottesanbeterin

Höchstens eine Gottesanbeterin verirrt sich am ehemaligen Friedhof Waldegg auf deine Schulter. Sonst ist hier Waldeinsamkeit pur.

Tour 18 // Seite 166

Farbenfroh

Wenn die Sonne durch die Fenster der Pfarrkirche St. Valentin scheint, dann strahlen die Glasmalereien im Chor und im Langhaus.

Tour 19 // Seite 189

DAS KRIEGST DU NICHT ALLE TAGE

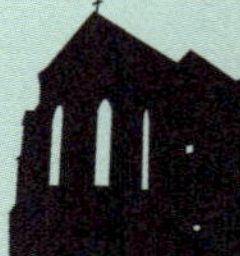

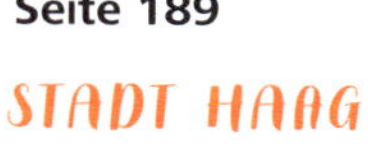

Theatersommer Haag
Wunderbares Ambiente und Theater auf höchstem Niveau, einige Wochen im Sommer
Seite 189

STADT HAAG

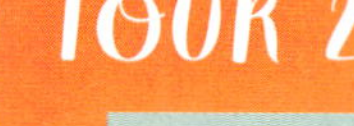

Theater im Steinbruch Dambach
Freilufttheater auf der Naturbühne eines aufgelassenen Steinbruchs, Produktionen des Theaters Purkersdorf von Hofmannsthal bis Nestroy, einige Wochen im Sommer
Seite 21

PURKERSDO

Raimundspiele Gutenstein
Raimundspiele und Konzerte der Meisterklassen Gutenstein im Rahmen des Kultursommers, Musik- und Literaturprogramm für alle Geschmäcker, einige Tage im Juli und August
Seite 170

GUTENSTEIN

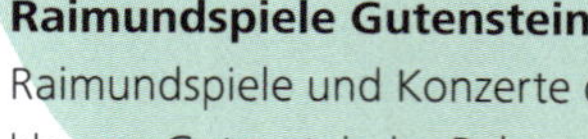

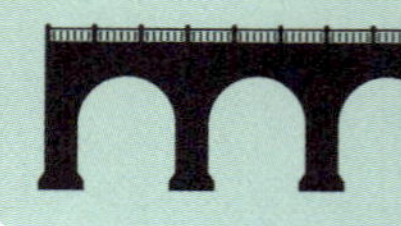

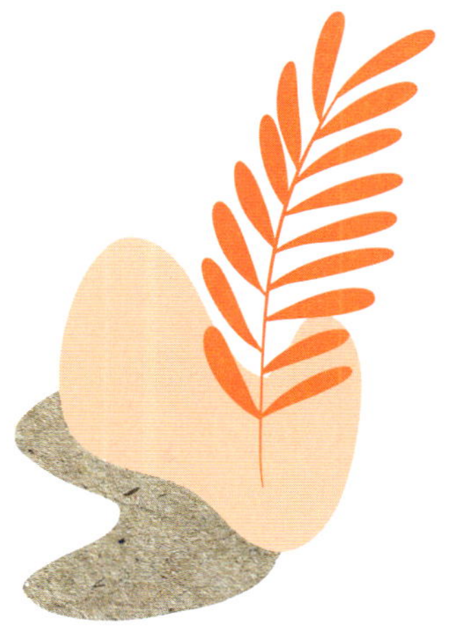

Wann am besten wohin?
Die Events der Touren
findest du in der Karte.

TOUR 10

Kirschenhainfest
[W]ährend der Kirschblüte wird die Ja[pan]isch-Österreichische Freundschaft [mit] Japanischer Kultur und Küche auf einem großen Fest gefeiert, April
Seite 86

DONAUINSEL WIEN

Sommerkino
Freiluftkino im Turnierhof von Schloss Orth, einige Sommerabende
Seite 140

ORTH AN DER DONAU

TOUR 15

TOUR 21

RUST

Ruster Weinschätze
An einem Wochenende im April öffnen die Weinbauern ihre Kellertüren zur Weinverkostung
Seite 213

WEITERE EVENTS

Wiener Donauinselfest, größtes Freiluft-Musikfestival mit freiem Eintritt weltweit, drei Tage im Juni

Popfest Wien, Karlsplatz, Eintritt frei, 4 Tage Ende Juli

Kino am Dach, Hauptbücherei Wien, Juli bis Mitte Sept.

Volxkino, Open-Air-Wanderkino an verschiedenen Plätzen in Wien, Eintritt frei, Juli bis Sept.

Festspiele Reichenau, Theatersommer mit Tradition und Moderne, Juli/Aug.

Nestroy-Spiele Schwechat, Theaterfestival im Schloss Rothmühle, Juli/Aug.

Festspiele Stockerau, Open-Air-Theaterfestival, Juli/Aug.

Dotdotdot, Open-Air-Kurzfilmfestival, Volkskundemuseum Wien, Fay as you can, Juli/Aug.

Grafenegg Festival, Freiluftklassik u.a. mit dem London Symphony Orchestra, Aug./Sept.

PACKLISTE

GRUNDAUSSTATTUNG

- Fahrradhelm
- Radkleidung
- Radhandschuhe
- Radbrille
- Trinkflasche
- Fahrradschloss
- Handy
- Karte/Navigationsgerät
- Fahrradlicht, Ersatzakku/-batterie
- Erste-Hilfe-Set

TAGESTOUR

- Regenkleidung
- Wechselkleidung
- Reparaturset: Ersatzschlauch, Werkzeug
- Luftpumpe
- Packtaschen klein
- Verpflegung: Snacks, genügend Wasser
- evtl. wasserdichte Handyhülle

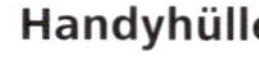

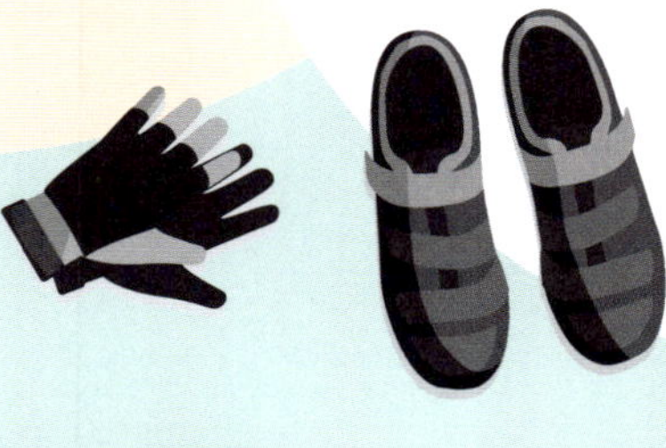

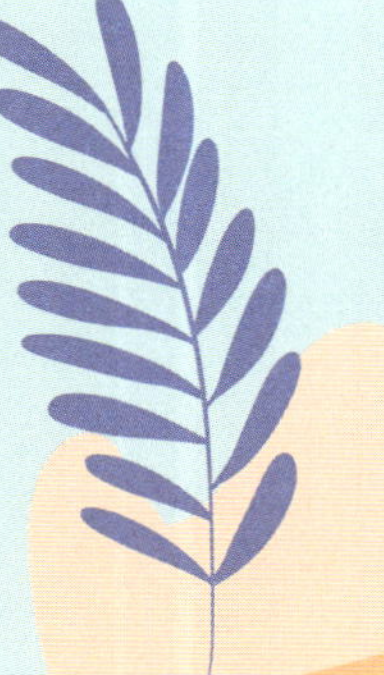

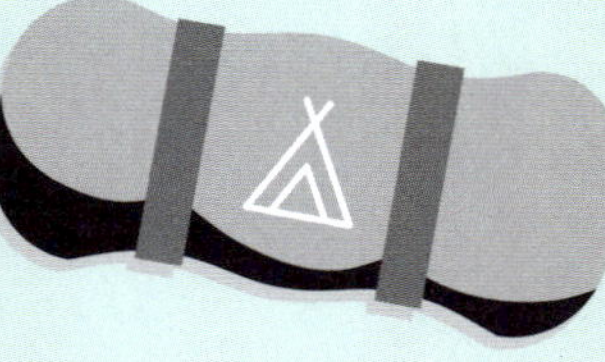

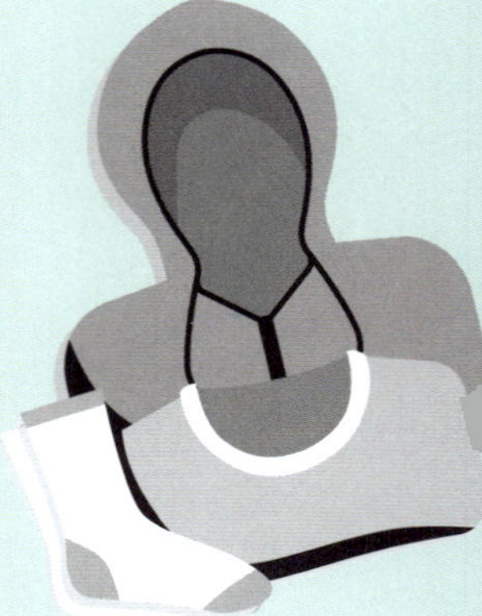

BIKEAWAYTOUR

- Zahnbürste
- Waschbeutel
- Packtaschen groß
- evtl. Zelt
- evtl. Schlafsack
- evtl. Kompass
- Handyladegerät

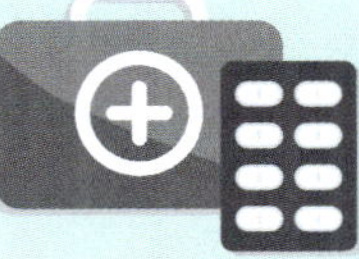

REISE-APOTHEKE

Pflaster & Blasenpflaster, Mückenschutz, Sonnenschutz, Zeckenkarte

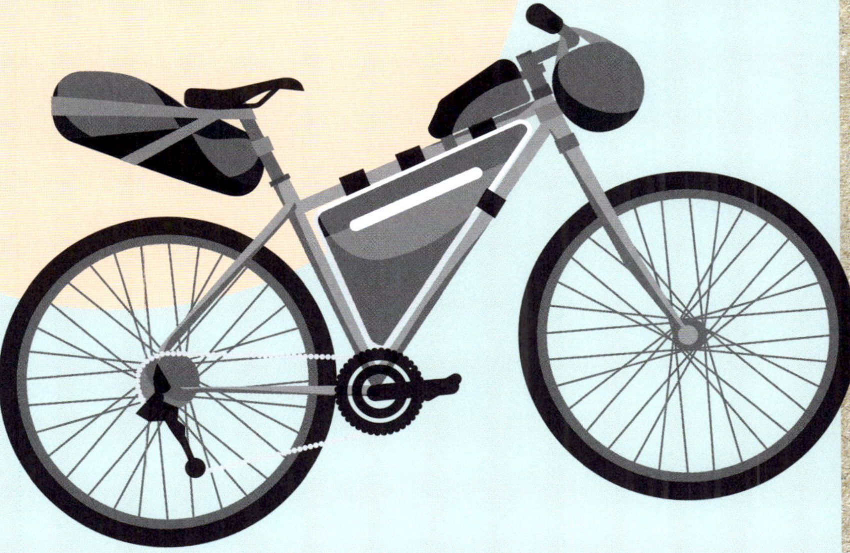

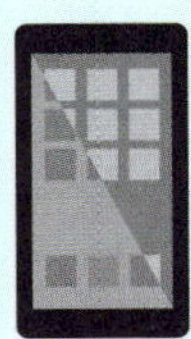

RADCHECK

findest du auf der nächsten Seite

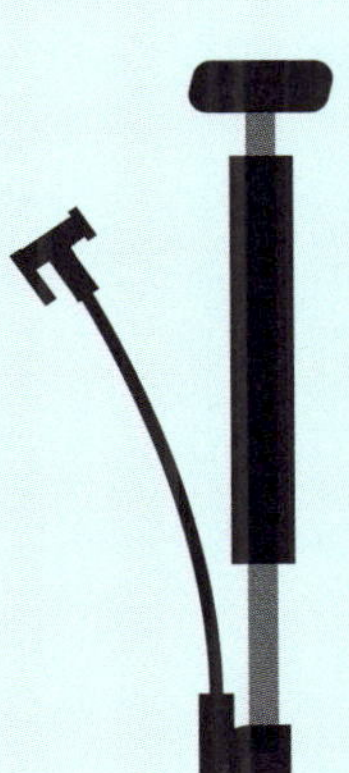

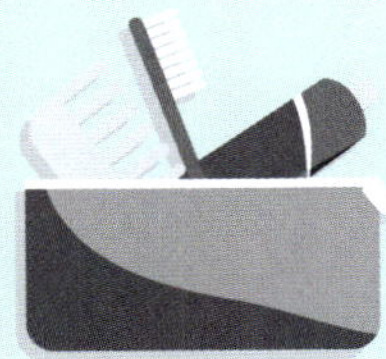

RADCHECK

AM BESTEN
nimmst du dein Fahrrad vor jeder Tour unter die Lupe, zumindest aber beim Frühjahrsputz. Darüber hinaus ist ein regelmäßiger Service bei Profis zu empfehlen.

EINFACH ERKLÄRT MIT PROFI-TIPPS

Picobello: Reinigung des Fahrrads

Ein sauberes Fahrrad lebt länger und dir fallen beim Putzen Defekte auf. Daher ran an den Schwamm und die milde Seife oder den Fahrradreiniger und losgelegt! Wenn das Fahrrad getrocknet ist, mit einem sauberen Lappen Wasserränder wegpolieren. Handarbeit ist angesagt – ein Hochdruckreiniger ist tabu, da er auch Fett und Öl entfernt und Wasser in empfindliche Teile eindringen kann.

Tipp: Für verwinkelte Teile ist eine alte Zahnbürste praktisch.

Pralle Geschichte: Die Reifen

Um grob den Reifendruck zu überprüfen, mach die Daumenprobe: Lässt sich der Reifen mehr als 1 cm eindrücken, musst du pumpen. Angaben zu Mindest- und Maximaldruck findest du auf der Reifenflanke. Für wenig Rollwiderstand auf befestigten Straßen orientiere dich an der oberen Grenze, wenn du auf unbefestigen Wegen unterwegs bist, an der unteren. Je schmaler der Reifen und je höher das Gesamtgewicht, desto mehr Luftdruck ist nötig. Am einfachsten lassen sich die Reifen mit einer Standpumpe mit Druckmesser aufpumpen.

Tipp: Fahrradgeschäfte bieten machmal vor Ort gratis Pumpen zum Selbermessen und -aufpumpen an.

Nimm auch das Reifenprofil unter die Lupe: Entferne eventuelle Steinchen oder Scherben und halte nach Rissen oder Schnitten Ausschau. Wenn das Profil zu brüchig oder stark abgefahren ist, brauchst du einen neuen Mantel.

Läuft wie geschmiert: Kette reinigen und ölen

Fürs Reinigen zuerst mit einem trockenen Tuch Kette von altem Fett und Schmutz befreien, indem du am Pedal drehst und so die Kette durch das Tuch ziehst. Den feinen Zwischenräumen kannst du wieder mit der Zahnbürste zu Leibe rücken. Danach Kettenöl, am besten biologisch abbaubares, auftragen, indem du es hinten auf die Kette träufelst, während du sie mit dem Pedal durchdrehst. Kurz einwirken lassen, dann mit einem Lappen das überschüssige Öl von der Kette abziehen.

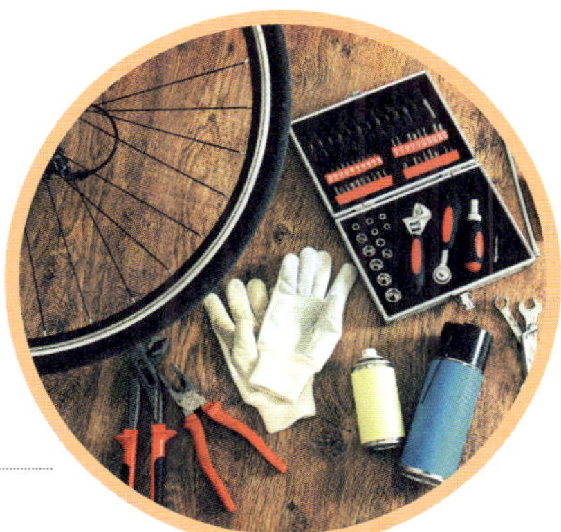

Tipp: Hast du eine Kettenschaltung, schalte einmal alle Gänge durch, damit sich das Öl auf allen Zahnrädern verteilt.

Eine gut geölte Kette und der richtige Reifendruck machen außerdem ein E-Bike leichtgängiger, was die Akku-Reichweite erhöht.

Schraube locker?

Prüfe regelmäßig die Schraubverbindungen der Steuerung (Lenker, Vorbau und Steuersatz), Laufräder, Pedale, Sattelklemmen und Anbauteile wie Schutzbleche und Gepäckträger.

Tipp: Legst du selbst Hand an, ist ein Drehmomentschlüssel am besten, damit du die Schrauben entsprechend den Drehmomentangaben für dein Fahrrad nachziehen kannst.

Nichts kann dich stoppen, außer: die Bremsen

Prüfe, ob vordere und hintere Bremse einen gleichmäßig starken Druckpunkt haben. Öffne und schließe die Bremsen auch im Stand. Wenn bei hydraulischen Bremsen mehrmaliges Pumpen für einen soliden Druckpunkt erforderlich ist oder sich der Hebel bis zum Lenker durchziehen lässt, muss das System entlüftet werden. Wenn bei mechanischen Felgenbremsen die Bremsarme nicht gleichmäßig arbeiten, einstellen (lassen). Sind die Verschleißindikatoren auf den Bremsbelägen, kleine Rillen im Gummi, verschwunden, müssen die Beläge getauscht werden. Den Verschleiß von Scheibenbremsen kannst du bei relativ neuen Belägen mit einer Taschenlampe von oben durch den Schlitz im Sattel prüfen. Bei älteren und dünneren Belägen müssen die Räder zur Sichtprüfung ausgebaut werden.

Tipp: Gegen Verschmutzung und Korrosion der Bremszüge bei mechanischen Bremsen hilft ein Spritzer Teflonspray in die Enden der Außenhüllen. So gleiten die Kabel besser in ihrer Hülle.

Damit dir ein Licht aufgeht: die Beleuchtung

Weil's am Abend auch schon mal später werden kann und du auch am Rückweg sichtbar sein möchtest: Sind Lichter und Reflektoren vorhanden und funktionieren sie?

Für alle mit extra Antriebskraft: Akku & Motor

Bei längerer Nichtnutzung, zum Beispiel in der Winterpause, achte darauf, dass sich der Akku nie tiefenentlädt. Korrosionsspuren bei den Steckverbindungen mit einem speziellen Kontaktspray entfernen. Fallen dir Schäden am Motorgehäuse auf, am besten schnell in eine Fachwerkstatt.

Los geht's!

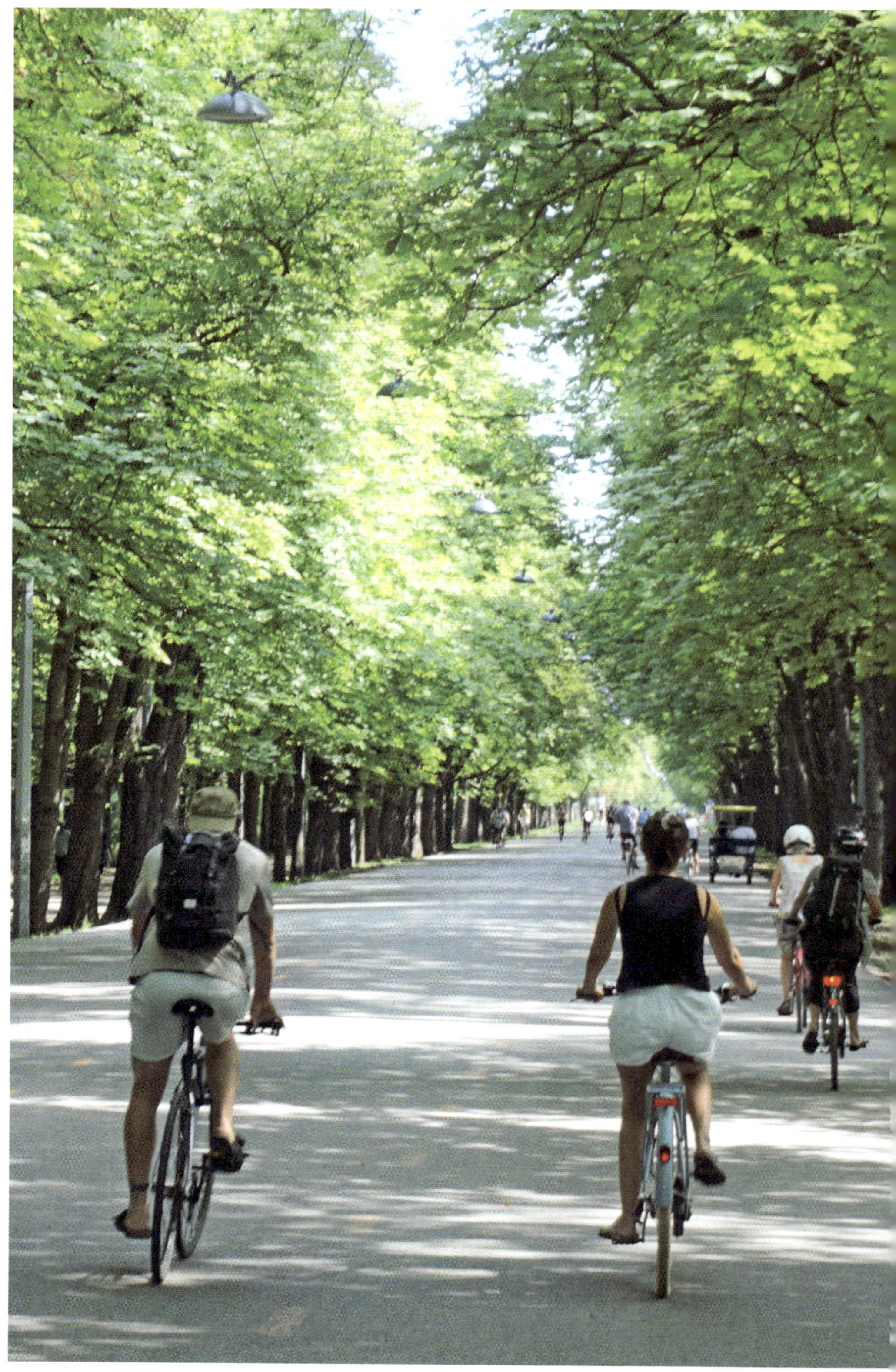

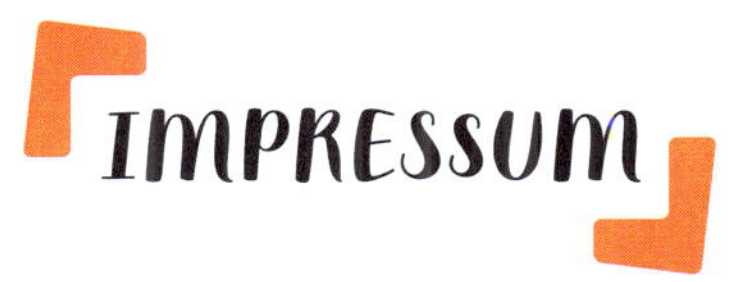

Karl-Kapferer-Straße 5
A-6020 Innsbruck
www.kompass.de

1. Auflage 2022 (22.01)
Verlagsnummer 3812
ISBN 978-3-99121-514-1

Text und Fotos (soweit nicht anders angegeben): Matthias Pintner

Titelbild: Karlskirche in Wien (Adobe: © visualpower – stock.adobe.com)
Fotos: © Barbara Tobler (218 Mitte); Adobe: © bettina sampl – stock.adobe.com (225), © Creativemarc – stock.adobe.com (80/81), © daliu – stock.adobe.com (218 ob.), © Eliska Slobodova – stock.adobe.com (173), © FomaA – stock.adobe.com (227), © Hans Arnold Eberlein – stock.adobe.com (51), © Jenny Sturm – stock.adobe.com (216), © jessicahyde – stock.adobe.com (Graspapier-Hintergrund div. Seiten), © Monika Wisniewska – stock.adobe.com (237), © PRILL Mediendesign – stock.adobe.com (208); mauritius images: © Volkerpreusser/Alamy/Alamy Stock Photos (222/223)

Gestaltung / Illustration – Composing / Agenten und Freunde Iris Streck München

Illustrationen: Adobe: © Azar – stock.adobe.com, © askaja – stock.adobe.com, © mtmmarek – stock.adobe.com, © val_iva – stock.adobe.com; creativmarket: © amber&ink, © NassyArt
Illustrierte Karten und zugehörige Miniaturen, wenn nicht anders angegeben / Agenten und Freunde Martina Dobrindt München
Miniaturen auf Karten: Adobe: © Azar – stock.adobe.com (Aquädukt), © ComicVector – stock.adobe.com (Ritter), © mtmmarek – stock.adobe.com (Wein), © sbojanovic – stock.adobe.com (Flugzeug); Designed by Freepik: Flamingo-Schwimmreifen, Dampflok
Grafische Herstellung: KOMPASS-Karten
Karten: © KOMPASS-Karten GmbH unter Verwendung OpenStreetMap Contributors (www.openstreetmap.org)

Erzähl uns von deinen Abenteuern auf Instagram und Facebook mit: #folgedeinemKOMPASS

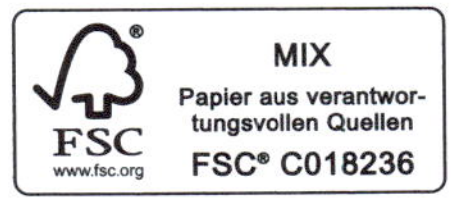

BIKE-BUCKETLIST WIEN & UMGEBUNG

PERSERTEPPICH-LOOK IN DÖBLING

Das Portal und die minarettartigen Türmchen der ehemaligen 9 / Zacherlfabrik verzaubern uns in den Orient.

Tour 7 // Seite 61

DEN BESTEN SUNDOWNER IN WIEN

… genießen wir auf drei Sonnendecks oder auf der Wiese an der Neuen Donau. Sommerabende gehen kaum besser als im 11 / USUS am Wasser.

Tour 6 // Seite 54

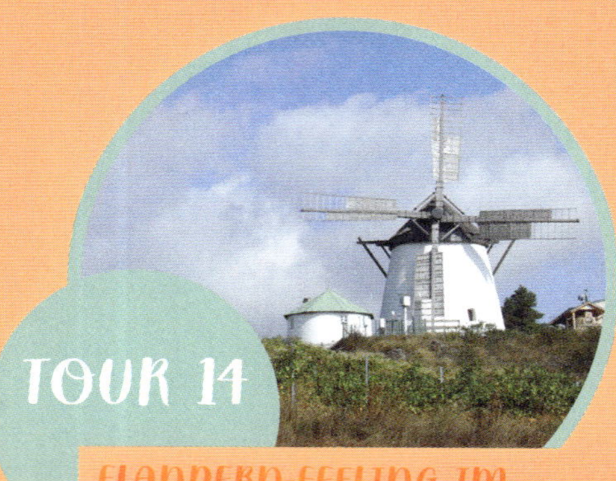

TOUR 14

FLANDERN-FEELING IM WEINVIERTEL

In der 3 / Windmühle Retz wird nicht nur Mehl gemahlen. Es duftet auch nach frisch gebackenem Brot.

Seite 126

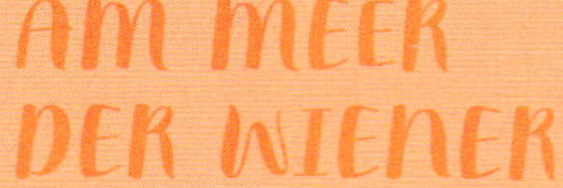

AM MEER DER WIENER

So wird der Neusiedlersee genannt. Vom 10 / Strandbad Podersdorf sehen wir zu, wie sich die rote Sonne hinter Leuchtturm und Leithagebirge zur Ruhe begibt.

Tour 21 // Seite 219

ZUM FLUGHAFEN RADELN

Der Schwechat entlang geht's zur 3 / Besucherterrasse. Wir sehen dem Treiben am Flugvorfeld zu und blicken der abhebenden Triple Seven nach.

Tour 15 // Seite 136

LUSTWANDELN AUF KAISERLICHEN PFADEN

Kaiserin Elisabeth und Kaiser Franz Joseph I. verbrachten ihre Flitterwochen in Laxenburg. Auf ihren Spuren schlendern wir durch den 12 / Schlosspark Laxenburg.

Tour 20 // Seite 205